中国教师研修网"国培计划"项目丛书

我身边的师德故事

主　编　封立俊
编　委　（以姓氏笔画为序）
　　　　王月珍　吕晓辉　刘　博
　　　　李梅英　吴新杰　陈爱蕊
　　　　张国强　周　卫　贺　军

苏州大学出版社

图书在版编目(CIP)数据

我身边的师德故事 / 封立俊主编. —苏州：苏州大学出版社,2014.9(2015.9重印)
(中国教师研修网"国培计划"项目丛书)
ISBN 978-7-5672-1087-5

Ⅰ.①我… Ⅱ.①封… Ⅲ.①中小学－教师－师德文集 Ⅳ.①G635.16-53

中国版本图书馆 CIP 数据核字(2014)第 213990 号

书　　名	我身边的师德故事
著　　者	封立俊
责任编辑	金振华
装帧设计	吴　钰
出版发行	苏州大学出版社(Soochow University Press)
社　　址	苏州市十梓街1号　邮编：215006
印　　刷	苏州市工业园区美柯乐制版印务有限责任公司
网　　址	www.sudapress.com
E - mail	Liuwang@suda.edu.cn　　QQ：64826224
邮购热线	0512-67480030
销售热线	0512-65225020
开　　本	787 mm×1 092 mm　1/16　印张：19.5　字数：475 千
版　　次	2014 年 9 月第 1 版
印　　次	2015 年 9 月第 3 次印刷
书　　号	ISBN 978-7-5672-1087-5
定　　价	35.00 元

凡购本社图书发现印装错误,请与本社联系调换。服务热线：0512-65225020

序

中国教师研修网与各省国培项目办共同商定,从参加国培示范性项目和中西部远程培训项目学员的五万多篇作业中遴选出137篇优秀的或比较优秀的,汇编成《我身边的师德故事》一书,付梓出版,这是一件具有重要意义的事情。一方面可以扩大宣传这些来自教育教学一线的朴实感人的师德故事和案例,便于全国广大教师交流分享,有利于大力弘扬优良师德;另一方面更为重要的是这些作品都出自草根之手,是他们参加国家培训项目——网络研修课程获得的一项成果,是他们在专家引领下通过网上网下自主与合作研修、反思、升华而生成的可贵的学习资源。把它们结集出版,既是巩固网络研修成果的需要,也是开发、积淀海量网络学习资源的重要途径。

浏览书稿,发现所收录的一百多个师德故事和案例,尽管这些作者都不是什么名家巨匠;尽管其思想开掘的深度参差不齐,表达水平也各有千秋;尽管主人公所在学校不同,所处地区、环境、条件不同,年龄、教龄、学历、经历也不全相同,但是它们都散发着泥土的芬芳,展示出一个贯穿始终的、鲜明的共同主题——爱岗敬业、教书育人、无私奉献、忘我工作、矢志无悔等高尚师德。而这正是本书价值之所在。翻阅这些故事和案例,我们可以看到这些老师在平凡的教育教学工作中奋斗成长历程的一些片断,他们刻苦学习,勇于探索,自强不息,在教书育人实践中不断提升自身的师德修养和专业化水平,显现出许多熠熠生辉的亮点。其中有些亮点,我以为值得再提出来强调一下,请我们广大教师读者细细咀嚼、揣摩、感悟、吸收、发扬光大。

一、博大无私的师爱。教育事业是爱心的事业,没有爱便没有教育,没有爱心就没有资格做教师。教师对学生的爱是教师热爱祖国、热爱教育事业的具体表现。师爱不是盲目狭隘的溺爱,而是天底下最博大无私的爱,是"兼有父母的亲昵温存与睿智的严厉、严格要求相结合的那种爱"(苏霍姆林斯基语),是教书育人的前提和情感基础。本书中各位老师把爱心献给每一位学生。他们在教书育人实践中尊重学生,了解学生,信任学生,关心学生,严格要求学生;在与学生交流沟通时总是以情感人,以行带人,动之以情,晓之以理,用真心的体贴、温馨的话语、耐心细致的态度,像"润物细无声"的春雨,启迪着每一位学生的理想心灵,开启着每一位学生智慧的心扉。他们无愧于"人类灵魂工程师"的崇高称号。他们把自己的大爱奉献给全体学生,自然也唤起了学生对教师的敬爱,使学生反转来"亲其师,敬其师",进而"信其道"。

二、适应时代要求的先进教育理念。教育理念是在一定社会阶段对教育本质理解基础上形成的关于教育的理论和信念,反映了人们对教育活动的目的、价值、原则、内容和方法的基本看法。思想引领行动,行动决定结果。教育理念直接或间接地指引教师教书育人的实践活动。有什么样的教育理念,就会有什么样的教育目标、方针、内容和行为方式。因此随着知识经济和信息时代的到来,努力学习并掌握与之相适应的先进的教育理念,是当前每位教师提升专业化水平、完善自身职业素养、完成教书育人天职的首要任务。

本书中许多老师注意运用先进教育理念指导自己教书育人的行动。他们努力面向全体学生,关注学生全面和谐发展;注重培养学生学会学习、学会做事、学会做人的能力;尊重学生的个体差异,因材施教;努力挖掘潜能,激发、保护、培养学生的创新精神和创新能力,终于获得了各有特色的成功经验。

三、认真学习,刻苦钻研,终身学习的楷模。教书育人工作是一门科学,也是一门艺术,或者说是二者相结合的富有创造性的劳动。要做一名合格的现代教师,除了必须具备先进的教育理念、良好的道德品质,还必须具有深厚的学科专业知识、比较广博的文化基础知识和扎实的教育、心理科学知识,具有熟练的教育教学技能和课堂上下的管理能力,甚至还要具有善于处理人际关系的能力。仅靠从学校学历教育获取的那点知识是远远不能适应现代教育和自身发展要求的。尤其是在当今信息化时代,我国经济社会高速发展,科学技术日新月异,伴随城市化、信息化、国际化的进展,一个全民学习、终身学习的学习型社会正在形成。在此背景下,肩负传承人类文明、培养未来社会创新人才使命的教师,只有不断地学习,补充、更新知识,才能跟上时代的步伐,完成自己的历史使命。因此,一个教师从他入职之日起就要不断地学习、学习、再学习,直至终身。教师应当率先成为终身学习的楷模。

本书中的许多老师都有忙中偷闲、认真学习、博览群书的良好习惯。他们以读书开阔自己的视野,丰富自己的思想,提升自己的境界,善于把所学知识运用于教育教学实践,并且在实践中对各种教育现象认真观察、反思,总结正反面经验和教训,在刻苦钻研的过程中,逐渐把这些知识消化、内化为自身的体验和感悟,最终升华为自己的更为清晰的理性认识,使自己的教育行为更合乎育人的目的和规律,更富有成效。

四、严于律己,为人师表。教师教书育人,不仅是言教,更要重视身教。除了家长,教师是学生身边最亲近、最直观的榜样。他们的一言一行、一举一动,常常会给学生留下深刻的,甚至终身难忘的影响。所以,教师必须时时处处严格要求自己,力争做到以高尚的道德情操、渊博的学识、光明磊落的行为、富有感染力的人格魅力去影响学生,成为学生效法的表率和榜样。

本书中许多教师在教学活动和班主任工作中发生的故事和案例,从多个侧面反映出他们严于律己、以身作则、遵守法纪校规、作风正派、公正无私、乐于助人、仪表举止端庄等良好的师德修养,获得广大学生、家长、同事的尊敬和爱戴。

最后,我想引用习近平总书记在 2013 年 9 月 9 日致全国广大教师慰问信中的一句话,愿与大家共勉。习总书记说:"希望全国广大教师牢固树立中国特色社会主义理想信念,带头践行社会主义核心价值观,自觉增强立德树人、教书育人的荣誉感和责任感,学为人师,行为世范,做学生健康成长的指导者和引路人。"

中国教师研修网项目组的同志拿着书稿来找我,要我说点感想,于是啰啰嗦嗦,写了上面一些话。是为序。

马 立

2014 年 8 月

目 录

第一篇　诗赞典范　传承美德

因为你是我的学生 ………………………………………………… 3

为大山里的孩子贡献青春 ………………………………………… 6

都安老师的楷模 …………………………………………………… 8

关爱学生　奉献社会 ……………………………………………… 9

爱岗敬业　追求卓越　无怨无悔

　　——记南明实验二小邓竹梅老师 ………………………… 11

精心耕耘　无私奉献 ……………………………………………… 13

大爱无言　真爱无痕 ……………………………………………… 15

奉献终生　无怨无悔 ……………………………………………… 18

永远的榜样 ………………………………………………………… 20

和他们在一起,我骄傲 …………………………………………… 21

爱在远山　乐于奉献 ……………………………………………… 23

师德典范　大爱无言 ……………………………………………… 25

默默无闻　无私奉献 ……………………………………………… 28

因为爱,所以快乐 ………………………………………………… 29

自强不息　乐为人梯

　　——我身边的师德典范 …………………………………… 31

平凡岗位　高尚师德 ……………………………………………… 32

我身边的那片绿叶 ………………………………………………… 34

小事见真情 ………………………………………………………… 36

真爱无痕　积于细微 ……………………………………………… 37

痴心一片终不悔　只为桃李竞相开 …………………………… 39

教书育人　乐于奉献 ……………………………………………… 41

用心耕耘　用爱浇灌

　　——记音德尔第八小学教师刘丽华 ……………………… 42

卢玉福老师的飘摇人生 …………………………………………… 44

张姐的一天 ………………………………………………………… 46

扎根草原育桃李　情系乡村献青春	47
我身边的师德典范	50
一枝一叶谱人生　三尺讲台总关情	52
最美的雪莲	54
一辈子也没有走出大山的人	56
白血癌病恶魔缠身　教书育人鞠躬尽瘁	
——缅怀恩师杜鹏图	58
"蜡烛"精神	60
春蚕到死丝方尽　蜡炬成灰泪始干	62
大爱无言	
——让青春在奉献中闪光	65
山上没有寒冬	
——记扎根凤顶村校的优秀教师黄朝干	66
三十三年三尺讲台度人生	68
我身边的师德典范：王功慧老师	70
朴实无华　芳香四溢	
——我身边的师德典范	71
把大爱植根于学生心田	73
抛洒青春为桑梓　呕心沥血育后人	74
全心全意育桃李　满腔豪情释芬芳	77
用爱心铸就师魂	79
青春无悔	81
把爱心浇筑在平凡的工作中	83
学生喜爱的好老师	85
扎根山区乐奉献　汗水浇灌育桃李	
——记神农架林区下谷坪民族学校教师谭明桂	88
无怨无悔　任劳任怨	92
做蜡烛,燃尽最后一滴泪	95
为奉献喝彩	
——记音德尔第一小学刘清艳老师	96
大爱无言	99
视责如山　上善若水	100
老师,您好!	103

第二篇　温情故事　感动你我

| 做一个有爱心的教师 | 107 |

目录

爱也无声 …………………………………………………… 108
有爱就有希望
　　——我"认'贼'为女"的教育故事 ………………… 110
我的理想之路 ……………………………………………… 112
做孩子心中的那轮太阳 …………………………………… 114
教育,走入学生的心灵 …………………………………… 115
宽容,收获更多精彩 ……………………………………… 117
爱的力量 …………………………………………………… 119
用爱弥补孩子残缺的心灵 ………………………………… 121
畅话桃李情
　　——我身边的感动 ………………………………… 123
中国好教师
　　——门锁了,爱在延续 …………………………… 125
畅话桃李情
　　——我的家访故事 ………………………………… 127
想当"官"的孩子 ………………………………………… 130
当我看到他的那双小手时 ………………………………… 132
孩子,你的微笑比什么都重要
　　——我的德育研修案例 …………………………… 134
静等花开 …………………………………………………… 136
谁动了我的钢笔 …………………………………………… 138
童心储蓄罐 ………………………………………………… 141
我教书育人的故事 ………………………………………… 143
用爱用心去教孩子们 ……………………………………… 145
做一名"美丽"教师 ……………………………………… 147
师德案例故事:一个也不能放弃 ………………………… 149
瞬间的感动 ………………………………………………… 151
心灵碰撞的教育 …………………………………………… 153
从臭烘烘到香喷喷 ………………………………………… 154
俯下身,静等花开
　　——发生在研修中的难忘故事 …………………… 158
给孩子一次机会　还自己一个惊喜 ……………………… 160
这一场拉锯战
　　——《警察与小偷》的教育故事 ………………… 162
做孩子心中的太阳 ………………………………………… 165
让爱挽救缺失家庭中稚嫩的心灵 ………………………… 169

第三篇　教书育人　实践真知

给"差生"多一点关爱	173
学生的良师益友	175
无私奉献的特岗教师	177
学生喜欢的韦老师	178
师魂潜我心　精心育桃李	179
沟通单亲学生的桥梁	181
我与学生们的情感故事	183
我最大的心愿	185
大爱无言	187
研究教学　关爱学生	189
无言大爱在我心中	192
平凡的生活　美丽的人生	194
风景这边独好	197
不信东风唤不回　因为有爱才收获	199
朝夕相处总关情	
——华南实验中学老师巡记	201
爱生如子　爱班如家	204
奉献真诚的爱心	206
让校园充满爱	209
用青春谱写人生	211
爱的力量	
——一个特困学生的转变记录	213
爱，因为在我心中	216
爱岗敬业　心系学生	219
谈如何从学生的视野了解学生的思想动态及其感悟	221
畅话桃李情	
——我身边的情感故事	226
虽为留守　但也快乐	228
真实的力量	230
"优差生"转变记	232
大音希声　大爱无痕	236
捧着一颗心来　不带半根草去	238
我永远是真心	240
责任、爱与奉献	241

畅话桃李情
　　——我身边的情感故事 243
等待花开 245
师爱化坚冰
　　——浅谈如何转化后进生 247
把课堂交给学生
　　——发生在研修中的难忘故事 249
畅话桃李情 251
换种方式交流 252
奖励开出遍地花 253
爱,定能让她"站"起来
　　——与一个残疾儿童相守的故事 255
那一朵涩僻的花儿 258
少一分指责,多一分尊重 261

第四篇　胸怀梦想　铸就未来

长大后我就成了你
　　——记我的初中班主任老师 265
心中有一枝桃花 266
扎根山乡　放飞梦想 269
照亮学生的梦想 271
大爱无言之我的梦 273
奏响三尺讲台的美丽乐章 275
中国好教师
　　——乡村教师成长记 277
当梦想照进现实
　　——在三尺讲台上实践我的教育梦 279
我的教育梦 282
与爱同行 286
在教育的田野里且行且吟 288
三尺讲台上的教育梦 290
行走在寻梦路上 291
缺乏爱的教育会黯然失色 293
倾情奉献,只为托起心中的教师梦
　　——记黑龙江省克山县西建乡中心小学周万福 295

后　记 297

第一篇

诗赞典范 传承美德

因为你是我的学生

安徽省舒城县柏林乡石岗中学　王立兵

十七岁那年,储成银老师怀揣着梦想,走出了舒城师范的大门,迎着初升的阳光来到了我县最偏远的山区中学,掀开了他从教生涯的第一页。面对着一张张鲜活纯真的笑脸,看着一双双渴求知识的目光,一种关切、一种柔情、一种责任油然涌上心头,也融入了他的生命。他知道,从今往后,他要走近的是稚嫩脆弱的心灵,他需呵护的是浇灌扶植的幼苗,他将牵挂的是二次断乳的人生。

【走近你,因为你是我的学生】

走上讲台,成为学生的良师益友是储老师终生的职业追求。他曾连续担任过十六年的班主任,在班级管理中,他力求走进每一位学生的心灵。2009届毕业生周同学,初二时从外校转入储老师班。听周爸爸说,周同学原本活泼开朗,兴趣广泛,和同学关系融洽。班上有一位女生,成绩优异,周同学和她经常在一起,谈学习,谈兴趣爱好。班主任误认为周同学早恋,在班级公开批评了他。之后,周同学与班主任产生了隔阂,多次与班主任顶撞,经常违反课堂纪律,甚至出现旷课现象,课下也不愿和同学说话。周的父母很着急。

来到储老师班后,周同学依然不愿和同学说话,也不愿和储老师交流。为了赢得周同学的信任,课堂上,储老师经常找他回答问题,寻找他身上的闪光点,及时地表扬鼓励;班级活动中,储老师积极创造条件,让他展示自我。在周同学转入储老师班的第二个月,学校举办一年一度的田径运动会,他什么项目也没参加。储老师听说他力气大,就自作主张,给他报了男乙实心球项目。比赛中,储老师让全班同学给他加油助威。他果然不负众望,取得了12.75m的好成绩,不仅获得该项目的冠军,还打破了学校的纪录。当他走上领奖台时,他笑了!渐渐地,他愿意和同学说话了,人也变得开朗多了。

为了走进周同学的心灵,储老师特地争取了一间教师宿舍给他单独居住,每天晚自习后,储老师都要来到宿舍里和他谈心,疏导他的心结,关心他的生活。记得有一天晚上,储老师来到他的宿舍,发现他眉头紧锁,满脸焦虑。原来,他晚上洗脸时不小心打翻了脸盆,弄湿了被子。于是,储老师就把他带回家,住在一起。经过一段时间的交流,他和储老师亲近了,什么话都愿意告诉储老师,遇到不开心的事就主动找储老师倾诉,学习上遇到难题也主动向储老师请教,他们成了亲密的朋友。

【呵护你,因为你是我的学生】

冰心老人曾说过这样一句话:"爱是教育的基础,是老师教育的源泉,有爱便有了一切。"是的,学生的成长离不开老师的关爱。储老师班的余同学,性格阳光,为人热情,可

惜2005年4月的一天,她的父亲在车祸中不幸离世。突如其来的打击让这个原本活泼开朗的女孩一下子没了方向,办完了丧事,她仍然没有回学校上课。打电话,没人接;捎口信,没回音。储老师按捺不住焦虑的心情,放学后,骑上摩托车,冒着蒙蒙细雨,飞快地向她家驶去。她家距公路大约有五六里山路。于是,储老师丢下摩托车,一路步行来到她家。进了家门,眼前的景象不由得让储老师愣住了:两间破旧的土墙,空空荡荡,没有一件值钱的家具,没有一间像样的卧室,她和弟弟正拿着父亲的照片啜泣,她的母亲嘴里也不知念叨着什么。见到了储老师,他们又哭成了一团。原来,她的母亲身体多病,精神不好,弟弟在上六年级,父亲是家中的顶梁柱。如今,顶梁柱倒了,今后一家人的生活怎么办?余同学满眼泪水,哽咽着说:"老师,我不上学了,我要为妈妈减轻一些负担。"储老师静默了许久,安慰她说:"每个人都会遇到困难和挫折,你要敢于面对,敢于承担,相信我们大家都会帮助你的。这几天你就在家陪陪你母亲,过两天我再来看你……"第二天早晨,储老师立即召开了班会,介绍了余同学家里发生的不幸和她家的状况。同学们眼圈发红,唏嘘叹息,纷纷表示要伸出援助之手。不到两天时间,就汇聚了一千多元的爱心捐款,储老师也从微薄的工资中拿出三百元。星期天上午,储老师和班上十几位同学,带上水果和全班同学的爱心再次来到她家中。她给储老师和同学们倒上茶水后,坐在一边,默不作声,低着头,流着泪。同学们有的跟她谈心,有的帮她擦眼泪,有的帮她家打扫卫生、整理房间,储老师适时地劝导她,希望她学会坚强,回到学校,努力读书,以告慰父亲的在天之灵。终于,第二天,余同学返回了学校。此后,储老师经常找她谈心,开导她,鼓励她,资助她,还特地帮她申请了希望工程助学金。渐渐地,她变得开朗了,学习也进入了状态。2010年,她以优异的成绩考入大学。后来,她在给储老师的一封邮件中这样写道:"老师,初中时如果没有您的关心呵护,就没有今天阳光自信的我。"

初中生大多活泼好动,难免会出现磕磕碰碰。2008年9月,一天晚自习后,黄同学下楼梯时不小心扭伤了脚。第二天课间操,储老师发现他走路颠簸,表情痛苦,问清原委,便立即骑车将他送到镇中心医院。在医院里,储老师背着他上楼、下楼、挂号、缴费、拍片,检查结果是脚掌骨裂,医生建议卧床休息一个月。黄同学的父母都在外地打工,没法照顾,为了不耽误他初三的课程,储老师安排了班级同学轮流值守,替他买饭,背他上学、放学、上厕所,中午和晚自习后储老师都要去他的宿舍,照顾他,和他聊天,直至他痊愈。在这期间,有天正好是他的生日,为了给他一个惊喜,当天下午,储老师在家烧了几个菜,并烧了他最爱吃的红烧牛肉,还买来生日蛋糕。放学后,储老师直接把他背到家。餐桌上,他激动地说:"谢谢您!储老师,您的关心爱护超过了我的父亲!"

【牵挂你,因为你是我的学生】

不知不觉,储老师从教二十年了,从为人子、为人师到为人夫、为人父,诸多感情中,总让他魂牵梦绕、挥之不去的还是那份对学生的惦记与牵挂。1995年秋学期,储老师母亲被查出左胸腔肿瘤,在省城医院做了大手术。手术当天,他请假来到医院,第二天凌晨,母亲清醒了,他既欣慰又焦虑。欣慰的是,母亲的手术很成功;焦虑的是,如果留下来照顾术后的母亲,班里那几十个孩子怎么办?母亲很快看出了储老师的心思,轻声把储老师叫到床头,一边摸着他的头,一边断断续续地说:"儿子,你回去上课吧,我有你爸照顾就行了。"听到这话,储老师的心像打翻了五味瓶。他紧紧握住母亲的手,轻声说:"妈,您刚做完大手术,生活不能自理,父亲年迈,体力不支,我不在怎么行?"爸爸见状,在一旁低声道:"有我在照顾,你有什么不放心?回去安心上课吧!"于是,他没顾上吃早饭,就急匆匆离开了医院,踏上了回校的路程。直到现在,每想起这件事,储老师心里都很内疚不安。

离开病床上的母亲,是因为牵挂他的学生;深夜难眠,也是牵挂他的学生。2009 年 5 月,有一个周末的晚上,储老师躺在床上,翻来覆去睡不着。想起近段时间,班上曹同学上课总是发呆,神情有些恍惚,储老师多次找她谈心,她总是说没事。今晚只有曹同学一人住在宿舍,其他住校生都回家了,储老师心里很不踏实,决定到宿舍里去看看。于是,他叫醒了爱人,和她一起来到女生公寓。到寝室一看,曹同学的宿舍门半掩着,宿舍里没有人。储老师的心一沉,这么晚了,她会去哪里呢?没来得及多想,他们先在校园里找了一遍,没找到;储老师更加焦急,便骑上摩托车来到学校附近的集镇上。半夜里,乡村集镇上很是安静,连个人影儿也没有,只有几家网吧的灯还依稀地亮着。大街小巷都找遍了,网吧也逐一问过了,仍没找到。这时,已经到深夜十二点了,储老师不知所措,只好回到学校把情况向校长如实汇报。校长二话没说,穿好衣服,带上手电筒,先把学校的操场、教室等每个角落再找一遍,没有,还是没有。一个女孩半夜会到哪里去呢?储老师和校长走出校门,沿着河边的马路,一边走,一边找,一边喊着曹同学的名字。终于,远处的沙滩边传来一个回音:"老师,我在这儿。"他们急忙走过去,发现她独自一人在抽泣。原来,她父母最近闹矛盾特别厉害,关系紧张,多次提到要离婚,她心情难受,想一人出去散散心,不知不觉便来到这里。储老师长长地舒了口气。安顿好曹同学,回到家中,已是凌晨一点多钟。

一路走来,有风雨,更有艳阳;有付出,更有收获!储老师深深知道:选择了教师职业,便选择了执着;选择了莘莘学子,便选择了给予。但为了你——可爱的学生,储老师甘愿继续走近,精心呵护,终生牵挂!

为大山里的孩子贡献青春

广西壮族自治区环江毛南族自治县驯乐乡山岗小学　莫有恒

1998年7月,生长在大山里的莫老师中专毕业了,在父老乡亲的挽留下,他毅然决定留在大山里,成为驯乐苗族乡山区小学的一名教师。15年来,为了山区教育事业,他无怨无悔地贡献了自己美好的青春。

工作伊始,他就被分配在离家50多里外的苗族村寨——平为教学点,担任一、二年级复式班的全部课程,每天要上5到6节课。他没有任何教学经验,猛然间要教复式班,的确有困难。但他不是一个怕困难的人,虚心向老教师学习,很快就胜任了教师工作。作为山村教师,他不仅要面对教学设备匮乏、语言不通等困难,还要学会与寂寞为伍。平为小学坐落在深山沟里,每天夜里,只有他一人住在学校。他以超常的胆量和毅力,忍受着孤独与寂寞,凭借一盏煤油灯,夜夜与课本、作业本为伴。他常常想:"如果我不认真教书,山里的娃娃们就会像他们的祖祖辈辈一样,永远走不出大山,永远过着贫穷的生活。"为了父老乡亲的孩子将来有个好前程,他肯吃苦,也能吃苦。1999年9月,组织上把他调到全乡苗族聚居区的山岗村金归教学点。学校只有他一名教师,从星期一至星期六,他几乎整天都在讲台上,却从来不说苦,也不说累。尽管工作如此辛苦,收入却极其微薄,父母及亲朋好友都怜惜他,多次劝他:"人家一星期的收入就抵得上你教书一年,看看和你一起毕业的同学,他们的工作有多好。"莫老师不傻,当然知道其他行业比教书来钱快。说实话,面对这一切,他也曾动过心。但他心里还有另外一笔账——"若是大家都奔钱去,这些娃娃们怎么办?每当我在课堂上看到孩子们一双双求知若渴的眼神,我就下不了狠心离开学校"。的确,这些孩子们需要他,将来山区彻底摆脱贫困的希望就在这些娃娃身上。就这样,他抵御了所有诱惑,做一名优秀的人民教师的信念在他内心深深地扎下了根。

2002年,他被调到大山深处的宝山小学任教。这是驯乐苗族乡最为偏远的一所小学,距离乡中心小学六十多里,水、电、路都不通,过的是肩挑背驮的生活。由于偏僻的缘故,宝山小学的教师一般是今年来,明年走,学生成绩也一直处于全乡的下游。面对这种状况,他毫不退却,一到宝山小学,就主动向校长请求担任毕业班的教学和班主任。在他的努力下,他任教的第一届毕业班就达到了河池市教学达标要求。同时,他努力争取上级资金,到2005年8月,学校终于建起了宝山片500多人口中的第一幢楼房。

由于工作出色,2009年组织调他到长北村小学任教导主任,2010年又把他调到全乡苗族聚集地和寄宿生最多的村校——山岗小学任教导主任,2011年被任命为山岗小学校长。他深深知道:除了责任和义务,山村小学的校长没有任何级别和待遇。但他下定决心,只要身为人民教师,就有责任把学校工作做好,把学生教好,向老百姓交一份合格的答卷。山岗小学三面环水,学生上下学都得蹚水过河,每到汛期,他都亲自与老师们背学生过河。有一次,他在背学生过河的途中不幸被流石击中脚踝,鲜血直流。如今,每到天气变化,都还有痛感。在他的领导下,学校没有发生一起事故,2012年被评为河池市学校安全管理先进集体。

给人民满意的答卷,是莫老师的铿锵誓言。要实现这个目标,光有爱心和热忱不够,还要有过硬的教学本领。多年来,他无论到哪个学校,无论这些学校的条件有多差,工作有多累,他都不忘钻研教材和教学方法。在莫老师的身上,我们深刻体会到一名善良的中国知识分子,正通过三尺讲台传递无私爱心的崇高品德。莫老师,一位普通的人民教师,一名普通的共产党员,把全部的爱心带给了广袤的苗族山乡,为大山的孩子架起了一步又一步攀登幸福的云梯。

都安老师的楷模

广西壮族自治区都安瑶族自治县安阳一小　韦尧琼

都安,人称"石山王国"。这个国家扶贫开发重点县,曾经因为贫穷,每年约有200名本科分数线以上的考生不得已放弃上大学。

就在这里,有一个好心人。他叫莫振高——都安高中校长、全国劳动模范、2011年全国教书育人楷模。

连续35年,他用自己微薄的工资,资助了近300名贫困生顺利进入大学;近10年来,他先后筹集3000多万元善款,资助了1.8万名贫困生圆了大学梦。

当莫振高还是普通教师时,作为学校为数不多的党员之一,别人不去做的,他都带头做。

后来,他当校长了,他一点点地向社会筹资。修楼的钱就这样左一个5万元、右一个10万元的"化缘"而得。

就这样,一点点将5层的学生饭堂、图书馆、教学综合楼和3栋学生宿舍楼建了起来。

接着,一栋科技大楼拔地而起,每个教室里都配了两台29寸的闭路电视、一台高亮度的投影仪和电脑。

在都安高中,贫困生占学生总数的40%以上,而都安县人均年收入只有1600多元,贫困户人均收入不足800元。"帮一个贫困生,就是帮一个家庭!"莫振高说。

家住古山乡德雅村的小黄考上了重庆大学,但家里所有能卖成钱的东西不足300元!小黄无奈,只好选择放弃上大学。莫振高知道后,第一时间赶到小黄家里了解情况,并拿出自己积攒下来的1000多元钱塞到小黄手中。大学期间,为了让小黄安心完成学业,莫振高每月定期给她寄去生活费。

在莫振高的带领下,学校的教学质量稳步提升,高考升学率也逐年提高,2014年基本达到100%,连续23年有学生考上清华、北大。

多年来,由于教学成绩突出,莫振高多次被推荐到行政部门任职,被外地学校高薪聘请,但都被他拒绝了。

他说:"我爱我的学生。我要用毕生的奋斗,给瑶山的孩子们一片自由放飞的天空,让更多的孩子踏上求学路。"

厚重的荣誉簿,记录了54岁的莫振高对教育的无私奉献、孜孜以求的执着精神:广西"优秀教师"、"优秀共产党员"、"全国先进工作者"、"感动广西十大新闻人物"、广西"十佳校长"、"全国劳动模范"、2011年全国教书育人楷模……

关爱学生 奉献社会

贵州省思南县第三中学 黎 明

教师是烛光,燃烧了自己,释放了光芒;教师是园丁,哺育了花朵,辛劳了自己……

教师,一个受人尊敬的职业,无数赞美之词无不彰显教师职业的神圣。确实,作为一名教师,肩上承载着沉甸甸的责任。这份责任,让我们丝毫不敢懈怠。在我的身边,有许许多多老师一直默默地工作在三尺讲台上……他们任劳任怨、勤勤恳恳、不计报酬,为党的教育事业呕心沥血、奉献一生。

"献身教育,无怨无悔;身患癌魔,痴心不改"——这是对吴茂国老师教书生涯的高度概括。

吴茂国:男,苗族,生于1969年,中学数学一级教师,1991年8月参加工作。扎根山区教育22年来,兢兢业业,勤勤恳恳,任劳任怨,为人师表,身患绝症,心系教育,用心呵护每一个学生。他的成绩是骄人的,他的孜孜以求、坚定执着的奉献精神更让人敬佩。具体事例如下。

一、病魔来袭,痴心不改

2007年5月,吴老师因身体不适住院治疗,后被确诊为结肠癌。这从天而降的灾难让他倒下了吗?没有。他没有感到悲伤,反而更加乐观。学校领导、同事们到医院去看望他时,见他打着吊针,鼻孔插着引流管,心里都很难过。他除了感谢大家的关心,只字不谈自己的病情,还主动和同事们谈论教学方法。他用微弱的声音对领导说:"我会很快回到学校上班的,耽误的课程自己会找时间补上,请领导放心。"学生们去看望他时,见此情景,不由得在病床前伤心地流着泪,可是吴老师却亲和地对他们说:"我就是感冒而已,有什么值得你们流泪呢?我住几天就出院了,我们还会一起共同学习的!这点小小的病都不能战胜,我还是你们的老师吗?"其实,吴老师不是不知道自己的病有多严重,而是不想影响学生,因为他相信自己不会被病魔吓倒。即使有什么不测,他心里总有一种信仰:学生是他生命的延续。他要用自己的信仰来诠释自己人生的价值,把自己的光和热抛洒在教育事业上。

住院治疗期间,他用乐观的心态积极配合医生治疗,嘴边时常惦念着自己的学生。待病情好转后,他多次向学校申请回校上课。学校不同意,亲人也劝阻,但他一直坚持。他一边治疗,一边上课。学校考虑到他的身体状况,让他只上一个班的数学课,但他却说:"我这些年一直都在担任班主任,也体会到当班主任才能更好地走进学生的生活,请让我继续和学生在一起。"学校只好答应了他的要求。上课时,因药物的强烈反应,他常常大汗淋漓,痛苦难当,但他仍然坚持上课。曾多次觉得头晕目眩,差点倒下,他都赶快扶住讲台,闭上眼睛,稍好一些了,又继续上课。尽管如此,他没有向学校领导哼过一声,向家人说过一次,连一次迟到都没有。药物用完后,他怕耽误课程,常常让妻子前往遵义医学院,找医生开处方,购买药物。需要复查身体时,他把时间安排在假期。他就这样全身心投入到工作之中,全然不顾自己是一个重症缠身的病人,危险随时来袭。2008年5月的一天上午,天空下着小雨,他早早起床洗漱完毕后,就准备去学校,突然感到头昏眼花,昏厥在地。妻子吓傻了,赶快打120车送到医院救治。经抢救,他很快苏醒过来。他醒过来后的第一件事就是叫妻子打电话给上同一班的王老师替他代课。下午,他又拖着虚弱的病体出现在了教室门口。

二、关爱学生,奉献社会

"爱是力量的源泉。"没有爱心谈何教育?他自己都成了特别需要他人关爱之人:父母在乡下,妻子没有职业,儿子又在读书,他却拖着沉重的病体时时关心自己的学生。班上有一位男生叫徐松,父母都在外打工,家境贫困。他所有的资料、校服费都是吴老师垫付的,吴老师还经常给他零花钱。后来,徐松以优异的成绩考取了北京科技大学。临别前的酒宴上,望着春风满面的得意弟子,吴老师的心里真比吃了蜂蜜还要甜。每逢寒暑假,吴老师的学生都到家来看望他。

三、致力教学改革,结出丰硕成果

从2004年起,吴老师便致力于教学改革。为了实现自己的理想,他再次毫不犹豫地肩挑重担,踏上了数学教改的艰难历程。他秉承教师为辅、学生为主的教育理念,巧用小组合作,打造高效课堂,充分调动学生的积极性,拓展思维空间,培养创新精神,为培养创新型人才打下坚实的基础。他废寝忘食,刻苦钻研,取得了显著成效,成绩斐然:1996年、1999年被评为地区"三沟通"培训工作先进管理工作者;教案《数学集体备课创新探究》获得了首届贵州省中小学(幼儿园)教学成果二等奖;2013年获得铜仁市"感动教育十大人物"提名奖、思南县"感动思南十大教育人物"光荣称号。

如今的他依然战斗在教育教学一线岗位上,斗志昂扬,痴心不改。他所要做的就是把自己平生所学无私地奉献给学生,使他们茁壮成长,学有所成,报效祖国。如此,便是他最大的慰藉。

爱岗敬业　追求卓越　无怨无悔
——记南明实验二小邓竹梅老师

贵州省贵阳市南明区兴关小学　龚娅娜

坐落在这座城郊接合部的小学校园里,有这么一位青年女教师:她时而与孩子们一道观察校园里的花草树木或玩耍嬉戏,时而同老师们一起研讨教学中的疑难问题,时而与孩子们亲切交流……她,就是南明实验二小的邓竹梅老师。

作为一名教师,她爱班上的优等生,更爱班上的后进生。如××同学,每次上课发呆,不肯做作业,还说老师是傻瓜。邓竹梅老师没有放弃这个孩子,而是手把手地教她写,抓住她的点滴进步,不断鼓励她,在学生面前夸她是个聪明的孩子。渐渐地,这个孩子不但能完成作业,而且成绩也有了很大的进步。在生活上她更无微不至地关心每个学生,帮助他们削铅笔,提醒学生按时吃药,帮学生点眼药水,甚至学生呕吐、大小便在身上,她都能尽心帮助,和学生一起动手弄干净。她们班的学生一到下课了,老爱拉着她的手问东问西,跟她说知心话。

多年的班主任工作,让邓竹梅老师深刻感到:班主任是沟通学校与家庭、社会,进行素质教育的纽带。为了让素质教育渗透到班级管理的全过程,落在实处,抓出实效,她认真履行着自己的职责。在学生面前,她时刻以身作则,积极参加班级活动,为学生树立榜样,使她们能自觉参与,树立集体意识,形成良好班风。她把自己看作班级中的一员,用自己的行动去影响、带动、吸引学生,因而具有莫大的感召力和吸引力,并产生了良好的效果。她在开展班级工作时面向全体学生,无论是顽皮的、父母离异的、单亲的……她都记在心上,对他们付出双倍的爱。每次班级搞活动时,她总会有意让他们在活动中得到锻炼,去掉自卑,树立自信心。因为与学生是朋友,天气变冷,她会提醒学生添加衣服;因为是朋友,学生中有生病的,她会给予亲切的问候;因为是朋友,学生中有进步的,她会给予极大的鼓励;因为是朋友,学生中有犯错误的,她会对其进行充满爱意的教导;因为是朋友,学生在处于逆境或困惑时,她会与其探讨,给予勉励;因为是朋友,她工作失误时,学生也敢及时指出……她与学生们像朋友一样谈学习、谈未来、谈做人。

曾记得有一次,她的一个学生拿了别人的钱,她得知后,马上找到这位学生进行了解,找其谈心。原来这位学生不小心弄丢了自己的钱,才拿了别人的钱。她教育这位学生说:"别人的,哪怕是一分钱都不能要,通过自己的劳动得来的钱才是自己的。"这位孩子不停地点头,流下了泪水。邓竹梅老师以一种母爱般的关怀,感化了这位学生。

由于长期带病坚持工作,邓竹梅老师的阑尾炎再次复发,又一次被推上手术台。当手术做完,她苏醒后的第一句话就是:"办公桌上有我为学生准备的数学复习资料,记得

帮我发给他们。快考试了,不能因为我生病住院而耽误了他们的学习。"的确,她对学生的爱是无私的、是真情的。用她自己的话说:捧着一颗热爱工作的心,再苦、再累,也无怨无悔。

一分耕耘,一分收获。爱和奉献是无穷的精神动力。渐渐地,邓竹梅老师的教学工作和班主任工作比翼齐飞。她曾多次参加全国、省、市、区等教育部门组织的各类教育教学竞赛,并取得了许多优异的成绩。

走进她,你会发现,她的工作作风就是无论做哪一项工作都是脚踏实地,尽心尽责,都是高标准严要求,每一项工作都是有计划、有落实、有检查、有总结。她把自己学到的班级管理经验与学校的实际工作密切结合起来,促使班级管理水平不断提高。她不分昼夜地辛勤工作,仔细阅读分析老师们的创新课、研究课,帮助老师们不断完善教学方法。每次听课后,她都会认真评课,帮助授课者找出优缺点,使他们明确自己的努力方向。

一晃已近十五年,她在没有鲜花的舞台上默默耕耘,无私奉献;在没有掌声的讲台上,用整个心灵演绎自己的青春人生;在没有物欲的校园里,用自己的知识浇灌祖国的花朵。当一个人要把自己的青春献给学生、献给未来的时候,生命中也就融入了无坚不摧的力量。是啊!爱岗敬业、追求卓越,让自己的青春无怨无悔!这,就是邓竹梅老师一直并永远追求的梦!

精心耕耘　无私奉献

黑龙江省同江市勤得利农场中学　冯彩艳

爱是一个永恒的话题,教师对学生的爱更是一种把全部心灵和才智献给孩子的真诚。这种爱是无私的,它要毫无保留地献给所有学生;这种爱是深沉的,它蕴涵在为学生所做的每一件事当中;这种爱是神圣的,它能凝成水乳交融的情谊。

在我身边有这样一个真实的故事。付佳,一个普通的音乐教师。2003年参加工作,是一个年轻的"老"教师。说起付佳老师,大家都会一致想到一个词——"热心"。没错,付佳老师有一副热心肠,尤其对她爱着的学生们。平日里总能看到她和孩子们谈心、聊天。她从不放弃任何一个孩子,经常鼓励他们。天冷了,提醒学生们加厚衣服;逢年过节,经常将回不去家的学生带到自己家里;清明节时,给住宿的学生煮鸡蛋;端午节时,为回不去家的孩子带粽子;"六一"儿童节时,给家庭条件不好的孩子买几样小食品;等等。她常说:"一双眼睛看不住几十个学生,而一颗爱心却可以拴住几十颗心。"她是这样说的,也是这样做的。

2009年,一个众人眼中的后进生——徐某某升入了勤得利中学,开始了他的初中生活。天生听力障碍的他生长在一个不幸的家庭里:父亲在他很小的时候就过世了,母亲再婚后无暇照顾他,所以从小被寄养在大伯家里。这样的生活背景使得他的性格孤僻,成绩也每况愈下,升入中学时是年级倒数后三名的孩子。在一次上音乐时,付佳老师发现了这个孩子的"与众不同"。下课后,与他的班主任交流后,她才知道了这个孩子的不幸。付佳老师听后觉得很痛心,她觉得这个孩子不但无法得到健全家庭的温暖与关爱,同时生理上的听力障碍使得他无法感受到这个世界的美好。于是付佳老师下定决心,一定要让孩子聆听到美妙的音乐,让他感受到世界的美好。

她对丈夫说了自己想给徐某某配助听器的想法以后,得到了丈夫姜明强的赞成,夫妻俩决定首先资助1000元。接着,她先是联系了几家商店的老板,请求他们的资助。在她说明了情况后,几个好心人都同意帮助这个不幸的孩子。然后,她又亲自与双鸭山市的一家公司联系来给徐某某做检查鉴定。付佳老师怕他戴了助听器后其他同学歧视他、嘲笑他,于是先在班级里给其他同学做了思想工作,同时告诉他们不要在班级大声喧哗,以免声音过大伤害到他。

在一个阳光明媚的午后,徐某某终于佩戴上了助听器。徐某某佩戴上助听器后,他说第一次这么真切地听到了音乐老师这么美妙的歌声。那一刻,付佳老师觉得所做的一切都太值得了。之后,她还担心徐某某忘记更换电池影响助听器的使用寿命,所以直到现在,她仍一直定期为徐某某更换电池。

"白云奉献给蓝天,长路奉献给远方……"而作为一名平凡的教师,付佳老师将她的一片爱心奉献给了她深爱的教育事业和她的学生们。

俗话说:"浇花要浇根,帮人要帮心。"在付佳老师身上,我看到的是当代教师的高尚品德。在教书育人的平凡岗位上,她精心耕耘,无私奉献,以高尚的道德情操,高度的育人责任感,一丝不苟的教学态度,践行着一个教师教书育人、为人师表的职责。

曾经以为,高尚的师德都会做出一番轰轰烈烈的壮举,但现在我想说,高尚的师德就如涓涓细流、绵绵细雨,能真正润物无声。在新世纪的花圃里,要获得丰收,需要辛勤耕耘,加强田间管理,更需要温暖的阳光、湿润的雨露。只有教师的爱化为阳光、化作雨露,才能滋润出一批批破土而出的幼苗,才能使我们的花朵竞相盛开,绽放出它最美丽的光彩。

大爱无言　真爱无痕

黑龙江省阿城市第四中学　王代荣

关立谦同志参加教育工作二十年来,始终辛勤耕耘在教育教学一线,一直兢兢业业地担任数学教师和班主任。她爱教育事业胜过爱自己的家庭,爱每一个学生胜过爱自己的孩子,在学校里有口皆碑。她年复一年、日复一日地全身心投入到她所钟爱的班级工作和数学教学工作之中,从不计较名利和个人得失,无怨无悔地奉献着自己的聪明才智,在自己的工作岗位上发光发热。

每个学生来自不同的家庭,有着不同的生活环境,或多或少地会把一些不健康的思想、行为反映到班级学习生活当中来。为了树立良好的班风,防微杜渐,把有些问题消灭在萌芽状态,她帮助学生树立正确的人生观、世界观,帮助他们分析对一些问题的看法,增强了他们辨别是非的能力;她不放弃每一个学生,帮助他们树立学习自信心,使班级形成了互帮互学的浓郁学习氛围,班级的整体学习成绩始终稳定在学年级前列。全班无论学习好的学生还是学习稍差的学生,都在努力向上地学习,即使到毕业年级,全班也没有一个"干坐生"。

她把自己全部的爱都奉献给了自己挚爱的教育事业,她每天的行走路线就是家里、学校,生活是很单一的,在别人眼里简直太单调、太枯燥,但她并不这么认为,50多名个性差异的孩子丰富了她的精神世界,他们的喜、怒、哀、乐占据了她的整个心灵。她常常因为一名学生学习成绩的提高而开心,也会因为学生家庭变故与不幸而与同学一同落泪。她在学生心里可称得上是一位优秀的教师、称职的班主任、学生身边的贴心人。

班级里50多个孩子是50多个家庭的希望,哪个学生不是她的心头肉?当家庭和学校工作发生严重矛盾时,她把心灵的天平倾向了学校。

2008年,她不幸患了重病,在住院期间,一直没有忘记她的学生们,出院后没休息几天就上班了。人们常用"春蚕到死丝方尽,蜡炬成灰泪始干"来比喻教师的奉献精神。是啊,作为一名人民教师,她的奉献是无私的,是心甘情愿的,她恨不得把自己十几年积累的知识、经验一下子都传授给学生。她默默无闻地满足于"青出于蓝而胜于蓝",她以学生成为社会有用之才而骄傲,而她所奉献的是情感,是心血,是一名人民教师的职业操守。是啊,她坚守着安贫乐教的人民教师职业操守,在这个心灵撞击着心灵的育人过程中,她的素质得到了升华,她收获了知识的、智力的、心灵的,人生价值的财富,她收获了所有学生对她发自内心的爱,这种精神财富是常人难以理解的。

作为班主任的她,把自己所有的爱倾注在一届一届的学生身上。接每一届学生,她班都是学年组里人数比较多的班级,学习好的、差的,家庭条件好的、差的,思想方面表现积极的、消极的,良莠不齐。她深知做一个合格的班主任,要想开展好班级工作,必须在学生中建立威信,必须赢得学生的信任。平时,她公平地对待每一个学生,对那些家庭条件好、学习好的学生,她不因此偏爱他们,因为深知"响鼓要用重锤敲";对那些贫困的学生、基础知识薄弱的学生,她总是格外关心,用加倍的爱来温暖他们的心;对那些离异家庭的学生,她总是以妈妈的身份抚慰他们的心灵,每逢节假日总是惦记着他们。大家都知道,由于教师评价和中考,不计算借读生的学习成绩,所以老师往往对借读生的学业成绩是无暇顾及的,但借读生在她的班里从情感到学习上,却得到了同等的关照。关老师真心地爱着她的学生,在她眼里,他们都是有思想的朋友,平时善于听取他们的意见,决不独断专行,因此,学生经常把不愿意和父母交流的心事讲给她听,让她拿主意。关老师与学生之间始终处于零距离状态,学生和家长视她为良师益友。学生没有带吃饭钱向她借。人非草木,孰能无情?学生们从心里感激关老师,尊敬着她,爱戴着她。在他们朴实的心里都想更加努力地学习,用优秀的成绩回报老师。身正为师,学高为范。作为教师,远离名利,以自己的人格来塑造学生,这是关老师一直坚守的信条。

  一位教育家说:"想发财、想升官,请你远离教育,教育纯系服务性的。"周六、周日,她教的两个班学生纷纷请她当家教,外校学生也慕名前来,但她都一一谢绝了。谁都知道,如果带几个学生,一个月下来也有一笔收入,但她说这钱不能挣,即使生活清苦些,也一定要按教育局要求去做,做一个有操守、有原则的人。她利用周六、周日料理好家务,剩下的时间备课,以保证周一到周五有更充沛的精力投入工作,充分利用45分钟,把课上好,把知识讲透,对得起学生,对得起家长。她平时鼓励学生不懂就问,老师一定耐心地给以解答。人民教师,不但要在内心深处具有高尚的情操,还要勇于在实际工作中发扬甘为人梯的奉献精神。像园丁,向生活奉献美景;像铺路石,向孩子奉献坦途。只有发扬奉献精神,才能真正有效抵制社会上各种消极因素的影响,坚持教师应有的本色。陶行知先生于1929年曾撰写一联"捧着一颗心来,不带半根草去",这正是人民教师金子般的纯真人格的生动写照,是教师奉献的具体诠释。关老师的言传身教和奉献精神深深地感动着每一个学生,她把爱心播洒在每一个角落,每一颗心灵里都有了爱的种子。作为一位优秀的班主任,既要把德育工作放在工作首位,也要抓好学生的学习。关老师花费大量的时间和精力去设计教案,从重点、难点,到有关的资料,都力求准确,了解深入,使自己能教有所得,学生能学有所获,用亲情的教育方式培养学生的理性思维,带着责任去教课,带着感情去上课是她给自己的要求。授课内容丰富,教学态度认真,授课语言精练,具有独特的教学风格,是学校领导和教师对她的评价。由于四中地理位置偏,生源差,多数是农村孩子,学生的基础很差,靠老师一人想把成绩搞上来,可能性不大,她在班级倡导"一帮一,一对红"结对子的学习方式。在考试时,看哪一小组进步快,就进行奖励。东西虽不多,却激励了同学们的学习热情,班级形成了你追我赶的学习氛围。在学生们的基础知识有了一定提高后,她又布置学生准备一个错题本、一个好题积累本,把作业和考试中易错的题写在错题本上,作为借鉴。同时把好题写在好题本上,要求学生隔几天就翻看一遍,提高学生学习的自主性和分析问题解决问题的能力。就是这样朴素的教学方式,滋养着一届又一届的学生。如今她已送走的多届毕业生,英语成绩都十分出色,赢得了社会、家长、学校、同行的认可。

面对着一份份获奖证书、一句句真心祝福,她总是谦逊地微笑着。在成绩面前,在荣誉面前,她想到的是:"拿什么回报给你,我的四中;拿什么回报给你,我的学生。"现在每次模拟考试学生成绩都有所提高。尽管她衣带渐宽但始终不悔,一切为了学生,为了学生的全面发展,她愿意这样拼搏到底,这样奉献到底。人常说:大爱无言,真爱无痕。关立谦老师正以她的言行诠释着这人间至爱。

二十年沃土耕耘,二十载春华秋实,关立谦以她无私的奉献精神在四中这方沃土上勤奋地耕耘着。走过的足迹记录着她的成长,洒过的汗水印证着她的历程。"犁笔苦耕三尺地,华发屈指笑春风。"关立谦用她的爱生情结、勤奋作为、创新精神、时代意识构成了她朴实丰满的教师人格;她的辛勤付出、无私奉献和骄人业绩折射出她忠诚于人民教育事业的无悔人生。

奉献终生 无怨无悔

黑龙江省兰西县红光中学 孙立平

有这样一位教师,在生死攸关的时刻,舍生忘死,用自己的血肉之躯捍卫学生的生命安全,撑起了一片师者大爱的天空。她的英雄壮举谱写了一曲壮美的生命赞歌,诠释了人民教师的光荣称号。她就是全国最美女教师——张丽莉。其实,张丽莉和你我一样,都是工作在一线的教育工作者,因为我们都有一个共同的名字——人民教师!

在我的身边也有这样一位美丽的女教师——刘素平,红光中学普通的数学教师,自1984年高中毕业踏上三尺讲台起,这一站就是近30年,30年的风霜雪雨、甜酸苦辣,心中涌动的永远是对学生的一片挚爱,对待学生,她总是不急不躁,诲人不倦,以无私的真诚去感动学生,以宽广的胸怀去包容学生,以精深的学识去影响学生,以先进的理念去引领学生,一直在用坚定的信念、顽强的精神、无私的行动、执着的追求诠释着自己对教育的热爱!

苏联教育家马卡连柯说过:"没有爱,就没有教育。"同样,刘老师坚信自己也能像古希腊神话中的皮格马利翁一样,能用真情使石头变成少女,她也一定能以一片至真至诚的爱心感动"上帝"——她所挚爱的全体学生。于是,每一个太阳初升的黎明,她早早到教室等候学生的到来;每一个烈日炎炎的中午,她都赶去教室维持午休纪律;每一节晚自修,她都去教室巡视一番;每一个教案都细心准备,每一堂课都全情投入;当忙完了一天拖着疲惫的身体回到家里的时候,她却有一种充实的幸福感。

苏霍姆林斯基说过:"世界上没有才能的人是没有的。问题在于教育者要去发现每一位学生的禀赋、兴趣、爱好和特长,为他们的表现和发展提供充分的条件和正确引导。"她经常提醒自己:不但要有工作的热情,还要有工作的智慧。对于学校分配的工作,她总是深入实地了解情况,全面地观察,冷静地分析,精心设计方案,未雨绸缪。思考使她的工作充满灵气,而且富有成效。

也许从教育产生的那天起,教师就与责任紧紧连在了一起,传承文明是责任,塑造灵魂是责任,启迪未来也是责任,在三尺讲台这个平凡得不能再平凡的岗位上,刘老师用智慧和汗水辛勤耕耘,无私奉献。由于我校是寄宿制学校,所以刘老师就扮演起了老师、父母、医生、保姆的角色。学生衣服破了,她主动拿来缝补;学生病了,她又拿来自己的常备药;学生误了吃饭,她宁肯自己不吃,也要让学生把她的饭吃下;学生放学,总是一遍遍提醒学生走路坐车注意安全……每个学生都像是她的"亲戚",她从一点一滴关心着"家"里的每个孩子,而每个孩子也都把她当作亲密的朋友,无话不谈。每逢节日,她都会收到来自四面八方的感谢贺卡,有时甚至毕业十多年的学生还会来校看望,以表达对老师的感激之情。正是这种对学生的挚爱,使她成为学生心中公认的"最有亲和力的老师"。听到一声"我想上数学!""我喜欢刘老师!"她就由衷地高兴,她认为这是学生对她的最高奖赏。

然而认真善良的刘老师并没有得到上天的眷顾,她累倒了。长期的积劳成疾,使她的身体状况时好时坏,经常是夜里打点滴白天工作。2008 年 5 月,她晕倒在教室。头疼、恶心、呕吐,人事不省,医生诊断为脑动脉硬化,需住院治疗,谁知治疗不足一个月,她不顾医生劝说坚持出院,第二天就回到了课堂。2011 年 3 月,胳膊、肩肘、足部突然疼得手不能抬、脚不能走,医生诊断患上了在医学界称为"不死的癌症"的类风湿,并告诫此类病要及早治疗。可是,看着百十天后就要中考的学生,刘老师悄悄藏起诊断书,只是买些药回来,一边服药保守治疗,一边一节课不落地坚守在三尺讲台,直到中考结束,她才匆匆赶往上海的专科医院就诊。2012 年教师节前夕,由于开学初千头万绪的工作,在一天艰难地上完四节课后,她又一次突发眩晕,急送医院。医生一看是老病号,对着家属直埋怨:"都不知道她是病人,再这样还要不要命了?"因了她的认真,因了她的拼命精神,她所带的班集体,班风正、学风浓,多次荣获优秀班集体。多次统考,她任教的班级成绩都在全县名列前茅。

一心扑在教学工作上的刘老师,内心很愧疚,知道自己亏欠家人的太多。她的儿子在作文中写道:"妈妈喜欢她的学生,天不亮就上班,晚上我都睡了,她还没回来。她从来不关心我,没问过我吃喝。我自己穿衣、洗衣,有时还要做饭。妈妈太忙了。"年逾花甲的婆母常常嗔怪她:"学校就是你的家。"厚道的爱人常说:"她一进校门,就不知道还有家人。"然而,当她一见到了学生,一站在熟悉的讲台边,一切烦恼、杂念就消失了,心里想的就是如何教好学生,带好班级,如何当好她的数学教研组长,带出一批批优秀的青年教师。因为当教师是她自己的选择,为学生们吃苦,为青年教师受累,她从无怨言;为学生们付出,她心甘情愿。

歌曲《无名小路》唱道:"林中有两条小路都望不到头,我来到岔路口,伫立了好久。一个人没法同时踏上两条征途,我选择了这一条,无悔无忧。"在刘老师看来,也许另一条小路一点也不差,但既然选择了教师职业,她就坚定信念,无怨无悔,奉献青春,永不言弃!

永远的榜样

湖北省黄石市石港区老虎头小学　尹桂芳

　　光阴荏苒，一晃从教已经二十多年了，也算老资格了。然而，当我站上讲台，还是不敢懈怠，还在为学生呕心沥血，还在为工作殚精竭虑。虽然在这物欲横流、物价飞涨的社会，老师拿着低廉的工资，干着超负荷的工作，但这都不能影响作为老师的我一直兢兢业业地工作，因为在我的心里一直有个无私奉献的教师榜样——已故教师吴炳才。

　　22年前我毕业回到乡下一所小学教书，而且是教一年级！发奋读书的我原以为可以通过读书改变命运，谁知道一番努力后还是回到了这贫穷落后的农村乡下。那会儿我的心情甭提有多郁闷，对工作更是一点劲头都没有，每天看到那些闹哄哄的"小萝卜头"就烦透了，最害怕听到上课铃声。

　　一个深冬的凌晨五点半，喜欢晨跑的我打开门就被吓了一跳！这满地雪霜的校园都是些什么啊？再细看是一位老人在校园四周挂满了报纸宣传画。校园四周都挂满了，老人家还在挂。这都是什么时候开始挂的啊？凌晨五点多就把校园挂满了？和老人家交流之后，才知道他是一位退休老教师，将自己收集的报刊杂志宣传画装了两大布袋，挑到各个学校去给学生做演讲。偏僻的校园里"小萝卜头"们都沸腾了。生动形象的故事、朗朗上口的顺口溜、夸张投入的演讲让"小萝卜头"们听得津津有味，笑声不断。那是我第一次听吴炳才老师演讲，我真不敢相信还有这样一位不计报酬、不畏辛苦、每天忙着给各个学校学生做演讲的退休老师。我还清楚地记得他和我之间的交谈。我说："吴老师，您退休了还不辞辛劳来教育孩子们，令人敬佩啊！"他说："我们老了，做不了什么了，你们年轻人大有作为啊，我要向你们学习啊！"在这位自己出车费坐车、吃个便饭还非要给钱、不畏严寒、无私奉献的退休老师面前，我深感惭愧。从那一刻起，我觉得我没有理由不去热爱教育工作；从那一刻起，他就成了我心目中的榜样！

　　在以后的教学生涯中，我听过很多次吴老师的演讲。吴老师有句口头禅：一天不看报，心里就烦躁；一天不听广播，心里就难过；一天不演讲；心里就会痒。20年来，他用一根扁担、两只布袋挑着精心制作的各种展览材料，奔走于鄂东南五市一县的学校、城镇、农村和厂矿，义务宣传法律法规和精神文明。一生在3500多所中小学举办展览6000多次，作专题报告4400多场，听过他宣讲的青少年达130多万人次，被称为"不老的精神货郎"。吴老师88岁高龄给学生们演讲的时候，我感觉得到他的身体在颤抖，声音也很含糊。我觉得，他讲什么内容已经不重要了，他站在那儿就是一面鲜红的旗帜，他那生命不息、奉献不止的精神感染着我。因为他，我对辛劳的工作、对微薄的工资少了许多抱怨，多了许多努力。虽然他已经离开了我们，但他的精神永存！他是我们老师永远的榜样！

和他们在一起，我骄傲

湖北省襄樊市黄集镇中心小学　王慧清

"捧着一颗心来，不带半根草去。"这是陶行知先生献身教育的真实写照，也是我身边的这些同行们的崇高奉献精神。有人说做教师是一件苦差事，除了繁重的教学任务以外，还有没完没了的班级管理工作。也有人说教师是一份"不食人间烟火"的职业，自己的言行举止处处都要做到"为人师表"，难！可见，教师的工作量之大、心理压力之重是旁人所无法体会的。没有惊天动地，没有气吞山河，只是那么普普通通、平平常常，平常得近乎琐碎。但就在这平淡、琐碎中，就在黄集镇中心小学，就在我的身边，却涌现出许多值得我学习的师德楷模。

【爱生如子的李英老师】

李英老师，是我们二年级组的长者。她没有什么豪言壮语，也没有轰轰烈烈的伟大事迹，但从她身上我却看到了作为一名小学教师的优良品质。李老师是个非常爱孩子的人，和她共事的两年里，从没看见她严厉地批评过谁。她性格非常温和，说话总是很温柔，就连批评孩子的口气都是柔柔的，但孩子们都愿意听她的话，因为他们知道王老师说得非常有道理。王老师不但对学生有爱心，而且治学严谨。她有一套独特的教学风格，在每一节课上，每位学生都能得到平等的教育。她非常注重学生的自主学习，课堂上始终坚持让每一位学生动脑思考、动口表达、动手练笔。她所在班级的学生语言表达能力和写作能力都很强。

【工作严谨的张斌老师】

张斌老师是位年级组长，为人非常谦虚、质朴、细心。在她的带领下，整个年级组和谐团结。张老师在教学上非常严谨，上课思路清晰，遇到问题一定要寻求问题出现的原因所在，直到成功解决问题。班主任工作有规则和制度，她调教的班级学生非常听话，严的时候严格，松的时候放松，很多事情心平气和地就能被她处理得非常好，整个班级氛围很和谐。在平时的日常生活中，张老师还非常注意身边的小事，让学生觉得老师就在他们身边，时刻在关心他们。如学生的红领巾歪了，她帮着整理一下；头发长了，提醒一下该理发了；衣服脏了，提醒该换洗了。她常说：教师的爱，是照亮学生心灵窗户的点点烛光。

【敬业爱岗的刘丽荣老师】

刘丽荣老师是备课组长，还是组里的"大姐大"。在我的印象里，每次组里水喝完了，只要你说一声"老刘，换水"，她便毫不含糊地提起水桶换上。课间，刘老师喜欢和我们开玩笑，但她热爱学生、敬业爱岗的师德风范更让我敬佩。在教学上，她一丝不苟，每一节课都早早地做好了充分的准备，从不打无准备之仗。对学生更是关爱有加：当学生

遇到烦恼、向她倾诉的时候,她会很耐心地倾听学生的诉说,帮助学生分析现状,找到走出困境的途径;当学生遇到挫折的时候,她会通过她的智慧,让学生认识到"只要努力,没有什么是不可能的",从而鼓起学生的信心和勇气;当学生遇到学习上困难的时候,她会站在学生的角度指导学生有效的学习方法,从不放弃一个学生,因为她爱每一位学生。

【因为有爱——备受学生尊敬的马老师】

一次意外,鲜血从小琪的眼角滴下来,马老师赶紧把孩子送到医院,医生给缝了两针。小琪比同龄人要坚强,比马老师想象的要坚强。打了针后,马老师送小琪回家。家中没有人,从小琪那里,马老师了解到她是抱养来的,后来妈妈又生了个弟弟,她只要不听话就少不了要挨打。的确,在她身上还留有好几处疤。她说,这几日她的父亲出了点意外在住院,但她的话中充满了怨恨,让人意识到为什么她那么易怒,那么敏感,那么坚强。马老师给她买了点吃的,看着她睡着才离开。接下来几天,马老师陪着她按时换药,给她补课。几天后,她的父母回来了,马老师和小琪的家长长谈了一次,剖析了她现在的心理状态及作为养父母今后应该怎样做。最后达成共识,从学校、家庭出发,让她感受到爱。以后的日子,马老师一如既往地在生活上给予她帮助,嘘寒问暖,细心观察她平时的表现,抓住点滴进步去燃起她爱的火花。在这无尽的爱的感召下,她变了,变得乖巧、懂事了,对父母的"孝"也让她更懂得去为别人着想。爱的力量如此巨大,马老师用师爱为学生引路,用师爱谱写一曲最美的歌。

还有王玲老师,在班级管理上有着自己一套独特的方法。王慧老师,为人友善,亲切、热情,非常重视与家长的沟通,课间经常可以看见听见她给家长打电话,和家长沟通。李丽君老师工作认真,谦和的作风让人备感亲切。还有其他更多的老师……从他们身上,我知道了"学高为师,德高为范"。走上三尺讲台,教书育人;走下三尺讲台,为人师表。是他们用自己的模范行为,为学生树起前进的旗帜,指明前进的方向,点燃他们心中的火种,使学生健康成长,并能尊重家长,争取家长的理解、支持、配合。他们用自己的行为诠释着"师德"。

"师德"是爱,更是一份沉甸甸的责任。作为教师,要做到能爱、善爱。要爱学生成长过程中的每一微小的"闪光点",要爱他们在教育过程中的主体能动性,要爱他们成长中的每个过程。要以爱动其心,以严导其行。"爱"要以理解、尊重、信任为基础;"爱"要一视同仁,持之以恒;"爱"要面向全体学生。"金凤凰"固然可爱,而"丑小鸭"更需要阳光,应多给他们一份爱心、一声赞美、一个微笑,少一些说教。

"师德"是良心,是高尚中的朴素。它没有闪闪的金光,而且素得不着痕迹,就像春天的小雨,无声无息地飘落下来,滋润着学生的心,浸润着同事的心。而现在,我就工作在这些朴素而又高尚的人们身边,他们高尚的心成为阳光般的能源,营造出温暖和谐的氛围。他们用平凡书写伟大,用普通孕育崇高。小而言之,他们是身边的师德榜样;大而言之,他们是祖国教育的脊梁。这就是我身边的同仁对教师的诠释,也是本人对教师这一职业的一点肤浅认识。和他们在一起,我骄傲!

爱在远山　乐于奉献

湖南省湘西土家族苗族自治州永顺县万福乡完全小学　杨双元

　　刻在木板上的名字未必不朽,刻在石头上的名字也未必流芳百世;但是,谢斌老师,您的名字刻在我们的心灵上,这才真正永存。

——题记

　　他,系永顺县颗砂乡九年一贯制学校的一名教师。说他普通,的确,因为他看上去是那么和蔼可亲,仿佛没有什么过人之处;说他特别,那也不假,因为在相处的短短一年里,他给大家都留下了太多太多美好的印象!他就是我们可亲可敬的谢斌老师!

　　2012年8月下旬的一天,忙碌中的他突然接到了上级领导安排去支教的通知。不巧的是,几乎同时,他爱人周小燕也接到了自己学校领导的安排,也是去支教,而且两人不同校。这个消息对于他来说,无疑是个"重磅炸弹",这样一来,照顾他那不到五岁的儿子便成了当前最大的困难。去还是不去?这个问题盘桓在他心底好几天,着实让他和妻子犯了难。对于热衷于教育事业的他来说,如果不去,会有多少孩子因此而耽误?要是去,那谁带儿子呢?实在想不出更好的办法了,一向爱岗敬业、服从安排的他只得找到相关领导说了实情,希望能够让他和爱人到同一所学校支教,一起照顾那年幼的孩子。领导被他的担当和责任感动了,最后同意让他和他爱人一起到万福完全小学支教。

　　本来就爱岗敬业的他,感受到了领导的浓浓关怀,于是,更加坚定了自己支教的信念,并暗自下定决心:用心支教,回报社会!于是,8月31号这天,他、爱人以及儿子,一辆摩托车便踏上了万福完全小学支教的道路!

　　之前没有到过万福山的他,在问路的情况下,沿着小路骑行在悬崖峭壁下,一路艰辛,终于到达了所要支教的学校——万福完小。当时的学校,可以毫不夸张地说,真是饱经沧桑。更何况正在修建着食堂和教师周转宿舍,使得本就不大的学校变得异常的压抑。学校本着朴素的风俗,没有为他们举行隆重的欢迎仪式,只是在教师会上简单介绍了一下。更糟糕的是,由于学校条件有限,大家都住在很简陋的宿舍里,他俩也就不例外了,一张床,一张办公桌,四周的墙上还糊着一些已经泛黄的报纸,就连窗户也不尽完整。但是,他们毫无怨言,爽快地把东西放下了。学校里没有自来水,他得下楼到井边提水。学校食堂只供学生就餐,教师得自行安排。这一切的一切,和之前的条件,那可真算得上是天壤之别啊。好在谢斌老师早已做好了吃苦的准备。我们有些教师问他这样的困难能克服吗?他微笑着说:"这有什么?又不是没吃过苦,既来之则安之嘛!"瞧,主人翁意识多强,我们都要自愧弗如啦!

就这样,他每天早早地起床,锻炼,然后穿过污水横流的工地早早站在教室门口,接着得忍受着刺耳的机器轰鸣声、工人的喊话声给学生上课……;他所带的是六年级的数学,学生不是很多,但学生普遍基础太差。刚开始时,有一半以上的同学连最基本的计算都不会。于是开学第一周,他没有给学生上新课,而是给学生补习计算的有关知识,主要是计算方法。通过一周的接触,他找到了他们基础太差的原因:上课时竟然不会听课!于是在接下来的教学中,在上每堂课之前,他都做好充分的准备,尽量想办法把每位同学的心都吸引到课堂上去。这样久而久之,大部分同学能跟上他上课的节奏,大部分同学的成绩较之前有了明显的进步。同时,在课余时间,他对学困生进行了不厌其烦的辅导。教育学生,不要拿自己与别人比,要拿今天的自己跟昨天的自己比,只要有一点点提高,一丝丝的进步,就应该觉得开心,当然,老师也会替他们高兴!谢斌老师不放过每次表扬同学的机会,换着法子鼓励着同学们。就这样,学困生们也渐渐地找到了自信。

自信的人最美,没有什么可以阻止有自信的人。所以,在谢斌老师的循循善诱和耐心教导下,学生们的成绩一次胜过一次,直线上升!

对待工作,他从不懈怠。已是老教师的他,每次上课之前都很认真地备课,每一堂课,他至少备三遍,并很认真地查阅各种资料,估摸着课堂会发生的状况并做好预案。上课时,他总是提前到达教室,争取不耽误孩子们的一分钟,也是给他们树立守时的榜样!每次课堂上。他都会用幽默的语言、抑扬顿挫的声调,普通话外加本地话,反复详细地讲解,耐心地给学生们授课,尽可能让每一个学生都全神贯注地听课。课后,他还积极地找到相关老教师一起探讨上课的心得。不止一次,我看到他利用午休时间和晚饭后时间,在教室里给学生们绘声绘色地讲解课堂里上过的内容,不时地下到位子上给学生一一指导。没有上过正式的幼儿园,智力普遍不高,见识少,知识面窄,条件匮乏,已然成了山村孩子的标签。在这样艰苦的条件下,他时常为孩子们的学习而殚精竭虑。考虑到书本上的题型少,孩子们动手记笔记的习惯不是太好,谢老师经常自己掏钱为他们到城里复印资料,买一些习题、试卷给孩子们做,只要是对孩子们有益的文具,他从来就未吝啬过,统统都买来(当然,是在他自己能力范围内的)给孩子们。孩子们非常喜欢这位新来的老师,并且希望他能永远教自己。

经过一年的师生共同努力,该班学生成绩较以前有了明显的进步。在2012年秋全县六年级期末统考中,他所带的数学名列全县同类学校第三名,进入了全县所有学校前二十名,得到了学生、家长、老师和学校领导的一致好评。

在这一年支教工作中,万福学校支教教师谢斌同志,生活艰苦朴素,工作中吃苦耐劳、任劳任怨,成绩特别突出,得到万福学校领导、教师以及家长的高度评价和认可。

让我们永远铭记这位人民的好教师,记住这位带着整个家,把爱撒在这片深山、乐于奉献的老师!

刻在木板上的名字未必不朽,刻在石头上的名字也未必流芳百世;但是,谢斌老师,您的名字刻在我们的心灵上,这才真正永存。

师德典范　大爱无言

湖南省永兴县城郊乡中心小学　戴爱华

郭红霞,女,1972年2月出生,大专学历,小学一级教师。该同志忠诚人民的教育事业,注重综合素质的提高,特别是注重师德修养。她深知"学高为师,德高为范"的内涵和外延,明白"为人师表"的榜样力量。所以,她时时处处以身作则、严以律己、宽以待人、率先垂范。她注重苦练内功,具有扎实的教育学、心理学和学科知识功底。郭老师所教的课程在2010年全县抽考中名列第三,在2011年全县抽考中名列第一。她认为一个优秀教师和一个平庸教师的最大区别,就是有没有科研追求和科研能力,还有就是能不能痴迷教育教学工作达到乐此不疲。

一、"爱心"是她育人的法宝

她认为一名优秀的教师一定是具有"爱心、细心、耐心、恒心和责任心"的。教师事业成功和生命的灿烂之花,一定盛开在这种大爱情怀之中。郭老师作为一个女同志,注重仪表端庄,穿戴不花哨。言行举止大方得体,不卑不亢,平易近人,和蔼可亲。要求学生吃饭碗中不剩一粒饭,她以身作则;要求学生不吃零食,她严以律己;要求学生讲文明礼貌,她率先垂范;要求学生环保低碳,她言传身教……对待憔悴褴褛的孤儿,她主动为他们交学费;对待父母离异的单亲孩子,她主动送他们学习用品;对待留守儿童,她常为他们买衣裤。她用自己的一言一行一点一滴诠释着一个优秀教师对人民教育的忠诚,从不说一个"累"字,却能把一个"爱"字发挥到极致。她班上有位同学幼年丧母,父亲是一位摩的司机,一点顾不了家,只好跟着奶奶清贫度日。一年前奶奶撒手人寰,年幼的他生活更加艰难。酱油拌饭就是他的早晚餐,中餐在学校因为没菜干脆不吃。郭老师了解情况后经常和他交流,每天从家里带菜,把自己的菜分一半给他,直到看着他把饭吃完。郭老师还常常买一些衣裤送这位学生,鼓励他好好读书。

她认为优秀教师的一个重要人格特征便是具有反思意识、批判精神和社会责任感。反思自我,要时时怀着一种敬畏感,仰望自己心中这一片教师天职的星空。她告诉家长:钢不是"恨"出来的,是"炼"出来的,要求家长和她一起在"炼"字上下功夫。她说:读书如同游泳,要懂得借水势,懂得自我调控。能够中途在水中换气的学生,会是成功者,而被压得大脑发麻失去自我的学生,不会借水势。忽略自我调控的学生,只能是失败者,甚至被水呛死。

二、职业道德是她的为师准则

她认为保持与家长的联系与沟通是做好班级管理工作不可缺少的保障。作为班主任,她对全班学生一视同仁,都要做家访或电访,与家长互相交流学生在家和在校的表

现,引导家长注意教育的方式方法,让家长为学生的健康成长提供良好的家庭环境。通过她的不懈努力,班级管理工作秩序井然,成绩突出,她也被评为优秀班主任。

前年上期,从云南转来一位范姓学生,继父和母亲是县垃圾站的打工族。第一次见面时是一问三不知,拿一张试卷给他做,不但做不出,试卷上写的几个字也都是歪歪扭扭的。郭老师要他降级,他泪流满面。十一岁,本该读五年级却还要他去读二年级吗?父亲早逝,跟着长辈常年在外漂流,能怪孩子吗?然而,要把他培养好,一定得花不少心血。接受这个学生后,郭老师更忙了,除了在校很耐心地教育帮助外,郭老师还在家里每天为他特别备课,在校每天为他补习一、二年级的功课。功夫不负有心人,一个多月后,范同学变得活泼开朗、勤学好问了。半学期后,该生好学乐学,字也写得漂亮多了,学习成绩提高相当快。

三、"尊重学生的人格尊严"是她的座右铭

前年下期,郭老师接了一个县城学校嫌弃的学生。该生非常调皮,喜欢打架,坐没坐相,站没站相,鞋子东一只西一只,桌子底下常常丢满了纸屑,号称"垃圾大王"。一到放学,总要帮他找鞋子、书包。有一天居然把一个男同学的手打得脱臼了,受伤学生痛得大哭。郭老师背起受伤学生走到公路上,乘车赶到县城医院求医。受伤学生的双亲都在外打工,又刚好碰到双休日,所有的事全是郭老师一人包揽。郭老师前后整整二十九个小时细心陪护,让受伤同学非常感动:"郭老师,您比我妈妈还亲!"当郭老师拖着疲惫的身子回到家中,却发现自己的孩子因为没人照顾而被开水烫伤了手。面对爱人责备的目光,看到儿子哭红的双眼,她只能默默无语地把孩子紧紧地搂在怀里,泪如泉涌。

她没有挥舞教鞭威胁打骂、体罚那位调皮的学生,她认为那是侵犯人权。她要求自己的教学语言和体态语言都应该和蔼可亲,鼓励学生,肯定学生。她教育学生讲礼貌、讲文明、有公德意识,让学生有意识地体现出自控自制力。

四、勤练内功是她乐此不疲的追求

郭老师教育教学和教研教改成效显著:年度的全县统考,她所教科目都是名列前茅;她是县优秀工会工作者;她撰写的论文《我心目中的综合性实践学习》获省教科院和省基础教育研究所二等奖;《奖赏教育探幽》获全县一等奖,同时获中华现代教育教学研究会和《现代教育教学导刊》三等奖;《帅才教育的沉思》获市教科院二等奖;《新课程教学反思》获省教育学会三等奖;《科学实验教学感想》获省教育生产装备处、省教育学会中小学实验教学研究专业委员会一等奖,同时获市教育局三等奖和县教育局一等奖;《努力建构整合型课程新形态——多媒体教学心得体会》获省电化教育馆、省教育技术协会三等奖;《新课程教育教学体会》获中国基础教育研究会主办的"第七届全国中青年教师(基教)论文大赛"二等奖;《课堂教学情境探微》获省小学教师继续教育研究会论文评审二等奖;《努力提高学生的叛逆心理水平》获市教科院2011年中小学教育教学优秀论文三等奖;全校朗读比赛,她班上派六位学生参赛就有五位获奖;她指导学生李宇璆的作品《没有共产党,就没有新中国》参加全市读书征文比赛小学组获二等奖;她指导李宇璆参加全县书画比赛获二等奖;全县举行的《我是九零后》征文比赛,她指导的学生荣获一等奖;在庆祝中国共产党建党九十周年《光辉的旗帜》读书征文活动中荣获小学组优秀指导奖;获得全县第十届中小学艺术节优秀指导奖;指导李宇璎的书画作品荣获全县第十届中小学艺术节小学组一等奖;指导学生周婧荣获郴州市教育局和郴州市教育系统关心下一代工作委员会全市"光辉的旗帜"读书征文活动小学组二等奖;指导学生李宇璎荣获全国青少年五好小公民主题教育"光辉的旗帜"读书征文活动二等奖;荣获由教育部关心下一代工作委员会颁发的全国青少年五好小公民主题教育"光辉的旗帜"读书征文活动指导二等奖;指导学生代卉泓在庆祝中国共产党建党九十周年《光辉的旗帜》读书征文活动中荣获小学组征文一等奖;指导李宇璎的《迈向未来》获县局五好小公民主题教育活动小学组征文三等奖,同时获得市局、市关心下一代工作委员会颁发的中小学组三等奖。她的家庭获得了省关心下一代工作委员会颁发的"第三届全省百户优秀学习型家庭"荣誉称号;郭老师还获得了省中小学教师远程教育培训指导中心颁发的"春季班主任"远程培训优秀学员证书;获得过省中小学教师远程培训指导中心颁发的2011年小学语文教师远程培训优秀学员称号;2012年教师节获县人民政府颁发的"优秀教师"荣誉证书;2013年教师节获县人民政府颁发的"优秀班主任"荣誉证书;还是上报县团委参评的优秀少先队辅导员……

五、"人类灵魂的工程师"是她奋斗的目标

她平等地对待每一位同学,无论学习成绩如何,她都一样地尊重他们的人格权利,无论在任何情况下,从不用刻薄、粗俗的语言打击学生,尤其是从不体罚和变相体罚学生。她经常与学生交换意见,耐心细致地做好学生思想工作。热爱学生是做好教育教学工作的前提,也是教师职业道德的基本要求。要教育好学生,首先要关心学生、热爱学生,做学生的知心人。四年来,她对学生思想上积极诱导,学习上耐心帮助,生活上关怀体贴,经常利用课余时间与学生亲切交谈,多方面了解每一位同学的生活和学习状况。她是在农村长大的,亲身经历了困苦的生活,所以她特别关心家庭困难的学生,尤其爱护特困家庭的优良学生,从多方面注意给他们以温暖的关怀。曹同学有一天迟到了,按照班委会定的规则应该打扫教室卫生。当卫生委员正要执行时,郭老师问他:你为什么迟到?曹同学说:送一位迷路老人到他亲戚家。从此,她们班就废除了迟到扫教室的规则。曹同学极为感动,全班同学也深受教育。范同学第一次单元测试语文才30分,郭老师说:没关系,成绩是自己加老师加班主任一起努力的所得,老师既教语文又当班主任应该更加努力,我们一起加油!刘同学身上几乎找不出优点,有一天课间休息时,他居然站到讲台桌上讲话。郭老师看到后没有责骂训斥,而是高兴地说:"有这样的口才和胆量,只要努力,将来肯定能当中国的总理。"从此,刘同学身上不再沾满泥土,说话不再肮脏难听。

总之,郭老师是我校教育教学各方面均优秀的优秀教师。

默默无闻　无私奉献

湖南省永州市大江口乡大江口中学　唐芬芳

　　唐代诗人杜甫在《春夜喜雨》中写道："随风潜入夜，润物细无声。"这正是对老师兢兢业业、默默无闻、无私奉献的歌颂。在我的身边就有这样一位年轻的女教师——唐艳萍老师。

　　都说教师是一份苦差事，不但累而且待遇低，因此常听到很多同事或多或少的抱怨。但是，唐艳萍老师在工作中，不管学校安排她干什么，她都会任劳任怨地把工作干好，也不对学校提任何要求。记得上个学期，她本来是上了初二班的数学课兼学校的打印工作，但因为学校另一名教初一数学的教师调走了，学校找到唐老师，让她跨年级再教初一年级一个班的数学。她二话没说，就点头答应了。初一这个班的数学基础很差，但她对每一个学生都不放弃，一有空闲时间就往这个班的教室钻，指导每一个学生写作业，鼓励学生，让学生对数学产生了浓厚的兴趣。期末时本来在全县排名倒数前十的成绩一下子跃居全县第四，学校的同事都对她竖起了大姆指。

　　每天早晨七点半的时候，如果你经过我们学校的大门，都会发现一位漂亮的女老师挥动着大扫帚和她那一群可爱的"小兵"一起清扫学校大门口的马路。这条马路因为在学校外面，过路的人很多，垃圾扔得到处都是，再加上学校的垃圾堆也在马路边上，校外人家养的鸡把倒在坑里的垃圾弄得整条马路都是，因此每天早上的劳动任务很繁重。唐老师那个班一共只有二十多名学生，每天派三分之一的学生去扫环境区的卫生都不能在上课前完成任务，为了让学生不影响学习，唐老师每天早上都与学生一同打扫好卫生后才和学生一同进入教室。自从她班分扫校门口后，路过学校的人都会发出感叹："现在大江口中学的卫生实在好多了。"

　　正是因为唐老师对工作的认真负责，她所带的班级无论是纪律、卫生还是学习，在全校都是数一数二的，也常被学校评为优秀班级，她也常被学校评为优秀班主任。而当学生家长对她表示感谢时，她总是笑着说一句话："这是我作为一个老师应该做的。"

　　也许有许多老师都像唐老师一样，他们都在默默无闻地工作着，不求名利，只求对得起"教师"这一光荣的称号。难道这不是我们学习的榜样吗？

因为爱，所以快乐

湖南省南县青树嘴中学　谢喜曦

我和肖潇老师同在一个办公室。她是老班主任，比我教学经验丰富，我们同事经常说她是"青树中学的台柱子"，因为她长期带毕业班，而且教学效果非常好。我曾带过几年班，对当班主任工作的结论是"费力不讨好"，还有一个结论就是"班主任工作真的是一门艺术"，所以我打心底还是佩服会带班的老师。我总好奇为什么一个不太好的班，一盘散沙，到她手里，不出一个月就能众志成城，精神抖擞。

她有个很大的特点就是不论学生还是同事，都是满脸笑容，热情洋溢。我曾认真地问："您为什么总能这么快乐？有什么诀窍？"她还是一脸的笑，说："诀窍就是'因为有爱，所以快乐'。"

1993年9月，带着青春的无限激情，满怀对教育事业的真诚，她选择了三尺讲台，开始谱写太阳底下最光辉的乐章。时光匆匆流逝，多年来，她一直用高尔基的名言勉励自己："工作快乐，人生便是天堂。"在她的班主任工作手册的扉页，写着"热爱生活，热爱工作"。她觉得，只要有了这份热爱，就能焕发激情，激发潜能，体现自身价值。十九年的班主任生涯，就像《牵手》中所唱的：因为爱着你的爱，所以快乐着你的快乐。而正是这份爱，让她快乐地奉献着。

农村中学寄宿生多，这就意味着班主任需付出更多。学生的吃喝拉撒睡，事无巨细都要操心。所以，每天最早到教室的是她，最后离开寝室的还是她；严格要求优生的有她，包容温暖潜能生的更有她；留守家庭的痛苦牵动着她，离异家庭的尴尬困惑着她。她像蜜蜂一样，乐此不疲地忙碌，哪怕病倒了，也放不下。2008年，她得了神经性面瘫，医生嘱咐她不能吹风，每天得坚持针灸。两个星期后，她按捺不住了，便读"跑学"，只因为学生一个月后就要进行生物和地理学科的会考了。当时，医生再三告诫她，这么"任性"会留下后遗症，可她还是义无反顾地选择了"任性"，结果她班上的生地会考大获丰收，而她却永远失去了端庄的容貌。如果你仔细看她的笑容就会发现她的左眼会小些，而且左边的嘴角有点歪，但这丝毫不会影响她那笑容的感染力，你会觉得她的笑容更加明媚、更加灿烂！

她爱学生，学生也喜欢她。夏天的蚊香，冬天的热水；三月三的鸡蛋，中秋节的月饼：全是春风化雨。她所教过的学生都知道，饿了，可以到她家里吃；病了，可以到她家里住；没钱了，找她借；有困难，找她帮。2006年的冬天，她班的王佩打电话哭着说不读书了，细问之下才知道是她父亲得了鼻癌。想到小小年纪的她就要承受如此之痛，当天放学后，她和爱人冒着风雪骑摩托车到了王佩家。那天的雪很大，夫妻俩几次都差点摔倒，回

到家已经晚上10点多了,冻得直打哆嗦,可心里却暖和着,只因为回来的路上,家长送出好远好远。第二天,她带头捐款200元,孩子们纷纷解囊。当896元钱交到王佩手中时,学生哭了,而她欣慰地笑了。这之后,王佩努力学习,顺利地考上了南县六中。

在教育教学中,她追求卓越,与时俱进。为了上好每一节课,她总是深入钻研教材,不断探索改革教学的方法。教学中,她寓教于乐,大胆创新,采用质疑问难的方法,有效地唤醒学生的创新意识,并在课内外通过为文本添枝加叶来激发学生的想象力,发展学生的创新思维,让学生在乐中学、做中学、玩中学。

教师节过后,我们一起在办公室聊天。大家都在晒自己的小幸福。她手机上的问候是那样的贴心:老师,您的喉咙还痛吗?您声带上的小结消了吗?您的血压还高吗?您一定要多休息!过年我结婚,您一定要来……我真羡慕,这是春风化雨的师爱收获的最大幸福和快乐啊!

自强不息　乐为人梯
——我身边的师德典范

湖南省宁乡县花明楼镇朱石桥九年制小学部　张金花

2005年8月,我由于工作需要来到宁乡六中教书,有幸结识了自强不息、乐为人梯的盲人教师谢友军。

他是一个普通的中年汉子,1987年毕业于湖南师范大学化学系。走上工作岗位二十几年来,他一直扎根农村教育,勤奋工作,默默耕耘,无私奉献。

师德莫高于敬业。对于视力范围不过3米,视力不足5度的谢老师来说,要教好学生取得成绩就必须付出数倍于常人的努力。1995年,谢老师的视力就接近于零。本来可以休病假的谢老师,怀着对教育事业、对学生的满腔热爱,向领导表示:没有视力,我也一样可以教书,一样可以教好书。他总是利用业余时间提高业务水平。不能看书怎么办?他有三个绝招:听,想,记。在办公室经常可以看到他在全神贯注地听录音,在听学生或者同事给他读书。在他脑海里印刻的不只是那些教学内容,更有关于学生的兴趣爱好的信息。由于把这些东西记在了心里,上课的时候,他总是比其他老师更加胸有成竹,形成了自己独特的教学风格。在每期的学情调查中,他的分数总是特别高。学生们是这样评价他的:他的课幽默风趣,容量大,讲得深入浅出,让我们学得很轻松。上谢老师的课,我从来不打瞌睡。

爱生如子,这是许多同事对谢老师的评价。爱优生,这很容易。但要做到爱差生,甚至是爱问题学生,这就不怎么容易了。而谢老师,仿佛是阳光,是细雨,是和风,总是关注着每一个学生的成长和进步。记得2006年的高一班上有个赵姓学生,从小由爷爷抚养,性情乖戾,喜欢逃课上网。谢老师多次找他谈心,从思想上改变他的认识,淡化他的网瘾,甚至把他安排到自己的宿舍和他的儿子住在一起。通过谢老师的耐心教育,这个学生最终成功戒除网瘾,走上正轨,并且上了大学。

待人热情,乐于助人,这是谢老师的人品写照。在宁乡六中工作过的年轻老师们,无论走到了哪里,都不会忘记谢老师曾经给过他们工作上和生活上的指导和帮助。宁乡六中有拜师的传统,谢老师在那里帮助了一批又一批是或者不是他徒弟的青年教师从新手走向了优秀。

平凡岗位　高尚师德

江西省上高县锦江镇中心小学　付佐华

五十岁上下的年纪,黝黑微胖的脸庞,满头乌发中夹杂着几缕白发,一双含笑的眼睛却总是那么清亮,像一泓秋水,学生们都说,熊老师的眼睛会说话。可细看之下,眼角额头,却早已爬上了岁月无情的履痕。她,凭着对教育事业执着的热爱,在教师的岗位上默默耕耘了32个春秋;她,以无私奉献的精神,培育了一批又一批芬芳的桃李;她,无论酷暑还是严寒,三尺讲台上留下了她播撒知识的馨香。她就是学生们心中的好老师——锦江中心小学教师、优秀党员熊冬莲。

作为一名党员教师,在如火如荼的"争名校、创名师、惠民生"的活动中,熊冬莲老师深刻地体会到:在新时期,美好的共产主义信念是教师的灵魂和精神。"我是一名党员,要时刻严格要求自己;我是一名教师,要时时处处为人师表。"这是她的行为准则。

熊老师对教学情有独钟。五十岁的熊老师已经在这三尺讲台上站了三十多个年头,1978年高中毕业后,十八岁的她当上了野市乡明星村小的一名小学老师,一直从事数学教学,并长期担任班主任工作。在几十年的教学生涯中,她深知"学高为师,德高为范"的道理,要想成为一名优秀教师,就必须有高尚的师德,发挥自身表率作用去影响学生。特别是问题生,她坚持"晓之以理,动之以情"的教育方法。在课堂上,熊老师力争做到讲课内容的生动性、教学活动的互动性和学生学习的主动性相结合,采取灵活多样的启发式教学,使学生对她的数学课产生了浓厚的兴趣,也深受同学们的喜欢。她教过的学生们都说:"我们都特别喜欢上熊老师的课,因为熊老师每次给我们讲题的时候都用好几种方法,上她的数学课都非常有趣,让我们懂得了更多的知识。"教学中,她不仅自己潜心钻研教材,反复研讨课标,大量查阅教学刊物,坚持提高业务水平,在同事的眼里,熊老师还是一个好导师,是他们的知心大姐,谁有了困难,熊老师总是热心地提供帮助。锦江中心小学也在教小学数学的袁文老师就曾经受过熊冬莲老师的热心帮助。当时是2005年,袁老师刚从师范毕业,不久,就调到锦江中心小学来教小学数学,由于没有实际工作经验,对学生又不太了解,使用的教学方法使孩子们常常不能理解。学生的数学成绩上不去,袁老师心里很着急。而熊冬莲老师得知后没有摆架子,而是耐心地将自己多年的教学经验毫无保留的传授给她。之后,主动到她班上听课,指出不足;抽出时间,到她班上上示范课,亲身垂范。经过一段时间的言传身教,袁老师很快在小学数学教学岗位上得心应手,而她和熊冬莲老师也很快成了教学中的好朋友、好搭档。

熊老师对学生情有独钟。"学生就像是我自己的孩子,哪有母亲不疼爱自己孩子的。"熊冬莲老师是这样说的,也是这样做的。1998年她调到锦江中心小学工作,她的班里有个姓罗的学生,家住南源,离学校有二十多公里,开学不久就引起了熊老师的注意:她穿的衣服、鞋子又脏又破,而且,课后又总是喜欢一个人呆在一边,沉默寡言,一双眼睛大而无神,学习成绩也是比较差的。同学们都不爱和她交往,说她很脏。后来了解到,她母亲在她两岁时病逝,父亲靠打工维持生活,经常在外顾不上照顾孩子,她和七十多岁的爷爷一起生活。熊老师了解到这种情况后就主动与她交朋友,与她谈心。还经常把她带到自己家里,给她洗衣服,并经常照顾孩子的生活。这年中秋,还买衣服、鞋子送给孩子穿。有一次,她因为乱吃东西吃坏了肚子,上数学课时来不及上厕所,把裤子给弄脏了。熊老师并没有责怪她,也没有嫌弃她,而是把她带到家里,拿出女儿的裤子给她换上,又默默地把她的脏裤子给洗干净。她默默地注视着这一切,或许是久违了温暖的母爱,或许是熊老师无私的爱融化了她幼小心灵的坚冰,她竟一头扑在了熊老师的怀里,眼泪哗哗地淌了下来。在熊老师无微不至的照顾下,她也从一位性格内向的孩子变得开朗起来,学习也有了很大的进步,与前相比,简直是判若两人。在熊老师的带动下,同学们也纷纷和她交朋友,灿烂的笑容终于又重新绽放在她稚嫩的脸上。对此,她非常感激。她尊称熊老师为"老师妈妈",在那年教师节前夕,她亲手制作了一份精美的教师节贺卡,送到了"老师妈妈"手中。接过贺卡的那一刻,我相信,熊老师的心中是多么的激动和甜蜜。她收获了,她收获了人世间一份最纯最美的感情。

一分耕耘,一分收获,熊冬莲老师在平凡的岗位上做出了不凡的业绩,她的教育教学成绩得到了社会的认可,受到了领导、同事、家长、学生的好评。她曾多次被镇、县两级评为优秀教师、先进教育工作者、师德标兵和优秀共产党员。在荣誉面前,熊冬莲老师没有半点满足,而是把荣誉当作压力,当作动力,当作一次又一次新的起点。

我身边的那片绿叶

江西省高安市龙潭镇中心小学　李　勇

他是一位从农田里走出来的教师,从 1978 年高中毕业,走上教育岗位至今。三十五个年轮,默默坚守,不为名利所左右;三十五度春秋,爱校如家,主动担当学校义务守护者;三十五载寒暑,忘我工作,辛勤耕耘于三尺讲台,脚踏实地为乡村的教育贡献着自己的一份力量,收获着桃李满园的快乐。他就是我们身边的优秀教师——唐老师。

社会赋予教师很多无比光荣的称号,如"人类灵魂的工程师"、"太阳底下最光辉的事业"等,从小在教师们的感染与熏陶下,让他对教师充满了崇拜与敬重。高中毕业后,17 岁的他毅然选择了在家乡村小从教,尽管当时的身份只能是一名民办教师。在那个时代,教师的社会地位低,被人轻视地称为"臭老九",工资收入更是微薄,常常靠向生产队讨工分而维持生计。但当他走进校园,看着孩子们一双双渴望求知的眼睛,他把这种种顾虑全都抛在脑后。竭尽所能地把知识教给他们,成了他肩上神圣的责任与执着的追求。

从此,他爱上了这份工作:温馨的教室里,他愉快地呼吸着从窗外吹来的空气,时而带着孩子们在知识的海洋里遨游,时而敞开心扉与孩子们谈天说地;时而语重心长地教他们做人的道理,时而一丝不苟地为他们批改作业……空气中弥漫着花儿的清香,那是孩子们童心散发出来的芬芳。他深深地沉浸在为人师者的幸福之中。渐渐地,这种幸福成了他生命的重要组成部分,无法替代,更无法割舍!

80 年代中期,农村开始实行分田到户改革,期间,他与女友结婚,并先后养育了几个女儿。由于他一心扑在教学上,家里十多亩的田地农活重担全压在妻子一个人身上。长期的过量劳作,让妻子积劳成疾,患上了类风湿,只要一粘水,浑身关节就疼痛不已。每当看到妻子痛苦而扭曲的脸,他的心更是牵牵扯扯地疼。是啊,他本该成为妻子坚强的依靠,但面对亟需呵护的妻子,面对田地里一大摊子的农活,他感受到生活的艰辛与对妻子无助的愧疚。但一想到班上的学生那渴求知识的眼神,他又坚定了心中的信念,再苦再累也不能丢下学生。

三十年来,为了兼顾学校与家庭,每逢农忙的日子,凌晨三点左右,唐老师便悄悄地下厨房弄好早饭,抓时抢刻干好田地里的农活,然后回家照顾妻子,吃好早饭,总是第一个赶到学校,开始了忙碌而愉快的教学。下午放学后,总是最后一个离校。修修剪剪校园里的花草,检查教室的门窗是否关好。由于没有充足的时间打理田地里的庄家,因此责任田的产量非常低,收入更是比别人差了一大截,日子过得十分清苦。妻子常常埋怨:"你还是别去当这个老师,钱又赚得少,为了别人的孩子弄得田荒地败,天天这样累死累活的,值得吗?还不如回家安心种田。"他知道妻子是真心疼他才说这些话,但他也真心热爱这个职业。每当夜深人静,想着农村孩子的成长还需要他,他又一次坚定了心中的信念。

1997年,在上级领导的关怀下,政府决定扩建学校,致力打造省级农村"花园式"示范学校。看到新校园的规划图,老师们都高兴不已,而他作为老教师更是欣喜万分。为做好这项长期性的学校绿化工作,面对有限的财力与物力,他默默挑起种树、剪枝、铺草皮等各项艰巨而繁琐的事务。从那以后,他从未过上一个完整的寒暑假,每天都要把校园照看一遍。

唐老师用汗水浇灌校园里的一草一木,从不计报酬,更不计得失,总是任劳任怨。为了绿化校园,他家的水稻经常比别人的晚栽十多天;为了栽花种草,家里的稻谷被暴雨淋湿而发芽,加工厂不收,只能当饲料;为了施肥喷药,他曾中毒被送往医院抢救。为了移栽树木,他曾被倒下的树枝压倒在地……而他所做的这一切,都只是为了我们的南炉小学更美,只愿我们的学生有一个更好的学习环境。

班上学生唐鑫是一个留守儿童,父母常年在外务工,因小时候在外婆家长大,爷爷奶奶都不太喜欢这个性格孤僻又调皮的孩子。有一天上课时,唐老师发现他有气无力地趴在桌子上,一问才知道,原来他因为早上没做家务被爷爷骂了一顿,便生气地跑到学校,连早饭也没吃。唐老师听了心疼不已,连忙把他带到家吃饭,并上门家访,耐心沟通,共同教育孩子。因为这样,唐老师总是在课堂课余默默地关注这个同学。看到他大冷天没穿鞋,便亲自带他上街买鞋;看到他当天功课没掌握好,晚上到他家帮他补习功课。慢慢地,他的性格变得开朗,成绩也大有提高。即使现在不教他了,唐老师也会经常为他辅导功课。

"春蚕到死丝方尽,蜡炬成灰泪始干。"三十多年来,唐老师心无杂念地坚守在乡村教育这方阵地上,爱岗敬业,呕心沥血,把教育当成生命的全部。教书,终将是他不改的执着,正是这份执着的坚守,正是这份执着的付出,让他所教的学科连续二十五年在全镇名列前茅;所教的学科连续五年名列全镇第一。他也被评为高安市小学语文骨干教师,连续21次被评为镇优秀教师,多次被评为市先进教师。而他认为,他只是做了应该做的事。

小事见真情

江西省安福县洲湖小学　陈锣章

一直以来,我就认为和丰安坤老师做搭档是件非常荣幸的事。丰安坤老师算是我校的老教师了,身体状况不是很好,但我与她搭档的时间里,她一直兢兢业业、勤勤恳恳地工作着,从来没有懈怠过,更没有抱怨过。

丰老师关心班里每一个孩子的生活与成长。哪个孩子生病了,哪个孩子情绪有波动了,哪个孩子家里有困难而影响学习了,只要丰老师知道,她都尽力去帮着解决。她的班里有一个学生叫彭恺薇,这个可怜的小女孩与她的奶奶相依为命,由于奶奶年事已高,家庭经济也不是十分宽裕,彭恺薇面临辍学的危险。丰老师了解情况后,主动上门家访,和他们一起想办法解决实际困难。在丰老师的努力下,学校为彭恺薇免除了书本费,她还被列为学校特困生,每学期学校都会为她送来书包和一些其他学习用具。

这些点点滴滴的爱融入孩子的心田。彭恺薇经常在上学放学时到办公室来转一转,为的就是见到丰老师叫一声"丰老师好""丰老师再见"。也许,在她的心中,这是最能表达对老师的爱的一种方式。虽然丰老师不再担任她的课任老师,但爱还在延续,爱不会终止,因为丰老师的爱给予了更多需要帮助的学生,丰老师在学生的心田里种下爱的种子,给予阳光和雨露,这种子就在孩子们的心中生根、发芽,让爱的幼苗成长为祖国的栋梁之材。

我与丰老师做搭档,心里从来都是充满感激的,因为丰老师在工作中给了我很大的帮助。不知是哪位哲人说过:上帝给你关上一扇门,必定会给你打开一扇窗。我想我的搭档丰老师可能就是上帝给我打开的一扇窗吧!我家比较远,孩子又小,不论我什么时候请假或有事,丰老师就一句话:"没事,你忙吧!学生我包了。"前几天,老妈被查出可能患有心脏疾病,为了使她的身体快些好起来,我陪老妈一起去了县医院治疗,所以请了几天事假,我的课都由丰老师给我上,结果她的嗓子都哑了。我去上班时,我想多上几节,结果都被她婉言谢绝了。在诸多类似的事情中,最让我感动的是,丰老师为了照顾我,主动提出每天早晨帮我指导学生打扫卫生,不是一次两次,而是日复一日的每天啊!

这就是我的搭档——丰安坤老师。二十几年来,她始终保持着对党的教育事业的无限忠诚,始终认为教师是太阳底下最光荣的职业,教育是人类发展史上最光辉的事业。她多年如一日的在教育这块热土上,默默地耕耘着,奉献着,是当之无愧的"师德楷模"。我尊敬她!

真爱无痕 积于细微

江西省瑞昌市横立山学校(初中部) 代和朋

工作三十多年来,陈金荣老师一直担任班主任工作,其中十九年是在一人一校教一、二年级复式班。这么多年来,她虽没有做出什么惊天动地的大事,但所做的点点滴滴能坚持下来,就是平凡中的伟大。正是这些小事情,才体现出她爱的真诚与无私,温暖了一颗颗幼小的心灵,让一颗颗幼苗茁壮成长。

陈老师刚参加工作时,在新庄村完小任教,不但要搞好教育教学工作,还要关心学生的身心健康成长,帮助学生解决困难。有一次,邹小卫同学的脚烫伤了,不能行走,早上他妈妈背他上学,在校的时间里,上厕所、去医院都是陈老师背他,为他端饭,背他回家。还有陈敬国和邹胜臣同学的脚和手脱臼了,也是陈老师及时为他们接上的。这些使家长们深受感激,至今难以忘怀。

在一人一校的时间里更是辛苦,当时学校窗户没有玻璃,教室地面高低不平,天暖还不要紧,一到冬天,窗户的薄膜被刺骨的寒风吹破了,大雪纷纷地飘进教室里,同学们冷得直发抖,特别是陈冬香同学,她兄弟姐妹多,家庭非常困难,穿着一条裤子,更是寒冷难受。见此情景,陈金荣老师把早已准备过冬生火的柴搬来,生起了大火给学生取暖。火光映红了一张张笑脸,更温暖了一颗颗幼小的心灵。在那时,铜古岭的也在万家坟小学就读,山高路远,陈老师就为这些同学做饭。有的学生家庭困难,交不起学费,陈老师就为他们垫付,至今她自己也记不清帮助了多少人。只要他们有困难,她就热心帮助解决。那时,陈老师还是一名民办教师,工资微薄,自己家的费用还要贷款,但她没有让一个孩子辍学。下雨天,下雪天,她就护送同学们回家。天冷了,就想办法给他们取暖;饿了,就给他们买饭。有时还把她自己的衣服给学生穿。

陈老师始终把学生的成长放在心头,一是学习,二是生活。在学习上,不遗余力地为学生们讲解,利用空余时间给学生补习功课,直到他们完全懂了为止,如阮世伟同学,刚进四年级的时候,汉语拼音不熟悉,陈老师利用节假日为他补课,结果阮世伟同学由不及格考到了优秀。这三十多年来,陈老师的辛勤努力都取得了丰厚的回报,所带过的一至五年级的各门功课,全乡统考总是名列前茅。

陈老师不但注重教学,还引导学生全面发展,发现他们的闪光点,激发他们的兴趣,如在文艺汇演中,她精心编排指导的学生表演节目获得全校第一名,演讲比赛也得了第一名。

一个好的教师光有专业的教学技能是远远不够的,还要有一颗纯洁、高尚的爱心。对待学生既要细心,还要耐心,了解学生所需要的是什么。现在,很多学生是留守儿童,

更要付出爱心。为此,陈老师从没有好好休息过,早晨六点左右就到校了,为的是学生的学习、安全、生活,如果发现有谁生病了就送往医院治疗,发现有不良的行为就及时教育指正,使学生及时改正错误。陈老师积极配合学校领导管理好学生,如有一学期开学时,由于人员调动,小学部一时未安排负责的领导,她自告奋勇地担起了管理的责任,早上来校开门,下午把学校所有的门锁好,不让财产遗失。她始终铭记自己是一名共产党员,应该这样去做,把学校当成自己的家,学校发展了,学生进步了,就是自己最大的快乐。

陈金荣老师是一名优秀的共产党员,是一位优秀的人民教师。她在从教历程中,始终能够做到忘我的境界,工作兢兢业业,一丝不苟,努力进取,不甘人后,爱心永驻,无私奉献,不计得失。她始终牢记自己作为一名人民教师应尽的职责、应担的使命,依法执教,廉洁从教,爱岗敬业,严谨治学,为人师表。她善于团结协作,正确处理个人、学校、学生及家长之间的关系,尊重同志,关心集体,主动与学生家长联系,热情关怀、爱护学生。

陈金荣老师认真遵守教师职业道德,她所做的工作,都是为了学生的发展,为了学校的发展,同时也赢得了领导、同事、社会的赞誉。

痴心一片终不悔　只为桃李竞相开

内蒙古自治区呼伦贝尔市鄂温克旗大雁镇第二小学　赵秀菊

有一首歌最为动人,那就是师德;有一种人生最为美丽,那就是教师;有一道风景线最为绮丽,那就是师魂。学高为师,身正为范。师德就是笼罩在我们身上的光环,照亮学子们前进的路途。在这一年里,我们将一群懵懂的"小啰唆"培养成了合格的小学生,我们二组全体教师付出的艰辛,恐怕只有自己才更解其中味。

在课堂上,老师们用自己的情绪去感染学生,用自己的思维去启发学生,如同太阳,吸引着无数小行星围绕着你。无论是课堂上那激情澎湃的教学,还是操场上不知疲倦的排练,不管是家长会,还是孩子参加演讲比赛,你都可以看到我们忙忙碌碌的身影,在很累的情况下做任何事都全力以赴,不得不相信在每个人的身体里蕴含着强大的小宇宙,随时都可以进行一次华丽的变身。我们二年级老师个个充满活力,我们的课堂是鲜活的,我们的班级是朝气蓬勃的。

不管是从教十几年的王佳惠还是参加工作更久的王秀艳、李海峰、孙俊杰,我们每位老师都坚信"只有差异,没有差生",从孩子第一次踏入校园起,我们就用满满的爱去呵护他们,去磨砺他们,让孩子们在我们温暖的、严厉的爱中健康地成长。我们的爱孩子们都感受到了。你看,每次王嘉惠老师一来上课,就立刻被孩子们包围住,扯衣服的,撒娇的,甜甜地喊声"王老师"的,这些也是学生对我们的深情啊!也许是巧合,我们二年组的三位班主任都是踏实勤劳、默默无闻的实干型。王秀艳老师虽然后接班,但是她工作认真负责,从不计较个人得失,无论分配什么工作,都带头完成。班级里有个孩子是弱视,她想尽办法来呵护,不让孩子因为弱视而落后,不让孩子因为弱视而有心灵的忧伤。王佳慧老师任劳任怨,当休学后的齐同学分到她的班级时,我们都为她捏了一把汗,告诉她一定要注意和家长处理好关系。开始,那位有名的家长还挑剔地试探考查一下,可是后来,家长发现自己的孩子并没有因为学习不好而受到冷遇,自己的孩子并没有因为休学而受到同学的嘲笑,相反,孩子每天快乐地学习、快乐地生活,脸上的笑容更灿烂了,家长终于被老师的关爱折服,再来拜访时,带着的是感激与抱歉!说真的,要想做好低年级学生家长的工作还真是大有难度!我们深知:爱是一座桥,能沟通教师和家长、学生的心。

我们组的两位数学教师更是令人敬佩。孙老师一人肩负两个班的教学,任务繁重,但她从不抱怨。她说:学校已经照顾我陪读每天晚来早走,我一定要把孩子教好,抓住课堂。她每天认真备课,努力钻研,对孩子认真负责,付出了许多汗水。正因为如此,孙老师获得了每个孩子的尊重与爱戴。正如高尔基说的:"谁爱孩子,孩子就爱谁,只有爱孩子的人才会教育孩子。"

　　说到学生学老师,而我们老师身边也有个好榜样——我们年组的另一位数学老师,我们第二小学的教导主任李主任。哪里最辛苦,她就出现在哪里,给大家树立了一个身体力行的好榜样。李主任担负着教导工作,又坚持教学一线工作,兢兢业业,任劳任怨,师德高尚,赢得广大师生的尊敬和爱戴。凭着强烈的事业心和严谨的治学态度,她赢得了学生的喜爱、家长的认可、同事的信赖、社会的好评、领导的认可。李主任把对学生的爱默默地倾注在了日常的工作中:在课堂上,李主任注重运用激励性语言鼓励学生认真听课,主动参与学习,当哪位同学有了点滴进步,她都给予表扬,每次下课去找他,在她的身边总围着几个孩子,有的在问问题,有的还在单独辅导……在工作中,她是我们的主心骨,遇到大事小情我们都要向这位和蔼可亲的主任请教。在生活中,我们又是感情深厚的好姐妹,谁有困难她都先来帮助。曾有人问我,李主任的口碑怎么那么好? 我不假思索地回答,因为她是个认真负责又心地善良的人。

　　有人说,教师的职业就是一种良心的职业。是的,只有我们真正做教师的人才能体会到,教师的工作不能用简单的时间和量来衡量,学生占据你的不只是时间还有你的思想和灵魂。做了教师我才体会到什么是魂牵梦绕,多少次半夜醒来,梦境中全是学生。而且要教育好学生,面对不只是一名学生,而是他的整个家庭,他的家庭背景,他的成长环境,你要操心的不只是他们的学习还有他们的精神。班级里有一个姓金的蒙古族男孩,父亲早逝,母亲改嫁,音信全无。现在跟随姑姑生活,姑姑家又远,在天食小区住宿。得知这一情况,我的心久久不能平静,一个七岁的孩子啊! 对于一个孩子来讲,妈妈爸爸的爱是无与伦比的! 我常常把他叫到跟前与他谈心,让这个不善言辞的孩子心灵不再孤独! 他的拼音不好,我就单独辅导,不厌其烦! 我让他坐在第一排,担任组长。同学们很奇怪:老师为什么对他格外好? 我告诉孩子们:因为他很努力! 渐渐地,他的成绩提高了,说话的声音洪亮了,我的心里格外欣慰。我暗下决心:一定要让他像别的孩子一样快乐生活! 我常常把铅笔、橡皮等塞到他的手里。学查字典了,我送给他一本字典。他高兴极了,说:"字典里有好多字啊!"我笑着问:"字典里还有什么?"一句令我意想不到的话脱口而出,他说:"还有好多爱呀!"这样简单的一句话,我听了无比开心! 孩子的笑容就是我的幸福,我的幸福就是孩子们的幸福!

　　十八年的从教生涯,让我尝遍了酸和甜。作为二年组的一名成员,我感到舒心又骄傲。别看我们的学生小,但成绩都很好,在学校的各项评比中尤为突出:在班级布置的评比中,三个班级都是一等;在全国希望杯作文竞赛中、共有24人获奖;在"六一"节目中,我们年组的节目受到表扬。在教师节评选中,2位班主任被评为校级优秀班主任,2位被评为考核优秀。说到这里,我要提起王艳丽、郭淑英、刘萍3位老师。在本年段的学生培养中,他们是立下了汗马功劳的优秀人才,虽然现在不在二年组,但在其各自的岗位上,始终闪耀着光芒,实现着自己的价值。

　　"吐尽心中万缕丝,奉献人生无限爱。默默无闻无所求,织就锦绣暖人间。"就为了学生的这份纯真的爱戴之情,也为了一名班主任的神圣职责,我必须倾尽全力地去努力工作,诠释校风与校训——诚信尚礼,厚德博学,诚信求美,自主和谐!

教书育人　乐于奉献

内蒙古自治区呼和浩特市黄合少镇第一中心校　张慧龙

"吾家洗砚池头树，朵朵花开淡墨痕。不要人夸颜色好，只留清气满乾坤。"每每读到王冕的《墨梅》，我便有无名的感动。是感动于他笔下梅花特有的清气呢，还是感动于诗人王冕蔑视功名利禄、安贫乐道的高洁情怀呢？我想二者兼而有之。请看：不要人夸颜色好，只留清气满乾坤。这样的诗句，不正是形容教师的职业精神吗？

有人说：教师是人类灵魂的工程师、太阳底下最崇高的职业。作为一名普普通通的教师，我自豪于教师教书育人的天职，自豪于教师乐于奉献的精神，自豪于教师甘于清贫的操守。

如今的社会是个浮躁的社会，是一个变化极快的社会，一个容易让人迷失的社会。作为教师，更应该懂得默默奉献、廉洁从教。只有这样，才能彰显我们特有的魅力。

想到这里，我不禁想起我区（内蒙古呼和浩特市赛罕区）黄合少第一中心校朱亥学校的白银虎老师。朱亥学校距离市区35公里左右，是赛罕区最为偏远、落后的一所乡村小学，2011年该校一到六年级学生只有30多人。近年来，随着学生数的减少，很多老师先后离开学校。截至发稿，学校只有11名学生了。有时，白老师只好一人身兼数职，担起了学校的语文、数学、体育等好几科课程的教学，还担任了学校菜地的种植员和管理员。

学校的树都是白老师亲手种的，学校的平房也是他找人翻修的，还有学校晚上需要有人守夜，很多时候白老师干脆住在学校，担任"门卫"，让年轻的教师都很感动。说他爱校如家，真的一点都不夸张。

白老师年近六十，从毕业到如今，他从事教学工作也近四十年了，一生清贫的白老师再有一年就到退休年龄，但他说："即使学生再少，学校再难，也要办下去，不能让孩子们没地方上学啊。目前这种情况我不放心，我还不能退休。""甘于寂寞，乐于奉献"，这是白老师常对我们说的一句话。

从曾经的阳光少年到如今的白发老者，白老师的一生似乎诠释了一名教师应该具备的职业精神和道德操守。前年十一月，新华社和内蒙古日报社分别对白老师的感人事迹作了报道，白老师也由此被更多的人所了解。黔娄之妻有言："不戚戚于贫贱，不汲汲于富贵。"我想白老师就是这样的人吧。

陶行知说："捧着一颗心来，不带半根草去。"泰戈尔说："果实的事业是尊贵的，花的事业是甜美的，但还是让我在默默献身的阴影里做叶的事业吧。"人生的真谛，可能是没有答案的，我们生活的过程就是在体验这个生命的过程。几十年后，我们将都变成宇宙中的一粒尘土。假若能为这世间留下几缕清香，那将是我们最好的人生鉴定。让我们就以这样的诗句来共勉吧：

不要人夸颜色好，只留清气满乾坤！

用心耕耘 用爱浇灌
——记音德尔第八小学教师刘丽华

内蒙古自治区兴安盟音德尔第八小学 杨艳秋

刘丽华同志1992年毕业于兴安盟师范学校,先后在巴岱中心校、音德尔镇中心校工作,分别于2008年、2009年被评为旗级优秀教师和旗级优秀班主任;2008年获国家级作文大赛小学组指导教师一等奖,2009年获第二届全区小学作文大赛优秀指导教师。2011年8月调入音德尔第八小学工作,2012年获全区小作家协会组织的教职工征文二等奖,2013年7月获旗级优秀共产党员称号。在第八小学工作后,刘老师仍然以出色的表现赢得了大家的赞同和认可。

一、尽职尽责 无私奉献

她全面贯彻国家的教育方针,认真履行《中小学教师职业道德规范》,自觉遵守《教师法》等法律法规,以教育事业的发展、教育的进步为己任,热爱教育,热爱学校。"凡是脚踏实地去做,不驰于空想,不骛于虚声,以此态度做事,则事业有成。"这是她的座右铭,她时时用来鞭策自己,激励自己献身教育事业。

学校里每天都是她来得最早,走得最晚,忙碌是她工作中的一件乐事,她的工作每天都及时认真地完成。她深知学校人员紧张,就是学校规定的每月教师可请的临时事假,她也都从未请过一次;即使病了,也还是吃药坚持上课,晚上才去打针。她是六年级班主任兼语文教学,工作本来就繁重,在一年级语文老师邹丽娟因病不能上班的情况下,她又承担了一年的语文教学。她从未叫过苦,喊过累,保质保量地完成了教学任务,并取得了优异成绩。她无私奉献的精神得到了领导的赞同、同事的认可。

二、热情工作 关心同事

刘老师对待工作总是充满热情,无论学校里有什么工作安排给她,她都能很痛快地接受,从不推脱。从学校的社团工作到语文主题阅读,从学校体育队的训练到大课间,都留下了她的身影。每项工作她都能认真负责地做好。

刘老师作为一名中年教师,通过自己的努力积累了一些工作经验。在她的组里有一位刚来工作的老师,刘老师就像大姐姐一样主动帮助他,从备课到上课,从班级日常管理到孩子的习惯养成,从业务上及时提醒到应该注意事项都做得无微不至。老师病了、有事了,她总是打去电话嘘寒问暖。在学校,她以热情、真诚关心着身边的每一个人,深得大家的认可。

三、倾情于生 情深意浓

她用爱的目光注视孩子,用爱的心情倾听孩子,用爱的语言鼓励孩子,用爱的胸怀包容孩子,用欣赏的眼光看待孩子。她用一颗真诚的心去对待学生,没有歧视,没有偏爱,只有足够的耐心。她常说:"要赏识孩子,每个人都是希望得到别人的赞扬的。"她的想法是多给学生一点笑脸,多给一点赞扬,学生就会产生自信。在教学中,她让每一位学生都能发现自身的闪光点,增强自信心。

她所教的班中有一名单亲家庭的孩子廉某因父母离异,常在奶奶身边,父亲常年患病,家庭经济困难,衣服穿得又破又旧,买不起笔记本是常有的事。孩子很自卑,在班级常常一句话都不说。她看在眼里,急在心里。这么小的孩子就失去了母爱,感受不到家的温暖,不能再让孩子失去这个大家庭的温暖了。她常把孩子叫到身边,不断地鼓励他从逆境中崛起,让他树立战胜困难、奋发学习的信心和勇气,还送他衣物、学习用品,帮助他解决困难。还在班级开展了"爱心手拉手"活动,让班级的学生亲近他、帮助他。"只要人人献出一点爱,世界将变成美好的人间。"优美的歌声中孩子抱着她哭了。这个自卑的孩子在爱的呵护下已和正常的孩子一样,微笑洋溢在脸上,变得越来越坚强。

每个年级每个班都有这方面或哪方面差的学生,刘老师从没歧视过这些孩子,总是想尽办法去转变他们,她深知这样的孩子渴望得到老师更多的爱,所以,课堂上她总会用手抚摸一下他们的头,课下和他们多交流,自卑的孩子通过她不断的表扬,自信了很多,每天脸上都是笑呵呵的;学习差的孩子通过她的鼓励,学习有了很大的进步,身体也强壮了很多,不再迟到;撒谎、逃学的孩子在她的关爱、赏识之下,不再说谎了,喜欢上了学校。

进入八小之后,刘老师执教五年级倾注了全部的心血,学生不舒服时,她总是嘘寒问暖,及时联系家长。与家长建立密切联系,她的电话簿里每一个学生家长的联系电话都有,及时把学生的信息反馈给家长,双方共同研究解决问题。有的孩子生病吐了,她二话不说,亲自打扫。在孩子们的心里,她不仅是一位和蔼可亲的好老师,还是一位好妈妈。

四、勤奋耕耘 硕果累累

刘老师深知:有好的习惯才能有好的未来,好的习惯应该从日常生活中的点滴做起。教师的言行对学生起着耳濡目染、潜移默化的作用。为了言传身教,把学生培养好,要求学生做到的,她首先自己做到。每天的上课时间,要求学生不迟到,她总是提前半小时到校;要求学生不旷课,她首先要求自己不缺学生一节课。她要求学生不做的,自己带头不做。言语、行动、仪表等方面都起着表率作用。

班级的卫生,她自己以身示范,每天在班级扫地、拖地、擦桌子、洗抹布,重复着同样的事情。榜样的力量确实是无穷的,孩子们也逐渐养成了好习惯,大多数孩子都能主动帮助老师打扫班级卫生。孩子之间相互影响,师生共同爱护班级,即使是下雨天,他们的班级地面也是亮亮的。

记得毕业典礼大会上,她的学生满脸泪水和她拥抱的时候,我们意识到,幼小的心灵也能够读懂老师,孩子晶莹的泪花让我们感受到了那种挚爱!学生家长走向她,跟她拥抱、握手、言谢……

刘老师虽没有惊天动地事迹,但作为一名普通教师,她乐于奉献,兢兢业业,可谓平凡之中见伟大。她时刻用行动诠释着太阳底下最光辉的事业。

卢玉福老师的飘摇人生

内蒙古自治区赤峰市富河寄宿制学校　李东轩

"卢老师来喽,卢老师来喽……"

随着阵阵天真的呼喊声,校园里走进一位躬身驼背的老人。他步履坚实,走进教室,开始了一天的忙碌……

他就是原横河子学校那位备受家长夸奖、同事佩服、学生尊敬的老教师——卢玉福。

提到卢玉福这个名字,十里八村的乡亲们首先出口的一句话便是:"他真是个好人!"接着有些人会感慨:"命运对他咋这样不公平!"

他居住在横河子村最北部的一个小山沟——边墙里屯。三十年前那是一个被愚昧、落后、贫穷环绕的地方。

"咱屯子的教学点因没有老师愿意来教书而被搁置了。山里的孩子不能没有老师,你回村当代课老师吧。"1982年夏天的一个傍晚,边墙里屯唯一一位有点文化的老村长,拉着卢玉福的手语重心长地说。

当时正值风华正茂的他,可以选择去乡高中复读,为梦想中的大学去拼搏;也可以走出去闯荡,在改革开放的大潮中去奋斗。如果选择回村里代课,也许这辈子就再也走不出这大山了。

晚上,卢玉福坐在自家门前的石台上,眺望着群山环绕的穷山村出神。"山里的孩子不能没有老师!"老村长的这句话仿佛一次又一次从空旷的山谷传来,令他心头激荡。卢玉福打定了主意。第二天一大早,他便义无反顾地走进了边墙里教学点的大门,埋头一干就是十年,他在风雨中坚守着。

当时的教学点,只不过是三间茅草土坯房屋,校园内甭提什么体育设备,就连院墙都没有。由他一人承担着一、二年级两组复式,20个孩子的教学工作。当时摆在卢玉福面前的两大难题,一是校园建设,二是如何留住即将辍学的孩子。

边墙里濒临左旗老爷洞风景区,时常有观光汽车鸣笛而过。但风景再美,也掩盖不了小山沟的贫瘠清苦。走出去打工赚钱,是村里青壮年男女不变的选择。这些留守儿童只能长期生活在老人和老师身边。当时,村子里"读书无用"的老观念似乎根深蒂固。孩子们大多懒懒散散,有时家里的老人们一有事就把孩子从学校里叫回去。

卢玉福知道,孩子才是大山的希望,只有知识才能改变他们的命运。他硬着头皮,走家串户进行走访。一趟,两趟,三趟……他的坚持终于感动了乡亲们。一年后,边墙里村再没有儿童辍学。他利用春节期间,一次次动员返村村民,不久,由村民出资出人为这所教学点建起了围墙。在政府的关怀下,教学点的条件逐步有了较大的改善。

一次，教育局姜局长带队在全旗范围内巡回检查工作，姜局长等人走进边墙里教学点教室时，他们目睹卢玉福一手抱着四岁的女儿，一手在黑板上写着字。姜局长问明情况后，含泪接过小丽丽，抱在怀里。他告诉身边的工作人员："要记下卢老师的事儿！"

十年来，他和孩子们一同游戏，一同生活。孩子们把他当成了保姆、父亲、贴心人……

三十年前，在那个穷山沟，是孩子们离不开他，现在他也离不开孩子们了。

今年，卢玉福老师已经五十六岁了，可是他仍然坚持抓一个教学班的工作，并继续担当着班主任。

他那满脸皱纹，记载着他的喜悦和忧伤，承载着他的成功和落寞。可是，每当他步入教室，教室里顿时就有了春天般的生机，孩子们欢呼雀跃……

他之所以对事业痴心不变，是因为他的血液已经和孩子们融为一体。

张姐的一天

内蒙古自治区开鲁县麦新镇中心校　黄宝军

2012年的雪比往年下得更久一些,此时已近2013年的清明,可大雪又下了一天一夜。在这科尔沁边陲的小镇,清晨,除了那条已经融化了的宽阔马路,一切都像沉寂在皑皑的白雪之中。

"当,当……"一阵敲门声打破了镇小学值班室的寂静。"翟老师,签到簿,签到。"一位四十多岁的中年女教师站在门口。"张姐,天天这么早,你真成了叫人早起的'老母鸡'了!"值班的老师开着玩笑说。"你说我们家老王,自从成了这倒霉的中学副校长,这起早贪黑的,叫我也不消停。这不,他一早吃完饭和姑娘去了学校。家里就剩我一杆子人,不上班干啥去!"说着话,签了到,推起她那辆电动自行车,停在她的专属区——"一号泊车位"。

和每天一样,办公室只来了她一个人。烧开水、擦桌椅、搞卫生……照例从包里取出了一些五颜六色的药片和胶囊,瞄了一眼墙上的石英钟——又到"加餐"时间了。但和往常不同的是,吃药后她把速效救心丸从手提包中拿出来放在衣兜里——从起床到现在她总感觉不对劲。

就在这时,办公室的门开了,住宿的小刘老师推门进来,小虎牙一龇:"真是'家有一老,如有一宝',我们的'张老太'真是我们办公室的'宝'。""小小的孩儿就学着油腔滑调的,得找个媳妇管一管了。"张姐笑着说。办公室渐渐热闹了,校园里也充满了人气……

"小张,这离上课还有几分钟,怎么就走了?"看着拿起教材要走的张姐,年长的于老师疑惑地问。"年纪不大,可这身体的每个零件都不好使了,哪能跟年轻人比啊!"张姐笑着说,"这三楼的课,我挪到班级也就上课了。"于老师关心地说:"身体不行就别逞强了,还要命不?""没事,这不就快清明节了吗,我要倒下了,不和'麦新'一样成了烈士,你们去扫墓就是稍带的事!"张姐在门口的一句玩笑,让办公室一片笑声……

下课了,最后回到办公室的张姐,刚到办公室前坐下,坐在对面的赖老师就从张姐的脸色上发现了不对劲,忙问:"张姐,怎么了?""没什么,就是有些累,想睡一会……"张姐说着,手还没从衣兜里拿出来,就一头栽到了桌子上,嘴角还渗出了一丝鲜血。办公室一下就炸了锅……

后来听说,张姐从镇卫生院到了县医院,一直被送到了市医院,做了"脾摘除手术"……

过清明节近半个月了,清晨又下了一场小雪,校园又被白雪所覆盖。那一号泊车位,停的始终是张姐的电动自行车。

扎根草原育桃李　情系乡村献青春

内蒙古自治区兴安盟科尔沁右翼前旗第二小学　周　敏

做一个辛勤的园丁,使每朵鲜花都绽放,每颗幼苗都茁壮成长。这是他作为一名乡村教师的信念！义无反顾地在基础教育岗位上一干就是17年。那一摞摞教案、札记,记录下了他的汗水和心血；那厚厚的毕业生通讯录,一届届毕业生恋恋不舍前簇后拥的合影照,记录下了他十余年来班主任工作艰辛的足迹和欣慰的笑容；那几十箱教育理论书籍、教育教学杂志,是他的生命的挚友！

扎根草原育桃李,情系乡村献青春——这是他终生不悔的理想追求。

一、无私奉献爱心,真情抚育心灵

多年的班主任工作,他深深地体会到,哪怕一个和悦的眼神,一句温馨的话语,一个轻柔的动作,都会给学生留下终生难忘的印象,收到意想不到的效果。贯穿教育教学工作的主旋律应是爱心的奉献、真情的抚育。

对待好学生,人见人爱这是人之常情。对待学困生、后进生,是冷酷、嘲笑,还是体贴、关爱,这是对每一位教师的严峻考验。他始终认为应让每一位学生都得到教师的爱,让好的更好,让后进生在爱中转变。

他原先只身一人在离镇中心校最远的教学点工作,一干就是六年。教学点的工作清苦,没有人愿意在教学点工作,干了几天就走了。他看在眼里,在心里立下了志向:一定要在教学点上呆下去,让这里的孩子享受到学习的快乐！他是这样想的,也是这样做的。静寂、孤独对一个刚刚师范毕业的他来说,是多么残酷,但他没有退缩。他起早贪黑,认真呵护着孩子。教学点没有井水,他就去离学校二里路的村子里去挑。教学点的房子漏雨了,他就从微薄的工资里拿出钱来买塑料布铺房子。他的乡亲看见了,被这样一位能扎根教学点的年轻人打动,都主动来帮忙。他们说:高老师,你就永远在我村教书吧！乡亲们挚朴的话语更加坚定了他留在教学点工作的信心。当时在他所教的班级有一个叫刘万财的同学,由于父母离异,他就成了没有人管的孩子。每天脸也不洗,衣服很脏、很破,有时还吃不上饭,饿着肚子来校上课。高老师看见了,流下了眼泪,骑上自行车到镇里给这位学生买来新衣服、书包,还有几箱方便面,并叮嘱这个学生如果缺少什么就来找他。每到放寒假、暑假,这个学生常悄悄地对他说:"老师,你别回家好吗？我愿意和你在一起。"听见孩子天真的话语,他又一次流泪了。是爱心感动了他这位学生！他所教的年级,年年都取得镇里第一名的好成绩！大雪天他步行走几十里山路,早早地来到学校给学生生好炉子,准备上课。每到夏季大雨瓢泼,山里就发大水。这时,他就挽起裤腿走在齐腰深的水里,护送孩子安全回家。在教学点撤掉时,乡亲们不约而同地来到学校,来送

他,送一送给山村带来希望的人!

二、家境困窘

他的家庭生活十分艰难,家里有七十多岁高龄的双亲,如今都卧病在床,不能自理。他忙里忙外精心地伺候老人,却没有耽误一天课。看见老人能快乐地生活,他心里非常快乐,逢人就讲:"孝,是我们中华民族的传统美德。我是一名人民教师,连孝敬父母我都做不好,我还能教育好学生吗?能做学生的表率吗?"当母亲病重时,为了不影响教学工作,他就起早贪黑,认认真真地给学生上课,再返回去给母亲找大夫,打针。每当看见他忙碌的身影、乐观的笑容,让人为之一振。其实,他也积劳成疾,患有脑血栓,半边的身体经常麻、痛、胀,但他没有跟学校领导请过一天假,没有因为自己有病而影响了教学工作,没有因为父母多病而误一节课。在他的书包里,除了书就是药。血压高了,就吃一片降压药。他始终乐呵呵地面对生活,把温柔的笑脸送给学生,不把自己的痛苦带进课堂。再苦再难,他都挺了过来。脑血栓的病痛折磨着他,但他还是坚持在语文教学的第一线,主持盟级课题《读经典学习作》和自治区课题《教师引路点拨,学生自主探究》的实验。每每看他累得靠在椅子上,担心他的病会再次复发,同事们都劝他好好休息。他有干不完的劲,珍惜这来之不易能和学生朝夕相处的机会。当老师的离开了学生是多么悲哀的事!

他经常和同事们说:"当我得脑血栓时,第一感觉是我再也不能站在讲台上给学生上课了。"多么朴素的话语,道出了一个乡村教师扎根基层的决心和意志!多年来养成的对教育工作的事业心和责任感,更加坚定了他所热爱的教育事业!

三、生命因课堂而精彩

与他交谈,最多的话题是课堂。每每提到课堂,他总有说不完的感想,讲不完的故事,脸上时时洋溢着灿烂的微笑。工作17年来,他一直投身于课堂,在教育教学第一线努力实践、探索。正是他对教学的这份执著与热情,使他赢得了学校、家长、社会的认可,取得了优异的成绩,曾多次受到旗委、旗政府的表彰。

多年来,他注重教学方法的探索。在他的语文课堂上,他忘却了病痛,忘掉了一切,和学生融为一体。凡是听过他课的老师都有这样的感受:他的课设计新颖,引导得法,教得游刃有余,学生学得轻松自由,学得扎实有效。这样的成绩来源于他的刻苦钻研。由于乡村学校缺少教育教学书籍,他坚持数十年订阅了《小学语文教学》、《小学语文教学设计》等十几种杂志。有时去旗里学习培训,借休息机会去书店买有关教育教学方面的书籍。虽然工资微薄,但痴心不改。有时候他买了上百元的教育理论书籍,当他去交款时,身旁的一位老人问他:"你买这些有关教育方面的书是自费还是公费啊?"他干脆地回答:"自费。学校的办公费用紧呀,哪能再让学校花钱呢。"老人对他竖起了大拇指。其实,无论是外出学习,还是去旗里看病,他把节省下的钱都买书了。他从读书入手,认真研究教学,每每有精彩的片断,他都抄写下来,创造性地用在教学中,并写了近五万字的读书笔记。有了先进的理论支撑后,他又深入课堂,努力实践,在《小学教学参考》编辑部举办的创造杯"教育教学论文大赛"中连续两次获一等奖。

更为可贵的是,他数十年如一日,养成了勤奋读书、勤反思、勤练笔、勤研究的好习惯。在学校,他抓紧分秒时间进课堂,搞教研。在家里,他利用休息时间读专著、看名篇、写感想。正是这种坚持不懈的努力,使他成为我校语文教学的旗帜。在他的书中的扉页上,都认真地写上了这样一句话:做一名乡土教育家。教育家虽然遥远,但他努力实践着。他钟情于语文教学十七载,始终立于课改创新最前沿,他以扎实的工作作风和出色的成绩,从一名普通教师成为一名农村牧区骨干教师,得到了社会各界的广泛认可和普遍赞誉。他把对语文教学的实践成果撰写成《我与新课程》等论文。

四、把全部心血献给孩子

班主任工作是面面俱到的。从一定意义上说,班主任工作关系到学生的健康成长。身为语文教师的他,善于捕捉学生的心灵轨迹。他教六年级语文时,发现这个班的学生集体观念差,无上进心。他因势利导,出了一道看似平常的作文题"我的老师",以此加深对学生的认识和了解,从学生的一篇篇作文中看出孩子心灵深处那份纯真的感情。他们怀念曾经带他们时间最久、相亲相爱的一年级班主任。是老师对学生慈母般的关怀、真挚的爱,赢得了学生的信赖和尊敬。他欣慰地看到孩子们未泯的童心。针对存在的问题,他制定工作目标,使学生不断感受到学习的成功。整个班级天天都有可喜的变化,他和同学们的脸上都露出了可喜的笑容。

班上有个"油条"式男生,各科老师都拿他没办法。批评多了,他便以一副玩世不恭的态度对待。高老师没有像其他老师那样,先给他一个下马威,而是默默地对他进行观察,听取任课老师的反映,在了解中发现这个学生假装脑神经痛,家长的溺爱使他产生了骄横的习性。在语文课上,高老师让他答问题,引导他如何做人,并在课下为他找治脑神经痛的方子。他看见老师能为他这样做,感动得说出了实情:他的父母常闹矛盾,为了让父母能和好,就装病。高老师就与家长沟通,家校配合,采取有针对性的教育方法。从此,这位同学成了一名品学兼优的好学生。

诸如此类的例子很多。高老师总是用爱心去开启学生心扉,用真情感染学生,让班集体中没有被遗忘的角落。

他善育乐教,播撒馨香。当问他成功的秘诀是什么时,他总是说:"教育的成功在于勤奋奉献与创新。"这句名言也成了他执着追求的座右铭。

同事喜欢他,是因为他执著追求,具有敬业精神。

同事欣赏他,是因为他有人格魅力,激情满怀。

同事称赞他,是因为他有先进的教育理念,形成了自己的教学风格。

展望未来,他一如既往地坚定执着。为了花的艳丽、果的丰硕,他愿做一抔朴实的泥土,默默地为孩子们提供心灵成长的养料。他说:"假如有第二次生命,我仍将毫不犹豫地选择教师这份职业,用生命去实践,用生命去歌唱,让生命为教育绽放!"

我身边的师德典范

内蒙古自治区乌兰浩特市和平第三小学　刘丽艳

　　班主任工作是一项非常辛苦和琐碎的工作。班主任不但要教好所任教的学科,还要培养一个健康向上的班集体,使每个学生德、智、体、美、劳等方面都得到充分发展,形成良好的个性品质。不付出艰辛的劳动和汗水是不会有收获的。从事多年班主任工作的郑老师让我敬佩不已。

一、把爱心送给每个孩子

　　郑老师的班级共有35名学生,也不知道是什么原因,郑老师总感觉这些孩子苦命的比较多。有为了学习而一周乃至一个月见不着父母的;有因父母有残疾而导致心理自卑的;有因父母病重而无法正常学习的;有因父母离异而伤透心的;更有甚者,有因父母双亡而没有父母疼爱的……他们的故事太多太多。虽然郑老师不能替代,但郑老师看在眼里,记在心上,会尽自己力所能及,想尽办法弥补。刘浩同学在一次习作中这样写道:"妈妈,你知道我趴在被窝里偷偷哭过多少次吗？妈妈,没您在身边,我好像没有了灵魂……"这一句句的真情吐露让郑老师也掉下了伤心的泪水。做了十年妈妈的郑老师深知孩子们心灵上的缺憾。于是,郑老师侧面与他进行了沟通,让他感觉妈妈还是爱他的,让她感觉到还有一个像妈妈一样的老师在关爱他。这些缺少母爱的孩子不仅在学习上需要郑老师对他们的帮助、指导,在心灵上更需要一个富有母爱的老师关爱着他们。

二、充分调动孩子们的积极性

　　班主任的工作是繁重的、琐碎的,力不从心、精力有限是老师们经常有的感觉。在这种情况下,郑老师发现把一些工作交给孩子们去做是不错的选择。

　　班里的安全最初是郑老师亲自去跟踪的,但后来由于琐事繁多而常常无暇顾及,郑老师就在班里成立了安全检查小组。小组成员是一个安全组长和三个安全员。首先,郑老师给他们讲述了检查的标准,并要求他们每天对自己的发现进行汇报,并由组长做好记录。全班同学都有监督权力,举报者有加分、有奖励。班主任视安全组长和安全员汇报情况进行进一步调查,属实的进行批评教育。这个方法实施之后,检查安全组长和安全员认真检查,其他同学也很重视。就这样,郑老师班把安全隐患降低到最小,甚至是零隐患。在同学们的大力合作下,班级消除了两次安全隐患,一个是鞭炮事件,一个是语言抨击事件。

三、加强与家长的联系

　　当家长打来电话时,郑老师总是耐心地和他们讲解、沟通。在平时一旦发现学生在学习上、行为上、思想上有什么特殊情况,郑老师总是及时、主动地和家长联系,向他们了解情况,取得家长的理解和配合,共同教育孩子。家长们都非常信任、理解、支持郑老师的工作,郑老师感到很欣慰。

郑老师与李同学的父母沟通时,家长真诚地跟郑老师说:"孩子到五六年级可能都答不了试卷。"当时的郑老师体会到了父母的无奈。于是,郑老师寻找孩子的不足,发现他的理解能力不行,很多事情一般的孩子理解了,但他理解不了。别的不用说,都已经上六年级了,拼音对于他来说还是个障碍呢!今天会拼了,明天可能就不会了。所以对他来说,单靠郑老师一个人是不行的。郑老师事先把八个单元的词语都标注拼音,跟家长联系,让家长经常跟孩子一起拼读。这个办法已经用了两年半了,特别是这学期,他能很流利的拼出词语拼音。这对于一个正常的孩子来说,在一年级就拥有的能力,但对于李同学来说,却花费了比正常孩子多得多的时间才看到一点进步。而这进步正是家长与老师的密切配合才得到的。

四、辛苦中更多的是幸福

班主任工作比较繁琐,事情较多。有时作业没时间批,带回家去,写的评语材料多,在校没写完,带回家去。郑老师知道这样做很辛苦,但这样做了她感到很踏实。更让郑老师感觉到荣幸的是现在教的这班孩子。正是这不经意的两年半,却培养了浓厚的师生情。曾发生过一段感人的小插曲,有几名女同学哭着来到郑老师面前,说:"老师,是不是你不教我们了?"一句话给郑老师说懵了好一阵。冷静一想,孩子们误会了,原来新分配的大学生来郑老师班做客两周,让孩子们误认为郑老师不教他们了。郑老师赶紧对这几名同学解释。

三年的班主任管理工作,带给郑老师更多的是一种成长、一种历练。三年过去了,在以后还不知道能有几个三年的从教生涯。郑老师还会持之以恒的,因为郑老师总对我们说:"我的努力目标就是无愧于学生们喊的那一声声老师,无愧于家长、老师和领导对我的信任和支持。"

一枝一叶谱人生　三尺讲台总关情

四川省泸州市江阳区南城学校　郭声红

罗老师没有轰轰烈烈的壮举,也没有惊天动地的豪语,她,一名兆雅乡村小学的普通教师,执教的几十年来,以自己勤奋踏实的工作作风和诚信朴实的人格形象,一点一滴、一步一个脚印地履行着一名人民教师的神圣职责。是她给了我从教的信心,是她让我懂得作为一名人民教师应该履行的职责。从踏上讲台的那一刻起,我就暗暗告诉自己,我一定要做一名像罗老师这样的好老师。她对学生的好,对学生的爱,让我至今仍记忆犹新,更让我明白教师这个职业不仅仅是一份工作,更是一份责任、一份爱的倾注、一种青春和热血的奉献。

至今也难以让我忘怀的就是发生在我家隔壁的一件事。罗老师每天都例行着到我们这些穷苦人家的孩子家里家访,帮助我们煮煮饭,收收稻谷。虽然都是些琐碎的事情,但是她却长此以往地坚持了几十年。我家隔壁有一个男孩,从小就患有先天性癫痫病。那天,罗老师照例来到他家,见他正在晒场上收稻谷,罗老师毫不犹豫地就帮起忙来。我从家里出来看到这一幕时,被深深地打动了。只见罗老师蹲在地上,正用手扶着躺在地上的男孩,努力使他身体保持侧卧的姿势。而男孩身下垫着的是罗老师女儿给她买的一件丝绸衣服,这可是她平时都舍不得穿的啊!罗老师大汗淋漓,不知道是天气的缘故,还是心急的原因。只见到罗老师额头大滴大滴的汗水止不住地滴落在地上,但当我弯下身去帮忙时才发现,罗老师的手竟被孩子紧紧地咬在嘴里,而罗老师满脸通红,额头、鼻尖冒着豆大的汗珠。我的心震颤了,这是老师对学生吗?不,母亲对孩子也不过如此!怪不得经常听到有学生喊她"妈"呢!"爱自己的孩子是人,爱别人的孩子是神。"虽说不是神,但罗老师确实让我感受到了这份人间真爱。事后才知道,原来这个男孩在收稻谷的过程中癫痫病又犯了,面色青紫,双手握拳,身体不停地抽搐,口吐着白沫,吓得罗老师惊慌失措,毕竟是第一次遇到这种情况啊!冷静,冷静,她强迫自己冷静下来。这好像是癫痫病症状。之前她听人说,如果这种病发作,可能因为咬紧牙关而导致咬伤甚至咬断舌头。不怕一万就怕万一啊!环顾晒场,也没什么合适的东西啊!罗老师顾不得多想,硬是把自己的手塞进了孩子的嘴里。"多冒险啊,你就不怕咬断自己的手啊!"事后有人问她。"孩子的舌头,比我大手指值钱多了!"她开玩笑地说。这种五指连心的痛我们可想而知。大约过了十多分钟,孩子才慢慢恢复意识。罗老师轻轻抽出手,只见上面整整齐齐地排列着一行深深嵌进肉里的牙痕。顾不上钻心疼痛的手,顾不上蹲麻的腿,罗老师抱起孩子就朝家里跑,一勺勺地给他喂水。而孩子由于病情发作,消耗极大,身体软绵绵地躺在罗老师怀里,简直就是一幅母子情深图!不知是出于对老师的感动,还是对这男孩的怜惜,我泪水止不住地滑落。这也许就是对"爱生如子"最好的诠释吧!

当我问及她是什么促使你这样做时,她对我说:"我是教师,就要奉献,一心要想着学生。为了我们的事业,也为了我心中的那份爱。"简单的几句话,却让我懂得了一个道理:爱,是一个永恒的话题,教师对学生的爱是一种把全部心灵和才智献给孩子的真诚。这种爱是无私的,它要毫无保留地献给所有学生;这种爱是深沉的,它蕴涵在为所有学生所做的每一件事当中;这种爱是神圣的,它能凝成水乳交融的情谊。

"推开一扇窗,让爱的阳光照亮学生心房的每个角落。"还记得有一次,我到罗老师家里吃饭。一进屋,我惊呆了,满屋子的和我一般大的孩子,其中有一个瘦瘦的女孩正在桌边津津有味地吃着苹果。经了解,这是一个生在不幸家庭中的孩子,弟弟年幼,家庭贫困,一家人的生活要靠亲戚、邻居的接济。这种不幸的家庭遭遇使这个学生幼小的心灵承受着难言的重创,自卑心理在周围淡漠的环境中日益严重。面对她,罗老师花了大量的心血。平日里,她利用课余时间跟她谈心,鼓励她"人穷志不能短";天冷了,罗老师给她买新衣服;没钱买学习用具了,罗老师就给她买……记得一个冬天,她的手上早早地就长满了冻疮,罗老师看在眼里,急在心上。每天给她准备一瓶滚烫的热水,让她的手迅速温暖起来,并把自己以前的一副手套送给她。她紧紧地把手套贴在胸前,眼泪汪汪地向罗老师鞠了一躬,说:"老师,我会努力的!"听着她动情的话语,罗老师的心被震撼了,我也被震住了。我深切地感到,一个老师只要以一颗真诚的爱心对待自己的学生,定会收到意想不到的教育效果。后来这个学生振作起来了,学习也进步不少。看到这个在阳光下振作起来的女孩,我又怎能不眷恋我正在营造的这片"风景"呢?

几十年来,罗老师勤勤恳恳、孜孜不倦,默默地履行一个"爱"字,虽没有满眼绚丽灿烂,却也拥有了一路春意盎然。"一枝一叶谱人生,三尺讲台总关情。"这就是她,一个平凡的教师,用自己的勤奋工作诠释着对教育事业的那份挚爱。

最美的雪莲

四川省泸州市况场镇实验学校　潘永莉

"没有花香,没有树高,我是一棵无人知道的小草。从不寂寞,从不烦恼,你看我的学生遍及天涯海角……"这就是汪雪莲老师的真实写照。

汪雪莲老师1983年8月参加工作,默默工作了30个春秋。她一直做着学校最基础的工作——教书育人。她的工作,都是学校缺什么老师,就上什么课。无论是教学前班兼任班主任,还是教小学语文兼任班主任,她都把自己所做的工作当作最重要的事情来做,尽心尽职,教书育人,无怨无悔。

1985年,学校没有幼儿园老师,年轻的汪雪莲老师被调到幼儿园工作。汪雪莲老师虽不是幼师专业,但经过努力,对幼儿教育也是得心应手。幼儿园的工作任务繁重,一个人一个班。她总是早上7:30到校,整理教室,烧开水,迎接一个个孩子的到来,一直忙到放学送走最后一个孩子。这一教就是十年。

教学工作中,汪雪莲老师始终踏踏实实,兢兢业业。2007年,汪雪莲老师刚教完小学毕业班,成绩也非常好。由于幼儿园缺少幼儿教师,她犹豫过,但还是接受学校安排,第三次到幼儿园负责幼儿园工作。幼儿园的工作任务繁重,荣誉不多,三个班只有四位老师。学校小学老师的周课时平均15节,而汪雪莲老师的周课时最多的时候达到了每周23节。从汪雪莲老师身上,我们感受到了幼儿教师的苦与累、平凡与无私。在幼儿园,汪雪莲老师的工作对象是幼儿,他们需要她的悉心照顾。在日常生活中,她以"妈妈"的细心关心体贴他们;在教育教学中她以"严师"的耐心启发引导他们;在游戏活动中,她以"玩伴"的童心信任鼓励他们。走进童心世界,与他们同舞同歌,同玩同乐,处处与孩子们打成一片,扮大灰狼,扮喜羊羊……虽然很累,很辛苦,但为了孩子们的身心健康,全面发展,她在默默地付出、无私地奉献着。

2012年,条件艰苦的村小教师缺编,其他老师都不愿意去,汪雪莲老师又主动申请到村小任教,担任三、四年级的语文教学和四年级班主任,周课时21节。汪雪莲老师的家离学校二十多公里,每天早上6:50出门,要转三次车才能到村小工作。不管路途怎么颠簸、遥远,天气如何多变、恶劣,她都没有迟到过一次,也没有请过一次病假或事假。跨年级教两个班的语文,工作任务非常繁重,但她没有一丝一毫地放松过对自己的要求。

在四年级班上有一名叫李某的孩子,爱攻击同学,不做作业,不听老师和家长的话,脏话连篇,考试成绩特别差。他放学路上下河洗澡,偷偷骑着自行车横冲直撞,是全校有名的调皮王。汪雪莲老师针对他的情况,制定出纠正他不良行为的方案。由于李某一直调皮,爱惹是生非,班上大部分同学都不愿意挨着他坐,也不愿意和他做朋友,因此老师经常找他谈话,导致李某对老师有对立情绪,也不听老师的话。针对这些情况,汪雪莲老师对他作出第一个要求:不说脏话,不出手打人。为了给他信心,汪雪莲老师了解到他也很想得到老师当作奖品的图标,就给他制作了一张卡片,卡片上写上"李某,记住我们的约定。加油!"并用图标贴出一个爱心送给他,他脸上露出平时少有的笑容。同时,汪雪莲老师特地给他制定了一张表格《我的表现天天见》,记录他每天在学校的表现。有进步及时表扬,犯错了及时纠正。现在,李某打人、骂人的行为几乎没有了,能按时完成作业,和同学的关系比以前融洽多了,错了能勇敢地认错,说话的语气不再是咄咄逼人了。看到他的进步,再苦再累,汪雪莲老师也觉得值得,也感到很欣慰。

　　在村小工作期间,汪雪莲老师不但出色地完成了教学任务,还积极参加学校的各种活动。在学校的艺术节活动中,她带着山里的孩子表演的舞蹈《彩虹》获得了一等奖。她的付出也得到了领导和老师们的一致肯定。

　　对于一个热爱教育、热爱学校、热爱学生的老师来说,无论她在哪里工作,都是那么勤勤恳恳、任劳任怨、不计名利。她是那么平凡,以自己真挚无私的爱感染着学生!我们的社会需要这样默默奉献的老师。在我心里,她就是一朵最美的雪莲。

一辈子也没有走出大山的人

重庆市云阳县外郎小学 凌 源

教师这个职业是平凡的,尤其是一辈子耕耘在穷乡僻壤而不为人知的老教师。今天,我带给大家的是一个平凡教师的平凡故事——一个一辈子也没能走出大山的人。这个人是外郎中学的胡人兴校长。

外郎,是云阳县最为偏僻的十大贫困乡镇之一,交通不便,信息闭塞,山大坡陡。外郎中学原有学生不到100人,教师青黄不接。学生没读几天不是转学,就是外出打工,教师更是人心涣散,今天来了明天就走了。胡人兴校长走马上任时,有人就在背后议论纷纷:"一个民老二,土里土气的还想办学校!"胡校长没有反驳,也没有承诺。可是,让人预料不到的是,正是他的这股土气把外郎中学土出了特色,他用这股别人都不愿尝试的土劲儿扭转了学校的局面。学生辍学了,胡校长带着教师爬坡下坎,不辞辛苦地做家访,硬是把不愿读书的学生给请了回来;教师思想松懈了,胡校长从自己地里摘一把蔬菜跑到老师家里,和老师交流,了解他们的心声。一有空,他就走进村里,听听农民兄弟和家长对学校有什么意见。无论遇到哪位家长,他都能准确地说出他家孩子的名字、所在班级,以及学习状况和爱好特长。在胡校长的带动下,外郎中学全体师生拧成一根绳。一年来,学校升学人数破历史纪录,还有升入重点中学的。从此,学生人数逐渐增加,教师找到了事业的成就感,安心从教,教育教学质量逐年攀高。

20世纪90年代末,学生人数达到600人,原学校教学楼鉴定为D级危房,为防止楼层塌陷,上课不能喊起立,下课时学生只能一排一排地走出教室。适逢外郎集镇建设,乡党委政府决定将外郎中学作为外郎品牌形象,迁入门坎滩电站小区。那一刻,就决定了胡校长在一年365个日子里没有了休息日。

每天不等天亮,胡校长就得赶着路去工地。从山顶到河沟大约2里路,但那是一条接近垂直而且几乎没有路的路。中午,夏天的太阳像火一样炙烤着门坎滩,胡校长总是和工人一起呆在塑料棚里。天黑了,他还得拖着疲惫的身子赶回学校,他要倾听老师们一天来的工作情况。一天又一天,一年又一年,他就这样起早摸黑默默地工作着、奋斗着。

转眼就开学了,新的教学楼如期竣工,师生们欢呼着搬进新家。胡校长站在那道与自己厮守了三十多年的山冈上,眺望脚下那房屋高耸的新学校,他的脸上露出了喜悦的笑容,但他忘不了因长期施工而留下的那一双双穿坏的胶鞋,因过度疲劳而中暑昏倒在工地上的疲惫,忘不了因为办证程序太复杂而工程又急需推进时的焦虑、因资金不足而欠下的一笔笔债款……

新迁的外郎中学后面山崖陡峭,许多耸立的岩石威胁着师生的安全。每逢暴雨天气,胡校长就整夜守着,随时注视着后面山上的动静。山洪暴发了,他赶紧扛着锄头,冒着暴风骤雨,顶着电闪雷鸣,巡视在教学楼和学生宿舍的周围,疏通水沟,把洪水引到河沟里去。

又是一个暴风雨的夜晚,漆黑的夜里大雨倾盆,一道道闪电伴着轰隆隆的雷声。他那生病多年的母亲离开了人世,临终前也没能看见自己的儿子。是啊,他太忙了,他正在教学楼后面的山上守卫着一块块有可能掉下的岩石。那一夜,胡校长疏通了洪水,确保了全校师生的生命安全,却没有再见一眼自己的老母亲。在这样一个和山洪岩石日夜抗争的人面前,还有谁敢对我们的学校贸然侵犯呢?

在胡校长的带领和他的精神鼓舞下,如今,外郎中学成就了一支顽强的队伍。学校现拥有教师26人,他们大都是刚从师范院校毕业的大学生,平均年龄不到30岁。胡校长就像年老的父亲领着一群孩子,在外郎中学这方净土上辛勤地耕耘着。他常说:"我们要让学生进得来,留得住,学得好,我们的教育目标是要让学生成才,让家长放心,让人民满意。爱学校、爱学生是我们应尽的责任。"正是这样,外郎中学的教师谱写了他们独特的风采,那就是能吃苦、能战斗的艰苦奋斗精神,那就是万众一心,众志成城的团结协作精神,那就是永不放弃、永不言败的执着进取精神。这些年,外郎中学规模在不断扩大,得到了社会各界的高度赞赏。学校曾获得过云阳县优秀学校、云阳县十佳师德先进集体等荣誉。

如今的胡校长,已经年迈花甲,除了联系工作以外,他没有走出过外郎的山,也没有想过走出这一辈子和他休戚与共的大山。工作之余,他常扛着锄头,提着花剪,在校园里修花接木,到山上挖几棵树苗种在操场的周围,尽管身上沾满了泥土。是啊,他本来就把自己当成一把泥土,让别人把自己踩成一条道路,把自己永远当成一个园丁,辛苦耕耘,默默奉献……

这就是一个农民校长,在办人民满意的教育的道路上,踩出的深深的一步。在许许多多这样偏僻的农村学校,不正是需要许许多多像这样平凡却甘愿吃苦的人去撑起吗?

白血癌病恶魔缠身　教书育人鞠躬尽瘁
——缅怀恩师杜鹏图

重庆市垫江县实验小学　刘　妍

　　杜鹏图老师病逝已经有好几个年头了,可他的音容笑貌仍时常浮现在我的眼前。记得我上初一,他就担任了我的语文教师。从认识杜老师以来,他对我帮助和影响很大。在我心目中,他就是我最好的导师。

　　杜老师博学多才,在诗文词赋、书法等方面都有很深的造诣。还清楚地记得杜老师给我们滔滔不绝地分析《三国演义》中的人物形象;还记得杜老师耐心细致地给我们指导书法;还记得杜老师为我们上的一堂堂精彩的习作课……虽然我已为人师多年了,但我对杜老师幽默风趣的个性,生动有趣、抑扬顿挫的讲析和他的那一手好字至今还记忆犹新。

　　2006年春期,正埋头干事业的杜老师,突然有一天在课堂上晕倒。医院检查的结果令人震惊:血癌(白血病)！大家都知道:20世纪90年代初,白血病在中国大陆是不治之症,就是今天,白血病病人的康复率也是比较低的。得知杜老师的病情,对于他家人来说,简直就是晴天霹雳！身为一般教员的妻子说:"就算是倾家荡产也要给杜老师医治。"其实这个时候,杜老师心里是明白的:得了白血病,无疑就是判了死刑。他毅然决然地提出:无论如何也不能让才上大一的儿子知道自己的病情,他不想让孩子担心,更不想让孩子分心而耽误学习。这是多么伟大的父爱呀！

　　为了医治杜老师的病,得负担昂贵的医药费,但对他们这个清贫的教师家庭而言,这简直就是天文数字。还好,在县教委的倡导与组织下,各学校、众多社会好心人纷纷捐助,勉强解决了杜老师住院的费用。他这样的身体,一旦去医院,医生肯定要建议他休息、静养。(一般说来,经过放、化疗,病人的身体极度虚弱,应该静养。白血病人有十年的危险期,也就是说十年内随时可能复发。)可他又怎么能割舍下工作呢？当时,杜老师正担任高二语文教学,兼任班主任和学科教研组长。在杜老师看来,这时正是班上孩子们人生的最关键时期,绝对不能耽误。所以,尽管前几次放、化疗十分痛苦,但杜老师还是艰难地勇敢地挺了过来。到9月份新学期一开始,他不顾家人和校领导的劝阻,毅然地回到了三尺讲台,一如既往,不,比以往更勤奋、更敬业地忙于教书育人,搞教研。而且杜老师总是以一种仿佛去日无多的精神,争分夺秒,只要身体条件许可,他就常常工作到深夜一两点。

　　他不但自己不愿耽误工作,也不希望妻子为了他而有误工作。住院期间,他还一直强烈要求坚持要照顾他的妻子:你还是回去上班吧,你可不能因为我害了那群孩子呀！

他多次不顾医生的意见，带病坚持上班，一心扑在工作上，唯恐耽误工作。拿他自己的话说：在生命的最后时刻，我应该更加努力地工作，不能对不起孩子们。他们来年就高考，这可是关系到他们人生的大事！可是，重病之身怎么能承受得了呢？后来病情不断恶化，需要做骨髓移植手术。移植手术需要在有合适供体的情况下，而且应该尽可能早做，否则一旦癌细胞扩散或转移，后果不堪设想。可就是因为在等待骨髓移植期间，他放心不下孩子们，仍带病坚持工作，他的身体一天不如一天，后来根本就无法做手术了。2007年5月，他永远地离开了我们，离开了这个他一直深爱的世界，离开了他割舍不下的亲人、朋友，离开了他还想大干一场的教育事业。也许，如果早点做移植的话，他身体里面的癌细胞就不会扩散，病魔也不会这么快就夺走他的生命；也许，此时此刻，杜老师心里留下的最大遗憾就是没能看到他的这一届学生们领取大学录取通知书时的兴奋场景；也许……

　　然而一向乐观的杜老师，弥留之际还特地让家人取来新衣服换上，并且要求把他扶起来，坐着等待死神的降临。这是一种怎样的勇气啊，这是一种怎样的豁达啊！

　　还记得是在2006年的秋期，我听说杜老师患病严重，便迫不及待地去了他的家里看望他。当时由于他刚接受化疗，人已经骨瘦如柴，头发全脱落了。我想了解一下他的病情，但又担心会伤害到他，所以比较委婉地询问起他的情况。没想到的是谈到病情，他从来不回避，很乐观地面对，并希望大家好好工作，不要担心他。清楚记得杜老师当时还对我说："人生的两大财富，就是年轻和健康。现在我已经都失去了，你们年轻人要好好学习，努力工作，不要虚度时光……"作为一个身患白血病重症患者，没有一丝一毫的消极思想，没有一点及时行乐、享受人生的想法，反而更加热爱事业，以更饱满的精神投入到工作中去，兢兢业业，教书育人，搞教研，并取得了很多健康人都不能取得的成就。

　　杜老师工作一向都兢兢业业。我无意在此把杜老师神圣化、崇高化，我只是想说：他是一个平凡的人，但是决不平庸，决不甘心命运的安排，生命不息，奋斗不止，创下了不平凡的业绩。

　　杜老师的精神，足以鼓舞我，激励我在漫漫的人生旅途中上下求索。我尚记得：我中学毕业后，以至于后来参加工作后，每每给他打电话，听到他的声音，总能感受到他那豁达的人生观，这对我也都是一种莫大的鼓励。每每在我遭受挫折的时候，在我意志消沉的时候，杜老师的话就会萦绕在耳边，杜老师的音容笑貌就会浮现在我的眼前。如今，我也希望在天堂的杜老师能听见作为学生的我自豪地对他说："杜老师，我没有愧对您的教诲，我也会如你一般，踏实工作，不断进取，耐心教育和指引我的每一位学生……"

　　愿杜老师在天堂安息！

"蜡烛"精神

重庆市梁平县龙胜乡中心小学 杨黎妮

人们说:"教师是蜡烛,照亮了别人,燃烧了自己。"对这个比喻,我一向只赞同"照亮了别人",教师不会有"燃烧了自己"这般悲壮。然而从我校唐富老师身上,我终于体会到这个比喻竟也贴切。

唐富,1988年毕业于梁平师范,同年参加工作。现任梁平县龙胜乡龙胜村小一年级教师,兼村小负责人,中共党员。在极其偏远的环境里,领着微薄的工资,凭着对国家和人民的感恩之心,他在村小一干就是20年,兢兢业业、爱生如子。唐老师经常说:"国家花了那么多钱培养我,我怎能为了一己的私利离开教育呢?山区需要我们,山区需要教育!"他常勉励自己,学生就是自己的孩子,再苦也不能苦孩子。他常从微薄的工资中抽出一些资助贫困孩子。不少人笑他是大傻帽,他总是一笑了之:难道国家也是大傻帽,花那么多钱培养的人才却不服务于国家事业?滴水之恩当涌泉相报!何况自己从事着太阳底下最光辉的职业呢!看着自己送走的一批批学生,唐老师露出丝丝欣慰,山区又少了些文盲,多了些人才啊!

然而,命运却不断地考验着这个男子汉,但这一切都不能丝毫消磨唐老师教学的热情。唐老师每天总是早早起床,打理好家中的一切,常常最先到校。因为那里有一群孩子喜欢围绕在他身边,那里是他唯一的乐园!孩子们也喜欢听唐老师的课,在他的课里,总包含着许多人生哲理。别的班都放学了,唐老师却不急于回家,因为辅导差生是他的必修课!

"问渠那得清如许,为有源头活水来。"虽然唐老师身在村小,但他深知教育要与时俱进的重要性。所以,唐老师不断地深化理论学习,不断地从外界汲取新鲜的空气和养料来充实自己。最初,他常到中心校读书阅报,当村小远程教育装备安装后,他每天休息之余都要到上面看一看,吸收先进的教育教学方法,把优秀的教学资源与山区的孩子共享。在唐老师的脑海里,只有不会教的老师,没有教不好的学生。他常说:"教书的事业比天大,育人的责任重千钧","教师不能误人子弟!"唐老师从不排挤双差生,而是平等待人。2001年,他接到一个双差班,学风特别差,纪律相当松弛,成绩很差,学生厌学情绪特别高。当时班内流传一种说法:读书不如打工,我们不是读书的料,努力也无用!唐老师面对这种情况,他的第一堂课没有直接教知识,而是用自己的切身体会和亲身经历向学生上了一堂深刻的理想前途课,给学生鼓士气,推心置腹地讲道理,让学生先树立信心。这样试教了一段时期,在第一次单元测验中,学生的成绩果然有所提高。借此机会,他就大加赞赏,只要发现某同学进步了,哪怕是一丁点,就当众表扬鼓励。于是,全班学习积极性空前高涨,期末考试取得了一个好的成绩。

一位教育家说过:没有爱便没有教育。唐老师20年来就是以慈母般的情怀深爱着自己的学生,赢得了家长们的尊敬。村民们都说:"把自家的孩子交给唐老师,我们就放心喽。"以前贫困学生交不起学杂费、生活费,他就主动垫付,尽管自己家庭也困难异常。学生病了,唐老师立即叫来大夫就诊,亲自煎药,精心护理;孩子的衣服破了,纽扣掉了,唐老师就做起了针线活,给那些顽皮的孩子补衣服、缝扣子。离学校不远有一条河,叫龙安场河。在未建水泥桥之前,学生踩着垫起来的石头过河,一到下雨天,学生过河就有危险。为了学生的安全,每天放学时,唐老师便一个接一个地背着学生过河。有好几次下大雨,河水暴涨,几名学生无法回家,唐老师便将他们留在自己家里,搭床铺被,招呼饭菜。

唐富老师虽然性格内向,工作默默无闻,但凭着他"沉醉不知归路"的工作精神,加上他灵活而新颖的教学方法,以及他对学生真心实意的爱护,他每教一个班,学生的学习积极性都很高,成绩都会有所提高,所教班级年年获得学校的褒奖,家长和学生们很爱他。可他却从不求回报,默默工作,任劳任怨。

唐老师是我们教师的楷模,是时代的标兵,在今后的教育道路上,他将一步一步迈出新的脚印,为龙胜小学和谐教育发展创造出更多的辉煌,为贫困山区的教育发展做出更多的贡献。

是的!唐富老师是蜡烛,照亮了别人,燃烧了自己!他就是最美乡村教师!

春蚕到死丝方尽　蜡炬成灰泪始干

重庆市巫山县江东小学　方有书

他认为教书育人是教师的天职,既有苦,也有乐。苦的是寒霜酷暑,夜半灯火;乐的是天南地北,桃李满天。他把41年的教学历程汇成一句话,那就是要"燃烧自己,照亮别人"。"春蚕到死丝方尽,蜡炬成灰泪始干"是他的崇高信念,他最大的幸福是看到学生们在成长!用千百倍的耕耘,倾注满腔的心血,换来桃李满园香。他在平凡中谱写出一曲曲爱的颂歌,留下一串串奉献的足迹;他用点点滴滴的行动诠释出师德、师风、师纪的真正内涵。

一、罗应全,平凡中的伟大

罗应全是我校年纪最大的一位老师,快满60岁了,中等个子,乌黑的头发上偶尔有几缕青丝点缀其间,精神矍铄,平凡得跟我们没有什么区别。就是这样一位普通的教育工作者,只要说起他,学生们都会竖起大拇指;谈起他,同行们都会连声称赞;提起他,领导们都会点头肯定。没有让人羡慕的荣誉,只是像蜡烛一样燃烧着自己。

二、爱岗敬业　无私奉献

1954年,罗应全老师出生于巫山老县城。小时候他就仰慕于神圣的教师职业,希冀成为一名人民教师。于是,怀揣着满腔热情和赤诚,1971年登上了三尺讲台,圆了教师梦。站在讲台上,那一张张笑脸是那样真、那样纯;那一声声"老师"叫得是那样无拘无束,那样有滋有味,师爱在举手投足间定格,水乳交融的师生情打开了老师与学生之间的心灵通道。爱是一切教育的起点,教育是传递爱的事业,"以火点火火愈明,以爱知心心愈爱"。呵护童心,倾注师爱。就这样,罗老师在教育事业上脚踏实地地走出了第一步。四十多年来,罗老师总是全身心投入,潜心钻研业务,努力掌握现代科学理论知识,广泛搜集最新教育信息,不断改进教学方法,树立正确的教育观。同时有了对事业的热爱之心,甘于平凡,为人民的教育事业默默奉献。苏霍母林斯基说:"没有爱就没有教育。"教师不能把教育学生当作谋生的手段,而应把它当作崇高的事业。这既是罗老师的座右铭,也是他成功的起点。爱岗敬业、无私奉献的精神谱写一曲《爱的教育》,满怀激情地唱着它向前走去,脚踏实地地向前走去。

三、热爱学生　诲人不倦

罗老师认为,热爱学生是教师的天职,是教师职业道德的核心。罗老师在教育教学中真正做到了关心学生,充分尊重、信任学生,严格要求学生,处处为学生着想,维护他们的自尊心,在他们需要帮助时伸出援助之手,在他们取得点滴成绩时投去赞许的眼光,同时认为老师的爱能拉近师生间的距离,是增强师生关系的润滑剂。罗老师不断地去激发诱导学生的学习兴趣,认为教学的艺术不在于传授本领,而在于激励、唤醒和鼓舞。

在大昌白果小学教书时,罗老师孤身一人离开县城温暖的家,到很远的农村工作和生活,时常与学生同吃同住。由于学生年龄小,很多事情还不会做,罗老师就担起了父母的责任,做饭、洗衣是家常便饭。对家境困难的学生,他有一种特别的同情心。

他班的李同学,母亲早逝,离学校十二里,天天走读,想住到学校但又怕照顾不到家里的弟弟妹妹,罗老师便把李同学安排在学校住下,并把他弟弟妹妹也接到学校一起学习和生活,让他能关心、照顾到他的弟弟和妹妹。另一学困生付同学毕业前父亲患上病毒性脑膜炎,为了不影响他的学习,罗老师每天放学后到他家里补课,帮他父亲熬药。付同学看到老师这样关心着他,感动得抱着罗老师大哭一场,并发誓努力学习,绝不辜负老师对他的厚望。后来他在给罗老师的信中写道:"感谢罗老师给了我父亲一样的爱,是您让我懂事了、成熟了。"

四、为人师表　以身作则

罗老师对自己严格要求,养成了"自省"的习惯,在一日工作完成之后,自检是否尽职尽责,反省激励自己,追求不断进步。他时刻要求自己"育人先做人,正人先正己",要求别人做的,自己首先做到,切实做到"为人师表,以身作则",以自己的言行去感染每一位学生,使学生从小树立正确的人生观、价值观和道德观。他刻苦钻研业务知识,不断提高自身的知识修养,时刻牢记"要给学生一杯水,自己必须有一桶水"。在教学中,他积极地与同事交流、合作。他积极创造条件,把自己多年的教学经验和大量一手资料形成理论文字,为教育事业多做贡献。他加强自我完善,认为要使自己成为工作中的强者,就要加强业务学习,增强做好工作的本领;只有自觉、主动、刻苦的钻研业务,灵活应用合理的方法和措施,才能成为一个合格的教育工作者。

我校教师年龄偏大,没有专业的懂电脑的教师。当学校电脑出现问题时,请教的老师居然是我们这里年龄最大的罗老师。他耐心地操作电脑,炎热的夏天汗水渗满了额头却毫无怨言,寒冬冻得打颤而从不发牢骚。他眼神不太好,戴上眼镜竟然能把我们年轻人不会修的电脑都弄好了。罗老师看见老师们用上了电脑,会心地笑了。

一直到现在,罗老师坚持每天早上8点多钟就走进教室辅导学生的作业,直到学生弄懂为止,午饭都是先给每个学生盛好饭菜后自己才开始跟学生们一起吃。

五、忘我工作　不是"好父亲"

为了学生忘却自己,为了学校彰显自我,为了工作不顾家庭。一次,他得了重感冒,住进了医院。人进了医院,但心却在教室,几十名学生在等待他上课呀,他躺不住了。第二天他就瞒着医生走上了讲台,因力不从心,第三天又住进了医院。刚打完吊针,他又支撑着回校上课,后来晕倒在讲台上,医生们因罗老师的倔犟而无可奈何,学生们都因罗老师的精神而感动得热泪盈眶。

罗老师的爱人和孩子都没有在身边,自己单独一人长期过着寂寞的生活,特别是晚上,没有家人的问候,更严重的是重病的时候,身边端茶送水的人都没有。他说自己苦点没有关系,主要是爱人和孩子远在深圳,没有尽到一个丈夫和父亲的责任。现在还在读

小学的孩子经常打电话问:"爸爸,你什么时候才能陪在我和妈妈身边,永远不要离开我们呢?"罗老师总是说:"孩子,快了,快了,爸爸很快会去陪你们了,可爸爸现在不能丢下我深爱的学生,他们也都是我的孩子呀!"其实,罗老师在说这番话的时候,自己也是泪眼蒙眬。罗老师对家人心里充满了愧疚。

六、不断进取 时代的弄潮儿

高超的学识本领不仅是教师自我完善的基础,是从事教学工作的保证,还是教师树立教学威信的源泉。面对日新月异、飞速发展的世界,教师不能墨守成规、故步自封。我们生活在一个与前人大不相同的时代,既要从前人的经验中汲取有益的东西,又不能抱残守缺、生搬硬套。老一辈治学主要依赖于经验和知识的积累。我们今天赶上了信息时代、知识爆炸的年代,现代社会、现代教育的急剧变革向教师提出挑战,要求教师承担多重角色,要求教师具有多方面、综合性的能力,因此,罗老师树立起"终身学习"、"永远探索"的思想,在教育实践中,潜心学习理论,运用理论,钻研业务,掌握现代科学知识,不断探索,勇攀知识和技术高峰。罗老师经常调侃性地说道:"我QQ里的群可多了。"同事们劝他说:"那么多的群可以删除一些。"罗老师认真地回答道:"那可不能删除的,六个群都是必需的,有安保群,财务群,后勤群……如果删除了,工作上联系不上我了,领导会着急的。"每次罗老师处理文件时都是一丝不苟,生怕遗漏了什么,不想给学校造成损失。快接近60岁的人了,工作任务重,头绪多,可每件事情他从不马虎。罗老师的这种作风无形地影响着全校教师。

四十多年来,罗老师教学严谨,不断进取。他认为教书是手段,育人为目的,培育创新人才才是他的目标。上课轻车熟路,但他几十年来都坚持不断学习,课课写详案,备课时总是按照学校的要求,做好"六认真"。

在教学中,他注重情感投入,把激发学生兴趣作为教学工作的重点。在课堂上,他灵活巧妙地利用实践操作等方法提高教学效率,培养学生用知识解决问题的能力。为全面提高教学质量,他根据学困生的实际制订出不同的目标,然后逐步提高要求,最后达到目标。

在罗老师的办公室里,完好无损地保存着安保工作记录、财务票据。他收藏着每一位学生成长的足迹和档案。他在不断翻阅回忆的同时,更注重反省工作中的得与失。

教师的魅力是无穷的,正如诗中所形容的,"随风潜入夜,润物细无声"。我们每个人在回忆自己学习和成长的道路时,印象最深刻的往往是那些给我们人生启发,以自己实际行动照亮学生生命道路的老师。为师者,应知任重道远,须重师德修养。十年树木,百年树人。教育是一个崇高伟大的事业,需要我们安于清贫,无私奉献;教育也是一个复杂浩大的工程,需要我们不断探索,终生追求。正如人们说的:春蚕到死丝方尽,蜡炬成灰泪始干。

大 爱 无 言
——让青春在奉献中闪光

重庆市云阳县凤桥小学　张建琼

青春是美丽的。但一个人的青春可以平庸无奇，也可以绽放出美丽的火花；可以因虚度而懊悔，也可以用踏实的步子，走到辉煌壮丽的成年。这就是我所敬佩的一位年轻教师的青春格言。正是在这条格言的指引下，她一路走来，身后留下的是一串串坚实的脚印，写满了自信、乐观、豁达、奉献……

2006年5月14日，这位年轻的韩老师走了，走得那样匆忙，那样悄无声息，带着对亲友、对同事和学生们的无比眷恋，带着对事业、对生活的追求与憧憬，还有一颗永远善良而年轻的心。告别仪式上，她的亲友、同事、学生望着她依旧美丽的面庞，回想着她永远孩子般灿烂的笑容，在场的所有人都已泪雨滂沱，泣不成声……

她叫韩丽梅，年仅30岁，曾经是重庆市秀山中学一名出色的语文教师，在她参加工作短暂的十二年间，曾获得过无数令同龄人羡慕的荣誉。然而，正在事业刚刚扬帆远航之际，不幸降临到她的身上。2005年5月，她被告知得了胃癌，同事、朋友、学生都深深地替她难过、惋惜，甚至担心她今后的路将如何走下去。然而，她却在化疗刚刚结束以后，以无与伦比的勇气和超乎想象的坚强，重新投入到工作中去。她微笑着对同事们说："工作就是让我忘记病痛、获得痊愈的最好的药剂。"出于健康考虑，学校领导安排她做心理咨询教师，负责心理健康教育工作。对这项刚刚起步的工作，韩老师释放出了自己全部的才华和激情。由于她的出色表现，秀山中学的心理健康教育走在了全市的前列。2006年年初，她主动承担了初一年级的心理健康课，可谁曾想到残酷的命运留给她的时间已所剩无多。秀中的师生无法忘记，那位漂亮的女教师在课堂上谈笑风生，用自己的情感帮助学生扫除心理障碍，浇灌学生心中真善美的情感之树。那个单薄瘦弱的身影匆匆地穿过操场，却不得不在走廊楼梯处俯下身子轻轻喘息……她忍着病痛上完了人生的最后一堂课，才悄悄地住进了医院，但没想到，她再也没有回到她自己心爱的讲台。直到临终之前，她仍然对学校领导说："我没有当够老师，心理健康教育工作还有许多想法没有实现，真的有些遗憾……"

这就是秀山中学的一名普通的教师，是秀中的优秀教师群体中的普通一员。她走了，可她的坚强、自信、乐观、豁达，她的无私奉献和爱岗敬业精神给秀中留下了一笔宝贵的精神财富。

山上没有寒冬
——记扎根凤顶村校的优秀教师黄朝干

重庆市开县白水中心小学袁坪分校　彭琬月

在中和镇海拔上千米的凤顶山上,有一所很不起眼的农村小学——凤顶村校。黄朝干老师在这里工作了三十多年,默默无闻地奉献着他的青春他的爱,送走了一批又一批学生。他先后被评为"开县优秀教师"、"开县优秀班主任"、"开县师德十佳标兵"、"重庆市农村学校优秀教师"……

爱生如子

1999年的冬天是个特别寒冷的季节,但我们班上41位同学的心却一直暖洋洋的。那年冬天特别冷,尽管我们都穿得像个棉花团一样,一下课就到外面跑啊跳啊,但我们的小手还是被冻得通红通红的,有的还长了冻疮。这还怎么写字呢?黄老师见了,心里既心疼又着急,下午放学后,他骑上摩托车,颠簸十几里路去买了几百个蜂窝煤回来,第二天上午我们就烤上了火。每天二十来个蜂窝煤在教室里烧着暖和着,这样的日子一直持续到第二年春天。

每年的"六一"儿童节,我们学校都要编排文艺节目。有一次我们跳得是《春天的故事》,这个舞蹈的开头一段要求跪下来做动作,我们一遍又一遍地练习,膝盖都跪红了,下午放学回家时,两个膝盖更是疼得不得了。黄老师见我们走起路来那么疼,就说,"来,我送你们几个回去。"因为我们不是同一个方向的,黄老师跑了三趟才把我们全送回家。后来的每天都这样:黄老师先送跳舞的同学回家,然后自己回家。

一批又一批学生在黄老师如父亲般的关爱下,度过了充实而又愉快的小学生活。黄老师对学生就像对自己的孩子一样,甚至超过了他自己的孩子。

我得回去

2000年2月,黄老师隐隐感觉到脖子有些肿大、乏力。可能是太劳累了,好好休息一下就没事了,黄老师没在意。过了一段时间,这个症状越来越严重,脖子肿得更大了,还时不时地发热,人也消瘦了不少。学过医的黄老师感觉到了不妙,到医院一检查——淋巴癌!癌症!犹如一个晴天霹雳向黄老师砸来。"怎么办?我的那个班就要毕业了,学习不能落下呀。这座寺庙改建的学校,已经年久失修成了危房,还不翻修恐怕要出问题,特别是下雨天,说不定哪个地方就垮了,孩子们住在里面很不安全啊。不行,我不能在这里躺着,我得回去,学生需要我,学校翻修也需要我。"躺在西南医院里的黄老师夜不能寐:"医生说我只有一年的时间了,我只有一年的时间,但我的学生还有很长的路要走啊,不能因为我而耽误了他们这一辈子啊。反正是死,与其在这里等死,还不如回去做些事情。教好书,带好学生,修好学校,即使死了我也安心呀。"第二天一早,黄老师就拔针头,不顾家人的反对、医生的劝告,毅然决然地回学校了。

回到学校以后,黄老师一边吃药,一边教书,一边建校。白天上课,放学后就去跑材料、联系工人,晚上备课,忙得不亦乐乎,他哪点儿像个将死之人呀?妻子劝他要注意休息,他却说:"我也想啊!可我不能停啊,我怕我一停就再也爬不起来了。我得抓紧赶在老天的召唤之前建好学校,然后安心地去见阎王爷……"妻子无言以对,只好转身默默地流泪叹息。

这学期期末考试我们班取得了全年级第一的好成绩,这是黄老师不顾自己的病情换来的。两个月后两排新房子矗立在大山之中,蓝天白云之下,青砖红瓦、绿树红花错落有致,鲜艳的五星红旗迎风招展,愉悦的歌声满天飞扬……凤顶村校焕然一新。

一个都不能少

快乐的暑假过去了,同学们又来到校园里学习了。"咦?怎么三年级的祝同学没来报名呢?"黄老师在心头起了个疑问。当天下午放学后,他就来到了凤顶5队的祝同学家。祝永兵同学正在家里拿着上学期的书看呢!"你为什么不来报名?不想上学了,还是有其他的什么困难?"黄老师蹲下身来亲切地问道。"我,我想读书。"祝同学快哭了。"别难过,有什么困难告诉老师,老师会帮助你的。"正在此时,祝同学的奶奶出来了。原来,祝同学的母亲去世了,父亲外出打工走了,奶奶年迈多病,迫于贫困,他只得离开学校。"再穷不能穷教育,再苦不能苦孩子。明天就让他来学校吧,他的学杂费和保险费我给。"黄老师坚定地说。

六年级的彭同学是凤顶1队彭××的女儿,去年6月在广东打工的彭××离奇地死了,存钱的银行卡在他死后也丢了。今年初,母亲又带着弟弟走了,现在家里只剩下她和爷爷奶奶相依为命。这学期的报名工作快结束了,彭同学还没来报名。"她家太困难了,她肯定是没钱来上学了,我不能让她失学。"中午,黄老师来到了彭同学家,对她的爷爷奶奶说:"我今天是专门来接她去学校的,你们不要着急,钱我给,先让孩子去上学。""只要能让学生回到校园,我倒贴也愿意。"黄老师说。

像这样的事,几乎每学期都在发生。而黄老师每次都抱着决不让孩子失学的决心,找上门去费尽口舌甚至自掏腰包把孩子领回学校。仅最近十多年,就有三十多个失学孩子因此重新走进了教室。

黄老师不但关心学生的学习、生活,还关心年轻老师的成长。学校来了年轻老师,他就组织年轻老师上公开课,给他们评课。如果年轻老师要去外面上公开课或赛课,他更是反复地指导年轻老师修改教案,听课再评课。他还把学校里的一些少先队等工作分给年轻老师去做。"只有通过做事才能锻炼年轻人,才能提高他们的能力。"黄老师说。"黄老师真是一个热心的人,我有什么困难总是找他,他每次都是热情地帮助我,对待我就像对待女儿一样。"在凤顶村校工作了五年的谭老师如是说。

对学生,他充满了爱心;对青年教师,他给予了关心;对工作,他充满了热心。这就是我们的黄老师,一位朴实无华、默默耕耘的人。

三十三年三尺讲台度人生

河南省安阳市安阳桥小学　李佩芳

三十三年前,青春年少、风华正茂的我,怀着对美好未来的憧憬和向往,怀着儿时的梦想,登上了追梦已久的三尺讲台,我成为了一名光荣的人民教师!

从那时起,我就认定了教师这个光荣的职业,甘当园丁,默默奉献。我把人生最美好的青春献给了祖国的教育事业。教学之路不可能一帆风顺,不经风雨哪来彩虹?我在教学中克服重重困难,用爱滋润孩子们的心灵,看着孩子们快乐成长和进步,我体会到了教师职业的美好,尝到了无私奉献的甜头,懂得了默默奉献的内涵。

三十三年来,我默默无闻地耕耘在三尺讲台,影响了一批又一批学生。如今他们和我一样选择了教育事业,我的学生孟海军夫人陈素芳是我多年的好搭档、挚友;学生杨慧成是我"同一个战壕里的战友"、挚友……

在 2014 年新年来临之时,千言万语无法表达我对教育事业的热爱,万语千言无法用描写我三十三年三尺讲台的酸甜苦辣……

2012 年正月初五正在过寒假,全家陪我到医院看病。医生下了诊断书,让我住院治疗,我开始了"白色恐怖"的医院生活……

正月十七,学生开学上课第一天,我坚强地站在了三尺讲台。面对几十双渴求知识的眼睛,我把自己是一个住院的病人这一事实置之脑后。上午到学校上完课后,我连忙回医院输液治疗。中午拔下输液针,我没有时间吃饭,路上买快餐充饥,急忙跑到学校上下午的课。我往返穿梭于学校至医院的路上,没有耽误孩子们一节课。我的教师梦,促使我战胜疾病,勇敢地站在三尺讲台。

2013 年元旦三天假,感冒、咳嗽、发烧的我,输液,吃中药,在病痛之中煎熬了三天。4 日我带病走上了三尺讲台,元月 4 日至 11 日,我带病八天上了 43 节课,刷新了三十三年教学生涯之最。

每天下午下班以后,我拖着发烧、疲惫的身躯,跟跟跄跄地到医院打吊瓶,躺在洁白的病床上面,看着滴答滴答的输液瓶,仔细回忆,竟然不知道坚强的我,八天是怎么熬过来的。

我不是诗人,不能用优美的诗句来讴歌三十三年教师梦。我不是歌手,没有动听的歌喉来歌唱三十三年教师梦。然而,我在知识的宝库里采撷如花的词语,构成我心中最美的诗篇。因为热爱,所以爱。

每天和孩子们在一起,看着孩子们一点点进步是一种幸福;每天和孩子们一起,在课间活动是一种幸福;每年"六一"儿童节和孩子们在一起,排练节目、一起成长、一起演出、一起生活是一种幸福。有一首歌最动人,那就是师德;有一种风景最隽永,那就是师魂……

　　三十三年,从青年,到中年,到现在中老年。我一直满腔热血,热爱我挚爱的三尺讲台,事事为年轻老师做出表率,把教学心得毫无保留地传授给年轻人……岁月沧桑,触摸头上银发,时光无情地悄悄掠过,我见证了一个个孩子的成长……

　　三十三年,弹指一挥间。我用爱心、真心、细心、耐心、责任心,换取了家长的放心,赢得了孩子们的欢心。我爱桃李,我终身无怨无悔!

　　三十三年的我,奉献无处不在。我的奉献是赤城的,我的奉献是无私的,我的奉献是崇高的。我的奉献像火把,无怨无悔地燃烧。我的奉献是至死不渝的,真情镶嵌在教育这片大地上。

　　三十三年,我站在三尺讲台的那一颗心始终没有改变。今天的我,还在挚爱的三尺讲台最前沿,担任班主任和两个班的数学教学工作,续写三十三年精彩而平凡的人生,续写我那最初的选择。

　　一身粉尘,两袖清风,三尺讲台迎冬夏。一生奉献,两鬓斑白,三尺讲台写春秋。这就是我三十三年三尺讲台教师梦的真实写照!

我身边的师德典范：王功慧老师

湖北省黄石市黄石港区广场路小学　张　漫

　　王功慧老师是我们广场路小学的一名退休教师。两年前，由于我们班的班主任老师请假，家长们不放心让刚毕业的老师接班，影响孩子们的学习，在领导再三的邀请下，王老师放下家中生病的母亲，来到学校拿起粉笔，登上讲台，为这些孩子们传道授业解惑。

　　王老师刚接班时，我总笑称她是"消防队员"，是来救火的。我经常说："王老师，您年龄大了，犯不着天天跟这些学生较真，只要他们不出安全问题，我们每天上课改本子就够了，别生气啊！"王老师总是笑着说："一辈子做习惯了，进了教室就忍不住要管他们。"

　　我们班有个很调皮的男生，姓余。他在读四年级那年爸爸妈妈就离婚了，他跟爸爸、爷爷、奶奶一起生活。爸爸在检察院工作，一办起案子来，几天不回家是常事。爷爷、奶奶退休了，但从小比较溺爱这个孙子，所以他在家完全就是无人管理的状态，经常回家不完成作业。王老师了解了他家的情况后，跟他爸爸爷爷奶奶进行了沟通，请了家教督促他完成作业。在学校里，就经常把他叫到身边完成课堂作业。经过一个学期的努力，这个学生的成绩终于有了提高。

　　还有个女生，家里是做进口食品生意的，家庭环境比较优越，爸爸、妈妈、姥姥、姥爷对她从小到大都很溺爱，娇、骄二字在她身上比较突出。在她读五年级那年，妈妈因为超生二胎，一直躲在家，没有精力管她。而她呢，又因为不愿意接受这个新来乍到的家庭新成员，心里对爸爸、妈妈产生了恨意，根本不听爸爸妈妈的话，甚至用恶毒的语言咒骂刚出生的小妹妹。妈妈没办法，向王老师求救。王老师先是观察到她在班上完全被孤立起来了，不愿意跟别的同学玩，心里产生的恨意影响了她的整个生活。王老师先是找她平时玩得比较好的女生谈心，把她家里发生的事情告诉了这几个好朋友，首先请好朋友们理解她、宽容她，原谅她这段时间过分的语言和行为，让她感受到还是有人关心和关爱她的。然后王老师亲自找她谈，耐心地跟她沟通，进行心理疏导。经过多次交谈后，她也愿意和爸爸、妈妈开始交流了，心结慢慢解开，接受了妹妹，内心也不痛苦了，和同学们相处也融洽了。

　　王老师在带这个班的两年时间里，一直对孩子们充满了爱心，受到了所有家长的尊敬。家长们都为自己的孩子能遇到王老师这样尽职尽责的老师而感到无比的幸运。

朴实无华　芳香四溢
——我身边的师德典范

湖南省浏阳市北盛镇马战小学　董辉煌

　　我所在的马战学校是一所农村寄宿制小学,它不仅有着深厚的文化底蕴,更有着一个爱岗敬业、团结进取、为人师表的优秀教师团队。"学高为师,身正为范",在校的每一位老师都以自己的一言一行践行着这句话。虽然教师的工作是琐碎的、重复的,既没有令人羡慕的财富和权力,也没有显赫一时的声名和荣誉,更没有悠闲自在的安逸和舒适,一切都是那么平平淡淡,然而,我们很多老师却能在这平淡与琐碎中谱写出伟大与不平凡。他们爱生如子,爱岗敬业,教书育人,工作的每一个细微之处都折射出崇高的师德。能在这个优秀的大集体中工作,我由衷地感到骄傲与自豪,同时,我也能不断地汲取别人的长处,弥补自己的短处。

　　先说说爱生如子、诲人不倦的宋老师吧。她是四年级二班的语文老师,同时也是班主任。她已经53岁了,但是每天还像年轻人一样精力充沛,管理班级井井有条。她的语文课堂更是精彩纷呈,学生思维活跃,积极发言。课后,她像妈妈一样照顾每个孩子。班上哪个孩子感冒了,她会细心地给他送药;哪个学生衣服穿少了,她会轻轻地提醒学生添加衣物;哪个孩子想家了,她会耐心地开导……班上每个学生的家庭情况、心理状况和学习情况她都及时准确地了解。可以说,她既是学生的严师,又是学生的慈母。学生也非常爱戴她。她的眼里只有学生,没有自己。其实,她的身体并不是很好,一周工作下来,到了星期五的晚上,回到家的她累得只想躺在床上,但星期一回到学校,她又回到了忘我的工作状态。一个老年教师能有如此敬业的精神,让我常常感叹,由衷地佩服!

　　还有春风化雨、润物无声的何老师,她是一名教师,也是一名普通的共产党员。何老师是个素质全面、热爱教育事业的年轻老师,工作十余载,十年如一日,每天兢兢业业、勤勤恳恳、一丝不苟地做着本职工作。她的语文课堂可谓百花齐放,百鸟争鸣,无论何时听她的课都是一种美的享受。学生都特别喜欢上她的课。这和她课后认真钻研业务,积极参与教研教改是分不开的。她管理班级很有方法,在她的管理下,她的班级班风好,学风正,成绩突出,多次被评为长沙市优秀班级。对待犯错的学生,她从不打骂体罚,而是诚恳地询问,耐心地开导,让学生认识到自己的错误并改正。"随风潜入夜,润物细无声"是她教导孩子最真实的写照。何老师非常注重培养学生的阅读能力,她带的班级学生都热爱阅读,有着良好的阅读习惯。对待班上的后进生,她总是在课后利用自己空余的时间帮他们补习功课,从不对他们另眼相待,所以她教的班级语文成绩总是名列前茅。

　　四年级二班的数学老师彭老师,是个爱岗敬业的典范。她担任数学教学工作,不仅

在课堂上能启发学生,积极认真地学。在课后,她也一丝不苟地一个个面批学生的作业。哪个学生哪个知识点没掌握,她都非常清楚,且马上讲解,直到弄明白为止。而这些都得花上大量的时间,因此她经常下课时也坐在教室,检查学生的作业。她教的班级没有一个学生不及格,数学成绩总是遥遥领先。此外,她还兼任了寄宿生班主任的工作,将学校的寄宿生管理得有条有理。

六年级的班主任李老师也是一个和蔼可亲、受到家长和学生拥护的好老师。身为班主任的她知道,管理好一个班级,就像经营一个家庭,要倾情投入,又需要智慧为先。这"情"当然就是"爱",对班级的爱,对学生的爱。只要她力所能及的,她都管。学生闹矛盾,她给处理;学生犯了错误,她耐心说服教育,使学生真正认识并改正错误。她还抽时间跟学生谈心、交流,和学生共同活动,缩短了师生距离。学生把她当作朋友,学习上的困惑、思想上的烦恼都主动找她倾诉,而李老师也经常利用课余时间找学生谈心,了解、亲近学生。一位家长曾经说:"李老师,我真服您了,孩子不跟家长说的却跟您说……"关爱学生,把学生的事当成自己的事,是她在教育工作中形成的特色。她带的班级多次被评为长沙市优秀班级。

还有温柔知性的张老师,工作严谨认真的任老师,任劳任怨、爱岗敬业的田老师……她们用平凡而又感人的故事,诠释了师爱的伟大;她们用真挚的爱弘扬师德,铸就师魂;她们用快乐传递着健康和谐的教育;她们用爱心承载着明天的希望。身边能有这么多师德典范,是多么值得骄傲和自豪的事情,也是多么幸运的事情!泰戈尔在诗中写道:"花的事业是甜蜜的,果的事业是珍贵的,让我干叶的事业吧,因为它总是谦逊地低垂着它的绿荫。"是啊,叶的事业不正是我正在从事的事业吗?平平凡凡却不可或缺,平平淡淡却让人回味,朴实无华却芳香四溢。

把大爱植根于学生心田

内蒙古自治区包头市西五小　张丽佼

她总是第一个到校,总是无时无刻把学生挂在嘴边,总是对所有孩子不离不弃。每次开学,我们都担心张扬老师这学期不回来上班了,因为她代课每月只挣五百块钱。大家无数次问她为什么不换一份高薪的工作,她总是傻傻一笑,却不回答。

其实,我们都知道她是爱这些孩子们而不舍得离开这个学校。一天中午,我们像往常一样,纷纷把从家带来的饭拿出来准备热着吃,可是始终不见张扬老师回来热饭。等了许久,我去她班一看,她早已把饭分给了两个孩子吃。原来北梁拆迁,孩子的家搬得很远,只有奶奶看管的孩子根本没人接,而且孩子的家庭状况不好,根本没钱去托管班,所以张扬老师自己饿着肚子把饭留给了孩子们吃。我问她:"你不饿吗?"她边给我使眼色边说她吃过了。很显然,她是为了照顾孩子的感受,才故意说自己吃过饭了,可是机灵的孩子还是看出来了,都张扬说:"张老师,张老师,咱们一起吃。"带着感谢,带着乞求。张扬和声细语地说:"老师不饿,老师早晨吃撑了。现在的焙子真有分量,早晨吃一个,现在也没消化。"懂事的孩子满含泪水,带着哭腔说:"张老师,您不吃,我们也不吃了!"张扬只好拿起筷子,故作吃相,和孩子们一起吃了起来。

看到那一幕,我当时心情真沉重,爱孩子胜过爱自己,爱孩子胜于孩子的亲人。在她身上,关于她和孩子的故事信手拈来,每天都充实着她的生活,也充实着我们的生活,更充实着孩子们的生活。有爱的地方就有享受的地方,她是我们学习的榜样。

多蒙茜洛诺尔特说过,如果一个孩子生活在批评之中,他就学会了谴责;如果一个孩子生活在敌意之中,他就学会了争斗……如果一个孩子生活在友爱之中,他就学会了关爱、尊重。我相信张扬老师的孩子生活在浓浓的爱意之中,将来学会的也一定是爱别人。

我们都要多爱孩子一点,哪怕是从最小的事做起,把大爱植根于他们心田。

抛洒青春为桑梓　呕心沥血育后人

黑龙江省肇州县兴城中学　孔凡波

一、以事业为重，用心灵育人

"以事业为重，用心灵育人。"这是我从事教育教学工作的真实写照。

十二年前，踏着自己恩师走过的路，年仅二十三岁的我圆了儿时的梦想，怀着对教育事业无比崇尚的神圣情感，走上了三尺讲台。从踏入讲台的第一天起，我就立下了"当园丁培育百花，做黄牛无私奉献"的誓言，并为自己定下了"干一行、爱一行、精一行"的工作准则。在那一方黑板前，我用全部的深情和爱心浇灌着稚嫩的幼苗，用满腔的热血谱写着自己的人生乐章。

要想培育出合格的人才，首先要成为一名合格的老师。

当我踏入熟悉的教室，看到一个个天真可爱的孩子时，心情便会无比激动，我把全部精力投入到了教育教学工作中去。但由于我太年轻，许多家长对我不信任，有的甚至找学校领导要求把孩子调到别的班去，这使我感觉到极大的压力，几乎想要打退堂鼓了。在学校领导和教师的鼓励下，我把压力变成了动力，暗下决心，一定要干出成绩，一定要用自己的行动证明，我是一名称职的人民教师。从此，我一面向老教师请教管理班级的经验，一面在教学上狠下功夫。为增强班集体凝聚力，调动学生学习积极性，全面提高学生的素质，我广泛阅读教育教学理论书籍，锲而不舍地向有经验的老师学习，并全身心地投入到工作实践中去。功夫不负有心人，两个月下来，我负责的班级学风好，班风正，秩序井然。我用真情和汗水赢得了学生的信任和家长的赞许。

为了适应新世纪教育工作的需要，多年来，我把学习作为自己的使命，勤学不辍，努力提高自身的素质。为了提高自己的教育教学水平，我认真学习优秀教师成功的教学经验，积极参加各种教学竞赛，不断积累经验。在课堂教学中，我能教善导，坚持以学生为主体，开展互动式教学，形成一套扎实有效的教学方法。我执教的数学课多次获学校教学竞赛一等奖。在教学实践中，我积极投身于教育科研，所撰写的多篇论文在国家、省、市获奖。

二、用爱的和弦，奏出美的乐章

作为一名教师，不仅要教给学生知识，更重要的是教会学生做人，而这就需要教师能够用深厚的爱心浇灌他们的心田。我认为，爱心是伟大的，是开启学生心灵之门的钥匙。

李某是我班里的一名学生，父母离异后，跟父亲生活。因为缺少母爱，李某性情孤僻，经常迟到、旷课，常因一点小事就向同学大打出手。看到这一切，我没有因他违反纪律而训斥、挖苦他，而是以母亲般的爱心关心他、爱护他。在一个秋风萧瑟的早晨，我在教室里见到他,却见他只穿了一件薄薄的衬衣,小脸冻得煞白,不停地哆嗦,我感到一阵揪心的痛。我急忙脱下自己的绒衣给他穿上。这个倔强的孩子轻轻说了声:"我不冷。"了解到因为爸爸昨晚没回家,他没能进家门,在邻居家借宿一夜时,我又领他去吃饭。父母的漠视、老师的关爱,使得这个孩子控制不住自己的情感,泪水夺眶而出。

面对这个可怜的孩子,我感觉到仅仅给他洗衣、买饭、谈心、补课还是不够的,最关键的是要让他有一个温暖的家。我把李某领回自己家,同时,我想方设法联系他的爸爸、妈妈,要求他们关心这个孩子,给孩子应有的爱。在我的劝说下,李某住进了疼爱他的姨妈家。得到了温暖的李同学从此像变了一个人似的,性格开朗活泼起来,能严格要求自己了,学习也努力了。

为学生服务,对学生负责,是我班主任工作始终如一的宗旨。多年来,我始终早来晚走,时刻把每个学生挂在心上,关心他们的成长进步,关心他们的饮食起居,关心他们的温饱冷暖。

三、用高尚的师德,开启孩子童稚的心灵

我从做班主任工作以来就一直严格要求自己,注意自己的言谈举止,一点一滴地从小事上潜移默化地影响学生。现在受社会上环境的影响,孩子是家里的小皇帝,有的孩子说脏话,随地吐痰,不爱惜公物,有些家长见怪不怪,只要孩子高兴,别的都无所谓。作为班主任,对这样的事我决不放任自流,一定及时纠正,让学生形成正确的是非观。有一天,班级有一名同学的母亲下课来给孩子送药,这个孩子不太情愿吃,当着很多同学的面把药从妈妈的手里打撒在地上,还狠狠地冲母亲发了顿脾气。这位母亲很难堪,但还是心疼地看了看自己的孩子。当这位母亲走后,我对这位同学作了"严厉"的批评,而且还专门开了一次班会,向学生讲述了一件件母爱的感人事例,让同学们知道母爱的伟大,更加理解尊老爱幼是中华民族的传统美德。

四、用真情和汗水,为学生架起七彩桥

几年来,在"控辍"工作中,我尽职尽责,取得了令人满意的成绩。

从2006年起,我接手任初一班主任,我的班级只流失了一名学生,是全校流失率最低的一个班级。

在工作和学习中,我注意观察学生思想动态,了解每一个学生的思想脉搏,一旦发现有辍学苗头或厌学情绪的,便立即与学生谈心,及时做好家访工作。多年来,无论遇到什么情况,这一工作从未间断。

2006年10月的一天,我班的王维同学没来上课。据同学们说,王维第二天便要到肇源的叔叔家去串门。当时,我正患重感冒,医生让我休息。但我不愿让王维从此失去求学的机会,便谢绝了众人的劝阻。下班后,我一个人骑着自行车去了四公里外的王维家。晚上八点多钟,我才拖着病体回到了家。看到我没什么大碍,家人的心才放下。由于我的工作做得及时,王维同学才没有去肇源,于第二天返回了学校,并最终打消了辍学的念头。

我经常做家访工作,有时难免会遇上坏天气,但我却从未因天气关系而耽误家访工作。不管刮风还是下雨,我总是坚持及时地做好家访工作。

做家访工作要面对社会上的各种人物,并不都是一帆风顺的,经常听到别人的冷言冷语,甚至遭人白眼。每到这时,我总是不灰心,不泄气,坚持耐心、细致地做工作,直至达到目的。

2008年11月,班中的同学黄某因与某老师之间有了点小摩擦,便背起书包赌气跑回了家。我到他家做家访,黄母竟然当着我的面大骂起来,什么"你们做老师的没一个好东西","我们孩子念不念书你管得着吗"等等。听到这些话,我也很生气,真想和她辩论一番,但还是忍住了。等她的火气平息之后,我才开始心平气和地跟她讲道理,接连两天。我的耐心和诚意终于打动了这对母子,黄同学回到了校园,回到了班集体这个团结、温暖的家庭。

做家访时我经历了酸、苦、辣,可看到每一个学生都能坐在教室里学习,为学生架起了七彩桥,我心中又感到一股无比的香甜。

五、坚定信念,扎根乡村教育事业

虽然教师工资不高,两袖清风,但从教时间越长,我对这份职业的感情越深。作为青年教师,我一贯忠诚人民的教育事业,坚持党的基本路线,热爱教育,热诚教学,热心教研,遵纪守法,作风正派,爱岗敬业,教书育人,为人师表,克己奉公,事事处处能发挥先锋模范带头作用。

我热爱教育,但我更挚爱乡村教育。我深知,乡村教育师资短缺,教育资源匮乏,我要用我的智慧和爱心让学生享受到和城里孩子同样的教育。于是,我放弃了许多转行或返城机会。2003年初,亲属帮我找好了关系,把我调到工商部门,我谢绝了。2004年9月,亲属又把我借调到县里某中学,又再一次被我婉言谢绝了。家人不理解,亲属不满意,甚至有人说风凉话,但我没有动摇,执着地一心一意地投身于所钟爱的教育事业,不追名逐利,潜心研究乡村教育,积极做好本职工作,争创一流佳绩,把更多农村孩子培养成"有道德、有理想、有文化、有纪律"的社会主义事业的建设者和接班人,为家乡建设作出我应有的贡献。

参加工作多年来,我克服了工作、家庭、生活等方面的困难。为了工作,我常常忘了自己;为了学生,我常常忘了家庭;为了学生,为了事业,不管千难万难,我献身乡村教育的决心从没动摇。

有一年的某一天,上小学的孩子得了重感冒,高烧不退,住进了医院,当时我的爱人又不在家,我便通知家在兴城村的嫂子去医院照顾孩子,我自己却走进了班级。有的人对我的做法不理解,说我不是一位好父亲,可我觉得,作为教师,我问心无愧。

几年前,我埋怨自己的渺小和平凡。可是现在,正是由于孩子们的可爱,我甘于清贫,乐于奉献,无怨无悔地战斗在班主任的工作岗位上。我愿意将自己火热的青春献给这神圣的事业,愿意刻下皱纹,染白双鬓,去成就学生们事业的辉煌和人生的绚烂!

全心全意育桃李　满腔豪情释芬芳

黑龙江省依安县依龙镇中学　牟宪光

他叫袁洪亮,于 1997 年 7 月毕业于哈尔滨体育学院,至今已在依安县依龙镇中学任教十多年。自从参加工作以来,他首先在师德上严格要求自己,做一名合格的人民教师,认真学习和领会党的教育方针、路线和政策,与时俱进,爱岗敬业,为人师表,热爱和尊重学生,争取让每个学生都能有所发展。他对教学不断研究,不断创新,对自身不断完善,努力提高政治思想觉悟、文化专业知识水平和教育教学能力。

一、重视师德修养,热爱本职工作

袁洪亮自任教以来,热爱祖国,忠诚党的教育事业。他在师德方面严格要求自己,为人师表,努力做一个合格的人民教师。他工作上尽职尽责,与时俱进,爱岗敬业,勤勤恳恳,默默奉献。他具有丰富的专业知识,较强的教育教学能力,富有事业心和责任感。他用辛勤的汗水,积极热情的工作态度,刻苦钻研的工作作风,严谨扎实的责任心,开拓创新的事业心,勤奋拼搏的进取心和脚踏实地的敬业精神,在平凡的教育教学岗位上努力地工作着。近几年来,他不断地从各方面提高自身素质,完善自我,不断创新,努力培养适应时代需要、为社会做贡献的有用人才。

二、努力工作,锐意进取

1997 年 8 月,他带着满腔的热情被分配到依安县依龙镇中学任教。不平整的操场、破旧的篮球架等环境和条件,使他倒吸了一口冷气。但也正因为如此,反而激发了他的斗志。不就是想通过自己的努力,改变农村教学尤其是体育教学的落后面貌吗?既然来了,要干就要干出一个样来。进退维谷或后退彷徨,只能遭人耻笑。没有岩石的阻挡,哪能激起美丽的浪花,愚公移山、矢志不移的精神在他的身上得到了体现。由于不懈的努力,学校领导和教师彻底改变了对体育课不重视的看法。随着教学条件的日益改善,现在的体育课,用一位年年下来检查的县进修校视导员的话说,那就是四个字:天壤之别。他用最实际行动为自己的思想品德打了一个最高分:爱岗爱校,热爱自己的本职工作,一生无悔! 记得有这样一句名言:一个人只有成为最坚固的岛屿,才能成为大陆的一部分。在教学实践中,他用高尚的师魂使自己成为一座坚固的岛屿,成为大陆的一部分。

十余年来,他所从事的学科除了体育,还有政治、人文等学科,并兼任过多年班主任工作。在工作中,他认真备好每一节课,上好每一堂课,教育好每一个学生,始终热爱学生,尊重学生,争取让每个学生享受到最愉悦的教育。在执教中,为了教好书、育好人,他不知花了多少心血,每天都是早出晚归,风雨无阻。他在工作中不断充实自己,积极参加校内外业务学习和培训,认真学习新课程理念,转变教育观念,并结合自己所教的学科,

积极探索有效的教学方法,在课堂教学中注意激发学生的学习兴趣,调动学生学习的积极性。课下他和学生交朋友,使不同层次的学生都有所进步和发展,努力去做一个深受学生尊重和信赖的好老师。他在学生思想教育工作中,从不歧视差生,而是想方设法了解学生,深入到学生中间,做学生的贴心人。很多所谓的差生在他的教导下变得活泼可爱,热爱学习,热爱集体。同学们在和谐的校园内茁壮成长。

三、率先垂范,争当尖兵

在他来中学以前,学校的体育课一直由即将退休的老教师临时充当,上至学校领导,下至学生,没有人把体育当成一门课。他暗下决心:自己一定要重视自己,一定要让体育课上得有声有色。首先,他从最基础的学生队列训练入手。在他的训练下,平时体育课上的"杂牌军"变成了"正规军"。其次,他把课上得正规、科学,训练有素。第三,他积极组织各种体育活动。在他的带动和组织下,学校每学期都要进行一次田径运动会。在他的号召下,学校适时进行队列广播体操赛、篮球比赛、拔河比赛等。集腋成裘,涓涓之水终于汇成汪洋。老师和学生对体育的热情日益高涨,热爱体育、积极健身已在我校蔚然成风。而他正是由于在活动中发挥了中流砥柱的作用,使自己成为受人尊敬的老师、行业的典范、教学的尖兵。

四、一分耕耘,一分收获

全心全意育桃李,满腔豪情释芬芳。他用爱心和行动诠释了为人师表的誓言,用永恒无悔抒写着人生最美的画卷。由于工作上的不断努力,他多次获得上级部门的奖励。"记功"、"县级优秀教师"、"县级优秀教育模范工作者"、"县级骨干教师"等证书里记载着他奋斗的历程。

我想,不仅在我们学校,在其他学校具有奉献精神的老师也非常多,我由衷地向他们致敬!我愿意追随他们的脚步,和他们在教育道路上并肩同行!

用爱心铸就师魂

黑龙江省龙江县育英学校　王广彬

多年来,我始终努力用一个教师全部的爱去理解、宽容、尊重和关心每一个孩子,脚踏实地地耕耘,无怨无悔地奉献。十几年里,我饱尝了做一个教师的酸、甜、苦、辣,更深刻地领悟到了"教师"这一职业的真正内涵:用爱心去润泽学生的心田,用奉献来托起这份沉甸甸的重任。回顾自己这些年的教育教学生涯,虽说谈不上伟大,更谈不上高尚,但却用爱诠释了一个教师用全部身心投入的最神圣的职责。

作为一个老师,首先是学生们的典范。人们习惯上说我们是教书育人的。我认为,我们应该先育人再教书,如果连人都做不好,又何谈成才?而初中这个年龄的孩子,可塑性很强,老师的一举一动,很可能会影响到孩子的一生,因此老师的典范作用是不容忽视的。伟大的教育家孔子说过:"其身正,不令而行;其身不正,虽令不从;不能正其身,如正人何?"我很欣赏这句话,因此平时也很注重对学生的言传身教。

现在的孩子,独生子女很多,个性娇气的也不少。为了给孩子做典范,我面对困难和挫折从不退缩。记得2007年刚开学不久,我因病在富区六院住院。医生让我至少休息两个星期,可是还有那么多孩子等我上课呢,我这个老师不在,就意味着我们班孩子成了没娘的孩子,那痛苦的就不是我一个人,而是班里五十多个孩子了。于是,我不顾别人的劝阻,坚持白天回龙江上班,晚上去医院住院,我没有因病耽误学生一节课。那些刚刚入学的学生很受感动,还赠送给我描述我敬业和爱心的短文和小诗。看到了这些,我好像什么痛苦都没了。有人说我很傻,快四十岁的人了,拼个什么劲啊。我不这样认为,病早晚都会好的,但学生们耽误不得,因为我们干的是教育啊。事实证明,我的苦没有白受,我们班的孩子,小病小灾,很少有人请假回家,那些曾经娇气的孩子面对困难和挫折,学得越来越坚强。这大概就叫"潜移默化"吧。

大概与我的年龄有关系,我这个年龄跟学生的父母差不多大,所以我很能体会家长的心情和需要,我知道孩子们即使在学校,也需要老师的爱。在学校里,我扮演着双重角色:在纪律上,我是严父;而在生活上,我绝对是慈母。这也是我经常跟我的学生们说的一句话。当然,既然说了,我就要去做。为了实现自己对学生的这个承诺,我处处、事事关心学生,让学生感受到家的温暖、爱的温馨。

2000年入学的学生中,有一个李姓同学,刚开始的时候我知道她家困难,就从学杂费上给予照顾,可发现她还总是闷闷不乐的。什么原因呢? 我就在学生中展开了调查,调查后真的把我吓了一跳,她的家庭真是困难到了极点。父母是后结合的,母亲带来了三个儿子,有两个精神不太正常,有一个很小就出去打工了,她的父母结婚后又生了她和

姐姐,姐妹俩都在我校上学,母亲还患有癫痫病,父亲没有劳动能力。这一家人可怎么活呀?经进一步了解,她很多时候都是早上吃不到饭就来上学,挺过一上午急忙回家吃午饭,可她家的锅里往往依旧没有可吃的东西,于是她又回到学校继续学习,晚上回家时也许能喝上一碗粥。她的父亲也多次饿得晕倒在野外,靠啃食了地里的青玉米后才回到家。她家虽不是每天都这样,却经常吃了上顿没下顿。我震惊了,怀疑了,这是真的吗?我去了她的家里,"家徒四壁",就只有这一个词可以形容了。当时还赶上他的母亲犯病,抽搐得很痛苦,真是揪心啊。等她的母亲缓过来,没有了危险,我拿出了200元钱留在了这个穷得无法形容的家里。当时我每个月也仅挣300元钱。

回来后,在她不在班上的时候,我跟同学们讲了她家的情况。同学们的第一反应就是为她捐款!我说:"她家不是捐点款就能解决问题的。"同学们七嘴八舌地议论开了,最后达成共识,我们班的全体同学从现在开始负责他们家的主食供应。从这时起,我们班的全体师生多了一份责任。就连我们家也是有分工的,我爱人负责李同学的穿衣问题,我负责她的医疗。这项工作一直做到她毕业。

在后来的工作中又遇到了王某、史某、刘某等同学,我一如既往地坚持着。

王某的母亲患严重风湿病,没有劳动能力。父亲因高空落下重物被砸伤,有时意识不清,也近乎于没有劳动能力。王同学在全体师生的帮助下以优异的成绩在我校毕业,并在县宣传部领导和我校领导的帮助下进入了哈尔滨的××班就读,后来以优异的成绩考入吉林大学。

史某的母亲舍弃了家庭不知去向,父亲又因抢劫入狱。在我班全体师生以及校领导的资助和帮助下,他顺利地完成了初中学习并在北京找到了工作。

刘某的哥哥因白血病久治不愈,家庭生活很是凄惨。刚开学不久,母亲又因车祸不幸去世。不断的打击使他崩溃了,对生活失去了信心。我到他家里去看望他,跟他交心,给他讲人生的道理,让他忘却痛苦,化悲痛为力量。我们班的同学也极力地帮助他。后来,他终于从痛苦中解脱出来,开始了正常的学习生活。

一个班级几十个学生,来自不同的家庭,他们的个性不同,家庭教育也不同,因此教育起来是很难的。作为老师,要时刻观察学生的心态,对不同的学生要因材施教,不能千篇一律,更不能强行管理,要抓住学生的命脉,一针见血,对症下药。只有这样,才能收到事半功倍的效果。

回顾十几年的教育教学历程,身为人师,我感激我的学生,是他们给了我教育的信心和激情。我是与他们共同成长起来的,在教育这片热土上,辛勤地耕耘,不断地收获欣慰和感动、尊重与爱戴。重新审视自己的教育思想和教育行为,我觉得很多方面还不够完美,但我坚信,既然投身于我所热爱的职业,在未来的工作中,我将会一如既往地为托起明天的太阳,尽自己的最大努力,尽自己的一份爱心!

青春无悔

湖北省咸宁市宝塔中学 邹龙胜

青春,人生最美丽的年华,却是他粉笔生涯的开端。没有阳春白雪,没有花前月下,只有耕耘的艰辛、收获的喜悦。

余老师,从咸宁师专物理系毕业走上讲台至今整整二十二年,廿二载春秋风雨,爱洒桃李,默默耕耘,无私奉献在乡村中学的三尺讲台上,凭着对教育事业的热爱和执着,爱生乐教,赢得了学生和家长的爱戴,得到了学校领导和同行们的认可。他说:能把自己的青春和热血献给党和人民的教育事业,无怨无悔。

回眸他从教的历程,坦白地说毫无壮举,但他踏踏实实地工作着,在平凡的岗位上,用自己的坚守和执着,以"爱生乐教"为己任,捧着一颗真诚的心去守护着花一样灿烂的生命。教育教学中,他让每个学生都能从老师的身上感受到一种力量、一种期待;校园活动中,他精心组织,认真策划,让每一个学生都能在活动中快乐地成长,充分发挥自身的潜力。他用爱心履行一名教师的职责,默默地教书育人。

业务上,他不断钻研教材教法,积极进行教研教改,掌握新课程理念,取得了很好的教学效果。他总是能做到备好每一节课,上好每一节课,向四十五分钟要质量。教学中他善于挖掘教材,充分利用现代教学手段,运用灵活、恰当、有效的教学方法,有时还亲自做一些简单实用的教具,有时甚至买一些实物,使每一节课都生动有趣。从教二十多年来,他一直任教初三物理课程,所带班级成绩在全校平行班中长期名列前茅,多次被镇教育总支评为中考优胜者,并被咸安区评为骨干教师,被咸宁市评为首届骨干教师。他撰写教学论文多篇,其中实验论文《如何做好压缩空气引火实验》被咸宁地区评为优秀实验论文二等奖,被编入咸宁地区优秀论文集。电化教学论文《学校远程教育应用探究》在首届"教育技术理论与应用"征文评选活动中荣获湖北省一等奖,并入选《二十一世纪教育思想文献》一书。在2011年全市装备、电教作品评比中,论文《用对比实验研究液体内部压强》获市级一等奖。在2012年和2013年"四优"评选和课题研究中,论文《新课程标准下如何创设教学环境》获得区一等奖,教学案例《电功率》获得二等奖,课件《安全用电》获得二等奖。作为学校物理教研组长,每学期他带头主讲一节公开课,认真组织集体备课、评课,使学校教师的业务水平总体得到了提升。除了课堂上认真组织教学外,在课外他更是对学生认真辅导,培优辅差,尽心尽责。他在2008年、2011年分别荣获全国初中应用物理知识竞赛优秀指导教师奖。

信息时代,知识更新日新月异。他不仅长期坚持自学,还利用一切机会出去听课学习,每学期听课不少于二十节,参加各种培训,除了详细做好笔记外,还认真撰写心得体

会。记得2007年他在湖北大学参加"农村教师素质提高工程"中小学教师、校长培训时，他一人有四篇论文发表在湖北大学校刊上，他的一些观点受到了许多讲课专家的好评，他也被湖北省教育厅评为优秀学员。

在教学上，余老师算得上是独树一帜；在育人方面，他更是独具匠心，对学生情有独钟。从教二十年，他就当了十八年的班主任。十八年来，无论炎热酷暑，还是风霜雨雪，余老师总是每天坚持早早到校，冬天为学生生好炉子，夏天为学生开窗通风，打扫教室，给学生创造舒适温馨的学习环境。每个寒暑假后，他都把教室布置一新，微笑着站在班级门口迎接每一位学生的到来，一句欣赏的问候，带给学生们一天的好心情。班上哪位同学有个头疼脑热，他都问寒问暖，带到诊所看病，打针吃药。家长们信任他，因为他们知道，孩子身边有个比他们还爱孩子的老师。爱在教师和学生之间架起了桥梁。他会时常倾听孩子们的心声，接纳孩子们的不同观点，欣赏、肯定孩子们的点滴进步，敞开自己，真正地去尊重每一个学生，去爱护每一个学生。正是这种爱心和责任，他多次被评为优秀教师和模范班主任，受到教育总支和教育局的表彰。

另外，他在担任行政工作中，更是能脚踏实地，一步一个脚印地干好每一项工作。在担任学校团总支书记期间，学校团队工作开展得有声有色，每周的升旗仪式、国旗下讲话，通过内容与形式的完美结合，培养了学生的爱国主义情操，还有各种丰富多彩的文艺活动，将素质教育落到实处。在担任学校政教主任期间，他抓好学生的养成教育、安全教育、思想道德教育，使校园内"五讲"、"四美"蔚然成风。在担任学校教务主任和副校长期间，他以搞好教研教改、提高教育质量为主线，既促进了教师队伍素质的提高，又使学校教学质量再上一个新台阶。一个人的生命是有限的，而他的事业是常青的。万根粉笔难酬志，悠悠讲台不了情。正是在余老师的无私奉献和精心培育下，有多少失学孩子重回校园，又有多少平常少年脱颖而出。"甘为红烛照斯人，愿做春泥更护花。"这就是乡村教师余老师的真实人生写照。

把爱心浇筑在平凡的工作中

湖北省咸宁市宝塔中学　阮学胜

1991年7月,师范毕业的我怀着满腔热血来到高桥教育组报到,并从此扎根于农村教育工作!在农村,我一干就过了二十二个春秋。二十二年如一日,我一直工作在教学第一线,多年担任中学毕业班物理教学工作。我加强师德修养,模范履行教师职责,热爱学生,团结同志,忘我工作,无私奉献,为我区农村教育事业呕心沥血,教育、教学效果显著。

二十二年来,我在平凡的教学岗位上做出了不平凡的事迹。主要事迹如下。

一、淡泊名利,执着坚守

秉持着对教育事业的挚爱,我在教学上深钻业务,谦虚好学,吃苦肯干;凭着过硬的专业基本功,初出茅庐的我就在教学质量上领先于全镇同科教师,学生管理上也独当一面,因此,很快就深受同事的好评和学生的敬爱,得到了领导的肯定和家长的夸奖。参加工作的第二年,我就担任毕业班班主任工作,任教初三物理,一跃为该镇年轻教师的佼佼者。一年后,我没有辜负老师和领导的重托,在同年级四个毕业班中,本班上重点线占全校60%,为学校赢得了荣誉。此后,我开始担任政教主任、副校长职务,分管学生的思想工作。

1996年7月,我光荣地加入了中国共产党,并先后担任高桥中学校长、宝塔中学校长职务,成为当时咸安区最年轻的校长。任职期间,我一直深入教学一线并带毕业班物理课程,工作兢兢业业,任劳任怨,凭着不认输的干劲,让学校各项工作蒸蒸日上。

2001年8月,我被调到花纹中学任校长。这里是我区最边远的山区,是个没有人愿意调进的区域,离县城两个半小时的公交车,一天才两趟,交通十分不便,方圆十五公里以内没有早点可以买,蔬菜只能靠教师自己种植。接到上级通知,20日我离妻别子走马上任。这个不到三百人的学校债务三十多万,原校教师一年没有发工资,而且19个教师调出7人,加上当地连续两个月没有下过雨,老百姓和教师都要到五里外的古田乡挑水饮用。8月22日晚上,我接到了从深圳市一位不曾认识的老领导(原永安中学校长)打来的电话,该老领导已被深圳市一所私立学校聘任为校长,他知晓我精通业务,有过硬的管理能力,愿意高薪聘请我过去工作。与其在缺钱、缺人、缺水的三缺中学当校长,不如下海打工,但我没有这样做。如果辞职而去,花纹中学的开学工作将会一片混乱,穷沟沟里的孩子将更不能如期到校上课。我没有思索,也没有和家里人商量,毅然回绝了。2007年,我从校长岗位上下来了,但仍留在原校当了一名普通的教师,无怨无悔地继续奉献在农村的三尺讲台。身份虽然转变了,可对教育事业的热诚使我很快就进入了角色。我在校遵纪守法,仍全身心投入教学中,从不因是老校长而搞特权,刁难新校长。为

此,我得到了全体教师的好评,赢得了尊敬!

二、忘我工作,无怨无悔

我是个出了名的工作狂人,无论是在校长职务上还是做一名教师,教师公认我总是全校起得最早、睡得最晚的人。我觉得我应该在老师面前带好头,在学生面前做了一个好榜样。正因为这样的工作态度,我从中悟出了人生真谛:身教重于言教。平日里,我以身作则,用自身的形象去教育学生,感染他们。俗话说:"人食五谷,孰能无病。"记得2000年6月,我口腔牙龈溃疡,脸部肿得非常大,医生一再要求动手术。因临近中考,我强忍着疼痛不曾耽误一节课,直到中考考完才住院。有一次,我一侧鼻子莫名其妙地出血,无法止住,在市、区医院检查都没有确诊,医生要求留院观察。我放心不下学生,等医生用药棉塞好,止住鼻血,便赶回学校。老师们劝我到武汉大医院检查,我总是说出一点血没有大碍。就这样,流时塞塞,塞后又流,在教室的讲台上、学校的操场上都留下了我的斑斑血迹,一直等到元旦放假才安心去武汉治疗。这样的例子在我的身上很多很多。这么多年来,我家里无论有多么大的事,我总是以学校工作为大、以教学为重,从不因为个人的事耽误学校的任何工作,在学校的工作中出大力、出全勤。我凭着这股韧劲,深深地感染着我的同仁和学生们。

三、锐意进取,不断超越

踏上了三尺讲台后,我就把人生的坐标定格在为教育献身的轨道上。我热爱教育事业,热爱教师职业,热爱每一个学生,把自己的事业看得神圣无比。我深知没有坚实、厚重的业务功底,没有过硬的知识结构,没有先进的教育思想,就无法胜任太阳底下最光辉的职业。为了做好教师这项神圣的工作,我积极参与各级各类的培训,先后加入省、市教育学会,接受先进的教育思想,更新教育理念,坚持阅读有关教育学、心理学方面的书籍和教育教学刊物,虚心学习老教师的教育教学经验。2013年,我被区教育局评为"读书活动先进个人"。我把个人所学与自己的教学体会相结合后撰写成论文,近五年十篇论文获得区级以上奖励,其中一篇国家级、两篇省级、一篇市级。为了适应新的教育形势,2008年我开始自学电脑,很快就成为我校的电脑高手,在市人事局的计算机考试中,三门功课均以超过90分的成绩取得计算机中级证。我将课件制作等电脑操作技能毫无保留地传授给全镇的年轻教师,使我镇的中青年教师在短短两个月内都能熟练操作多媒体。我积极参与各级组织的各类教研活动,主讲《密度》一节实验课在区四优竞赛中获得一等奖。我辅导的学生在各级竞赛中也多次获奖。我重视基础教学,锐意创新,在教学中从不照本宣科,用多种教学方式营造轻松、活泼、上进的学习氛围,用学生乐于接受的方法来教学。教学上,清晰透彻的教学思路,耐心寻味的启发引导,深入浅出的专业讲解,使每一节课都成为精雕细琢的示范课。

二十二年来,我用自己坚实的臂膀托起学生攀登新的高峰。甘愿化春蚕,用才能让知识与智慧延伸;甘愿当园丁,用爱心和汗水培育桃李芬芳!日复一日的平凡岁月,默默耕耘的无悔人生,我凭着对教育事业执着的追求和强烈的责任感,在"三尺讲台"上书写自己的完美人生。

学生喜爱的好老师

湖北省神农架林区下谷坪民族学校　谭明桂

李国珍,男,1958年10月出生,中共党员,小学高级教师。1976年走上三尺讲台,在教育战线已默默耕耘了近四十个春秋。在本次"学生喜爱的好老师"评选活动中,他被我校一致推选为最受学生喜爱的好老师之一。

在李国珍老师的从教生涯中,并没有发生惊天动地的大事,有的只是数十年如一日,对教育事业的忠诚,对学生毫无保留的爱。点点滴滴的付出如春日阳光温暖孩子的心田,如涓涓溪流滋润孩子的成长。他把"上学生喜欢上的课,做学生喜欢的老师"作为自己孜孜不倦的追求和信念,践行了一名"人类灵魂工程师"的神圣职责。

一、爱生于肺腑之间

李国珍老师认为,一个真正热爱学生的老师一定能成为孩子喜欢的老师。他对学生的爱,发自肺腑,渗透在与学生相处的每一个瞬间。

他是一名严师,对学生要求严格,但他的教学方法从来不是简单粗暴的"填鸭式"。他善于根据每一门具体学科的特点来采取相应的授课方式,将每个知识点深入浅出地讲解,引导学生在透彻理解的基础上举一反三,灵活运用。他不要求学生们死记硬背,搞"题海战术",也从来不体罚学生,甚至连大声呵斥都几乎没有,但学生们在他的课堂上,都能做到遵守纪律、认真听讲。老师们都公认李老师在课堂上的教态亲切自然,在学生心目中都觉得李老师和蔼可亲,这种无形中树立的威严,让他的课堂气氛活跃而又秩序井然,学生们在这种氛围中愉快地接受知识的灌溉。三十多年的时间里,他教学成绩斐然,所带班级多次在全区抽考中获得优异名次。一批批学生在他的指导下,从懵懂的稚子一步步成长,为随后的求学之路打下了坚实的基础。

他又如一位慈父,当学生生病不舒服,他总会第一时间发现,立即带学生去医院就诊;遇到学生值日不认真,他会拿起笤帚,一起打扫;学生进步了,他从不吝惜鼓励和赞许的话语,有时还自掏腰包,给学生购买学习用品作为小礼物;当学生心理压力大的时候,他会主动给学生谈心;当学生成绩徘徊不前时,他会牺牲休息时间为其辅导讲解……尽管工资有限,家庭负担重,但从教生涯中,为学生垫付生活费,为特困生购买衣服、食品等事情,他自己都已记不清有多少次了。对于学生的困难,他总是尽自己的全力去解决。

他相信"身教重于言教"。因此,在平时与学生相处的时时刻刻,他都严格要求自己,秉承"要求学生做到的,老师首先必须做到"的原则,真正做到为人师表,以自己的人格魅力潜移默化地影响学生。他不仅教给孩子们知识,也培养了孩子良好的道德品质。

他对学生爱中有严,严中有爱,不偏爱一位好学生,更不放弃一位学困生。在他的不

懈努力下,一些原本基础较差的学生都有了明显进步。他常说:"要对得起孩子和家长,要对得起自己的良心。"他总是用一颗朴实的爱心去爱每一位学生,本着不让一个学生掉队的信念耕耘在教育的沃土上。"没有爱就没有教育,真正的教育其实是爱的教育。"三十多年的教坛生涯,三十多年的班主任,他每接手一个新班,不是急于给孩子上课,而是先树立孩子的自信心,敲开心扉,和每个孩子成为朋友。对每一个孩子他都一样爱。他常说:"爱学生就要像爱自己的孩子。"特别是那些单亲的、从小失去父爱或者母爱的孩子,他更是加倍地关心他们。"孩子能在李老师班里学习是我们的福气。"这是家长说得最多的一句话。他在思想上关心学生,感情上亲近学生,生活上关怀学生,师生关系特别融洽,极大地激发了学生的学习积极性,营造了"比、学、赶、帮、超"的良好学习氛围,因此,他所带班级班风正、学风好,多次被评为优秀班集体,李老师也多次被评为优秀班主任,受到学校和上级的表彰。

说到李老师爱孩子,有一件事至今让全校师生记忆犹新。2008年,汶川地震发生时,神农架震感强烈。在二楼临近楼梯口的办公室备课的他,第一时间跑出办公室,但他没有跑下楼梯,而是跑到教室,组织正在自习的孩子们安全有序地撤离教室后,才跟在学生队伍后面跑出教学楼。在外地上大学的女儿随后打电话得知此事,不禁后怕地说:"还好,我们那不是震区!"李国珍老师就是这样,对学生的爱发自肺腑,已成为楷模。就算面对危险,第一反应也是孩子为先。他无私的爱,也得到了孩子们的回报。每当可爱懂事的学生们获得好成绩,每当学生们围着他叽叽喳喳聊天,每当孩子们在节日里送上自己亲手制作的卡片,他会特别激动地说,那是他最幸福的时刻。

二、业精于不断磨练

"师者,传道授业解惑也。"作为一名教师,他深知欲给学生一滴水,自己要有的不仅仅是一桶水,而是一潭不断更新的泉水,尤其是在当今知识更新非常迅速的年代。为了进一步提高自己的教学水平,他积极参加各级各类的继续教育学习培训。他一心扑在工作上,始终把教书育人当作自己的第一要务,积极推进素质教育。多年来,始终坚持学习学科领域中最先进的教育思想和方法,积极学习现代教育技术,认真踏实地完成自己的本职工作。

课余时间,他专心研究教材和大纲,认真备课,广泛阅读各类书籍,拓宽自己的知识面,使自己成为一名"多面手",能胜任各科教学任务。

自2005年起,神农架林区开始推行远程教育。他敢为人先,刻苦钻研,熟练地掌握了电脑、多媒体设备、课件制作等全套操作流程和设备维护维修等技术,并作为下谷坪民族学校远程教育管理员,参加全省、全区组织的多次培训。其中一次培训期间,他的祖母去世,可他为了不影响学习,没有请假回家,而是坚持学完了所有培训课程。他不仅自己掌握了现代远程教育所需技能,还对下谷坪民族学校全体教师进行培训,手把手教学,确保每位同事也能熟练地操作运用。2009年,他被林区教育局授予"远程教育管理先进工作者"荣誉称号。

在他的不懈努力下,如今,下谷坪民族学校"班班通"多媒体教学应用水平得到了极大提升。而他作为远程教育的带头人,更加严格要求自己。他通过网络,查找资料,下载模板,将每一课都精心设计、制作,力求成为图文并茂、内容充实、生动有趣、适合教与学的精品课件。因为他善于运用现代化教学方式,最大程度地激发了孩子们的学习兴趣。生动有趣的课件,互动性强的教学方式,上他的课成为学生们最欢迎、最期待的一件事儿。

三、心系于课堂内外

李国珍老师积极参加"课内比教学、课外访万家"活动。从备课、制作课件,到具体教学,每个步骤他都力求完美,以达到在课堂上最佳的教学效果,让学生轻松愉悦掌握知识。在课堂上,他启发学生动口、动手、动脑,大胆创新,力求使教学与生活实际相结合。他注重学法指导,作业批改认真、及时。凭着扎实过硬的基本功,他所教的学科成绩多年来始终名列前茅。他的课生动活泼,充满激情。在教学中,他引导学生主动参与,亲身实践,独立思考,合作探究,努力培养学生获取新知识的能力、分析和解决问题的能力及交流合作的能力。他对学生以鼓励教育为主,激发学生学习的自觉性、主动性,倡导学生在快乐中学习,在学习中体验快乐,充分体现了新的课程理念,因此多次被选拔上校级公开课、示范课,但他从不张扬自己,更不满足现状,课后经常与老师们交流教学经验,并要求听课的老师针对他的课程指缺点、提建议。每次老师们评他的课时,他都虚心倾听,认真做笔记,正视不足,并不断加以改进。因为他深信,只有教到老,学到老,才会永远站在教育领域的最前端。2012年5月,他被选为下谷坪民族学校的代表,参加全区"课堂教学比武"竞赛,荣获三等奖。

课余和周末,他也没有停下忙碌的脚步。去学生家走访,与学生家长沟通,探讨孩子的学习、教育情况,是他数年来一直坚持的一项工作。山路再远、再崎岖,他也没有落下过一个学生家庭。不仅自己任教的学生家里走了个遍,他还多次进行回访。其他班级一些留守学生、家庭困难学生也是他关注的重点,隔三岔五,他也会到这些学生家中走走看看,询问他们的学习生活情况和需要帮助的地方。

如今,四乡八里的学生家长们都和他成了老朋友,一说起他,乡亲们的评价不约而同:李老师真的是一个负责的好老师!把孩子交给他,我们放心!

李国珍老师是平凡的,但他扎根山区,在平凡的岗位上做出了不平凡的业绩。桃李不言,下自成蹊,他近四十年如一日的无悔付出,收获了沉甸甸的回报。被推选为"学生喜爱的好老师"后,他谦虚地说:"我所做的一切都是一名教师应该做的,没有什么特别的。我所取得的点滴成绩,源自于对党的教育事业的忠诚,我的付出换来了每一个孩子学会做人、学会生活、学会学习的回报,如今学生们的肯定和喜爱就是对我最高的奖赏。我将继续努力丰富自己,提高自己,对学生一如既往地倾注自己的关爱,以无愧于学生、家长、领导、同事对我的肯定和鼓励!"这番质朴无华的话语就是他最铿锵有力的誓言。我们相信这位好老师将在今后的工作生活中播撒更多的爱与知识,创造更多师生间的动人故事,目送更多的孩子一步步迈向更高级别的知识殿堂,在广阔的天地自由翱翔!

扎根山区乐奉献　汗水浇灌育桃李
——记神农架林区下谷坪民族学校教师谭明桂

湖北省神农架林区下谷坪民族学校　崔永创

谭明桂，女，50岁，大专毕业，1979年参加教育工作，1980年加入中国共产党。在三十多年的从教生涯中，她时时处处以一位优秀教师和共产党员的标准严格要求自己，工作勤勤恳恳，兢兢业业，为人师表，甘于奉献，从不计较个人得失，做到个人利益绝对服从集体利益，以"教书育人"为己任，在平凡的岗位上做出了不平凡的业绩，是学生和家长最喜爱的老师。

一、扎根山区，乐于奉献

十六岁那年，谭明桂高中毕业后通过考试招录为民办教师，在父母担忧、不舍的目光中，瘦小的她离开了家，向着云遮雾绕、峰高水急、林密人稀的碓窝石村小学走去。这里是她工作的第一站。前几日还是端坐在讲台下的学生，而彼时，站在三尺讲台上，下面的大孩子甚至高她一个头，但她确确实实成了一名教师。从她家到学校要走三十多里山路，要趟过十多条小河流，有一次她护送学生回家，由于小河涨水，她为了拉一名二年级的小学生过河，被河水冲了一丈多远，幸好被在附近干活的一名村民发现，立即跑来把她和孩子救起来。尽管如此，她并没有退缩，因为她认为自己从事的是太阳底下最神圣的职业。

1979年，神农架大山中的这所乡村小学，二十多个孩子，只有她这个唯一的孩子王。校舍是借用老乡废弃不用的老屋，斑驳的泥巴墙，踩上去吱呀作响的楼梯，楼上一间稍大向阳的屋子做了教室，背光的小屋就是她的"小窝"。屋后，房东老乡无处安置的猪、羊惬意地抢食、打滚、练嗓子。于是，奇特的一幕出现了：琅琅书声伴着猪、羊的合奏曲飘出小屋，回荡在群山之间。

她是爱孩子的人，可在当年，她自己也不过是个孩子，在家也素来是父母、亲人的心肝宝贝。家中开了一个小杂货店，条件较之同龄人也算衣食无忧了。可是，在这里，一切得靠自己。最初，纯朴善良的老乡们看她娇滴滴的一个小姑娘，十指不沾阳春水，便争相接她到自己家吃饭，但她很快发现，这些乡亲们是在窘迫困苦中把自己少得可怜的口粮匀给了她。她要给老乡粮食，老乡不肯接受。于是，她开始学着生火、做饭，把从家里带来的土豆、玉米变成香喷喷的饭菜，自己果腹不需要太多，但还有那些面黄肌瘦的孩子，他们几乎从来没有吃过午饭。于是，除了教书先生，她又多了重身份——厨娘。累是累了点，但看着孩子们满足的吃相，她觉得怎样都值得。每个周末，她回家小住，返回时便是孩子们的节日，小老师会变魔法似的从包里掏出糖果，还有最珍贵的纸笔。这些，都是她从家中小杂货铺"搜刮"而来的。

这样的日子,清贫但快乐。然而,快乐之余,在那个年代,身为一个老师,少不了许多的惋惜和心痛。她不止一次含泪送走一个个中途辍学的孩子。尽管她倾其所有去帮这些孩子,可是以她每月十几元的微薄工资,要想帮这里所有孩子完成学业却无能为力。

几年后,她从村小调到了乡里的中心小学。不久,她有了自己的家庭,丈夫也是一名小学教师。接着,她有了一双儿女。大女儿先天左腿残疾,体弱多病,但她时时处处以学校利益为重,克服家庭困难,为了不影响工作,家请了两个保姆,而且一干就是两年,使原本就很简朴的生活更加拮据了。女儿几次手术也都是安排在寒、暑假,她并没因此旷工和缺过一节课,她说:"家里再大的事也是小事,学校再小的事都是大事。"乡里小学的条件也好不了多少,两层的土木瓦房,楼下教室,楼上便是她们一家人和其他同事的住房。孩子白天在家走路玩耍都得小心翼翼,因为父母叮嘱过不能打扰薄薄楼板下正在上课的哥哥姐姐们。最怕的是下雨天,屋外大雨,屋里小雨,这时,锅碗瓢盆都能派上用场。雨点落下,似一声声沉重的叹息。老师的待遇依旧,还得照顾老人和两个孩子,但夫妻俩仍然从本就紧巴巴的日子中做些努力。每年开学,他们小小的房间里总会挤满来拜托帮忙暂垫学费的家长。虽然自己负债累累,但面对这些身无分文的家长,夫妻俩不忍心拒绝,便只好先欠着学校,然后从每个月工资中抵扣。一些家长也会很有信用地背来腊肉、土豆等还上,但也有一些家长也许是实在没办法,到最后也就不了了之,夫妇俩从不追究,山里人的苦,他们明白。于是,下一学期,每个学期,都是如此……

一年又一年,那个扎着两个小辫子的十六岁小姑娘,动不动哭鼻子的小老师已经年过五十,三十多年杏坛耕耘,也可谓桃李满天下,她把自己的青春,把自己一生最深、最重的感情倾注在了这份平凡的工作之中,倾注在了一批批来了又走、渐渐长大的孩子们身上,这种幸福感充盈着她的人生。

二、教书育人,积极进取

作为一名人民的教师,她一心扑在工作上,始终把教书育人当作自己的第一要务,积极推进素质教育。多年来,她始终坚持学习学科领域中最先进的教育思想和方法,积极学习现代教育技术,积极参加校本培训学习,认真踏实地完成自己的本职工作。她上的课充满了激情,生动活泼,充分体现了新的课程理念,学生都喜欢听她上课。为了上好每节课,她总是提前认真备课,写教案,精心准备。在课堂上,她启发学生动口、动手、动脑,大胆创新,力求使教学与生活实际相结合,注重学法指导,作业批改认真、及时。凭着扎实过硬的基本功,她所教的学科成绩历年来始终名列前茅。但她从不张扬,更不满足现状,课后经常与同行们交流教学经验。她多次上校级公开课、示范课,并应邀到周边学校主讲交流课,每节课都得到同仁的高度评价。但她总是谦虚地要求听课的老师针对她讲的课找缺点、提建议。每次同行们评他的课时,她都洗耳恭听,认真做笔记。因为她深信,只有教到老,学到老,才会永远站在教育领域的最前端。

三、关心学生,严中有爱

她是严师,更是慈母。她关爱每一个学生,可她对学生爱中有严,严中有爱,不偏爱一位好学生,更不放弃一位学困生。她每天都利用中午的休息时间给孩子们补课。她常说:"要对得起孩子和家长,要对得起自己的良心。"她总是用一颗朴实的爱心去爱每一位学生,本着不让一个学生掉队的信念耕耘在教育的沃土上。从教三十多年来,无论是担任班主任,还是作为一名科任教师,她始终把德育工作摆在首位。特别是刚进学校的学生,年龄小,自控能力差,她根据刚入学的学生的个性特点,采取灵活多样的教育方法。从学生一进校门,她就开始培养他们的良好习惯,包括生活的习惯、做人的习惯、学习的习惯、思考的习惯和健体的习惯,做到严中有爱、严中有章、严中有信、严中有度。她相信"身教重于言教",因此,在平时与学生相处的时时刻刻她都严格要求自己,做到"要求学生做到的,老师首先必须做到",真正做到为人师表。比如,要求学生不乱扔垃圾,谭老师看到地上有纸屑时,总是弯下腰去捡起来,因为她发现,当学生看到老师这样做之后,不仅不乱扔垃圾,还注意捡起地上的垃圾了。教育学生讲文明懂礼貌,她也会主动跟学生问好,说"谢谢你、对不起"等礼貌用语,孩子也会自然地用礼貌用语来回答了。课外,她经常对学生进行耐心、细致的辅导工作,同时特别注意对学困生进行细心的引导,发现问题及时解决,并且每学期按计划开展各种具有科学性、知识性、趣味性的班级活动,如"我是文明小队员"、"我是小小安全员"、"我是爱心小天使"等有意义的活动,不仅丰富了学生的课余生活,还让学生在活动中自觉遵守学校的纪律,改掉一些不良的行为习惯。生活中,她关爱学生,尊重学生,做学生的良师益友,经常给学生买学习用品,为学生垫付生活费,还为特困生购买衣服、食品等。对于学生的困难,她总是尽自己的全力去解决。她所带的学生中有一名叫小李的同学,由于父母离异,母亲再嫁,致使性格孤僻,与同学难以沟通,在周边好几所学校没读多久就厌学回家了,家长也拿他没办法,只好抱着侥幸心理把他转到下谷民族学校,刚好在谭老师所任的班级。经过了解,谭老师对小李同学倍加关爱。为了更好地辅导帮助他,谭老师让他住在自己家,在生活上给予无微不至的关怀,在学习上给予耐心细致的辅导。经过很长一段时间的鼓励和帮助,小李同学的学习积极性提高了,性格变得开朗了,学习成绩也比较优异了,再也不厌学了。谭老师还经常利用节假日进行家访,和家长面对面地沟通交流,共同切磋教育孩子的方法,以此促进学生的全面发展。因此,她所担任的班级有良好的班风和学风,经常获得"先进班集体"的荣誉称号。

四、不断更新,完善自我

作为一名教师,她深知欲给学生一滴水,自己要有的不仅仅是一桶水,而是一潭不断更新的泉水,尤其是在当今知识更新非常迅速的年代。为了进一步提高自己的教学水平,她积极参加各级继续教育的学习培训。作为一名教学管理人员,她不仅注重自身学习,也注重业务能力的提高,还带领小学部全体教师认真学习先进的教育理念,不断追踪教育科研信息,了解本学科的教育教学动态和现代教育理论和方法。她认真学习研究《走进新课程》、《实施新课程精要读本》、《班主任工作漫谈》等专业继续教育书籍,坚持订阅《小学语文教师》、《小学语文教学》等月刊,从中汲取养料,提高自己的教学理论水平及实践能力。在教好书的同时她还利用课余时间,她通过自学考试,取得了宜昌教育学院汉语言文学专科学历。

一分耕耘，一分收获。她通过自己的不懈努力取得了不少成绩，得到了学生和家长的赞誉、领导和同事的认可。早在1986年教师节，她就被评为"模范工作者"，受到神农架林区教育局的表彰和奖励，并破格转为公办教师。1989年被评为"林区优秀教师"，受到神农架林区人民政府表彰。1990年被评为"先进教育工作者"，受到神农架林区人民政府表彰。1992年荣获"先进政协委员"荣誉称号，受到林区政府、林区政协的表彰和奖励。1997年被评为"优秀教师"，受到林区教育局的表彰和林区教育奖励基金会的奖励。2003年被评为"优秀党员"受下谷乡党委、政府表彰。在2011年春季学期抽考中，她所任教的五年级语文平均分居全区第一。在2012年春季学期全区统一考试中，她所任教的六年级语文仍然名列第一，受到学校及下谷乡党委政府的嘉奖。2008年撰写的论文《运用多媒体教学之浅见》获中国教育学会课堂教学研究三等奖，入选《教育创新与新课堂教学指导》一书，还被聘为该课题组研究员。2009年在校园文学征文大赛中，她的作品《如歌家乡》获优秀奖。2010年在全区中小学教师课件制作大赛活动中，她选送的《桂林山水》荣获三等奖。2010年在学校教研工作中表现突出，被评为教研工作先进个人，受教育局表彰。在2011年的妇女工作中成绩显著，被评为"先进工作者"，受到下谷乡党委政府表彰。同年，还被评为"教学优胜者"，分别受到学校和乡政府的表彰和奖励。2012年荣获神农架首届"园丁奖"。

　　她在平凡的岗位上做出了不平凡的业绩。但是，她总是谦虚地说："我所做的一切都是一名教师应该做的，没有什么特别的。我所取得的点滴成绩，源自于对党的教育事业的忠诚，即使没有荣誉，我的收获也是沉甸甸的。我的付出换来了每一个孩子学会做人、学会生活、学会学习的回报。有了荣誉，我仍旧是最普通的一名人民教师。在今后的工作中，我将继续努力丰富自己，提高自己，做一名无愧于人民的优秀教师。"这就是一位普通教师、一位辛勤园丁的人生追求。

无怨无悔　任劳任怨

湖南省永州市大江口乡大江口中学　唐艳萍

我是一名普通的乡村教师。我热心于农村教育,不怕吃苦,勇挑重任,干一行爱一行;关爱学生,不放弃潜能生,不抛弃问题生,用信心激励后进生,用爱心感化留守生;耐心施教,精心耕耘,潜心钻研,愿做学生的"老师妈妈",用爱和责任塑师德、促师风。

十五年来,我扎根条件艰苦的农村,无怨无悔,任劳任怨,哪里需要到哪里去。我去过最偏远的村小任教,参加过到艰苦山村学校的支教,担任过多年的班主任,担任过多种岗位工作,多次接任跨头、跨科、跨年级、跨岗位的教学,成为学校里最放心的班主任和最被信任的学科教师。我的工作责任心极强,凡经我干过的工作没有干不好的,因此在各级各类检查中,我的工作、我的教案多次受到上级的通报表扬。

教学上,我更是不断进取,积极贯彻课改精神,及时更新教学理念,潜心钻研教法,加强课改力度,在参加县课改教学比武中获得过县一等奖、三等奖;撰写的论文《浅谈初中信息技术课堂教学中几种教法》获县二等奖,《浅谈如何提高初中历史课堂效果》获市二等奖;参加《创新》课题小组研究荣获省二等奖。我所任教的学科成绩突出,在全县名列前茅,其中2012年中考,我带的九年级151班共21人,其中10人考入县重点一中,九年级综合成绩排名居全县第一。2013年上期期末统考,我任教的七年级156班数学综合排名位居全县第四,任教的八年级154班数学进步排名第四。由于工作业绩突出,我在1998—1999年度、2007—2008年度、2008—2009年度、2009—2010年度、2011—2012年度考核中被评为优秀,同时荣获县先进教育工作者嘉奖。2012—2013年度以优异的考核分成为"准优秀"教师。与此同时,在2011年、2012年,我两次被学校提名推荐参评县"师德师风标兵"和市"最美乡村教师"。

一、热心农村教育,不怕吃苦,勇挑重任,哪里需要到哪里去

1998年,我19岁,从师范学校毕业,怀揣"老师"的梦想,义无反顾地奔赴到最偏远的没有老师愿意去的乡村小学——台凡市小户村小学,担任一年级班主任。由于交通不便,在那晴天尘土飞扬、雨天泥水四溅的乡村小道上、田间基埂上,我每天或背或抱或牵地来回接送学生上下学。每天我除了按课表完成一天正常的备课、上课、批改作业等教学任务外,还得帮孩子们入厕,给他们换洗便湿便脏的衣服,一遍遍不厌其烦地引导孩子们走入学习和生活正轨。我默默无闻地做了,没有丝毫埋怨。我不觉得累,反而我觉得这样特别充实,特别有意义。

2008年,在农村教师蜂拥般往城里跑的同时,偏远的农村学校又面临着教师紧缺的情况,我校第一次接受上级支教任务时,我就第一个报名参加支教队伍,被派往更偏远的

横塘学校支教。支教期间,我敢挑重任,接任一年级语文教学,四、五、六、七、八年级信息技术教学,学校各室的文件材料打印,电脑室、多媒体室管理工作。为了更好地支援横塘学校的教育教学,我以横塘学校为家,全程住校,连假日都很少回家。这一年,我没有请假、迟到、早退、缺课的现象,甚至在我小产时都没有跟学校请一天假休息。我想,孩子们的学习是不能耽误的,我要是休息一天,学生就会耽误一天的课程。虽然支教只有一年,我却把那里的学生当成是自己的学生、自己的孩子一样,认认真真地去教。我扎扎实实地、出色地完成了交给我的支教任务。在即将离开横塘学校时,乡亲们知道了,纷纷赶来送我,都埋怨学校:"好不容易来个好老师,来一年又要走,学校怎么不将她留下来!"从乡亲们的"怨"声中我听到了乡亲们对我的信任,听出了乡亲们对我工作的肯定。我热泪盈眶,百感交织,不知说什么好。

二、关爱学生,不放弃、不抛弃,用信心去激励学生,用爱心去感化学生

参加工作以来,无论是在哪里,无论是班主任还是科任教师,我始终坚持以学生为本,用心去关注每一个学生,把爱洒向每一个学生,不放弃一个后进生,不抛弃一个问题生。

近些年,因城镇中学在各乡镇里择优选取学生,将学生选了又选,挑了又挑,面对县城中学"择优"后所遗留的素质相对较差、问题较多的学生的状况,许多教师不愿当班主任,而我则毫不犹豫地接任了班主任工作。我认为学生的可塑性强,任何学生都是可以教育的,没有教不好的学生。学生的"问题"是暂时的,有劣迹,并不代表他们永远是"坏孩子",问题学生的本质并不坏,只是没有得到足够的关注。我想,只要我们多关注这群孩子,舍得花时间去引导,曾经的"问题生"就会成为将来的"优秀生"。我每接一个班,首先是去摘掉孩子们身上的"问题生"标签,不让孩子们有任何心理压力。再就是给学生足够的信心和动力,大声地告诉学生:"你们是老师心目中最棒的学生!只要你们努力,你们一点不比城里学生差!"接着再与学生敞开心扉交流思想:跟进步生谈谈目标,跟后进生谈谈信心,跟贫困生谈谈志气,跟留守学生谈谈自立,跟孤儿、单亲学生谈谈自强,跟厌学的学生谈谈未来……我发现学生很快就会进入角色,毫无顾忌地放开来谈。这时我感觉我就是学生最信任的人,得到学生的信任我感到无比幸福。特别是我接任156班数学教学时,我的这种被学生信任的幸福感特别强烈。在我刚接到这个班的时候,他们的成绩很不好,数学没一个同学及格,全班数学平均分才三十多分。我没有抱怨,没有泄气,更没有放弃。我不相信学生傻,我相信他们一定能行的。我想只要我找到他们学习数学的障碍在哪里,采取正确的方法,就一定能扫清障碍。于是,我开始了解他们学数学的心态,分析他们学习数学的方法,耐心引导,不断鼓励,努力去发现他们每一个小小的进步加以奖励,如给作业做得好的同学一颗棒棒糖,给回答问题积极的同学一支笔,给积极问问题的同学一个拥抱……经过努力,他们对数学的学习兴趣大大提高,特别喜欢听我上课,生怕我会离开他们,不再教他们。有一次我上完课还没离开教室,几个女生就拉着我的衣服说:"老师你可要一直教我们啊,我们喜欢你,我们不准学校换我们的数学老师。"有一位男生的数学成绩提高得最快,经过一个学期的努力,他的数学成绩(总分120

分)从原来的十几分突飞猛进到90多分,最高达到了114分。他以他的成绩表达了对我的信任。

农村学校以留守儿童、寄宿生为主。作为班主任,我就是学生的"老师妈妈"。在双休日、节日假期期间,经常有无处可去的留守学生无人照看,我家就成了他们临时的"家"。寄宿生在校生病,我就是这些病号最亲近的陪护,半夜陪护生病的学生到卫生院看病打点滴那是家常便饭的事,每期我都要为学生支付医药费约千元以上,还经常给生病需要忌口的学生开小灶。有位同学因肾脏疾病动了手术,需特别注意饮食,又不愿落下功课。为便于照料,我就让她跟我一起吃住了一年,最终她顺利完成初中阶段的学业,以优异的成绩考入东安一中奥赛班。对于贫困单亲学生,我更是倍加关心。151班有位同学从小失去母亲,父亲又有残疾,家境非常贫困,虽然他每期都享受到了国家的生活补贴,但还是经常交不齐生活费。为保证他能顺利上学,我每月为他贴补些生活费。由于没有大人照料和正确引导,他自理能力极差,衣着褴褛邋遢,全身散发出一股怪味。我给他买的牙膏、牙刷、脸帕、香皂等日常用品不计其数,单给他买鞋不下5双。每年我都要搜集些旧衣服或买两身新衣服给他换洗,每周烧两桶热水教他洗澡,耐心引导他学会生活自理。

我常跟学生们一起打扫教室,打扫环境区,跟学生一起读书、练字,跟学生一起打球、玩游戏……逐渐地,我成了学生中的一分子,与学生同苦同乐。我的行为赢得了学生的拥戴,因此我带领的班级无论在班风上还是在学风上都是学校的模范班级,是获得"优秀班集体"称号最多的班级,深得学校领导和全体师生的好评。

正所谓"学高为师,身正为范",在今后的教书生涯中,我当以此为座右铭,努力学习,更新知识,加强修养,提高境界,做一名合格的、优秀的人民教师。

做蜡烛，燃尽最后一滴泪

内蒙古自治区通辽市麦新镇中心校　赵新华

　　地头耕耘，喜获丰收，那是农民的骄傲；鞭炮齐鸣，喜迁新居，那是建筑师的功劳；病后康复，重获健康，那是医生的殊荣；而这些成名的背后，是谁的功劳？有人会说——那是他们自己努力的结果！可是，在每一行业成功人士的背后，不都有老师的谆谆教诲吗？老师，这个不握锄头、不显山露水的平凡人，却在幕后默默地奉献着自己的青春年华，乃至毕生精力！他们就像蜡烛，默默燃烧自己，却无私地照亮别人！

　　我就是教师庞大队伍中微不足道的一人。从教二十余年，勤恳工作，毫无怨言。为了孩子们能学到更多的知识，我常常和同事探讨更好的教育教学经验。有时，遇到网上专家讲座，我更是投入地听，认真地记。

　　在平日的教学中，我对工作一丝不苟。甚至有时为了检测孩子学得怎样，在学校没时间阅卷，我就把卷子带回家。清楚地记得，我女儿上小学一年级时，正是我所教的班级面临升学。我把作业带回家去，目的是及时发现孩子们的疏漏和哪里不会，第二天能及时给孩子们讲。女儿催我做饭："妈妈，我饿了。""等会，妈妈把卷子看完就给你做饭，你先玩一会吧！"我对女儿看也不看地说。我把卷子看完，才想起女儿。可这时，女儿已团缩在沙发上睡着了。看着女儿，我愧疚极了。可为了我的学生，我根本来不及照顾女儿啊。还有一次，贾同学因割阑尾不能上学，我怕孩子耽误课追不上，就利用下班时间去他家给他补课。可就在我认真给贾同学讲课时，邻居张姐打来电话，说我女儿在外面乱跑，不小心把脚划伤了。等我回去看时，好心的邻居已经把女儿送到了医院，医生正在给女儿包扎伤口。女儿看到我，把小脸一扭，大哭起来。我也心疼得直掉泪。我知道，女儿恨我。记得有次女儿说我："妈妈，为什么您的学生您那么爱，而我您就不理会呢？"女儿的话深深地刺痛了我。我哽咽了半天才说："孩子，大哥大姐面临升学考试啊，他们比你学习紧，如果妈妈不跟上，他们会掉队的。你还小，所以妈妈照顾你少些。"女儿鼓着小嘴不说话了。几十年过去了，女儿长大了，已经上了高中。一次调皮，班主任训了她："瞧瞧，你妈妈还老师呢，怎么管的你？都不好好学习？"女儿哭了，那是从心底里伤心的哭。老师问他："咋这样哭，难道我说错了？"女儿哭着说："小的时候，妈妈根本没管过我，她尽为自己学生想了。"啊，听到这些，我愧疚得哭了。作为老师，我做到了尽职尽责；而作为母亲，我确实是失职的。可如今，我教的学生们成才了。每每看到这些，我又非常欣慰。作为教师，我没有愧对学生，没有愧对我的职业。我想，再大些，女儿会理解我的。

为奉献喝彩
——记音德尔第一小学刘清艳老师

内蒙古自治区赤峰市木头营子中心校 赵永利

音德尔第一小学是扎赉特旗教育系统一所有名气、有实力、有特色的完全小学,音德尔家长们因孩子能够在音一小学习而骄傲,学生们因在音一小学习而自豪。作为音一小一名教师,刘清艳老师深知自己的责任。从教十几年时间里,她倾心领悟音一小六十余年的文化底蕴,把自己全部的爱献给了学生,献给了教育教学工作。

一、热爱学生,她成为一名深受学生爱戴的教师

刘清艳老师于1988年毕业于兴安盟师范学校,在音德尔第一小学参加教育工作,从事小学语文教学。刘清艳老师在上学期间是品学兼优的好学生,参加工作不久,便显示出了她的才赋,在众多年轻教师中脱颖而出,教学工作得到了校领导的赏识。刚刚登上讲台,她教学中的新观念、新方法为音一小多年的传统教学带来了新的活力。在语文教学中,她挑起了大梁,唱起了主角,成为学校领导重点培养的教师。一个教学新秀在音一小找到了自己发展的土壤。

十几年教学工作中,刘清艳老师把对学生的爱写进了每一天的工作里。她对自己的教学工作要求很严,每一节课都认真钻研。针对每一节课,她认真设计课堂教学。她一直坚持自己做教具。为做好每一堂课的教具,在八小时后,她要花费大量的时间。刘老师的语文教学给学生的少年时期留下了许多欢乐,让学生们在轻松欢快的气氛中感受到了语言学习的乐趣。在刘老师的日程中没有休息时间,闲谈议论听不到她的声音,嬉戏玩乐看不到她的身影,每一天她都是在备课、讲课、批改作业、家访中度过的。工作紧张而劳累,她感到充实。

1994年春季,正当刘清艳老师业务走向成熟时,她的爱人因工作需要被下派到基层工作,不满四周岁、体弱多病的儿子和所有的家务负担都落在她一个人肩上。丈夫去乡下工作一去就是十多年,这期间她放弃了自己一切休息时间。

在她的心中永远是学生第一、教学第一、工作第一。至今,许多学生都珍藏着她亲手制作的教具,许多学生都还能讲起刘老师患咽喉炎、带病给学生上课的情形,还能回忆起刘老师家访被雨淋湿的情形。十几年,刘清艳老师顶住了生活上的一切压力,在教育教学工作取得了丰硕的成果,1996年她被命名为旗级教学能手,1995年在盟级语文教学基本功大赛中荣获优质课奖;1996年5月,她承担了全旗小学语文学科观摩课,被授予"教学工作特殊贡献者"称号;在语文教学工作中,刘清艳老师作为音一小骨干教师,在扎赉特旗也取得了很高的社会声誉。

二、热爱事业,她成为一名出色的教育工作者

语文教学中,刘清艳老师积累了丰富的经验。在教学中,她提倡教无止境,注重观念更新,教法灵活。从小学低段开始,她培养学生说话能力,激发学生读书兴趣,背诵名篇佳句,从而提高学生作文水平。语文教学中,刘清艳老师注重课堂教学与课外活动相结合,通过小制作、手抄报、第二课堂活动扩大教育资源。

1997年,刘清艳老师走上了学校领导岗位。3月份任大队辅导员期间,她主抓学校环境建设,学校当年被评为花园式单位。8月份任教务处副主任,主抓学校低段语文教学。

在教务处工作期间,她带领教师努力探索小学语文教改工作,优化课堂教学结构,培养学生主动学习习惯,提高学生能力。在课堂教学中,她按"大语教学观"要求教师们实行"课前三分钟演讲"活动,推行语文活动课,在课堂教学中充分发挥教师主导作用,体现学生主体地位。为使课堂教学成为实施素质教育主阵地,刘清艳老师加强了对教师的培养。她积极深入一线听课,和教师们共同评课,亲自带徒。在她培养下,一批年轻教师迅速成长起来,在语文教学中成为骨干力量。

主抓语文教学的同时,刘清艳老师分管美术组和学校的第二课堂教学。在她的努力下,音一小成立了书法、绘画、口语交际、英语、乒乓球、奥数等二十多个第二课堂小组,每个第二课堂有专职教师和固定的教学时间。经过几年的发展,第二课堂活动已成为音一小的教学特色,学生参加率达到50%以上,学生根据自己特长选择自己的学科。第二课堂成为培养学生特长展示学生才能的舞台,为学校培养了大批特长生,被家长们誉为"培养小能手的摇篮"。

2002年11月,音一小有9个名额参加旗级"五小能手"比赛,8个名额参加旗级乒乓球比赛。刘清艳老师亲自抓训练。赛后,8人获"五小能手"称号,8人全部被命名为"乒乓球小能手"。2003年6月,音一小学生在参加第八届"素质杯"全国少年儿童书画竞赛中共有77人获奖。刘清艳老师本人荣获优秀园丁奖,被授予素质教育优秀辅导员称号,同时被聘为第八届"素质杯"全国少年儿童书画竞赛组委会特聘委员。

三、热爱学校,她人生中充满乐趣

2002年9月,刘清艳老师担任音一小副校长,分管学校音、体、美、卫生工作。

刘清艳老师有一副慈祥的面容和一颗善良的心,她把事业当成自己的生命,把学生视为自己的孩子。她认为小学生处于"人之初",品德的培养对学生今后成长至关重要。在她分管的卫生工作中,她把卫生工作与学生的德育相结合,从养成良好的行为习惯入手。她主抓学生个人卫生和学校环境卫生,在学生中开展"讲卫生,争做文明好少年"、"学校是我家,我们都来爱护她"活动,做好卫生工作,加强环境育人,让卫生工作成为音一小一面镜子,照亮学生灿烂的人生。无论你何时迈进音一小校门,音一小环境卫生工作都会让你感到心旷神怡,让你感到这是一片文明的圣地,让你不忍择其树木、践踏花草,让你不忍随手扔弃你手中的杂物。

2003年音一小参加全盟素质教育工作汇报会,刘清艳老师所分担的音体美工作在

汇报会上担当重任。

为筹备这次汇报会，刘清艳老师组织了600多人的大型体操训练队和60多人舞蹈队和电子琴、竖笛表演队以及百米长卷现场绘画。

这次汇报会，音一小素质教育成果展示受到了盟局领导高度认可，来学校参观的各校校长赞不绝口。学校音体美素质展示为这次汇报会锦上添花，全面反映了音一小育人质量。这次素质教育汇报会在音一小校史上浓墨重彩又写下光辉的一页。

刘清艳老师在音一小工作十几年来，从一名普通教师走上校级领导岗位，她对音一小怀着深厚的感情。音一小校园内一草一木铭记了她的辛勤、她的纯朴，铭刻了她奋斗的历程。1997年自考获取大专学历，同年荣获"巾帼建功女状元"；2000年被聘为旗教研室兼职教研员；2001年被评为旗教育系统优秀党员；她所分管工作使学校获得了"33211工程"先进学校。

在平凡的工作中，刘清艳老师始终坚信"把平凡的工作做好，你就不平凡；把简单的事做好，你就不简单"。作为一名教育工作者、一名党员，在本职工作中，她聚精会神搞教学，一心一意为学生，废寝忘食为学校，在平凡岗位上认真实践"三个代表"，用爱心点燃学生心中的蜡烛，用自己的热情浇灌出一片希望的绿洲，不断追求，不断进步，为教育事业再写新篇。

大 爱 无 言

重庆市梁平县龙门镇拱桥完全小学　汪红艳

回顾这所我任教差不多一年的小学,感触颇多。在这里,虽有对人生的一丝悲叹,更多的却是经历着成长的喜悦与一瞬间所带来的感动。在这里,有着一批优秀的教师,他们的师德给我做足了榜样。师德,不仅仅体现在教学,更多的是对学生思想道德、行为习惯、人生价值等方面的教育。

郭代英老师是我们学校一位有着多年丰富教学经验的语文教师,为人和蔼可亲,对待工作脚踏实地,是一位能严格要求自己和学生的好教师,平时也特别地关心、照顾我。郭老师带给孩子们的爱总是能从细微间体现,或许这才是所谓的大爱。我很幸运能跟郭老师教同一个班。作为她的搭档,我从她的身上学到了很多。

首先,郭老师是位严师。跟郭老师接触差不多也接近一年了,她的教学、师德中有很多地方值得我学习和钦佩。郭老师每次上课都会做好课前准备工作,课上总要求学生要手、口一起动起来,一笔一画地规范书写,课后总是很认真地戴着一副老花镜在办公室批改作业。

其次,郭老师是位宽以待人的好搭档。共事一年,我一直都很喜爱这位老教师,她给我的感觉就如春风一般,和煦、温暖。初为人师,我常感到茫然,那感觉就像是大孩子带着一大帮的小孩儿般无措,是郭老师教会了我应该怎样与孩子们相处,怎样组织课堂纪律,还教会了我怎样去处理班里的日常琐事,怎样正确对待孩子们学习上的错误,怎样去教导孩子们的学习与行为习惯。郭老师用她自己严谨地教学给我做出了很好的榜样,与她搭班,我很安心。

最后,郭老师是位慈爱的奶奶。仍记得新生开学那会儿,郭老师带领我组织学生报名、分班等,每天都提前到教室检查班上学生到校情况,亲自给孩子们削铅笔,教他们写自己的名字,不厌其烦地引领孩子们感悟初为小学生该有的行为与学习习惯,教导他们要诚实,认真地对待读书……郭老师打心眼里喜爱每个学生,从不因一个人的成绩差而讨厌、歧视。她始终本着一颗慈爱的心去教学,去关心爱护孩子们,就像是位和蔼可亲的家人般把温暖传递到孩子们的心坎。

有一首诗最为动人,那就是师德;有一种风景最为亮丽,那就是师魄;有一种魔棒最为神奇,那就是粉笔;有一种平台最为神圣,那就是讲台。郭老师,用她最平实的真心和良好的师德去教导孩子,引领年轻的我们。让我们行动起来,学习师德典范,用爱去教学、去包容,让感动常在。

视责如山　上善若水

河南省济源市济水西关学校　翟伟宁

我是来自济水西关学校的一名普普通通的语文教师,工作已经十六七年,一直都能够严格服从学校的工作安排,团结同事,关心学生,勤奋工作,乐于奉献。在这里,我虽然不能用诗歌来讴歌我的职业,也不会用歌声来歌咏我的岗位,但我能用语言来构筑我心目中最美好的颂歌——我爱我的工作,我爱我的学生!

一、六年两个班

自从2007年9月来到南街学校,我一直教双班的语文课并兼一个班的班主任工作,从未有过一句怨言。虽然工作任务重又辛苦,但总是任劳任怨。随着学校语文教师的逐渐增多,双班语文教师一个个被调成了单班,我还依旧教两个班的课程。有时自己心里也会有些烦躁,但每当想到学校领导的无奈,也就自我安慰:领导也有他的难处,再坚持一下吧!就这样,一直到2010年的9月份,我才被最后一个调成一个班的课。也许有人会说我傻,自己不去找领导说,还等着领导找自己,哪有这般好事?可是,反过来想一想,大家都想教一个班的课,都去找领导说,那么,另外的那个班的课谁来上?耽误的不是学生吗?影响的不是学校的声誉吗?对于我而言,无论学校给我什么样的任务,我总会认真、高效地完成,从不拖拉,从不敷衍了事。因为,那是一份责任,一份对学生、对学校、对社会沉甸甸的责任!

二、两次经典诵读

2011年10月,学校接中心校通知,准备一个红色经典诵读节目参赛,校长把这项艰巨的任务分配给了我。从节目内容的选择到学生人员的确定,从诵读的形式到配乐再到学生的服装、化妆等每一个细节我都要一遍又一遍地考虑。甚至有时学生的一句朗读、一个动作都要反复训练无数次,直到我认为满意为止。既然我勇敢地接受了这项任务,就一定要做好,做得精益求精,一定要对自己高标准、严要求。时间紧迫,我不得不放弃周末休息时间来到学校和学生一起排练。从早上练到下午,从周六练到周日,嗓子喊哑了,脚也站肿了……真的是天道酬勤,在学校领导和音乐教师的帮助下,我编排的经典诵读节目《中华少年》荣获济源市红色经典诵读一等奖,同时又被选送参加河南省的红色经典诵读并获一等奖。

2012年10月,学校再次把"济源市教材朗诵"的任务派给我。我鼓起勇气,毅然接受。两个星期时间,我不仅要给一年级的孩子们上课,批改作业,处理班级事务,还要把重心放在"教材朗诵"这项工作中。每天只要一有时间,我就琢磨怎样让节目清新而又出彩,用什么样的语气,什么时间停顿,配什么音乐,做什么动作……这一个个问题,时时刻刻都会浮现在我的脑海,忘记了吃饭,忘记了休息。时间总是垂青于肯不断付出的人,我辅导的节目《桂林山水》再次被济源市教体局评为一等奖。也只有在此时,我才会长长地松一口气。

常怀一颗责任心和对工作高度负责的心,高质量地完成学校分配的所有工作,以至竭尽全力!这是我对自己的承诺,也是我的一贯作风!

三、一个优秀教研组

2011年,我被学校定为语文教研组组长,校长要求干出特色来。我深感压力之大。一方面,我不断与同事们进行沟通、交流,确定教研主题及切入点;另一方面,我利用晚上时间上网学习清华附小等名校的教研活动形式。经过一年的实践与反思,我们语文教研组成功地研究出以课型研讨为主线的教研模式,并整合出低年级晨诵课、中年级口语交际课、高年级习作课三种课型的教学模式。

每天晚上的挑灯夜战,每个课间的匆匆忙忙,写稿、打印、复印、搜集、整理、装订,在语文组18位语文老师的协助下,南街学校语文组在2012年荣获济水中心校的优秀教研组;同时,我也得到了校长满心的认可和肯定!

"甘为春蚕吐丝尽,愿化红烛照人寰。"我会拿出满腔的热情对待工作,让自己无怨无悔!

四、一心向善,善待学生

我国古代伟大的哲学家、思想家老子曾经说过:"上善若水,水利万物而不争。"是啊,上善若水!一定要一心向善,善待我们的学生!

2012年6月,我圆满地送走了一届毕业生。这一届学生,我教了四年。他们中有学校的大队长马茜,有愚公家乡的好少年原梦,有百灵鸟李梓萌,小画家刘赛……然而,工作的道路并非一帆风顺。在这个班里还有一群惹是生非的男生!他们会把教室的防盗门锁上打不开,会把心理室的墙壁扎满小洞,还会把合唱台从三楼一下子滚到一楼……每当有这样的事发生,我的火便会像点着的油库一样,立刻爆炸。但是理智告诉我,每一朵花都有盛开的理由,每一棵草都有绿的时候。就算野百合也会有春天。于是,我平静下心情,找来这些学生,一起坐下,耐心地给他们讲道理,用自己的真诚与善意告诉孩子们,不顾后果做事的严重性。孩子们也是能听懂话的,他们一个个地低下了头,红着脸向我承认了错误。

在这世上,有一种最能体现无私意蕴的情感叫作爱心。它能清除悲伤的瓦砾,推倒绝望的断壁,也能点燃希望的灯。我就要用我的爱心,摇动另一棵树,推动另一朵云,唤醒另一颗灵魂!

2012年的圣诞节晚上7点多钟,当我坐上电梯回到家门口时,一下子涌出了二十多名学生围住了我。他们有的手拿圣诞果,有的拿贺卡,一个个地喊着:"老师,我们来看你了!"此时的我早已泪如泉涌。我张开双手,与学生拥抱在了一起,感动与幸福充满了整个楼道。一个路人看见了说:"这是你的学生吧?当老师真好!"是的,当老师真好!

五、东边日出西边雨,道是无晴却有晴

当我的心被学生和学校占得满满时,一个幼小的声音在我耳边响起:"妈妈,我恨你!"是啊,我还有一个至亲至爱的儿子!说起儿子,我深感愧疚。忘不了寒冷的冬天里,三岁的儿子独自一人在教室外的走廊上玩耍;忘不了校长听我课时,儿子却蹲在讲桌下默不作声地写作业。曾经有多少个学校会议后,我在焦急地四处寻找自己的孩子;曾经有多少次我开会回来,儿子一人独坐在校园中。记得那个冬日的傍晚,学校派我去天坛路学校参加一场市教育局举行的经典诵读比赛,比赛结束时已经下午五点,远远超过了接孩子的时间。当我带着学生回到学校时,满心焦急的我一眼就看到了那个蜷缩在旗台上的瘦小的身影。空旷而寂静的校园,微微泛黑的天空,刺骨的寒风像刀子一样割着我的脸,儿子就像一个没有妈妈的孩子一样,孤独地坐在校园的角落里等着我。我飞奔到儿子面前,一把把他搂在怀里,泣不成声地对儿子嘘寒问暖……整个晚上,我都在责备自己。我不是一个好妈妈,但是,我敢说,我是一名好教师!

可以说,我家离学校路程最近,可是,两年来,每天中午,我都没有回家休息过一分钟。每天中午,我都会在学校早早地吃完饭,来到教室里批改学生的作业或是备课写教案。同班的数学老师还常常笑着对我说:"你怎么闲不下来?你有多少事要忙啊!"我确实有很多事要忙,因为,教师,这个神圣的称呼,它如磁石般吸引我游离的目光,安抚着我躁动的心河。我可以为了备一节课直到暮色来临,也可以为了准备一份材料加班到雄鸡报晓;可以为了学生,每天来得最早,走得最晚,也可以为了学校工作,放弃周末和节假日。这就是我,一个普通又特别的我!

无数个白天黑夜,我远离了喧嚣的人群,告别了灯红酒绿,走向那灯火阑珊处。我自与那清风白云做伴,在知识与学生的海洋中赢取那心灵的海阔天空。

耿耿园丁意,拳拳育人心;身于幽谷处,孕育兰花香。我定会视责如山,上善若水,树万世之师表,铸不朽之师魂!

老师，您好！

宁夏回族自治区吴忠市利通区盛元小学　焦　燕

我家邻居的小孩娜娜跑来找我："阿姨，老师让我们写作文，题目是《老师，您好!》，您给我辅导辅导吧！"

她，不过十二三岁，头发剪得短短的，说话时露出一嘴整齐洁白的牙齿。她巴巴地望着我，那期待的眼神，勾起了我心中的许多往事，抽出我深深埋藏于心底的怀念老师的一缕情丝。

我非常喜欢我的小学老师，她不但教给我许多知识，而且还教会了我怎样做人。我从小失去父母，别人的童年是金色的，我的童年是暗淡的。当我第一次背上书包，坐在课堂里的时候，老师那慈祥的面容、圆润的嗓音，仿佛在我的心田打开一个新的窗口。看见老师和蔼的目光，我仿佛回到了摇篮里，满头斑白的奶奶用那血管隆起的双手摇晃着我，从那滚动的喉管里流出了古老的摇篮曲。

"老师，您好！"这亲切的问候常常出现在我的梦中。老师是南方人，为了支援大西北的建设，她离开了青翠的江南水乡，告别了亲人，来到这偏僻的地方。我那时只有七八岁。记得一个风和日丽的下午，我们正在教室打闹，"新老师来了！"不知道谁喊了一声。我们放眼望去，一个和我们的大姐姐不相上下的姑娘，右手端着粉笔盒，左手提着细细的教棍，夹着几本书走来。她走到讲台边，轻轻放下手里的东西，抬起头来，审视了我们一会，便用节奏明快的声调说："同学们！从今天起，我就是你们的班主任，大家要好好听话守纪律。我姓薛，同学们以后叫我薛老师。"至今，闭上眼睛，那情景还栩栩如生地浮现在我的眼前。

在一个阳光洒满大地的早晨，风轻轻地抚弄着柳叶儿，鸟儿啾啾，上课的预备铃声响了。我和同桌的小明，为了小人书，吵得不可开交。

"你说，你没有爸爸、妈妈，那你是哪里捡来的？"其他同学也跟着起哄。那带刺的话语，深深地刺伤了我的心，我哭了。薛老师来了，生气地对他们说："你们怎么能这样说？小燕失去了亲人，是多么痛苦！我们应该使她感受到集体的温暖，我们都是小燕的朋友和亲人。"老师说完，把我领到办公室，用毛巾拭干我的眼泪，又从抽屉里拿出点心让我吃，旁边的王老师也劝我："吃吧，别难过了。"看着这些可亲的面容，我的眼泪又涌出来了，像断线的珍珠顺着鼻梁流进嘴里。

我们班里有个跛脚的同学，生活、学习十分不便，由家里的人每天接送。有一次，天公爷爷变了脸，空中乌云翻滚，不一会闪电道道，雷声隆隆。蓦地，一道亮光划破了乌云，倾盆大雨随即而下。许多同学走了，还不见他的家人。雨，漫过了脚背，天已开始昏暗，

他哭了。

"少先队员要勇敢,不要哭!你家人可能有急事,我送你回去。"说着,薛老师掏出一块新手绢,拭干了那个同学的眼泪,挽起裤腿,让他趴到背上,消失在风雨之中。我看着大雨中的老师,心中感动极了。那情景至今还历历在目。

岁月流逝,一晃过去了多少年。有天我突然看见了薛老师,她变样了、苍老了,唇边和眼角边布满了细细的皱纹,鼻上夹着近视镜。那早先我们熟悉的黑油油的长辫子,变成了掺杂着许多银丝的齐耳短发。

"你好吗?"

"我好,谢谢老师。"

"怪不得人家说我老了,看看你们……"

我知道这平平常常的话里充满了关切,含着高兴,是说我们都已长大。我听着熟悉的语调,心里感到像见了久别的亲人时的感觉,有许多话想说。可是,我激动得说不出来,只是在心中默默地一遍又一遍说着:"老师,您好!"

第二篇

温情故事 感动你我

做一个有爱心的教师

广西壮族自治区天峨县向阳中学 马卫平

著名教育家夏丏尊曾说过:"教育没有情感,没有爱,如同池塘没有水一样。没有水,就不能称其为池塘,没有爱也就没有教育。"作为学校里特殊群体的贫困生,他们更需要获得公平、公正的教育,更需要来自教师和同学的关爱。作为老师,我们应该关心所有的学生,特别是贫困生,让他们享受公平的爱。

有的贫困生学习很用功,成绩一直名列前茅。但是他们的家庭条件制约了他们的学习,这需要老师、同学、学校甚至是社会伸出援助之手,为他们奉献爱心。

罗同学是邓夏雨老师接管三年级时班里的一名女生。瘦小的个头,一直穿着打补丁的衣服。但是,她又是一个听话、懂事的学生,学习比较刻苦,从邓老师接班以来,她的学习成绩一直排在前几名。但由于家庭经济比较困难,罗同学在班里不太爱说话,不愿和同学交流,班里举行集体活动时她的表现也是很平淡,而且有一段时间经常缺课。

有一天,罗同学没来上课。邓老师决定到她家进行一次家访。到她家后,邓老师发现她家的门是锁着的,便向隔壁邻居打听,得知罗同学下地干农活去了。邓老师听后很震惊,这么小的孩子就过早地尝到了生活艰辛的滋味。后来,终于找到了罗同学,邓老师问她:"你今天怎么不去上学啊?"

"我不想上了。"罗同学轻声地说。

"为什么啊?你能告诉老师吗?"邓老师吃惊地问。

她沉默了很久,说:"妈妈病又复发了,现在在镇上的医院里住院;爸爸在外地打工还没回来;弟弟又需要照顾;家里的活儿又没人干。老师,我想读书啊。可是……"

听了罗同学的话,邓老师心里一阵酸痛,对罗同学说:"你明天就去上学,你的困难老师会帮你解决的。"

回校后,邓老师随即召开了班会。在班会上邓老师特意提到了这件事,并号召大家帮助罗同学渡过难关。学生们反响强烈,男生们主动说要帮助罗同学做农活。

此后,邓老师主动帮助罗同学解决了一部分困难,还鼓励班上的同学与罗同学交朋友,和她一起做游戏,一起学习,甚至到她家帮他干家务、分担农活。在生活上邓老师和其他同学一直帮助罗同学,让她慢慢感受到集体的温暖、老师的可亲、同学的可爱。

老师就像是茫茫大海中的灯塔,为贫困生点亮前进的方向,让他们在艰难跋涉的路途中看见希望与曙光。假如我们每位老师都能以知识为燃料,以人格为动力,以爱心为催化剂,点燃贫困生的心灵之光和智慧之光,那么,所有贫困生就会感受温暖的爱,他们会为自己拥有这样的老师而骄傲。

爱 也 无 声

贵州省铜仁市碧江区第二小学　付　蓉

很享受周末的清净,虽然有家务,却可以清净地享受这一份繁杂。

突然轻轻地敲门声,打开门一看,是小果仔。红红的脸庞,灿烂的笑容。"付老师,我来帮你做点家务。"

丈夫一听就乐了:"小果仔,我们可不敢雇佣童工啊。"

小果仔是我家的常客,尽管她家离我家还是很远。每次她一个人或是和同学来我家,临走时,总要把椅子什么的摆放好,把沙发理一下,一看就是在家常帮父母做家务的孩子。

小果仔学习很好,开朗,大方,乐于助人;运动会上还是一把好手。像她这样的能干的孩子还真不多。而且,像周末经常跑到老师家里来玩的学生那更是少之又少。

有一次小果仔在我家玩得晚了,都要我送她回家,我就感到奇怪:"你平时不是很大胆的吗?"

"可是,我家楼下的过道没路灯,太黑,我真的好害怕的。"

我想,我也正好要去散散步,就送呗。

到了她们小区,果然她家那栋楼下过道很长,没有路灯。

小果仔家在顶楼,快到了楼梯口时,她给她妈妈打了个电话:"小姨,我到楼下了,快把门打开。"我含笑目送她快步上楼而去。

第二次她又给妈妈打电话:"小姨,我快到小区大门了,快下楼来接我。"我就感到奇怪,问她:"你小姨经常在你家?"小果仔眼睛里似乎露出一丝失落,仿佛欲言又止,盯着远处的霓虹灯半响才说:"妈妈不许我叫她妈妈,要叫小姨。"

这下我就更感到奇怪了。但我隐隐也感到了什么。一次,小果仔来我家玩,我就问了个明明白白。原来,小果仔是超生的,家里还有一个姐姐。爸爸在县里开了一家药店,妈妈是典型的家庭妇女,她甚至连开家长会都不敢来学校,都要叫丈夫大老远地从县城赶来开。关键是如小果仔所说的,重男轻女。小果仔刚半岁就被送到了姨妈家,直到三岁才回到自己的家。回到家里,小果仔一点都不适应,让她感到困惑的是,这个常和爸爸一起去姨妈家看她的"小姨"竟然是自己的妈妈。然而,更让她不解的是,妈妈不许她和姐姐一样叫妈妈,只能叫"小姨"。直到后来,小果仔才明白,原来妈妈是还想生个弟弟,怕别人知道她是超生的。

小果仔说到自己是超生的时候,脸上虽然露出不高兴的样子,但似乎有一种很感到幸运的味道。只有说到姐姐在家里什么都不帮妈妈做,而妈妈总是叫她做这做那时,小嘴才嘟得老高。

今年中秋节,小果仔来到我家,还带上一份礼物,几束塑料纸扎的小花,一串五彩缤纷的千纸鹤,还有几个用彩纸包装的小盒,盒上一行小字——中秋合(阖)家团圆,两个大字——月饼。

小果仔好多次流露出对一家人团圆的美好憧憬,她特别企盼和爸爸相处的日子,今年她九岁了。生日的前几天她就告诉我,爸爸要来给她过生日。因为爸爸来得较晚,小果仔决定到我家过,喊上班上一些要好的同学。我觉得这有点不妥,至少应该在家里过的呀。可是小果仔执意要到我家里过,而且叫他爸爸打电话说了要到我家里过生日的理由。

生日过得很温馨,丈夫专门给她们准备了丰盛的晚餐。傍晚,小果仔的爸爸带着生日蛋糕赶到时,生日晚宴达到了高潮,我赶紧摄下了一张张美丽的笑脸,特别是小果仔那洋溢着幸福的一个个瞬间。

感觉当老师和学生建立了深厚的感情,就不仅仅是一个老师的角色,而是朋友,甚至如父母。特别是对那些缺少父爱或母爱的学生,除了正确引导他们和家人融洽相处,更多的是要献出无私的爱,而老师给学生的爱,也换来了学生对老师的依恋和尊重。今年11月份,小果仔给我写了一封信,拆开信封,是一个很精美的贺卡,里面写道:……多亏了您的帮助,让我不断成长。如果今后我离开了这所学校,每隔一个月我就会给你寄上一封信……今天我用写信的方式向您敞开我的心扉!

真的,尽管我的学生都还是不懂事的孩子,但他们的每一点进步,每一点心灵的表达,每一点甜甜的笑容都让我感动。

有爱就有希望
——我"认'贼'为女"的教育故事

贵州省印江自治县杉树乡何家小学 隆腾渊

我踏上教育工作岗位已经二十多年了,在这二十多年的班主任工作中,我总结出,教育的成功往往是需要老师对学生无私的"爱"。多年来,我都尝试着用"爱"去温暖我的学生,用"爱"去浇灌和抚慰我的学生,用"爱"去赢得学生对我的尊重和回报。我认为:爱,就是成功教育的万能钥匙!

记得那是2007年9月10日上午的早饭后,一位七十多岁的老人拄着拐杖,提着一篮子东西直奔我的寝室。我非常熟悉眼前这位老爷爷,他就是我当初亲自认的"干女儿"——任娜琴(学生化名)的爷爷。他见到我非常激动,连忙说他是受自己的媳妇和孙女任娜琴之托来向我表示一点心意的,无论我怎样说他都不肯把拿来的东西拿回去,他或许是怕我继续和他推托,就连给他倒好的水都没喝就匆匆地走了。我打开篮子一看,是满满的一筐鸡蛋,上面还有一封信。信是这样写的:隆老师、爸爸:您好!请允许我这样叫您吧。今天又是教师节了,由于我要参加学校组织的演讲活动,恕我不能亲自向您表达学生女儿对您的敬意,这点微薄的心意您就收下吧!从您"认贼为女"的那一天起,我就发誓要给您争光,无论是现在还是在将来,我都要用实际行动来报答您对我的教养之恩。俗话说,滴水之恩应当涌泉相报!如有可能,我也想当一名像您一样的人民教师……一封短短的书信,几句诚挚的话语带有淳朴的心意,仿佛又让我回到了当年的那一幕。

在2004年秋季开学后的第一周,我班的班长就向我反映了教室里有人偷东西的现象,当时我并不在意,认为丢失一点点小东西对学生来说是完全正常的事情,我还向同学们灌输"塞翁失马"、"亡羊补牢"的道理,对这种"区区小事"不打算去认真深究。但事实并不那么简单,一连两个星期教室里甚至寝室里都丢失一定数量的小东西,我正在思考着准备怎样去调查,一个学生暗暗地向我打小报告:班上刚从杨家初小升上来的任娜琴同学在原来的学校就有偷东西的陋习,一次在偷同学兜里的钱时还被同学当场捉到,很多知根知底的学生都习惯叫她"任拿钱"。我将信将疑,同时也竭力劝阻同学们不要胡乱猜忌,乱叫绰号。可纸是包不住火的!在我还没来得及调查之前,一个丢失东西的同学就在她的箱子里找到了他的东西——一块橡皮擦和一支钢笔,当时可谓是"人赃俱获",因此她那难听的绰号在校园里一下就传开了。我知道这样做的严重性,尽管我再三劝阻,但都无济于事。接下来我只好找她谈话,该生对所犯的错误供认不讳,当我问她为什么要选择偷时,她哭了,而且哭得那么伤心……

烦事总是不单行。正当我在酝酿怎样处理这件事时,寝室的室长又来向我报告:与任娜琴搭铺的任小芳（化名）同学已决定不再与她搭铺了，原因是任娜琴同学不讲卫生、不爱洗澡，衣服和头上都有虱子，而且还有尿床的坏习惯，再加上她又有"小偷小摸"现象，同学们都不愿意和她交往了！要知道，当天编床位时是我以老师的身份强求任小芳同学与她同铺的，那可是我这个班主任给她们"钦点"的"床友"呀！此时此刻，我真有点想不出什么解决的办法了。我迟疑片刻，我决定还是从了解该生家庭情况着手。我与她原来在村初小的班主任老师通了电话得知，该生的父亲在三年前外出后至今杳无信息，母亲由于承担不起家庭的负债去年就去广东打工了，家里的三姊妹都是跟七十高龄的爷爷过日子，是一个实实在在的留守儿童；由于家庭原因，爷爷从没有钱给她买学习用品，所以她时常会从同学那里偷走一些学习用品，上学期"六一"前夕，为了戴上一条红领巾，居然从同桌的裤兜里摸出了两元钱，当场被同学看见，所以同学们才给她喊上了"任拿钱"的绰号。

　　通过了解，我深知该同学事出有因；同时，我也认识到事情的严重性。通知她那七十高龄的爷爷来校协同处理，还是干脆让她退学？或是让她继续放任下去？我虽然有些徘徊，有些犹豫，但此时此刻，我始终没有选择放弃！我当即决定：要尽最大的努力，教育、挽救这个特殊的学生。当天晚上，我就让任娜琴住到我的寝室里去，让我的女儿（比她小一岁）与她一起洗澡，让我爱人为她购药治虱、给她梳头和洗衣服，让她与我们共同生活，还适当为她添置了一些学习用品和衣物，使她感受到有人关爱的温暖。我还向班上的同学公布一条消息：本老师要认任娜琴作"干女儿"！当时，有好多同学并不理解老师的良苦用心，更有的说，只听说过有"认贼作父"，从没听说过"认'贼'为女"的事来。说实在的，我并不是需要认一个"干女儿"来充实、调节我的家庭生活，由于乡村教师的工作繁忙，就连我的女儿我也常常无心照顾！我只是希望这样做能温暖、抚慰她一颗幼稚而又受到过创伤的心灵，使她不再受到任何伤害，能健康、快乐地成长。这样一来，由于有老师给她的"特殊惠顾"和"撑腰"，曾经嘲笑她的、乱叫绰号的、不愿意和她交往的同学都相继成了她的好朋友，在学校里仿佛变成了另外一个人似的，特别是学习积极性有所提高，在短短的一学期内就从一个典型的"双差生"转变成了一名"双优生"。她的妈妈知道后，每一次打电话都要说很多很多感谢的话语，多次要求我把银行开户的账号给她，好让她按时给孩子寄生活费，被我一次次谢绝。我只是告诉她：我之所以这样做，是因为我爱我的学生，我有责任让我的学生受到平等的教育与关爱！

　　在工作中，我常常这样反思：小学生身上存在问题和毛病是完全正常的，就像一棵未成形的小树一样，在生长过程中，往往会枝杈横生、旁逸斜出，这就需要园丁的及时维护和修剪。对于学生存在的问题与毛病，我们老师就得像园丁一样，用爱心去呵护和维护每一个学生。如今，我的"干女儿"已经是一名货真价实的师范院校学生了，从那以后，以前的错误再也没有发生过，学习非常用功、努力，学习成绩在班上一直名列前茅，是一名非常优秀的学生，从中学到现在每学期她都要专程把成绩单送到我家里，让我代表家长签阅。从她的身上，我真正悟出了爱的巨大力量！也使我真实地体验到：爱，是成功教育的万能钥匙！有爱就有希望！

我的理想之路

贵州省铜仁市官舟镇一完小　冉　霞

每当教师节,准会有那么一群可爱的孩子牵挂着我,想着我。有的送来他们的问候信;有的送来他们的祝福语;有的甚至在这天会亲自赶来和我聊聊天。这些看似平凡的事情,在我的眼里,却显得是那么的幸福,那么的欣慰。

2008年我从师专毕业,乘着特岗的春风,踏上了我的理想之路——教书育人的职业(教师)。我和其他特岗教师一样,心中满怀着很多期待与抱负,来到我的工作第一站——板场二完小,学校给我安排的是四年级。看着那些可爱的孩子们,他们那一双双求知的眼睛,我从心里暗暗下决心,我一定凭借自己毕生所学,好好地教好他们。在我和他们相处的时间里,我小心翼翼地帮助他们,只要是他们的事,就是我的事。我爱他们,犹如爱我自己的亲人一样。他们对我也是如此,有什么话总喜欢和我说,有什么事,也总喜欢和我唠叨几句才肯罢休。就这样,我们一待就是三年,直到六年级。在这短短的三年里,我们彼此留下了很多至今都无法抹去的回忆。

还记得那一年的夏天,在一个下午,第一节课还没上,我便像往常一样早早地来到学校,去看看我那一群可爱的孩子们。这天,我是提前30分钟到校的,由于教室太热,教室后面的门是打开的,我便从后门进教室。我来到最后一桌冉雪的桌前时,冉雪的手里正拿着一本笔记本,好像是歌本,她正在抄流行歌曲。突然,她好像发现了我在她后面,便把笔记本撕了个粉碎,扔了,于是转身向我吼道:"老师,是我错了,你惩罚我吧!"看着她那气冲冲的眼神,我愣住了,我反复问我自己,她是怎么了?我做了什么吗?

我越想越不是滋味,三年来,还从来没有哪位学生吼过我,并且是我苦口婆心培养出来的学生,这不是搬石头砸自己的脚吗?而这位学生,平时又是班上最懂事的一个,当我不在的时候,班上的大小事,她都能帮助我处理。但是,今天,今天她对我却是如此的反常,我越想越觉得委屈。当时,我的心里真不是滋味。眼泪在眼里打转,不知不觉眼睛红了起来。孩子们好像知道了我的心思,个个都说,老师对不起。但随着这一句话的出现,我的眼泪再也经不起考验,瞬时流了出来。顿时,全班号啕大哭。此时,我愕然了,我的理智告诉我,我得停下来,马上停下来,我是老师,我该上课了,我得组织教学。我努力地擦干我的泪水,准备上课。我努力打开我的喉咙,准备叫"上课"时,却那么艰难。在平时,说这句话是那么的轻而易举,但今天,这句话到我的嘴里却是那么艰难,话到嘴边,却又落了下去。我坚持着,但每每要张口的时候,我却哽咽了。对于那节课,我不得不选择沉默,什么都没说,什么都没做。那节课,大家都沉默了,这是我们三年来第一次沉默,那气氛是那样的安静。

课后那孩子向我道了歉,但随着她的道歉,我的心里反而变得不安起来。那孩子在道歉的时候,向我说道:"老师,你不喜欢我们唱流行歌曲,而我却在偷偷地学,我怕老师发现,发现了,就再也不会喜欢我了。所以,我宁愿撕掉我那心爱的歌本,也不要让老师知道这件事。因为当时紧张,不知所措才大声吼了老师。"到后来,她还连声说道:"老师,对不起,对不起……"

我也记不清楚那天,那孩子对我说了多少声"对不起"。我只记得,每当她说一句"对不起",我的心里就会变得特别不是滋味,特别难受。因为在我心里,早已忘记了孩子口中的"那些话"。我对我曾经说的话,早已没有了一点印象。然而,我的孩子们,却把我的每一句嘴边话牢牢地记在心里。就是那样的不经意的一些话,让我的孩子们变得那样地自责。想到这,我很后悔我曾经说的那些话,我也后悔我说话不负责。后来,我向那孩子道了歉,因为在这整件事中,错的是我,该说"对不起"的也应该是我,而不是我的学生。

从这事以后,我和孩子们的关系更近了,在班上,孩子们也更懂事了。不得不说是泪水的作用,因为我们的泪水,让我们看到了彼此的爱,彼此的真诚。

这也让我更明白:如果你爱你的学生,你的学生也会加倍爱你,他们会把你的一言一行牢牢记在心里,放在心上。如果你也很爱他们,就请你也把他们放在心上,像他们爱你那样,牢牢记在心里!这正如高尔基所说:"谁爱孩子,孩子就爱他,只有爱孩子的人,才可以教育好孩子。"

因为有了这份爱,所以在我的思绪中,总会有那么一群孩子惦记着我,牵挂着我。这样的爱,只有我自己知道,它是那么的幸福,那么的欣慰!

做孩子心中的那轮太阳

内蒙古自治区兴安盟科右前旗第一小学　范立敏

那天课余时间陪张老师一起整理她的办公桌抽屉,偶然间一沓沓孩子们亲手制作的贺卡映入眼帘,每张贺卡上都贴有孩子的一寸彩色照片,仔细翻看,一张张可爱的笑脸在眼前闪现,一句句温暖的话语滋润了张老师的心田,当然,也滋润着我的心田。"老师,愿您永远年轻。""老师,注意休息,别累坏了身体。""老师,我会好好学习的。"看着看着,我陶醉了。其中很特别的一张更是让我思绪纷飞。那是一张画着鲜艳的百花丛和一轮火红太阳的美丽的卡片,只是百花丛中一株很不显眼的小草旁边有一个泡泡,里面是一行工整的钢笔字:"老师,我是百花丛中最不显眼的小草,您是那无私的太阳,感谢您的艳阳光也照耀着我,谢谢您,老师。"右下角署名是张小彬。这一刻,我似乎读懂了什么是幸福,明白了什么是感动。置身于孩子纯净的世界中,传递着爱,感受着爱,聆听着爱,这不就是幸福吗?我庆幸我是一名教师,我更庆幸,我身边有这样一位堪称师德典范的好老师。张老师是小彬的听力语言康复训练指导教师。

小彬,1997年1月5日出生在兴安盟科右前旗的一个普通的个体户家庭,一个十分可爱的小男孩。由于先天原因,导致双耳听力均明显低于正常儿童,六周岁时还不能清晰地叫爸爸、妈妈,其他语言更是没人能听得明白,属听力言语残疾儿童。因为他尚且存在一定的残余听力,加之此前在当地残联语训康复中心做了近一年的康复训练,小彬的父母于2004年9月将孩子送入当地小学随班就读,恰巧被编入由张老师担任班主任兼语文老师的一年级一班,这一教就是六年。既要面向全体学生,确保班级成绩,又要照顾到小彬这个特殊的孩子,各方面工作难度可想而知,但从未听张老师有过一句抱怨。她以超常的爱心、细心与耐心尽全力做着每一项工作。

六年来,张老师边学边摸索边积累,从学习聋儿身心特点及聋儿特殊教育开始,学习助听器基础知识,学习康复训练知识,不断思考怎样让小彬发准每个音,怎样与小彬交流,怎样能让他听清各科老师讲的课,怎样帮助他摆脱自卑、怯懦……张老师从细微处入手,扎扎实实做了大量工作。

我们都说没有爱就没有教育,张老师对孩子的爱绝不仅仅只是停留在嘴边的,而是发自心灵深处的真挚的爱。一年级刚入学不长时间,为了鼓励小彬,她在布置教室时专门为小彬开辟了一个小板块,那里有美丽的图案,有小彬的照片,旁边贴了几个金光闪耀的美术字——"小彬加油",没想到这几个字让小彬见谁跟谁说,他稍大一点时对妈妈说:"那几个字是老师对我的鼓励,对我的爱。"从那以后,小彬自信了、乐观了,也爱学习了,到现在这几个字都是小彬的骄傲! 这不正是张老师的良苦用心吗?

所以我说,浸润在生命里的崇高无私的师爱,会让孩子们摆脱自卑、怯懦,树立起自信,形成自爱、自强、奋发向上的性格情趣,可能会影响孩子的一生。

教育，走入学生的心灵

四川省泸县石桥镇学校　陈　琳

思想引领

魏书生老师曾说过这么一句话："走入学生的心灵中去,你就会发现那是一个广阔而又迷人的新天地,许多百思不得其解的教育难题,我都会在那得到答案。"是的,面对课堂上60多双清纯的眼眸,张张天真烂漫的笑脸,我时时被感染,俯下身来,不时有新的发现。

实践案例

深夜,接到学生家长打来的电话,刚进入梦乡的我,心情有点不爽。电话对面传来家长为深夜打扰的连连歉意和阵阵感谢,让我的情绪稍稍得以缓解。

原来,从外地回来的家长,发现了孩子的进步,欢喜之下迫不及待地打来了电话。家长的激动,我从她的话语中听出来了,忆起了她的孩子是个插班生,是上学期转进我们班的,刚从广东回来时,我并不是很喜欢这个孩子。学习习惯差,上课自顾自,作业不做,时不时还出手伤人。家长倒是很了解自己的孩子,一个劲儿说给我添麻烦了,说他原来的班主任都放弃他了,所以家长才想着转回老家的学校,看还有没有转机。毕竟是自己的孩子,哪个家长愿意看着孩子一直这样下去呢？

回想起来,我真的没做过什么,也许是我较之其他老师更轻松的教学方式起作用了。我喜欢课堂的轻松,甚至放松,我能注意到这个孩子天真的脸上越来越多的笑容。虽然他还是偶尔会在课堂上说些牛头不对马嘴的"傻言",我对他还是报以微笑。课下,我有时牵牵他的手,摸摸他的头,拉拉家常,调皮的时候笑着刮刮他的小鼻子。不管是在学习和生活中,总是用放大镜找他的闪光点,稍微有点进步,就给他及时的赞扬,还给他一点点物质奖励。也许是这样小小的宽容、小小的爱,让他觉得我是个可以信赖的老师和朋友。于是,他那些小小的坏习惯慢慢变了。特别是近段时间以来,我发现:作业能按时做了,听写能写了,字迹端正多了,上课背挺直了,张嘴大声读课文了,偶尔也能举起自己的小手回答问题了,脸上经常带着微笑,再也不和同学拼个你死我活了。从这些细微的变化,我看出他的点滴进步,也感叹自己找到了针对他的良药,让他的学习热情空前暴涨。

那日恰逢他的家长回家,看到孩子这样的变化,尤其激动。家长感慨地说,真的没想到,以前那么厌学的孩子现在居然会主动学习了,以前那么抵触学校生活的孩子居然会兴致勃勃地给她聊班上的事情了,以前那么害怕老师的孩子居然会头头是道地说起我,语气中充满了崇敬之情。家长很是感激,说是我改变了她的孩子,是我的不放弃,为她塑造了一个全新的孩子……千言万语,都是道不尽的感激之情。

触发感悟

我为这个孩子做过些什么？是什么改变了我教学的思想？我静下来反思：我对学生这样看似"简单"的教育，能得到家长充分的信任与肯定，很大程度上要归功于国培，是国培帮助了我，让我不断地去实践教育理论。因为是国培，是它告诉了我：不要着急，没有一步登天的学生（教育是一种慢的艺术）；不要苛求，没有十全十美的人（教育是一种赏识的艺术）；不要放弃，没有不可救药的学生（教育是一种坚持的艺术）；不要发火，没有不可饶恕的学生（教育是一种宽容的艺术）；不要生气，没有不犯规的学生（教育是一种隐忍的艺术）。

宽容，收获更多精彩

重庆市云阳县实验小学　邬权辉

"果实的事业是尊贵的，花的事业是甜美的，但是让我们做叶的事业吧，叶是谦逊地专心地垂着绿荫的。"我脚下的绿荫就是三尺讲台。2002年参加工作的我一直践行着自己的人生目标："既然我选择了三尺讲台，就要用一生的心血为每位学生的健康成长铺路。"十年如一日，今天面对这个人生目标，我依然无愧、无悔。

2009年，我刚调入凤鸣小学，就被委以毕业班的重任。那时的我还是一位两个多月婴儿的母亲，在开学工作会上，听到学校分工的那一刻，我哭了。但作为一名年轻教师，作为一名新到教师，我责无旁贷地接受了任务。在接下来的日子里，我为了我的学生，为了不负学校的期望，狠着心将孩子抛给了我的母亲。年迈的母亲吃力地照顾着我的孩子，我却照顾着更多的孩子。每当看着别的婴儿在母亲怀里吮吸着甘甜的乳汁时，我就会想到我的儿子那嗷嗷待哺的样子，想到我的母亲手忙脚乱地兑奶粉的样子……泪水模糊了我的视线，我不忍再看，也不忍再想，可又不得不想，不得不看……为了对得起更多的孩子，我对不住我唯一的孩子，值！

在和众多孩子相处的日子里，我渐渐发现了一位比我孩子更需要关爱的孩子，黄同学。两年前，他的母亲因患肺癌而离开了他和姐姐，留下高额的医药债务等待着父亲偿还。无奈的父亲只好将姐弟俩寄养在已至古稀之年的奶奶家，外出务工。可祸不单行，父亲也不幸染上了艾滋病，被遣送回家。村子的人和同学们听说他的父亲患了艾滋病，都对他避而远之。母亲的去世，父亲的患病，邻居同学的疏远，让他几乎绝望。整日里没有表情，没有语言，连泪水也没有。看着他我感到揪心，该如何让他走出绝境呢？我利用课余时间对他进行心理辅导，在他不在的时候对同学们进行艾滋病知识正面宣传，让同学们从内心里接纳他，从言行上关心他，再自我带头，发动全班同学、全校师生为他捐款。

在善款筹集的过程中，他的父亲也离开了人世。那一个周末，当学校领导和我们一起将筹集到的一万多元爱心款送到他家时，看到的是低矮破旧的瓦房里几把不能再破旧的椅子，一位泪流满面的七旬老人不住地向我们作揖道谢，两位可怜的孩子一言不发，默默地哭泣着……我走过去，轻轻地搂着两位孩子，拍打着他们的后背，强忍着泪水告诉他们要坚强。

以后的日子里，黄同学成了我心中又一个儿子。心理上尽力辅导他，学习上重点帮助他，生活上尽量照顾他……他也一天天地感受到了温暖，渐渐地有了笑容。

"捧着一颗心来，不带半根草去。"教师就需要具有这种无私的爱与奉献精神。

前不久，我班有一位女同学肖某上课总是心不在焉，成绩也是一落千丈。于是中午

休息的时候，我将她叫到办公室，小心翼翼地向她询问事情的来龙去脉。这是一位心思特别细腻的女孩，稍有不慎就会让她封闭自己的内心世界。在我温和而委婉的询问下，她敞开了心扉，哭泣着向我讲述着事情的原因。原来是因为她和她的表姐都寄住在她的四伯家，她的表姐常常乱动她的东西，乱穿她的衣服，为了此事她和她的表姐闹了矛盾。家人知道此事后，都说她不对，她感到特别委屈。听着她伤心的诉说，望着她哭泣的脸庞，此刻的我有一种难以名状的滋味儿。我拿出面巾纸，一边为她擦拭脸庞的泪水，一边告诉她为人处事的道理。通情达理的她欣然接受了我的教育。在后来的作文中，她还提及过此事，言语中表达了对我的无限感激。

龙同学，我们班一位让家长和老师都头疼的孩子。"网瘾"成了他驱之不散的疾病。五年级时他分到了我们班，对于他我早有耳闻。上网成瘾，偷盗成性，作业马虎，屡教不改。对于这个问题学生的改造，也着实花费了我不少心思，甚至想到过放弃、驱逐。但强烈的职业道德感让我不得不重新拯救这个孩子。三番五次的教育，三令五申的保证，都化作了泡影，他似乎是"四季豆不进油盐"。令人棘手的他到底该如何教育呢？细究其原因，原来所有问题的罪魁祸首都是上网惹的祸。因为上网要钱所以他偷盗，因为上网成瘾所以他作业马虎。魏书生的班级管理理念给了我启示，是否可以对他委以重任，以减少他闲暇的时间和重拾学习的信心？心动化作行动，第二天我找到他进行了一次意味深长的谈话，他也愿意担此重任。于是，我在班里郑重地向大家宣布："龙同学成为我们班的又一位劳动委员，分管公共区域，希望同学们多多支持他的工作。"都希望他能够变好的孩子们，此刻对他报以热烈的掌声，他们望着我身旁的龙同学，眼神里充满了鼓励和期盼，此刻的他红着脸向大家微笑着。

从那以后，好长一段日子他管住了自己。不再进网吧，自然也没再偷盗，作业质量也突飞猛进。正当我认为自己又一改造成功时，他又患"病"了。一个周末，他又一次走进了网吧，他父母知道后对他进行了拳打脚踢，之后他跑了。在这个周末里，他的父母寻遍了全镇的每一个角落，都不见孩子的踪影。

几天过后，同学们上学路上遇到了他，将他带到了学校。这次我强烈抑制住内心的愤怒，对他说道："孩子，你看没有你我们班真的不行，公共区域又扣分了。以前你管理的日子里不是一次也没扣过吗？扫地的孩子们没你就群龙无首了，再也不要让老师和同学失望了，好吗？"低着头的他想了想，对我点头"嗯"了一声。

一周过去了，一个月过去了，一学期就将要过去了，他再也没有去过网吧。公共区域因为他的管理干干净净，学习上的他也如芝麻开花节节高。同学们还踊跃地推荐他为星期一的生活委员。龙同学，一个问题学生被彻底地改造成功了。

魏书生说得好：把自己平凡的工作当作宏伟的世界去研究，你就会发现无穷的乐趣。叶的事业就是这样，平凡而普通，当你真正想干好这份事业时，又会觉得其间奥妙无穷。让我们携起手来，在教育战线上前行，永远谦逊地专心于自己脚下的绿荫——三尺讲台。

爱 的 力 量

甘肃省甘谷县礼辛初级中学　贾宏亮

在班主任工作、在教学过程中，难免会遇到品学双差的后进生，那么我们该如何面对这一特殊的学生，我想作为老师特别是班主任更要给这些孩子更多的关爱，用爱激励他们的自信心，使他们在老师的关爱中成长、进步。

我班有一位马同学，他特别喜欢体育活动，而且还是班上足球队员，比赛场上的那种干劲令同学们赞叹不已。但是他在学习上可就令我头痛了，经常不交作业，书写是全班最差的一个，总是涂涂改改的，而且给留堂又最会逃走，跑得特别快，批评他两句又是眼泪汪汪的。特别是在作文方面，他可以说是一听到要写作文就头痛的那种，每次作文都基本上是写两三行上交给我的，下午我想留下他，要盯紧再盯紧才行，不然的话，一转眼的工夫他就溜走了。面对这样的学生，我曾经想过放弃他，撒手不管，反正考试都是不及格。可是我又一想，班里的每一个学生就好像是机器上的零件，少了一个都不行，于是我又改变了想法，决定帮他解决学习上的困难。我找他谈话，向同学了解情况，询问他为什么那么怕留下来，刚开始他没有向我说明原因，经过几次的谈话后，他终于哭着说："老师，因为我怕写作文，想不出什么好写的，而且回去晚了又怕家长骂。"当我听完他的话以后，我就跟他说："你的学习不好，难道又不怕你的家长骂吗？如果他看到你的成绩进步了，他还会表扬你、奖励你呢？难道你不想给家长一个惊喜吗？还有我会向你家长说清楚，你晚回家的原因，我想你家长知道以后肯定不会骂你的。还有，你在足球场上的那种干劲，为班级争光的精神，值得同学们学习，如果你在学习上也拿出这样的精神来，老师、同学们会更喜欢你的，难道不想吗？"当时他听了以后又流下了眼泪，他对我说："老师，我以后再也不敢这样了，听你的话，认真读书，再也不敢逃跑了。"从此以后，他真的做到了，有时还主动找我。平时在他的日记本上或者是在作文本上，凡是句子比较通顺的我都会在句子的旁边注上评语：你真棒、你用的词语真生动、你真会观察、你真会想象、有进步、你看你的书写又比上一次好多了，我想你一定还能写出更好的字，试试，再认真点。有时还亲自叫到跟前表扬他，有时候在课上还叫他把写得好的句子读给全班同学听。通过一段时间努力，他的书写、作文都有了一定程度的提高，特别是在书写方面，再也不像以前那样有涂涂改改的现象了。作文也有所提高，我想他以后会更加认真。

我班还有个董同学。我刚接这个班时，他上课无精打采，要么搞小动作，要么影响别人学习，提不起一点学习的兴趣；下课追逐打闹，喜欢动手动脚；作业不做，即使做了，也做不完整，书写相当潦草……每天学生都跑来向我告状。于是，我找他谈话，希望他能遵守学校的各项规章制度，按时完成作业，知错就改，争取进步，争取做一个老师喜欢、同学们喜欢的好孩子。他开始是一副爱理不理的样子,虽然后来口头勉强答应了我的要求,但过后他还是跟以前一个样,没什么变化,此时看到这种情况我都想放弃他,既然不听老师的话,又何必自己自讨苦吃呢?算了吧,不理他了,多一个少一个不是一个样吗?但后来自己仔细想想,家长把自己的小孩子交给了我,就要对他负责任,更何况你又身为班主任,想到这里还是要拉他一把,不能因一点困难就退缩,或许他现在还没有真正认识到自己的错误,还没有意识到学习的重要性,没有想过要做一个让老师、同学都喜欢自己的念头吧。在以后的工作、教育中只要他有一点进步时,我就给予及时表扬、激励他,使他处处感到老师在关心他。

经过一段时间,在他自己的努力下,他各方面都取得了不小进步,在上课的时候也专心听讲了,纪律方面也能自觉遵守了,甚至自己也当起了值日生,成绩也有了进步,虽然不是很明显,总比以前有进步了。为此,我对他会心地笑了,在班上我狠狠地表扬了他。同学们也为他的进步高兴地鼓起了掌,他的脸上露出了灿烂的笑容。

总之,他现在是进步了,只要在他身上给予更多的关爱,我想他会慢慢进步的,通过老师的耐心教育,会慢慢改掉他的不良习气,时时关注他的表现,发现问题及时解决,要让他感觉到老师时刻关心着他,相信他一定会进步!

用爱弥补孩子残缺的心灵

甘肃省武威市凉州区中坝镇中坝中学　陈建军

七年级刚开学,我们班分来了一个学生,他名叫郭顺。安排座位后,他就呆呆地、一言不发地坐在自己的座位上,与旁边叽叽喳喳说个不停的学生形成了鲜明的对比,我觉得这可能是学生不能适应新环境的原因吧,也没有太在意。结果两个星期过去了,他还是那样。我开始特别注意这个学生了。

我首先发现他有一只眼睛残疾。那只眼睛不但比另一只眼睛小,而且眼仁平时总是上翻,还高度近视。所以同学们从小学开始就给他取绰号——"枪手"。同学们常常笑话他,更不愿意和他一起玩。多么可怜的一个孩子啊!我想和他交谈、沟通,更想帮助他改变现状,可他站在我面前就是不说话,甚至有意躲避我,我明白了,这是由于他身体的残疾加之不良的外界影响,导致了他自卑和孤僻的心理,使他不再相信别人,不愿意和别人交往,处处小心谨慎且沉默寡言。我知道,只有想办法走进他的内心世界,用爱心去抚平他那累累的心灵伤痕,他才可能相信我、走近我、亲近我。为此,我首先严厉批评了那些平时爱叫他绰号的学生,并在上课时对他多提问、多鼓励、多指导,在此过程中我又发现他学习非常认真,所以我不失时机地表扬他,两周以后他开始和我说话了。

通过和他交谈,我又了解到了更多让人心痛的新情况。他从小就失去了母亲,因家境非常贫穷,所以父亲常年到外市的工地上打工挣钱以养家糊口,是年迈的奶奶一手把他带大。不料,奶奶今年春天却去世了。一年多来他独守孤院,一人生活、学习。听着听着,我的眼睛湿润了,多么可怜的孩子啊,贫困儿童、残疾儿童、单亲儿童、留守儿童这四个孩子不愿意也没能力承担的重担却都落在了他的肩膀上。他名叫郭顺,却一点也不顺啊!在交谈中我明显感觉到他有辍学的念头。我的心一颤,我怎么才能挽救这个可怜的孩子呀!

此后,我再不和他谈学习的事情,而是常常关心他的生活。问他如何自己做饭吃,能否吃得饱,他说可以,我再问他吃些什么,他低头不语,良久才说了一些饭菜的名字。我知道这些饭好做,但不好吃,也没什么营养价值。于是,不会做饭的我常在网上下载一些家常饭菜的做法并开始学习做饭,并常在课下和他交流。三星期后,他高兴地说他做的饭菜好多了。可以明显地看出,他现在自信多了,快乐和笑容也多了。身体状况比刚进校时也大有改观了。但我还是不放心,接下来一连三个星期的周日,我都在自己家里准备好蔬菜、调料、米、面。然后请他来我家做客,一来是想用此法排除他一人在家时那种心灵上孤独、寂寞的感觉,二来是想考查一下他的做饭技术到底怎么样。结果发现他做的饭菜其实还很差。于是我再用刚刚学来的技术来"培训"他炒菜、和面。这样连续三个星期后他的技术真的提高了。我才放心了。我想给他买些鸡蛋什么的营养品,可自尊心极强的孩子就是不要,我也只好作罢。

另外,学校如有什么救残、救助、补助的名额,我都会在办公室为他努力争取,尽量减轻他们家中的经济负担,懂事的孩子每次来办公室领钱都是默不作声,双眼含泪向我鞠躬而去。冬天到了,看他头发过长,我提醒他去理发,看他穿得单薄,我提醒他加点衣服。像这样的小事,反正很多了。

期中考试,他的成绩有点提高,他的家长来开家长会,问我,孩子不喜欢学习,不论他怎么打,怎么批评责骂都无济于事,作为家长到底该怎么办呀?我给他念了孩子作文中的一段话:"我想念母亲,我希望母亲骂我,打我。即便是这样,我也最起码感受到了母爱。"然后我告诉他教育孩子的唯一良药就是爱。并且希望他尽量减少出外打工的时间,多陪陪孩子,给孩子更多的爱,用这份深深的父爱来弥补孩子多年缺失的母爱。这样孩子的心灵需求得到了平衡和满足,自然会快乐的学习。

此后他父亲不再外出打工,而是盖了一座高温大棚。还常常和我交流有关孩子的情况。半年以来,在我和家长的共同努力之下,郭顺的性格开朗了,喜欢和老师、同学交流了,上课小组讨论中他发言最积极。而他的学习信心更足了,学习成绩也进步了。看看他身上发生的巨大变化,我笑了。他也笑了。

通过这件事情,我明白了一些道理:残疾儿童因自己的生理缺陷,加之外界环境对他的不良影响,往往会导致他们内心的自卑和孤僻;而留守儿童由于父母长年在外打工,孩子们从小无法享受到正常的父爱和母爱,自然会导致孩子们心灵的残缺和性格的偏执。由此造成了他们对学习和生活的不良态度,主要表现为不爱学习、放任自流等形式。这时候,我们班主任往往抓住这些学生的差成绩,差表现横加指责,结果适得其反。那么,我们班主任如何给这些残疾儿童,尤其是农村中越来越多的留守儿童更多的精神关注?用什么药以治疗他们心灵中的顽疾呢?答案只有一个,那就是爱。我们班主任要把这些孩子当作自己的亲人和朋友并付出更多的爱的行动,用爱去弥补残疾儿童心灵中缺损的自尊和平等,用双倍的爱去弥补留守儿童心中缺失的父爱和母爱,让他们感受到人间处处有温暖,这样他们就会从爱中得到快乐,从爱中得到自信和勇气,从而走出心理阴影的误区,进而改变他们对别人的态度和对学习、生活的态度,使他们真正走进充满阳光的生活。

畅话桃李情
——我身边的感动

甘肃省临洮县八里铺镇火石沟小学　孙学宝

2006年3月学校组织我们去实习,由于家中有事,我就托班里的同学填报的。说句心里话也不是太在意。然而却是那次实习,掀开了我教师生涯中难以忘怀的一幕。

我刚忙完家里的事就匆忙去实习。走进校园,高楼林立,百花争艳,的确令人陶醉,使人神往。我们每个人的心情都情不自禁地好了起来,再也没有人没完没了地唠叨,也没有少男少女的轻浮。有的只是膜拜,灵魂深处也似乎被这片净土净化。

然而当我被指导教师带进教室,这种感觉却迥然不同了。指导老师说:这是我们学校最差的一个班,每一位同学各有特色。你们要好好应付不要出事就好了。看看墙壁到处是墨汁、墨水,当时我恐慌极了,这样的班我咋带呀!指导教师说我先给你介绍一下这个班的同学。王小鹏是全班最懒惰的孩子,从一年级到现在就没完整的写过一篇作业。我看着那个皮肤黑黄可爱的小男孩,他还调皮地对我眨眼睛。李小雅看着是一个害羞的女孩,别看她那么害羞,但撒起谎来一点也不害羞。指导老师又指着一个全头卷发的小男孩说:他是赵小兵,别听他名字叫赵小兵,可实在是个土匪,一点也不像小兵。爬高爬低偷东西样样在行。这是……

指导老师的介绍终于结束了,我的心也一下冰凉了。这么个班,这么一群小祖宗让我咋教呀!再说我也不是神仙呀?

第二天起来,我带着恐慌,走向教室。刚到教室门前,却看到教室门虚掩着。教室里一片寂静,这是怎么了?我感到有事发生就急忙冲进教室,刚一碰门一杯水从天而降,我被淋了个落汤鸡。而他们却笑成一片,我当时感到莫大的耻辱,仿佛自己被扒光了衣服赤裸裸地展示给他们看,但我还是压住了火气,压住内心的愤怒。我只是轻轻地说今天是泼水节吗?看来我是受欢迎的,那好今天我就给大家介绍一下泼水节。我开始讲课了,他们都瞪大眼睛看着我,5分钟过去了,我觉得全身冰凉。突然我看到一个同学站了起来,他是赵小兵,他打断了我的讲课说老师你就把衣服换了吧?不然会感冒的,我知道我错了。我没有理会他,继续讲课,又过了几分钟,又有很多同学站了起来说,老师我们错了,请你换衣服去吧!我沉默了,一会全班同学都站了起来,同学们都泣不成声,都哀求我。甚至有几个同学跑上讲台将我簇拥着向教师宿舍去。

第二天当我走进教室,他们早就站着等我,并深深地鞠了一躬,异口同声地说,老师我们错了请原谅我们。赵小兵递上了一份检查,他写道:老师我错了,我其实很爱学习,只是我爸妈去外地打工,在家里只有一个年迈的爷爷,爷爷生病在床。我每天下学要为

爷爷煎药、做饭。有好多老师看不起我们,还当着同学的面奚落我,我对他们很失望。我以为你也是那样的老师,可当我把一杯水放在门顶,撒了你一身,你不但没有批评我们,还为我们讲课。我们都知道你是位好老师。我发誓我从今往后好好学习,再不做一件坏事。最后希望老师帮帮我,补一下我以前落下的功课,老师,请原谅我好吗?看到这充满幼稚而又真诚的文字,我被深深地感动了,我也看到了希望。

期中考试结束了,他们都大有进步。看到他们展开花朵般笑脸,我高兴极了。然而实习期马上就要结束了,我有万般的不舍,也有万般的无奈。我也不知道如何向这些可爱的孩子说起。

就在我要离开的那天早上,我走向教室准备向他们辞行。走近教室又是一片寂静,这又是怎么了,我感到不安,我刚推开门,孩子们一拥而上。老师这是我最爱的相册;这是我最喜欢的留言册;这是我自己做的风铃;请你收下做个留念吧!再看看黑板上几个鲜红的大字——老师我们爱你,你别走,我的眼眶再一次的湿润了,其实我也舍不得你们呀孩子们,我在心里默默地念着。

我说同学们请你们回到自己的座位上去,听我说好吗?我们就好好聊聊吧。孩子们回到了座位上。我说:我们一块相处的日子是最快乐的,我会永远记住你们,我也会回来看你们的。可他们早已泣不成声了,此刻所有的话语都是那么苍白无力。不知是哪位同学站起来勇敢地说:大家别哭,我们一起祝老师工作顺利、身体健康!孩子们站起来异口同声地说:祝老师工作顺利身体健康!然后深深地鞠了一躬,班长给我送来一件茶具,我看到那只曾经砸在我头上将我淋成落汤鸡的杯子,也在里面。班长说:老师这是我们大家的心意,请你收下。

从这件事上我感悟到,其实,不管是多差的学生,只要我们用心去改变他们的命运,他们的命运就会发生改变;只要我们给他希望,他们的理想就会不再遥远;只要我们给他呵护,他们就会看到光明的前途。

中国好教师
——门锁了，爱在延续

甘肃省甘谷县第五中学 刘 芳

天好像理解人的心情似的,阴沉沉的,还飘着毛毛细雨。

五月,这是一个离别的季节!

学生们走了,全都走了,她刚从宿舍出来,目送了来向她道别的班长。班长是一个大男孩,还没和她说上几句话,就已泣不成声。此时,她站在雨中,不由地用红肿的双眼望着九年级三班那锁得严严的教室门,泪水再一次忍不住流下来!

三年了!那是短暂而又漫长的三年啊!她亲眼目睹着这帮稚气未脱的小男孩、小女孩一个个变成了成熟而又稳重的少男少女。三年来,她每天都是天不亮就起来,和学生一道走进教室,陪伴学生们晨读;晚上,她又带着自己的孩子走进教室,陪着学生上晚自习,给孩子辅导作业,也给学生们辅导作业,她早已把孩子当成了学生,把学生当成了孩子。

可如今,这些朝夕相伴的孩子们都和她分别了,怎能叫她不痛心?

她迈着沉重的步子走回宿舍,刚才的热闹场面还在空气中飘荡:一帮学生来向她道别,她婆婆妈妈的毛病又犯了,给学生们叮咛这叮咛那的——你一定要改掉粗心的毛病啦、你以后一定要乐观一点啦、考场上一定不能紧张啦、做题时要细心啦、做题要先做会做的啦、考试之前不能吃生冷啦……她啰啰唆唆着,没注意几个女生已悄悄背过身去擦眼泪了。叮咛完,学生们拉着她三三两两和她合影留念,泪水在她眼眶里打转,幸福在她脸上洋溢!她叹了一口气坐下来,翻开那本她昨天买的留言册,留言册里夹着一沓厚厚的信纸,那是学生给她留下来让她写恩师寄语的。而那本留言册,是她给自己准备的,第一页上面已密密麻麻地落上了孩子们的签名,楷书、隶书、篆书都有,柳体的、颜体的,什么体的都有。从第二页开始,是孩子们的寄语:姐姐,我爱您;老师,您辛苦了,我永远想念您;老师,您以后一定要保重身体啊;老师,我就是那个蹭您的饭最多的学生……看着这些朴实而又深情的句子,她的泪水再一次夺眶而出!

她提起笔,准备写寄语。

这一页是珍的,"亲爱的妹妹,恭喜你即将迈上人生一个新的台阶,请大步向前吧,姐永远都在你身边",写着,她的思绪早已飘向了三年前。

三年前,刚从师范毕业的她,还不满二十岁,加上长得瘦小,纯粹就是一个学生。学校分派她担任七年级三班的班主任,报名第一天,给学生领完了书,她正准备坐下来歇一会儿,突然,门外传来了低低的报告声,她开门一看,是一个瘦小的小女孩,扎着两个小辫

子,正用一双怯生生的眼睛看着她。

"老师,我是来报名的……"

小女孩低下头,用手拨弄着自己的衣角。注完册,她知道了这个怯生生的小女孩叫珍。

一周后,刚刚走上讲台,热情洋溢的她已能叫上全班八十多个同学的姓名,在她的调动下,学生们积极性很高,上课举手发言的学生越来越多,唯独珍总是低着头,从不举手,也不和周围同学交流,于是,她开始注意起了这个可怜兮兮的小女孩。

一天中午,天下着雨,给孩子做好了饭,她就去教室查看,看有没有没去吃饭的学生,她朝窗户向里一望,发现一个孩子正趴在座位上,是珍,她轻轻推门进去,惊得珍赶快站起来。

"老师……"

"你怎么没去吃饭呢?"

"哦,我过一会儿去……"

"天下雨了,你去我宿舍吃饭吧!"

"不了,老师……"

她去拉她,她慌慌张张地躲开了……

"老师,你回去吧,我去吃饭了。"珍快步从教室门里跑了出去,消失在雨中,教室里只留下了尴尬、失落的她!

这孩子为什么要拒绝别人的爱呢?她想。

过了一周,她给学生布置了一篇作文:《我有一个……的家》,在批阅珍的作文时,那题目一下子就刺痛了她的心:《我有一个残缺的家》。她迫不及待地往下看:我有一个家,那是一个残缺的家,因为别人家都有爸爸妈妈、哥哥姐姐或弟弟妹妹,而我家只有年迈的爷爷和奶奶,爸爸八年前在一次事故中去世了,妈妈也改嫁到远方去了,我再也没有其他的亲人。她哭了,她一下子就明白了珍为什么迟迟不来报名,为什么总是一副忧伤胆怯的样子,为什么拒绝别人的爱,她毫不犹豫地含泪写下了评语:我也有一个残缺的家,因为我没有妹妹,你做我的妹妹好吗?这样我们就互补了,行吗?

作文本发下去了,她悄悄关注珍看评语的表情,她发现珍的脸慢慢地红了,看完后,偷偷看了她一眼,送给了她一个亲切的眼神。

又是一个下雨天,中午,她依然去教室查看,珍依然在。和上次一样,她去拉她吃饭,这一次,珍未躲,却依然拒绝。她笑着说:姐的饭你也不吃吗?那你是不喜欢姐了?珍腼腆地笑了一下,羞怯怯地跟着她来到了宿舍。

从此,她就有了这样一个妹妹。虽然这事同学们都不知道!

昨天下午,珍来向她道别,一进门,就扑在了她的怀里。

"姐,谢谢你,我永远都会想着你,放假了我就来看你……"

畅话桃李情
——我的家访故事

安徽省亳州市第九中学　史建华

时光飞逝,蓦然回首,我已担任了十多年班主任。十多年来,一批又一批学生成为合格人才,进入高校,走向社会,令我激动,让我欣慰。这些年的风风雨雨,让我切身感受到班主任工作的辛苦和甘甜;这些年的不断探索,更让我深深地认识到,家访工作是班主任协调家庭教育的重要方式之一,也是构建学校教育与家庭教育的桥梁,同时它也是班主任的经常性工作。

一说到家访,可能就有很多人认为是老师向家长告学生的状;或者给家长打小报告让孩子受皮肉之苦。其实不然,我认为家访不是向家长告状,也不是让学生难堪,而是班主任老师要与学生家长真心交流和沟通。这样更有利于对后进生的转化。可我又有一点想法,那就是:我们从来都没有想要存心地去告状,而是想通过孩子在校情况的真实反映,让家长能更好地配合老师教育孩子。所以说,我们对家长说真话不能说是"告状"。美国心理学家查丝雷尔说:"称赞对鼓励人类灵魂而言,就像阳光一样,没有它就无法成长开花。"家访的目的是关心、爱护、转化、教育学生,而不是因为教师管教不了才去向家长"告状",因为这无异于给家长送去一根"棍子",学生回家免不了要受皮肉之苦。这样做不但解决不了任何问题,而且学生还会迁怒于教师,不忘这一"棍"之仇,给下一步的工作制造了障碍。所以,我家访的原则:一定舍得给学生机会,多讲学生的优点和长处,告诉家长孩子在学校的闪光点,一定不要吝啬夸奖的语言。常言道"好孩子是夸出来的"。

在我的家访工作中,有几个让我印象深刻甚至终生难忘的例子。我的这些家访工作对孩子影响很大,有的甚至改变了这些学生的一生。直到现在,这些学生提起当年的家访事件,还感叹不已。事实上,这些学生到如今仍然对我心存感激,而我只不过是做了一个负责任的班主任应该做的事情而已。对我来说,无非是多跑跑腿,多动动嘴的事情,但是,对学生和家长来说,他们是心怀感激之情和感恩之心的。通过我的家访,学生领会了我的良苦用心,也变得遵守纪律和用心学习了。

家访案例一

李同学的课桌在学校被其他不遵守纪律的孩子给毁坏掉了,他赌气不上学了。在当时,学生的课桌都是自己买的。开学已经有一个星期了,他还没有来。这么一个聪明的孩子如果因为这点小事情而失学,真是太可惜了。所以,我决定到他家里去一趟,了解具体原因,顺便再做一下他的思想工作。那天天气闷热,阴沉沉的。我骑着我的崭新的摩

托车去他家。由于通往他家的道路满地泥泞,我只好把我的摩托车放到了国道上。我还很担心我的车子没人看管,万一被人偷走咋办?这个地方可是很乱的,有名的三不管地带。由于刚下过雨,到他们家的路根本不能骑车。我心一横,豁出去了,正巧,有个放羊的老大娘,让她帮我照看着车子,我踩着泥泞的道路,走了十几分钟,弄得浑身是泥,终于到了他家。

  正巧他的家人都在,我把这个学生的优点和不足给他的家人仔细地做了分析,并再三劝说他继续去上学;后来他的姐姐也帮我劝他。因为她也是我的学生,现在正在亳州一中上高二。她说老师在这么热的天,又跑了这么远的路来我们家找你上学,无论如何你得去上学,你不能辜负了咱们老师的一片苦心。至于你的课桌问题,我们再买。我也给他承诺,课桌问题包在我身上,在学校里我给你找个旧的先用。就这样,我成功地动员了他来到学校继续学习。

  好像是感谢我的知遇之恩,他学习非常勤奋,成绩也突飞猛进。在第二年的中考中,他以我们学校第一的成绩考入了亳州一中;并且在三年后,考入了浙江大学。现在,他又到了南京政治学院读研究生。他经常给我打电话或发短信,表达他的感谢,说如果不是我的那次家访,也许他现在就是一个打工仔,感激之情溢于言表。每当这个时候,我的自豪感就油然而生,是呀,我只是做了一个班主任该做的事情,但在学生看来,那是一次多么重要的家访啊!

  案例二

  孙同学,一个很优秀的女孩,长得又很漂亮,这样一来,就有新的问题出现了。有很多男孩子,尤其是不爱学习的男生老是骚扰她。她也很苦恼,并且风言风语也传到了她的家里,家人很是生气;在农村,这是很没面子的事情。这样也影响了她的情绪,在上课时候经常有走神的情况。面对这种情况,我看在眼里,急在心里,我不能眼看着一个优秀学生被不良情绪所困扰,被流言所击垮。我找到了她,跟她促膝谈心,了解到了她的家人的误解给了她很大的压力。我帮她分析了目前面临的困境,并答应给她做一次家访,和她的父母谈谈。

  在周末我到了她的家,这是一个小康的家庭,父母很通情达理,在村里也算是有头有脸的人物。我向他们分析了孩子所遇到的困境,并且告诉他们,作为父母更应当相信孩子,支持孩子,这么优秀的孩子是不会做出让你们丢脸的事情的。听了我的分析后,家长也很自责听信村民的流言,给孩子带来了伤害。最后,家长表示一定支持班主任和孩子的工作,相信班主任,相信孩子。一场可能出现的危机就这样化解了,后来孩子以超出一中录取线40多分的成绩被一中录取。

  当然,我的家访也有败走麦城的时候。这次不成功的家访,到现在我还耿耿于怀,为什么这样说呢,因为这个学生现在出去打工,生活得并不太好,而且有时回来的时候也会来我家看看,并且还时常聊起当年的事情。她说,老师你要是再坚持坚持说服我爸爸,也许我现在也该在大学里读书了。我的好多同学还没我的成绩好,现在都考上了大学,而我只能靠打工挣钱。要不是我爸爸重男轻女，要是你再坚持下，也许我就不会是这个样子了。听到这里，我的心隐隐作痛，是我的家访不到位，还是她的爸爸太过于顽固，太过于重男轻女？这成了我久久挥之不去的痛。

　　总之，家访工作是班主任繁杂工作中不可缺少的一种教育方式。十二年来，我尽管在这一方面一直都在努力探索，并取得了一定成绩，但我深知：家访是一门学问，更是一门永无止境的艺术。我愿虚心请教，在"三尺门外"，倾心奉献，让更多的孩子在良好的教育环境中不断进步，快乐成长。为我们的国家和社会培养更多的人才！

想当"官"的孩子

安徽省潜山县开发区中心学校　胡芳芳

案例背景

文是三年级下学期从北京一所学校转到我们班里来的学生。刚入学时,她的妈妈说她在北京读书成绩很好,在班上也是个班干,各学科都还出色。我很高兴收一个出色的孩子做学生,对她的期望很高。但是刚进班级,我并没有给她特别多的关注,也没给她班干部当,我想考察她一段时间。这可能让刚来的她感觉到我对她的态度与北京老师对她的态度有很大的反差。

案例一

一天上语文课,我正在津津有味地讲课文,孩子们大都听得认真,跟着我的思维转,唯独文在看课外书,我稍停了一下,递了个眼神给她,并就刚才讲述的内容提了个问题给她,也算是"刁难刁难"她,好让她知道该如何听课吧。可没想到她把问题回答得非常完美,我有些惊讶,没过多说什么,毕竟她答上来了。孩子有了这一次的"与众不同"的表现,我也格外关注她。同一节课上,我讲完了段落内容,让大家齐读,唯独她没有加入齐读行列,却在翻看书后面没上的课文。我实在有些窝火,怎么遇上这么个不听话、自以为是的孩子?于是讲下一段之前,我找她个别读,她也能熟练地读出来。我无话可说,只是静观这个"怪孩子"。第二天早读课上,全班她第一个背出课文,接着又去背其他课文,她边背书边在桌子上敲打不同节奏的拍子,吵声让我反感。不一会儿工夫,又见她去组长处背书。但是单元测验后,孩子并没有考出理想的成绩。我打了电话给家长,说孩子有点浮躁,希望家长多管教孩子。

案例二

有一天作文课上,我让孩子们写出自己想对老师说的心里话。孩子们的作文内容,多半有给我好的建议的,有向我表示谢意和敬佩之意的,看得我挺得意的。这时,文的作文让我吃惊:老师,我发现你有点儿偏心,娜是我们班的班长,她的表现非常好,你什么事都让她做,给她的机会太多了,她可以跟你随便开玩笑,跟你做朋友,我也想和她一样,当个副班长或纪律委员,给您搬本子,给您管纪律,我觉得我不比她差……看了孩子的作文,虽然孩子的语气有点埋怨的意思,但我特别高兴,因为我找到了解孩子的突破口了,也为孩子的积极表现而感到欣慰,同时还因孩子稚气的语言而感到有趣。原来,老师觉得不起眼的小事,在孩子眼中却那么重要。

于是我把她叫到办公室,跟她聊了很多话题,跟拉家常一样,让她和我之间有了亲近感。我了解到孩子爱看书,我上课之前,她已经将所学课文自学了一遍,所以我在讲课时，其实她等于在学第二遍了，对于她来讲已经没了新鲜感。背书打节拍是她速记的诀窍，她能根据自己特有的方法想出下一句是什么，真是个奇才。

见她想当"官"，我问她在哪方面比较突出，对班上那个职务感兴趣并有信心做好，她说自己字工整，擅长画画，文采也不错，想选择当宣传委员，负责每个月的板报策划，并帮纪律委员管纪律，我欣然答应了她。结果，她的表现不负众望。从此她对我也是格外热情，逐渐融入了我们班级，也不再打破课堂常规，做些令我不理解的事了。

我的收获

每一个孩子都有自己独特的思想，每一个孩子都有值得我欣赏的个性，每一个孩子都需要老师的特别关注，都需要老师平等的爱去呵护。我想真正走进他们的心灵，就如同他们渴望走进我的内心世界一样，我们只有做到心灵的沟通，才能让我在教育教学的大道上畅通无阻。我想当一名好老师，学生心目中的好老师。每一个学生都是我的骄傲，我也想让他们因我而自豪！在"我心目中的好老师"研修活动中，我选用了文的作品，她把我的形象画得很美，不知道是美化了我还是我在她心目中的形象本来就这样。画中，我的手上有一只小鸟，它与我是那么和谐，看着好像是要放飞似的。是呀，我希望它越飞越高，在蓝天展翅翱翔。这次网络研修给我带来了新的学习观念、学习方式和教育教学理念，也让我结识了不少优秀的老师，为我今后的教育事业开辟了新环境。我要把吸取到的先进理念、思想运用到工作中，行动起来。

当我看到他的那双小手时

广东省深圳市福田区　徐培勤

小常是这个学期从陕西转来的插班生。报名的那一天,他由一个小伙子领着找到我,那小伙子一边办理插班手续,一边介绍说:"这孩子是我们体操队从陕西招来的,身体素质好又能吃苦,学习可能比较差,希望老师多关照,我是他的教练,以后他有什么事直接找我。"说实话,老师们都不大愿意接收体工大队的运动员插班,因为他们每天都有很重的训练任务,只有上午到校上课,大多数孩子的父母又不在身边,家庭教育方面几乎是空白。因此,他们的学习习惯和学习成绩比较差,加之在校时间短,无法进行长期系统的教育,常常给班级管理造成不便。即使心里不大愿意,但学校已经做了这样的安排,我也只能收下。我一边给他办理插班手续,一边打量着这个男孩:小小的个子,一脸淳朴,大大的眼睛流露出局促不安的神色,一只手紧紧地拽着教练的衣下摆。他见我在看他,脸一下子红了,小声说:"老师好!"教练转身又去给其他的孩子办手续了,小常孤零零地站在那儿,看来他是个性格内向的孩子,不知道他能否很快地融入新的班集体。

新学期开始了,各项工作按部就班地进行。通过半个月的观察,我发现小常很少和其他孩子交往,下课时总是一个人坐在教室里,上课也从不举手发言,每当老师提问他时,他总是低着头,回答问题的声音很轻,像蚊子叫。比起班上那些顽皮淘气的男孩,他真是个省心的孩子。

日子一天天地过去,很快就到了"每月一评"的时候。每到这时,学生们就会七嘴八舌地评议班上的同学,谁有什么优点,谁有什么缺点,谁能得到几朵红花……可当我提到小常时,学生们一下子安静下来,你看看我,我看看你,没人举手评议,经我再三启发,还是没人发言,看来小常在一个月的时间里并没给同学们留下什么印象。可对小常的评议不能就这么无声无息地结束,否则他今后会更难融入同学们之中,会给他的成长造成障碍。想到这儿,我对大家说:"小常作为新同学,大家还不了解他,从明天开始大家都来当小侦探,看谁能找出小常身上的优点?"

评议活动结束后,我把小常叫到办公室,让他说说自己有什么优点。他涨红着脸,张张嘴,还是没能说出点什么,这正是我预料之中的事。我就今天评议活动的情况帮他找原因,鼓励他多和同学们交往。他点点头,但又小声说:"我害怕!"看来一次谈话是不能解决问题的,小常不仅是性格内向,更重要的是缺乏自信,当务之急是要树立他的自信心。

国庆长假之后,其他同学都高高兴兴地来学校,谈论着长假里的趣事,我看到小常却神色黯淡,满脸疲惫。我走过去,想拉着他的手询问一下他的情况,可当我触摸到他的手时,他慌忙把手抽回去并背在身后。我心存疑虑,但肯定有隐情。我坚持让他把手伸出来,他见我态度坚决,才不情愿地把手伸了出来。"天哪!"我看到了一双什么样的手:小小的一双手掌心上布满了大大小小的血泡,有的已经结痂,有的还在渗血。我的心在隐隐作痛,连忙问道:"怎么会这样?"他迟疑了很久,才断断续续地告诉我:自从来到体操队,他发现自己和别的队员有很大的差距,教练希望他能尽快赶上来。所以他每天比别人多花很多时间训练,连双休日和国庆长假都不休息,手上的血泡是单、双杠训练时磨出来的。我又问他:牺牲玩的时间进行繁重的体操训练,你觉得值吗?他喃喃地说:"不这样我根本比不过别人!"听了他的话,我突然感动起来,不由得再一次仔细地打量他,多么难得的孩子,他身上所拥有的那种不怕困难的品质多么可贵!一个念头突然闪现:为什么不利用这个机会让全班同学重新认识小常呢?让全班同学都来学习他的这种精神呢?

  接下来的数学课被我临时改成了班会。当我拉着小常走上讲台时,同学们诧异地看着我,不知老师要干什么。我说:"同学们的长假过得怎么样?"同学们顿时兴奋起来,迫不及待地举起小手,等同学们说得差不多时,我才说:"你们知道小常的假期是怎么过的?"我举起小常的手:"大家看看,小常的手!""啊!"同学们不约而同地瞪大眼睛,吃惊地看着小常的手,"这是怎么回事?"我动情地说:"当同学们在旅游娱乐的时候,当同学们走亲访友的时候,小常却一个人在体操队的训练房里挥汗苦练,不是他不想玩,也没有人强迫他这样做,可他为什么要这样呢?因为他看到自己和别人的差距,他不想落后!同学们,你们每天有爸爸妈妈照顾,有了委屈可以向爸爸妈妈述说,可小常这么小就离开爸爸妈妈到千里之外的深圳来,平常根本见不到亲人,可他不仅学会了照顾自己,而且学习、训练两不误。在他身上有多少值得我们学习的东西?"我的话音未落,同学们的掌声热烈地响起来。我看到小常的眼眶里噙满泪水,因为激动脸更红了。我接着说:"小常在学习、训练中都不愿落后,他每天训练完都要忍着疼痛坚持完成作业,虽然体操训练好累,可他上课听讲却很认真,同学们愿不愿意和这样的好孩子交朋友?当他有困难的时候你们愿不愿意帮助他?""愿意!"学生们几乎是喊出了这两个字。在同学们热烈的掌声中,小常昂着头走到自己的座位上……

  从这以后,经常可以看到小常和同学们在课间嬉戏的身影,时常有同学在周末邀请他到同学家做客,而小常也偶尔给同学们露一手——表演体操绝活,赢得大家的赞叹。他渐渐地走进了我们这个集体。

孩子,你的微笑比什么都重要
——我的德育研修案例

广东省深圳市福田区莲花中学　宋春艳

也许我一生都不会忘记我刚刚做老师,第一次做班主任,开学第一天就认识的这个学生——小恒。那一天我至今记忆犹新,由于是初次做班主任,没有经验,我几乎是手忙脚乱、焦头烂额、满头大汗,忙到最后收齐了各种材料,交代完了各项要求和规定,把孩子们放走后我几乎已经快瘫倒在地,长舒了一口气之后,才突然意识到一件"严重"的事情:班级卫生还没安排人打扫。当我冲进教室的时候已经来不及了,空荡荡的教室只剩下一个孩子坐在那里看书,胖胖的很可爱。他就是小恒,没办法就只能抓他一个人了,就让他简单打扫一下。之后我又跑去忙自己的事情,差点把他给忘了。当我再次气喘吁吁地跑回教室时被眼前的一幕惊呆了:班级里窗明几净,地面上干干净净,桌椅摆放得整整齐齐,连垃圾桶都洗刷得干干净净。一个乖巧、懂事、认真、负责的孩子,这就是我第一印象中的小恒。

开学以后,我让小恒做劳动委员,并不仅仅因为他劳动做得好,而是觉得他有着现在孩子少有的、难得的认真、负责的精神。无论在哪个方面,小恒都是一个优秀得没话说的孩子,但他并不是一个快乐的孩子,这正是我不期望看到的。

后来才从他父母那里知道,小恒上小学五年级时得了白血病,做了几次化疗,到现在也只能是基本控制住病情。得知这一情况我内心百感交集,不知道是什么滋味。这么优秀和乖巧的孩子上天竟然对他这么不公平,当时心里特别伤感,同时他的不快乐让我更加忧虑。

小恒是一个非常自尊、自强的孩子,所以我不能让他感觉到我对他跟其他的学生有什么不同,不能让他觉得别人把他当作弱者看待。所以我给他安排了比较"繁重"的任务,做劳动委员兼任纪律委员,管理班级的日常卫生和纪律。后来他的妈妈告诉我说,小恒很高兴老师没有把他当病孩子看待。可是想要把他变成一个快乐的孩子这些还远远不够!

运动会上小恒报名参加了羽毛球比赛,那时候他身体状况不是很好,最初我本想不让他报名,让他修养身体,可后来我意识到他是想通过运动会参加项目来证实自己不比别人差,虽然最终他没有取得名次,但还是坚持打完了比赛。运动会结束总结的时候,我让孩子们把最热烈的掌声送给运动员们,其实他们都知道这掌声多半是送给小恒的。

学校评选"莲中之星",其实小恒早已是我心目中的最佳人选,但是班级里面凡是涉及选人我都采取民主投票的方式,这次也不能例外。小恒以高票当选的时候,他是缺席的——因为要化疗已经住院一个星期了！当我把"莲中之星"的表格送给病床上的小恒时，终于看到他露出了久违的笑容！

化疗结束回来的小恒坚持要参加考试，我本打算让他在家好好休息，可是看到孩子那坚定的目光，我妥协了！他在考试过程中面色苍白，极度虚弱，可还是坚持答完了语文试卷！因为化疗的缘故，他的头发都掉光了，露出亮亮的头皮，他觉得难为情，我特许他戴着帽子上课。

可是在后来的"一二·九"大合唱中我遇到了麻烦：小恒是我们班级的男生领唱，他声音婉转高亢，嘹亮优美，可他说什么也不想领唱，在我耐心地开导下他才开口说出了自己的心事，他觉得自己是个"小光头"，不好意思在大庭广众下登台！听到这个理由我心里有些酸楚，多么天真烂漫、聪明优秀的生命啊！为什么命运要这么残酷呢？

即便如此，我也不想放弃让小恒登台领唱的想法，我想让他多一些自信和勇气，急中生智，终于想到了一个好办法：租借军装，让四个领唱领颂都穿上军装、带上军帽。这样他既能上台唱歌，又不会难为情！小恒也终于同意了这个主意，当时我竟然像孩子一般跳了起来！后面的事情可想而知，他唱得很好，为我们班级争得了荣誉！总结班会时，我让同学们把最热烈的掌声送给他！

期末考试小恒取得了年级三十名的好成绩，我从心底里为他高兴！一个多月因病没能来上学，最后能考出这样的成绩实在是不容易。我第一时间通知他，他正在北京治病，知道这个消息之后很高兴，他妈妈说，难得看见他在病床上露出笑容。

期末评语上我这样写道："你在老师心目中是一个聪明、含蓄，优秀得没话说的孩子，无论是学习、纪律、劳动、卫生哪个方面，你从未让老师操心过，可是老师为你担心的比别人都多，因为你还不够阳光和快乐。老师知道你要承受着比别的孩子多得多的东西，这些本不该你来承受的。可是既然命运开了这么一个玩笑，你就更应该对她微笑，让她因为你的微笑而畏惧！生活的路还很长，无论现在发生着什么，未来可能发生什么，请记住：你的父母亲人、老师同学都永远和你站在一起，一起向着命运微笑！"

这学期开学以来小恒快乐多了，在班级里有说有笑，还偶尔调皮捣蛋一下，每当这时候我也会批评他，很严厉，但我内心里是笑着的。

不能说这件事是我教育上的一种得，其实生活中有太多得失，得未必就是好事，失也不尽然都是坏事，只要我们对得起我们的责任和心灵就足够了！

静 等 花 开

广东省广州市荔湾区金兰苑小学　梁　霜

有这样一句话:"简单的事情重复做,你就是专家;重复的事情用心做,你就是赢家。"在教学生涯中,我深有感触。

三年前刚接手这个班,有几个孩子就引起了我的注意:他们中间有个叫小华、小城、小杰的,住在同一个村,同一个小区,家庭背景相当,家长的文化水平也不高,甚至连家长的工作都大同小异。由于家长的工作很忙,所以长期以来,他们总是一块儿上学,一块儿放学,走着相同的路,聊着相同的话题。用家长的话来说就是在孩子的学习身上,他们一点忙都帮不上,孩子们学的知识太深奥了,远远地超过了他们的能力范围,家庭教育的缺失让他们不得不寄希望于学校。这些孩子由于在家里得不到父母的关爱,在学校又得不到老师的关注,所以成绩可想而知,学习没有兴趣,于是就无事生非。破罐子破摔,无论干什么事情总喜欢我行我素。在班上,天不怕地不怕。特别是小华,作为一个女孩子,对于老师的批评无动于衷,常常左耳朵进,右耳朵出。甚至还在背地里骂老师,写老师的坏话。一时间,作为刚接手的班主任也是新官上任三把火,也想杀杀这些孩子的嚣张气焰,于是厉声呵斥,恼羞成怒,批评、讲道理、叫家长,这些能想得到,能用的招都想了,也都用了,结果并不像我想的那样。这不但没有压倒他们,反而让他们更加得意忘形了,甚至他们把气老师当成了一种本事,仿佛是谁把老师气得吹胡子瞪眼,他们心底里越开心。

那段时间,我真是有点泄气了,但是一想到这些孩子们小小年纪就无法无天,一想到他们以后还有更多的路要走,不能就这样下去了。思前想后,我想了一个不是办法的办法,既然改变不了孩子,那就先试着改变自己。首先,我试着对他们微笑,主动摸摸他们的头,拍拍他们的肩膀,以示友好。我试着眯缝着眼忽视他们身上的缺点,然后睁大眼睛寻找他们身上的闪光点。找来找去,我发现小华嗓子特别亮,口才较好。小城的字在班上不是最差,小杰虽然学习不好,但是很听话,老师让干什么就干什么。找到这些闪光点之后,我就召开主题班会,大力赞赏他们,肯定他们,还号召班上的孩子们向他们几个学习。我知道刚开始进行得并不顺利,因为长期以来,班上其他的孩子对这几个孩子是有偏见的,不愿意向他们学习的。虽然嘴上不说什么,但是心里可不服气了。想着老师怎么会选班上最差的同学当我们学习的榜样呢,真是不可思议啊!于是就暗暗下定决心去练字,去读书,在老师面前不停地做好事。我还真没有想到这个想法得到了其他的收获。顿时班上掀起了一股比写字、比口才、比做好事的热风。惹是生非的孩子少了,跑跑打打的孩子少了,大声喧哗的孩子少了。班上的学习风气浓了,孩子们的凝聚力增强了,那三个孩子也一下子融入到了集体当中感受到温暖了。听惯了老师的大呼小叫,一下子被同学和老师的温暖包围着,搞得他们都不好意思地笑了。所以现在想想,教育的质地应该是温情的;教育的情怀应该是柔软的。有人说做教师的就是刀子嘴豆腐心。我认为,做教师的最好是豆腐嘴豆腐心。一个真正的好老师,意志可以越来越坚强,但心底应该越来越善良。

暑假,我到这三个孩子家中去家访。从谈话中得知,他们的父母尽管工资不高,还是比较重视他们的学习的。他们会拿出一部分资金让孩子到外面去学习,只是作为家长没有很好地跟进,孩子也因为学习一步跟不上,所以也就步步跟不上。基础打不好,学习没有了兴趣,就变成了负担,干脆上到一半就半途而废了。看得出,孩子们还是愿意学习的,所以我就牺牲了休息时间,课余时间当起了他们的辅导老师。从字词到句段篇的教学,手把手地教,一句一句地教。就这样简单的事情重复做,重复的事情快乐做,快乐的事情天天做。几个月后,在家里从来不读书的他们奇迹般地回校主动跟我探讨读书的收获,看着他们一张张渴求知识的笑脸,想想这在之前他们看到我都是低着头绕道而行的,我真是不敢相信自己的眼睛。所以我又得出了一个结论:一个老师的价值,不在于他是否优秀,得到过多少荣誉,有多高的声望,而在于他怎样对待他的学生,特别是那些需要他关心和帮助的困难学生。是啊!挽救一个自卑的落后孩子,比教育一个优秀的孩子,更让人欣慰。因为,让优秀的孩子更加优秀只是锦上添花;而把问题学生教育好了,那简直就是雪中送炭啊!

在家长会上,我告诉家长朋友们,试着去爱孩子,走进孩子的心灵,赏识孩子,做好孩子的榜样。我告诉家长:"每个孩子都是种子,只不过每个人的花期不同而已。有的花,一开始就灿烂绽放;有的花,需要漫长的等待。不要看着别人怒放了,自己的那颗还没有动静就着急了,相信是花总会开放,细心地呵护自己的花慢慢地看着她长大,陪她沐浴阳光雨露,这何尝不是一种幸福呢?相信孩子,静等花开。也许有的种子永远不会开花,说不定他还是一棵参天大树呢!"

最后,我想说,如果我们都睁大眼睛去发现孩子的闪光点,眯缝着眼睛去缩小孩子的缺点,那么每个孩子都是一个天使。我愿意做这样的老师,尽心尽力,任劳任怨,终其一生,或许都不能做出什么惊天动地的大事。但是我知道,真正把每件事情做好就是不简单;真正把每件平凡的事做好就是不平凡。我愿意默默做事,静等花开。

谁动了我的钢笔

宁夏回族自治区固原市原州区第十一小学　周文娟

上周二,正当我上完语文课,让同学们自由活动,我开始收拾教具时,班长高欣快速跑到我跟前,神神秘秘地对我说:"周老师,我对你说件事,好吗?"我当时毫不在意,边收拾教具,边漫不经心地说:"是不是又要给老师出脑筋急转弯呀?"(高欣是个聪明伶俐的女孩,她爱看书,尤其是动脑筋类的书籍。她是我的小助手,经常帮我管理班级,与我的接触较多,对我很依恋,常常缠着我给我出一些脑筋急转弯之类的问题。)可这次她的头摇得像拨浪鼓似的,她一本正经地对我说:"不是的,不是的,周老师,咱们班最近这几天老丢钢笔,都丢了四个了。"我暗自吃惊。

今年,我班刚进入三年级,我要求同学们用钢笔写字,刚开始,有些粗心的同学头天晚上往往忘了给钢笔吸水,第二天写作业写到半中央钢笔就没水了。见此状况,我就买了两瓶墨水放在讲桌上,可没想到好心却办了坏事,新的问题又来了,部分同学吸完墨水没拧紧,课间好动的学生在玩耍时往往会不小心打翻墨水,涂得到处都是,讲桌附近常常一片狼藉。鉴于此种情况,我只好收回墨水,让每位同学都准备两支钢笔,互换使用,这样上述不便就不复存在了。可谁料到,这才几天,怎么就出现丢钢笔的事情呢?

我抬头一看,大部分同学都出去玩了,教室里只剩下三四个同学在自己的座位上互相聊天。我停止了收拾讲桌,把高欣悄悄地拉到教室的图书角那里,压低声音问她:"到底怎么回事?给老师具体说说。"高欣见我如此,也压低声音说:"周老师,就是这几天我们课间出去玩后,进来上课时就找不到自己的钢笔了。"我问:"都是谁丢了钢笔啊?"她接着给我说了那四个丢钢笔同学的名字。我下意识地向着这几个同学的座位,发现这四位同学的座位都集中在三四组的三四桌,位置比较集中。我心中有了一个猜想:课间时间紧迫,除去上厕所的时间,剩余时间不多,而教室里经常有流动学生,留给偷东西的学生时间并不多,会不会是这三四桌附近的同学干的呢? 于是,我就对高欣说:"这件事老师心中有数了,老师会尽快处理的,但老师希望你先不要声张,先替老师保守这个秘密,好吗?"高欣听了,急忙点头,郑重其事地说:"嗯,我不会说出去的。"我满意地笑了,摸了摸高欣的头,说:"太好了,我相信高欣是个信守诺言的好孩子,现在出去玩吧!"高欣听了我的称赞,兴高采烈得像个小鸟一样蹦蹦跳跳地离开了教室。

打发走了高欣,我走出教室,向办公室走去,可这次我却陷入了沉思:我在低年级时对学生的思想教育抓得很严,当时班里的学生往往准备很多支铅笔,但由于学生的年龄小,往往对铅笔管理不好,地上随处可见铅笔,我就把这些铅笔收集起来,买了个笔筒放在讲桌上,先让同学们进行失物招领,剩下没人要的就送给家庭困难的同学,但却从没有发生过偷东西的现象。这次,会是谁偷了钢笔呢?

接下来的几天,我下课后并不急着快速离开教室,我一边装作收拾教具,一边观察学生的行为习惯。我渐渐发现:大部分学生下课后急于离开教室到户外去玩,有四五个爱看书的学生去图书角拿课外书看,还有三四个孩子聚在一起聊天,只有一两个学生坐在自己的座位上不太动弹,什么也不干。这其中的一个孩子在接下来的三四天一直如此,这引起了我的注意,我慢慢地心中有数了。

到了本周一下午的班队会上,我召开了主题队会《诚信》。我首先给同学们讲了一个《小时偷针,大时偷金》的传统故事:一个孩子刚开始偷东西时偷的是邻居家的针,他的妈妈当时非但没阻止他,反而夸奖他给家里拿回来了东西,后来这个孩子越偷胆子越大,越偷东西越多,最后被判了死刑,在临死之前,他要求吃他母亲最后一口奶,他的母亲同意了,可他却一口咬掉了他母亲的奶头,他指责他母亲没有好好教育他。接着又给同学们讲了一个《手捧空花盆的孩子》这个外文故事:从前,有一个国王在全国选继承人,给全国的每个孩子都发了一粒种子,规定三个月后谁能端来最美丽的花朵谁就是他的继承人。三个月后每个孩子手里都捧着色彩绚丽、千姿百态的鲜花,只有一个叫雄日的孩子手捧一盆空花盆,让人出乎意料的是国王最后竟然选雄日做他的继承人。原来,国王发给每个孩子的本身就是煮熟的种子,这种种子是根本不可能发芽的。

然后,我让同学们自由讨论什么是诚信。有的同学说:"诚信是完不成家庭作业时不欺骗老师。"有的同学说:"诚信是坐公交车要记得投币。"有的同学说:"诚信是答应别人的事就要信守诺言。"有的同学说:"诚信是考试时不作弊。"还有的同学说:"诚信是不偷父母的钱。"

……

接下来,我语重心长地说了下面一段话:"同学们刚才说的有关'诚信'的表现非常好,可说起来容易做起来难,我班最近出了一件违背诚信的事,有四位同学的钢笔被人拿走了。我可以原谅这位拿钢笔的同学,但我希望这个同学能知错就改,老师以前说过,不要在同一个地方跌倒两次,好吗?"同学们异口同声地说:"好!"我接着说:"那么,现在老师给你们一个机会,看你们能真的说到做到吗?"

最后,我把全体同学都领到教室外,在户外排成整齐的队伍,对大家说:"现在,每个同学我都给两分钟,你们轮流依次走进教室。如果你是那个拿别人钢笔的孩子,你就快速地把钢笔放回他们四位的文具盒;如果你不是那个拿钢笔的孩子,你就在里面待够两分钟再出来。记住,一次只能进去一个同学。好吗?"同学们刚开始都愣了一下,但随即就露出了轻松又若有所思的笑容,接下来,同学们依次走进教室,又挨个走出教室。最后,我发现大家都露出了会心的微笑。等到最后一名学生走出教室后,我把全体同学都带进了教室。我让丢钢笔的同学检查自己的铅笔盒,不出所料,那四位同学的钢笔都赫然地静静躺在各自的文具盒里。我笑了,大家也笑了。随后,教室里爆发了雷鸣般的掌声。

晚上,我思量再三,给那位学生的家长打了电话,我知道这位学生的家庭原来是单亲家庭,他爸爸是大学老师,很早就与妻子离异,独自抚养一儿一女,前年又再婚,现在的妻子是未结过婚的女子,缺少教育孩子的经验。而这名父亲今年刚好出外进修,长期不在家,导致对孩子管教不当,教育缺失。在电话里,我告诉孩子的父亲,孩子们在犯错中成长,让他找机会旁敲侧击地对孩子进行诚信教育,但千万不要提在班上拿同学钢笔的这件事。毕竟这个孩子最终迷途知返,自觉地把钢笔还给了别人。听完我的话,家长感激地哭了,他一再语无伦次地对我说谢谢。

经过这件事,我懂得了:我们既是学生的老师,是长辈,担负着传道授业解惑的职责,又是学生的朋友,要尊重学生,保护学生的自尊心,平等对待学生。我始终坚信:爱,是教育的基石。

童心储蓄罐

宁夏回族自治区中宁县第三小学 周洁

用心靠近孩子,便能感受童心如雪。

——题记

批注:弹指间,为人师已经二十几年了。二十年来,自以为默默耕耘,循循善诱,自己在学生心中也一定是善解人意、和蔼可亲的好老师。但今年课堂上发生的事情却让我豁然开朗,心旷如海。它时常警醒我,在少儿教育中要多用爱心呵护童真,发现童真,走进孩子的心灵世界。

用"像"说话

一阵清脆的铃声响过,同学们像燕子翻飞的翅膀,一阵风都扇进教室里。随着小班长一声"一二三"的提示语,霎时间教室里一行行齐刷刷的黑脑袋端端正正地坐在座位上。一双双富有灵气的小眼珠看着黑板,期待着我在这里播下知识的种子。这一时刻,觉得自己好伟大,因为从这里一天天放飞着梦想,不久的将来变成一个个现实;觉得自己好有成就感,因为每天看着它们就像一棵棵小白菜渐渐长大。出示课题后,便开始了新课学习《弯弯的月亮像小船》。动画歌曲的播放一下子点燃了孩子们学习的欲望,一个个入情入境地随着音乐奶声奶气地朗读课文。我微笑着问同学们:"大家平时见过弯弯的月亮都像什么样子?"顿时,小手如林抢着回答说:"像香蕉,像镰刀,像小艇,像拱桥……"一番鼓励之后,我启发同学们画一画你想象中的弯弯月儿,并且用一句话来表达弯弯月儿像……整个学习氛围在读说画写中融为一体。小组交流欣赏画之后,推荐出了最美的作品展示给大家。我试着问同学们,生活中你们还发现什么像什么?用一句话说说看。机灵的同学马上答道:"脸蛋像苹果。""太阳像火球。""星星像宝石……"我忽然发现平时不言不语的靳志媛一脸真诚,红着小脸,怯生生地举起了小手,我就微笑着叫了她。今天,她出奇地大声说:"老师像妈妈。"我的心头微微一颤,鼓励她今天真勇敢。这时,一个大眼睛、圆脑袋,虎头虎脑的小男孩跃入我的视线,只见他激动地把手举的高高,我几乎听见他小声地喊:老师,老师……我就把这次机会给了这个平时优秀的孩子,期待着他会说出更精彩的话语,谁知他却说:"校长像爸爸。"我的心里一下子不知是激动还是感动,只轻轻地问:"你能说说这句话的原因吗?"小男孩背着手,眼睛睁得大大的,声音响亮的说:"上次我来迟了,校长看见了,让我别喊报告快进教室,冬天站在外面冷。""你呢?"我猜想刚才说话的那位文文静静的女同学,她也一定有一番道理。靳志媛像是受到了刚才那位男同学的感染,平静地说:"我生病了,老师给我妈妈打电话带我看病,还奖励了我小贴画。"我的心一下子潮湿了,爱原来如此简单,就是一个小贴画,一个电话,

一句叮嘱。只有一年级的孩子能说出如雪一样纯洁的话语。教育的目的就是让每一个孩子如草叶上的露珠在阳光的照耀下闪闪发亮,让每一张笑脸在师爱如春的沐浴中绽放,成就将来的幸福人生。从这一节课,从这一句话中,爱的教育得到了最好的诠释。

吃早点的秘密

星期一的早上是数学自习,我便轻松地在外面吃早餐。刚坐下吃了几口,就听见旁边的一个小男孩说:"妈妈,她是我的语文老师。我要和老师一起坐。"说着,他就端着饭碗急急忙忙地坐到了我身边,然后又是一句响亮的:"老师好!"我一看,原来是我班的李通,这学期刚转来上了才一周多课,他这么快就高兴地认同我这个语文老师,我自然打心眼里从这一刻起喜欢上了他,便高兴地同他边吃边聊了起来……

我到了学校办公室,不久,就来了一个同年级的小男生,一脸好奇地问我:"老师,你们班的同学李通说早上吃饭和你一起坐,真的吗?"

我笑着说:"是啊,他挺可爱的哦!"

过了一会儿,又来了一个女生也问这个问题,我也同样回答了她。

可是不多久,又来了两三个学生问我同样的问题,就这半天,就来了十几次。看着这群不厌其烦的小家伙,我有些终于按捺不住了。那天早上的语文课,我一进教室就首先向全班作了声名:"同学们,老师今天早上吃饭确实和李通一起坐……"我还没说完,就见李通高扬着脑袋,翘起小嘴得意地说:"怎么样,我说的是真的,你们还不信!这下信了吧……"好多学生听了,露出了满脸的羡慕。

一次早点也给班里创意了课外话题,童心储存了他们一路多少的好奇,多少的神秘;也储存了像雪一样的晶莹心灵,正漫无边际,飘飘扬扬……

一顶小红帽

"五一"举行广播操比赛的消息一传开,教室里一下子就沸腾了。对于一年级这些刚插上嫩翅膀的孩子们来说,则充满了无比的憧憬,我可不能破坏他们的这份好心情。面对忽闪着充满灵气的脸庞,只有全身心地投入,才能帮助他们绕过曲折,携一路惊人,展翅飞翔。碰巧,这是从农村学校转来了一个新同学,马上临近的比赛压力让他的动作总是格格不入。但想上台表演的欲望促使着他每天跟着领操员卖力地学着。中午来到操场的那一时刻,看着他满是汗珠的小脸,眼睛里却写满自信。我轻轻地走到他的跟前,帮他抹了一把额头的汗珠,将手里的一顶红帽子顺手戴在他头上,轻轻地说:"孩子,你做的是最棒的!"哗啦,几个同学马上都围过来抢着教他。第二天,班里的同学都带上了红帽子,因为在孩子们的心中,红帽子是最棒的!

一顶红帽子为班里收获了团结,赢得了爱心,换来了师爱如莲,简单而纯洁的童心,亦如每一天的太阳都是新的!

世界上有很多东西都是越分越少,唯有教育中的爱会越分越多。夏丏尊先生在翻译《爱的教育》中曾这样说过:"教育之所以没有情感,没有爱,如同池塘里没有水一样。没有水就不称其池塘,没有爱就没有教育。"我认为,让一位教师值得欣慰的不仅是自己获得了多少荣誉,学生考了多高的分,而是你为学生倾注了多少爱,你是否成为他们一生感激的人。

我教书育人的故事

宁夏回族自治区泾源县园子小学　马晓芳

小时候,家里女孩多,劳力少。即使爸妈起早摸黑地去田里劳作,家里经济还是很困难。而我因为年龄小,家里又没有多余的人来照顾,为了我的安全,我只好每天去学校打发时间。或许是老天的怜悯,我比较聪明,只要是老师讲过的知识,我会记得很牢。考试总能考高分。老师特别喜欢我,我也爱我的老师。那时我特羡慕我的老师。羡慕他的热诚,羡慕他的学识,在我幼小的心里就开始对教师这门职业有着深深的向往。

初三毕业报考中专,我考上了固原民族师范预科班。四年的学习时间很快就结束了,1999年毕业时,我就对自己说"一定要做一名好老师"!也就是从那一刻起,我开始了神圣的教师生涯。当一名教师是我不懈的追求,我装着满怀的激情走向了工作岗位。

我被分配到泾源县黄花羊槽小学。校长要我教三年级的数学。接到这个安排的时候,真的很忐忑。第一次走上三尺讲台,既激动又害怕!心里想着该怎么去教好这些可爱的孩子们!我教师生涯的第一节课因校长的引介、同学的渴望而获得了圆满的成功,在我们这个偏僻的乡村小学引起了巨大的轰动,至今那一幕场景仍深深地烙印在我的脑海。学校决定让我公开教学时,校长规定全校除了我所授课的三年级正常上课外,其他班级一律上自习,全体老师都听我的课。教室的最后排全是教师,这气势是我从来也没有经历过的,同学们也都兴奋异常。在热切的盼望中,在活跃的氛围里,我开始了这神圣的第一节公开课,很快地我就进入了状态。因为年轻,所以意气风发;因为有丰富的知识,有先进的教育理念和半年的实习经验,所以信心十足。我沉着冷静,激情澎湃。天生的幽默,配以生动流利的语言,倾倒了全班同学,吸引全校同行。校长、同事对我赞不绝口,刮目相看。也因为我一堂堂精彩的讲课,赢得了同学们的喜爱!以后的日子里,我全身心地投入到工作中去,早出晚归,加班加点,不知疲倦地工作着。由于我的付出和忘我工作,很快就有了好成绩。我所接的班级期末考试成绩全乡排名第一,受到了乡教委的好评和奖励。

三年级有一个叫莹莹(化名)的学生,她是一个很聪明的孩子,可是家里的情况很特殊。她的父亲是个老实的农民,不识字。母亲是个残疾人,行动不方便。家里还有一个年过花甲的爷爷。家庭生活很困难。每一次开学的时候都是两三天不见她的人影。我等不及,去她家找她。孩子的爷爷说:"老师!我的孙女不上学了,我们实在是供不起她呀!但她很爱学习,我们不忍心把她拉下来……"看着他们一家那一双双乞求的眼睛,我很心痛,我小时候不也是这种情况吗?我告诉她,学习用品我来准备,明天来学校上课,好好学习就行。开始上课了,可我发现她经常迟到。我开始怀疑,她真的是个爱学习的

孩子吗？我开始不知道是什么原因，在一次抓住她迟到时，我狠狠地批评了她。可是她一句辨别的话也没有，她的眼里溢满了泪水。看到她受委屈的样子，当时我很生气，我的真情换来了什么？是一个有经常迟到品行的孩子？课后坐在她旁边的同学告诉我说："老师！她不是故意的，是因为每天清晨莹莹都要帮爸爸把牛拉到地里，爸爸耕地时，自己才跑到学校来上课。放学后还要回家放牛。"听到这句话的时候，我开始后悔自己刚才的鲁莽，没了解情况就那么狠心地批评一个好学生。原来这就是为什么她总是满头大汗的来学校；为什么她放学后急忙跑出校门的原因。这一切的谜团此时都解开了。也就是她家的特殊情况，我也格外地会关注她。生活上，我尽最大能力照顾她；学习上，我特别关注她。她没有听懂的地方，我利用课余时间帮她讲解，"吃偏份饭"。我多次去她家做家访。她是个很懂事的孩子，知道我器重她，学习很刻苦。学习成绩在我们班一直名列前茅。

　　十几年过去了，我早已调离了那所学校。在新的工作岗位上，我继续着我的教书育人工作。我再也没有莹莹的消息了，不知她现在过得怎么样？作为我刚走上工作岗位碰到的她，我一直没有忘记。

　　现在我对教育的追求依然孜孜不倦；无论我在那所学校，我将永不倦怠，再创佳绩！

用爱用心去教孩子们

宁夏回族自治区西吉县第三小学 杨晓英

参加工作十一年,我当了十一年的班主任,在这期间我遇到过很多的有特殊情况的孩子。面对他们,我不抱怨自己倒霉,而是耐心地去观察他们,用心地与他们交流,与他们的家长交流,找到问题所在,从根本上解决孩子的问题。

去年我带的一年级这个班。一年级学生刚进入小学,他们年龄小,不适应小学生活,不知道如何上课,怎样去听课。这就要我们班主任耐心地去教他们,引导他们,告诉他们课堂上应该怎么做,哪些事不能做。但还是有一些学生做不到。比如说,我们班的杨同学,他好动,上课不听老师说的,自顾自地做自己的事情。有一次,我上了一半的课,回头一看,他不见了,哪去了呢?在我找的时候,整个教室乱成一团,学生们都跳出自己的座位,乱嚷:"杨同学在桌子下面呢!杨同学在桌子下面呢!"孩子们跳的跳,喊的喊,笑的笑。我蹲下身子看,杨同学跟没事一样,仍然坐在桌子下面撕他的纸玩。我让其他的孩子都回座位坐好,然后把杨同学从桌子下面哄了出来。我告诉他,这是上课,不能坐在地上,要认真听课,才能学到知识。但孩子对我的话似乎没怎么在意,还是自顾自地在那玩。课后我同他的妈妈取得了联系,了解了这个孩子的一些情况。这个孩子有点多动症,在家特别淘,他妈妈也拿他没办法,刚五岁就早早地送到了学校。知道这些,我觉着杨同学特别可怜。这么小,你让他怎么学会听课,跟大孩子一起学习呢?从那以后,每次上课,我对小杨同学多了份关注。每当他有小动作,不听课时,我会在别的同学不觉察的时候提醒他一下,下课了,把他没听懂的内容再给他重复一遍。我找了一些小东西来,跟他一起玩,并告诉他上课不玩的话,我会给他小玩具,陪他一起玩。时间长了,这个孩子慢慢变了,变得会听课,爱听课了。

学生出现错误是正常的。我们要允许孩子出错,如果班主任把教育学生改正错误当成是一种烦恼,那么我们班主任就没有快乐可言。处理这些事情是最有感觉,是快乐的,因为我们是人类灵魂的工程师,我们自己是在塑造人,在帮助他们健康成长,我们应该享受这份快乐。

父母离异对孩子来说是不幸的,这样的学生往往感觉低人一等,并且严重不自信,不愿意与人交流,学习上不思进取,得过且过,有点混日子。那么我们做班主任的,如果班里有这样的孩子,我们应鼓励他们振作起来,勇敢地面对现实。

马同学是一年级第二学期转到我班里的,这个孩子长得眉清目秀,个儿很高,人也聪明。就是一点,不爱说话,胆子特别小,老是怯生生的,好像特别怕,没有安全感。为了对她多一点了解,有一次我找来她的奶奶,聊了聊。原来这孩子挺可怜。在她很小的时候,爸爸妈妈老打架,还当着孩子的面打。每次打完架,马同学就会吓得几天都不跟人说话。后来她妈妈受不了,离开了这个家。没过多久,她爸爸又给马同学娶了一个后妈。而且带着她的后妈去外面打工了。把马同学扔给了她的爷爷奶奶。从此马同学就再也没有见过爸爸妈妈了,跟着爷爷奶奶转到三小来上学。

知道了马同学的经历。我的心很痛,父母是孩子的港湾,是他们值得骄傲的后盾。如果没有了他们,孩子就会失去安全感。为了让马同学重新回复自信,跟其他孩子一样安心,快乐地学习,除了上课我会多关注她以外,下课了,我会经常做到她跟前,跟她聊天,跟她玩。我还引来好多同学跟她玩,跟她做好朋友,我把自己教学用的试题给她做。渐渐地马同学对我们不陌生了。她一天天地快乐起来。我们成了无话不谈的好朋友。

陶行知说:"没有爱就没有教育。"我们作为老师,只有付出我们的爱心,学生只有感受到教师善良和真诚的爱心,才愿意听老师的教诲。作为一名班主任,我认为"爱"是一种无私的体现,我们应该用真诚的爱,无私的心去理解和教育学生。

做一名"美丽"教师

宁夏回族自治区吴忠市利通区一小　杨桂荣

在教学生涯中,我担任了十几年的班主任,现在又任品德课教师。其间有欢笑,也有泪水,但我感受则是充实的。作为一名老师,不仅需要爱心与细心,更需要创造。因为你面对的是充满创造力的孩子,而且随着社会的发展,孩子的问题也越来越多了。而在我们的教育教学中时常会出现这样那样的问题,有时会让你措手不及;有时又会让你啼笑皆非……

案例

我班的王同学是一名属于性格问题型加无良好习惯型双差学困生,也是我的重点帮扶对象。这位学生在课堂上有时很活跃,反应敏捷,有时上课走神、懒散,而且作业较马虎,字迹也比较潦草,还经常不做作业。课后预习也不认真,这充分说明他没有养成良好的学习习惯,也没有掌握科学的学习方法,从考试、测验的情况看,该学生知识的掌握情况偏下,成绩非常不理想。

通过了解,我才知道到这位学生家境平平,父母几年前离异,父亲离家而去,既不关心孩子,又不给生活费。母亲下岗在家,近期又患脑瘤住院。于是他就和奶奶一起生活,这样的经历对其影响比较大。缺少父爱,母亲忽略了家庭教育,导致他的性格有些偏激,学习成绩不太理想,另外班里同学不太愿意理睬他,甚至有个别同学讽刺他,使其对学习失去兴趣,对自己更加失去信心,还产生了自卑感,各种活动都不投入,致使学习上和其他学生拉开了很大的距离。

教育过程

分析了王同学的情况后,我发现客观原因对他影响比较大,激发他的求知欲望,指导其养成良好的学习习惯和行为习惯,这成了我工作的重点。于是我主动走近他,走进他的家庭。有句话说得好:亲其师,信其道。首先我从关心他的生活开始作为突破口。起初因为他太好动,与同桌坐在一起总闹矛盾,大家都不愿与他坐。我一气之下把他调到最前面的小桌子一个人坐。了解情况后,我问他:"你愿意和同学坐吗?老师觉得你应该融入大家庭里,你说呢?"他急切地说:"老师,我想和同学们在一起,我保证再也不欺负同学了。"我跟他拉拉手,立刻回班里,与同学说明情况,把他调到成绩和品质都很优秀的同学旁,我可以看到他眼神中的那份欣喜。同时我利用课余时间和他聊聊天,问问他的生活情况。有时天冷了,我提醒他穿好保暖衣服,嘱咐他吃好三餐。及时与他的母亲沟通,了解他在家的表现,并指导家长培养他养成好习惯的方法,经过一段时间的努力,他感到老师是真心为他好,这样,我们之间的关系更融洽了,没有了隔阂。

渐渐地孩子有什么心里话也愿悄悄告诉我。一次我上品德课，他的同桌向我状告，我一看这孩子居然趴在桌上睡着了。我虽然很恼火，但并没有当时训斥他，而是课下单独把他叫到办公室询问。他委屈地告诉我："老师，妈妈昨晚做手术，我去陪伴妈妈……"他哽咽着说着。我长长地舒了口气，摸摸他的头，说："好孩子，你做得对！母亲是伟大的，没有什么能比得过母爱，老师支持你。"听后，他擦干眼泪，冲我笑笑："老师，谢谢您，我以后上课一定专心听讲。"之后，我又告诉他："妈妈现在有病，最希望看到孩子争气，你应该现在好好学习，以优异的成绩回报妈妈。这样妈妈的病才会好的快一些。"他听后认真地点点头。

取得效果

一分耕耘，一分收获，功夫不负有心人，经过老师们和同学们的关心、关爱和帮助，他的自尊心和自信有明显的提高，也慢慢养成了良好的行为习惯，同学们对他的看法也在不断改变，他也越来越喜欢和同学们一起玩，性格也活泼了许多，学习成绩有了起色。

"一把钥匙开一把锁。"每一个问题学生的实际情况是不同的，必然要求班主任深入了解弄清学生的行为、习惯、爱好及其学习差的原因，从而确定行之有效的对策，因材施教，正确引导。作为班主任，我们只有热爱这份职业，才会爱每一位孩子，才会让每一个问题孩子感受到师爱，燃起希望的信心，成为祖国有用之才。

师德案例故事：一个也不能放弃

陕西省韩城市新城一中　吉　荣

教育是一门艺术，只有走进学生心灵的教育才是真教育。爱是教育的原动力，教师关爱的目光就是学生心灵的阳光。师者，传道授业解惑也。一名老师，传的不仅仅是学之理，更应该是人之道，一名老师，职为授业，更为树形。所以教师要有完美人格，让他的一言一行影响学生们的成长、耳濡目染、潜移默化。所以教师要有崇高师德，不管是教书，还是育人，都能让他的学生乐于接受，铭记于心。从我踏上讲台，担任老师以来，我一直不断提醒自己：注意搞好与学生之间的关系，对待学生要多一点宽容与微笑。但有时面对一些有不良行为的学生，难免也控制不了自己，和学生发生冲突。

2001级6班的高同学是一个特别有个性的男孩子，思维敏捷，能言善辩。在同学当中较有优越感，经常无视课堂纪律，想发言从不等老师点名，课上想说话就说话。有时同学们和我的思路及谈话经常被他打断。有好几次，我都因为他而停下来，说服他注意课堂秩序。我费尽口舌，他也并未收敛多少。课下，我从其班主任和其他课任老师处了解到，他就是那样的性格，学生本身还是不错的。因此，在六班每次的思品课上，我都尽量说服自己用宽容与微笑来面对他。然而，这样不但没有感化他，反而助长了他的气焰。

一次上课，我们之间的矛盾终于激化并爆发了。当时正巧中美战机对撞，英雄王伟壮烈牺牲，作为老师我就传达这个消息并且和同学一起表示哀悼，同学们震惊并表示关心，但是高同学却大声表示不想听并且摇头晃脑开始读书。在那种哀伤占据主流的氛围里，的确特别让人反感，于是我制止他，但他不但没有停止，还起哄顶嘴，我强忍着怒火，继续上课。下课之后，我把他叫到办公室，准备单独给他上一课，可是他把头抬得高高的，我说什么，他都不听，表现出无所谓的样子。不管我怎么说，怎么厉言批评，他都是一副咬定青山不放松的样子。最后，他抬着头说了一句话："我没有错。"我听了，还一时拿他没招，有几次我真想抬起手狠狠地揍他一下解解气。可经过一番思考，我还是压住了自己的火气。后来，他的班主任王老师看不过去了，也过来批评教育他，其他老师也说他了，他才勉强低下头，不情愿地认了错。这场风波总算过去了，但是我的心情却久久不能平静，我对他彻底地失望了，心中对他原有的那点喜爱也消失殆尽了。

可是，接下来发生的事情却让我对他有了新的看法。这件事情过后没几天，一个中午，办公室老师都下班走得差不多了，我正在整理资料，他轻声喊报告进来，来到我面前，非常诚恳地给我鞠躬道歉，并承认了自己的错误。这让我非常震惊，一个如此高傲的学生还能在事后认真思考审视自己的错误。他说他知道自己错了，那天不愿意承认，就是不想在同学心中失去威信，在老师面前丢面子，希望我能原谅他！是啊，他们虽然是孩子，但是也有自己的自尊，自己的想法，我们不能拿成人的眼光来看待他们。

从那时起，我就开始思考并努力从自身找原因，我逐渐发现高同学是一个充满叛逆但自尊心特别强的学生。我就采用不表扬他，更不批评他的方式来对他。每次课上，当他有好或不好的表现时，我只用一个眼神或一个其他动作来暗示我对他的表扬与批评，并且多抽时间找机会与他聊天，说一些他感兴趣的话题，走进他的心灵深处，不断了解他，关心他。逐渐地，我们之间达成了一种默契，现在我的批评与表扬，他都能接受了。而且叛逆的性格也收敛不少。

每一位为人师者，放弃了一个学生，可能会减少你的工作压力，可能会提高你的教育质量，可能会给你赢得荣誉，但你放弃的却是一个孩子的美好前程，放弃的是一个家庭的希望，留给自己的也将是一个永远的遗憾！不论现在或是将来，我们都有为人父母的一天，如果换做你的孩子由于某些原因受到他(她)老师不公平的对待或是被老师放弃了，你又做何感想呢？

我相信，找到了教育的切入点，并且利用合理的教育方法，教育一定能够成功！

瞬间的感动

陕西省周至县二曲镇东街小学　吴淑庆

还清楚地记得那天天气很好,虽然已经是初冬了,但阳光却格外灿烂,天空湛蓝,像一片海洋,温暖的味道弥漫着整个校园。

离第三节上课还有2分钟,我习惯性地拿着教材准备去教室上课,因为上午后两节是我的语文课,距教室还有10多米的距离,就听见我们班有几个平时调皮的学生飞快地跑过来告诉我:

"吴老师,咱们班的王同学上课拉在裤子上了!"

"教室里臭气熏天,难闻死了!"

……

他们一边嘲笑地说着,一边用手捂住鼻子,好像那味道随时都可以进入他们体内。听到这个消息,我虽然觉得有点吃惊,心里想:毕竟已经是四年级的学生了,就算是在上课期间,要想上厕所,给老师说一声就可以了。但我还是镇定地了解情况。

"现在王同学人呢?"

"他下课刚去厕所了,现在应该快回来了。"

在学生们的簇拥跟随下,我走进教室,一眼就看见了他,他平时本是一个性格活泼、开朗的男孩,现在他就像一个做了错事的孩子,坐在座位上,头低得很低,似乎如果有个地缝,他都可以钻进去,满脸通红,半天一句话也不说,只是用手撮弄着两个衣角。看到他这个样子,我二话没说,握起了他的手,轻轻地对他说:"跟我走吧!"离开教室之前,教室里"特别"的气味依旧很重,我用眼神示意大家停止笑声,把窗户打开,并叮嘱班长先带领大家领读生词和课文。

我牵着他的手,把他带到了我的房间,并去找王老师让她帮我找了一条她孩子的裤子。因为她的孩子也在我的班里,估计两个孩子的衣服大小应该差不多。衣服很快就找来了,王同学在脱裤子的时候,头低得更低了,有些许的害羞和脸红,用手紧紧抓住自己的裤子不放。我看出了他的尴尬,故意开玩笑说:"大男子汉,还不好意思了,我侄子都比你大好几岁呢?"他这才勉强抬起了头,松开了手,我端来热水,给他清洗干净,并换上了干净的裤子。

虽然天气温暖,但毕竟已经入冬,他穿着王老师孩子的裤子,还是有点单薄。我打开电褥子,让他坐在床上,用被子把他裹了起来,然后给他洗干净弄脏的裤子,晾晒在了二楼的阳台上。忙完了这些才给他的家长打了电话,说明了情况,让家长给孩子捎一件干净的棉裤,等一切彻底弄结束的时候,已经上课快20分钟了。

走进教室,我像往常一样开始上课,对于此事,我没有讲任何一句话。那天我们刚好上的是语文第23课《卡罗纳》,在学习的过程中,我问同学们:"如果你们身边有类似像卡罗纳这样的同学,你们会怎么做呢?"大家纷纷举手,众说纷纭,他们的答案精彩极了,都是表示要给予别人多一些关爱和关心的。同时我又问他们:"那么你们刚才对于咱们班王同学的做法,你们觉得是关心和关爱的行为吗?"此时教室里静极了。过了许久,有一个学生站起来说:"老师,我们做得不对,我们在他有困难的时候,不但没有帮助他,反而嫌弃他、嘲笑他,我们这样做太不应该了,我们以后再也不能这样做了。"

接着其他同学也纷纷自主地站起来,对自己的做法表示愧疚和后悔,有的还表示要当面给王同学道歉呢。我对同学们说:"你们能够有这样的认识,老师很欣慰,因为通过学习这篇课文,你们明白了比书本中更为重要的知识——那就是懂得了关心和关爱别人,我为你们感到骄傲!"

"那么,现在如果你们是卡罗纳的同学,你们想对他说些什么呢?"我继续问道。教室里又是一阵激烈的讨论,接着同学们踊跃地回答,当然他们的答案博得了我和其他学生一阵又一阵的掌声。

此时,下课的铃声伴随着这节课的结束而响起了。就在这时,王同学的妈妈来到了学校,给孩子换上了干净的裤子,把他带进了教室。但却让我惊奇的是,大家都没有像平时一样出去玩,而是全都围着王同学,有的在和他说话,有的在向他道歉,有的还把自己愧疚的话语写在了小纸条上递给了他,他的眼睛湿润了。过了许久,他和大家一样像快乐的小鸟一起飞出了教室,到操场玩去了。

那节课一直深深留在我的记忆里,虽然那只是一件看似并不起眼的小事,但却深深感动了我,也感动了王同学。

于是在第二节上课之前,我在黑板上写下了这样的句子:

  无限芬芳落尽,惟有绿树依然;
  只有纯粹的温暖才能温暖人心,
  只有真诚的情感才能感动他人。
  所谓关爱,就是关心爱护,
  它在我们身边无处不在。

"赠人玫瑰,手有余香。"我们每个人都需要关爱,生活中也少不了关爱,别人给予我们关爱,那我们更应该去关心爱护他人,这样世界上才会充满——爱!

心灵碰撞的教育

陕西省定边县定边二中　魏　铭

　　课堂教学创设情境,用伴随理性的情感与学生的心理发生共鸣,使学生形成最佳情绪,在轻松、愉悦的状态下渐入学习佳境,学生在这种"境"中,教师正确牵引学生的"情",充分解放学生,让其发展,从而有效地完成了教学工作。

　　在信息技术课上,有些好动地学生在上机练习时,常会有意无意地修改、删除别人的作品或软件,给同学或电脑本身带来麻烦,一味责怪学生,效果并不明显。一次上课前,我有意识地把所有学生前一节课的电脑小报作品隐藏起来。在提到这节课任务时,我说:"我们先给大家5分钟时间完善你上节课的作品!"然后教室就开始骚动起来,有同学就抱怨:"谁删除了我的小报呀?""老师,我们好不容易完成了一节课的作品就这样没有了。""老师,我就差一丁点没完成,谁干的呀?"

　　最后问题都汇总到一点——"谁干的?"我说:"谁干的,咱先放一放,就先说说你看到别人删除你作品时地感受吧!"同学们争先发表自己的看法,我重点点到两个比较好动同学让他们说感想。"老师,他们太不尊重我的成果了。""让我知道谁干的,下次我也删除他的。""啊,打击报复呀!"问题症结终于让我找到了!

　　"同学们关于今天的事,我知道大家都很气愤、委屈,我要说的有两点。一、大家想想,知道别人动了你的东西你心里怎么想,同样如果你动了别人的东西别人怎么想呢?二、你发现别人动了你的作品,你打击报复,再去动别人的,别人再去动人的……这样的恶性循环结果会怎样?"大家都小声地议论着:"那样大家都相互删除别人的作品,太可怕了……"这位同学又不好意思地站起来小声说:"我的想法是不对的!"

　　最后大家总结,以后千万不能有意删除别人的作品了,如果是无意,删除了也应该告诉老师,请老师帮忙解决!

　　正确引导他们寻找错的原因,知道错在何处,对学生充满爱,课堂始终处于一种比较宽松和谐的状态,学生在这种情境下认识到错误后能够更为有效及时地改正。

从臭烘烘到香喷喷

浙江省象山县实验小学 王银亚

案例一

孩子们在认真地书写着新授课的生字,我一边巡视,一边纠正着孩子们的坐姿。不经意间,我瞧见挂在门后边的一块抹布掉在了地上,这是孩子们每天餐后擦桌子用的抹布。我轻轻地走过去,捡起来挂好。不经意间,我用捡抹布的手摸了一下鼻子,一股浓浓的臭味迅速钻进了我的鼻腔——"好臭啊!"我差点喊了出来。我把手背在后面,小心地保护着"现场"。十来分钟后,孩子们陆续完成了作业,我示意他们抬起头,郑重地说:"现在老师要请一位同学做一件事,谁愿意!"

一听要帮老师做事,孩子们纷纷举起了小手。我指了一名乖巧的女生。大家都在期待——老师要干什么呢?

"我要叫小白闻闻我的手,然后把闻到的味儿告诉大家!"这件出乎意料的事更吸引了每一个孩子的神经,他们翘首以盼。小白认真地闻了闻,笑着说:"老师的手有点臭臭的!"一语激起一阵笑论。

"哈哈,老师的手是臭的!"

"老师肯定好久没洗手了!"

"哈哈哈……"

我走到门后边拿来了那块抹布,说:"刚才,老师看到抹布掉地上了,随手捡起了它,现在我又拿了这块抹布,我再叫一位同学闻闻我现在的手。"这次,我特意叫了一个嗓门大的男生小张。他走上来,握着我的手猛吸了一口气,禁不住大喊:"臭死了!"又赶紧捂住了鼻子。

"现在大家知道老师的手为什么变臭了吗?"孩子们纷纷举起了手,好多孩子迫不及待地喊:"是抹布臭了!"

"那抹布怎么会臭呢?"教室里沉默了……一会儿,举起了一只小手。

"是……是我们擦了桌子后,没有洗……"

"是的,我看到小刘擦了后没有洗,就挂上去了!"另一个孩子检举着。

"你不是也这样!"孩子们开始互相指责。

"看来大家都已经知道抹布变臭的原因了,那么谁知道怎样才能把抹布变香呢?"

孩子又纷纷出谋划策,有的说"马上洗一洗",有的说"这么脏了,得用洗衣液了,我妈妈就是用洗衣液把我的脏衣服变得香香的"……

我随即把第一次洗抹布的任务交给了细心的班长,她欣然答应了。

我又说:"这节是语文课,老师想让大家写一篇小文章,题目就叫《抹布臭了》。大家想想应该怎么写呢?"

第二天,孩子们的小作文交上来了。

片段1:今天,老师先叫小白闻了她的手,小白说有点臭。老师从门后拿来了我们擦桌子的抹布,然后又叫小张闻她的手。小张大声叫起来"真臭啊"!我们才明白,原来是抹布把老师的手变臭了,想想我们以前用完了抹布,从来也不洗,真是不应该!

片段2:抹布臭了,抹布上堆积了很多脏东西,都馊了,我想,我们的教室里肯定有很多病菌在飘荡,真危险啊!都是我们不讲卫生惹的祸。

孩子们的语言是那么稚嫩,那么纯朴,但我知道,接下来该怎么做已经不需要我说了。果然,第二天放学前布置作业的时候,班长小蒋拿着三块抹布,满脸喜悦地跑来:"老师,抹布变得香喷喷了!您闻闻!"我闻到了一股太阳的味道。

"真香啊!"我由衷地赞美!

"是我和另外两个同学把三块抹布都仔仔细细地洗了又洗,还晒了一下午呢!"话语里透着骄傲。

"孩子们,现在班里的抹布变得香喷喷了,教室里的病菌也跑了!接下来,我们得……"

"我们要天天洗抹布,不让它再变臭!"大嗓门小张喊着。

我趁机接话:"同意的、能做到的举手!"43只小手齐刷刷地举了起来。

直到现在,那三块抹布都没有臭过,还经常带着太阳的味道。

一个好班主任,应该关注每一个细节,从细节入手,培养孩子良好的生活、学习习惯。从洗干净抹布、擦干净课桌、扫干净地面到写端正一个字,写整齐一行字,写清楚一页字,这些都要我们悉心指导。很多在大人眼里易如反掌的、理所当然的事,也许到了孩子手里会不知所措而弄得乱七八糟。这时,最忌讳的是对孩子大发雷霆,严厉地指责他们的懒惰或无能。其实,我们的孩子很懂事,也很能干。作为班主任的我们,与其让孩子们在埋怨、指责中流泪,不如给予应有的提醒和指导,把那些"技能"揉碎了给他们,让他们在呵护和帮助中学会了生活的本领。

案例二

"王老师,我们班的小余是班里最顽皮的,经常打人,你接班后要特别关注他……"交接班时,前任班主任对我说。

"王老师,您刚接班,对班里的情况可能不了解,安排课桌时,您千万不要把小余和我的孩子安排在一起,怕被小余打,您不知道,小余……"开学前一天,我接到了几个家长的电话,内容不外乎就是让他的孩子远离小余。

开学第二天,我安排了课桌,因为是新班主任,所以在安排课桌时,我避开了那些打过招呼的孩子,把小余和小刘安排在了一起。没想到,刚下课,小刘就哭着来到办公室:"王老师,我不要和小余坐一桌,我怕他打我,上学期他就打了我好几次呢!"没办法,我只好把小余安排在了第一桌——一个人一桌。

小余,一个我还没谋面就让我感觉到了他的"臭名昭著"、就给我出难题的孩子,让

我对他另眼相看。报名那天,我不动声色地特别留意了——一个帅小子,如果没有先入为主,你肯定会喜欢他。个儿比一般孩子高,很壮实。看样子,如果打架,班里很少有人是他的对手。有神的眼睛看到我时一愣,在他妈妈的催促下,轻轻地叫了我"老师好"。说实话,初次见面,小余给我的印象挺好的。可是,接下来的却都在"意料当中"了。

第二天,正式开课的第一天,就有10多个孩子来告状——"小余打我!"有的还痛哭流涕。我找了小余三次,责令他不许打人,他都答应得好好的,可转头又有人告状了。

第三天,第四天,依然如故。我虽然头疼,但由于刚开学,忙于其他事,当"案发"后,只是找到小余,责令一下就了事了。直到周五放学时,因小余打人的事,小余的爸爸和另一个家长吵架了,我感觉到了事态的严重,解决小余的问题迫在眉睫。我知道,小余的问题解决妥当了,能成为我顺利开展班主任工作的助推器,否则,孩子、家长都会觉得我"无能为力"。

于是,我对小余作了更全面的了解。那天,我把小余喊到了办公室。走进办公室,小余低着头,一只脚不停地搓着地,很长时间没有说话。我极尽我的温和,极尽我的耐心,终于,小余告诉我:"老师,其实,我……我不是打他们,我是……我是和他们打招呼,想让他们和我一起玩。他们都说我打他们,不跟我玩……"说着,小余哭了。我感到意外——打人是打招呼,我更欣慰——小余不坏!我和他约定:"从今天开始,尽量不用手和同学打招呼,即使用手打招呼,也要尽量轻一点。"也许是我的"厚爱"触到了小余的神经,他微笑着使劲点点头。

那一天,来告状的孩子只有4个。放学的时候,我满含兴奋地对孩子们说:"今天,老师要大大地表扬一个同学。"孩子们都停住了手中的活儿,期盼着新老师的赏识。"他就是小余!"孩子们惊讶地看向了小余,有的还惊叫起来。小余更是睁圆了眼睛,看着我。"是的,大家没有听错,我要表扬的就是小余,因为今天来到老师办公室告状说小余打人的只有4个人。"我把"打"写在黑板上,继续说:"说明小余进步了,我们先用掌声表扬他。"孩子们很配合地拍起了手。小余有点儿不好意思了。"今天,老师找小余谈话了,老师知道了其实小余'打'同学,很多时候不是真正的打你,他是和你打招呼,只是他的这种打招呼的方法不是很好,弄疼了好多人。不过,他已经答应老师,尽量不用'打'来招呼同学了,你们信吗?"孩子们的心是纯洁的,他们不记仇,全班孩子大声回答:"信!"

接下来的几天,无论在走廊上,还是操场上,碰到小余,我就或摸摸他的头,或搭着他的肩,像老朋友一样询问他的表现,叮嘱他几句。每天放学,我总要表扬一下小余的进步。那一天,告状的人数降到了"0",我更是"变本加厉"地肯定了小余的进步;那一天,我发现小余和小伙伴们在玩老鹰捉小鸡的游戏;那一天,小余的妈妈含着泪水对我说:"老师,说实话这几天我真担心您会打电话来告状,开学那几天,电话铃一响,我就心惊胆战,就怕孩子在学校闯祸……没想到,他那么听您的话。孩子说,现在好多同学都喜欢和他一起玩了,他有了好几个好朋友了……"

期中小结班会课上,我特意安排了一个环节:"谁愿意和小余一桌?"

举起了十多只小手,其中一只是小刘的。小余成了香饽饽了!我把小余安排在了小刘的身边。那天,小刘的家长没有打电话来。

陶行知先生曾说:"爱迪生幼年的故事,给了我两个深刻的印象。一是科学从小学起,二是科学的幼苗要像爱迪生的母亲一样爱护才能保全。"是的,没有爱就没有教育。教育需要爱,教育需要把学生当成自己的孩子。把学生当成自己的孩子,就能主动地,进而全面地了解、理解每一个学生。当我们全身心地走进孩子的世界时,你会发现教育是心灵碰撞的艺术,走进孩子的心灵世界,有了心与心的碰撞,便产生了火花,教育从这儿开始。把学生当作自己的孩子,你就会发现每一个孩子都是可爱的,你就不会轻易放弃任何一个孩子。即使是那些"弱势群体",你也会倍加关注、呵护,不失时机地发现他们的闪光点,鼓励他们不断进步,让每一个孩子变成班里的"香饽饽"。当你把学生当作自己的孩子时,你会发现,学生真的需要你!

俯下身，静等花开
——发生在研修中的难忘故事

浙江省绍兴市越城区斗门镇中心小学　徐　萍

每一个教师的专业发展，都离不开研修学习。参加集中面对面的培训，聆听专家学者的引领，让我们得在理念上更新；办公室同事之间的互助，也让我们受益匪浅；而如今的我们又多了一条学习的途径，那就是国培研修，它打破了地域、时空的界限，它能使专家的引领轻而易举地来到我们的身边，它汇聚众多名师名家，呈现给了我们庞大的教育教学资源，每每在教育教学中遇到困惑，总是能通过国培网站找到解决问题的途径。

新的一学期，带着满心的欢喜和期待迎接新一届孩子的到来。报名那天，孩子们一双双灵动的大眼睛、一张张烂漫的笑脸，对新环境充满了好奇。下午等来了最后一个孩子，他，很腼腆，小手一直拉着奶奶的衣角，躲在身后，我友善地跟孩子做自我介绍，他只是一味不停地低着头往后退缩，我试着去拉他的手，却逃得更远。

开学工作既忙碌又紧张。开学不久就收到了家长填写的关于每个孩子的《特异体质调查表》。每一张我都仔细查阅，生怕孩子的哪一项漏了。在大部分家长填写的"一切正常"中，一张表尤其显眼，"孩子在智力和自理能力上有待进一步开发，希望老师多关注"，是小伟的家长填写，就是那个害羞腼腆的孩子。从那时起，我对这个孩子有了一份更多的关注。

几天小学学习生活下来，我发现孩子还真有点"特别"。上课铃声响起，他总是"姗姗来迟"，好几次，铃声响完，我等在教室门口，远远地看着他从百米长廊走来，走几步玩几步；上课时也不像其他孩子端坐着，总是趴在桌子上，或者拿出美术书涂涂画画，提醒他坐端正，听仔细，他只是对你微笑。这样可不行，于是趁下课时间，我走到孩子身边，还没坐下，他就跑开了，我一把抓住他，笑着说老师又不是灰太狼，你也不是懒羊羊，你怕我干什么啊。他一如既往地露出招牌笑容，却仍使劲挣脱，跑开了。我跟着走出教室，那一幕我傻眼了，他走到教室花坛边，脱下裤子，朝着花坛小便起来，周围孩子笑话他随地小便，他也不说，提上裤子就跑了。我想是不是憋急了，刚入小学，孩子的状况总是比较多，也没往心里去，只是提醒他下不为例。可是接下来几天，孩子们经常来告状，小伟随地小便，小伟美术课跑出教室，小伟午自习在操场玩，小伟……我想这样下去可不行，刚进入小学，正是行为习惯的养成期。于是每一节下课，我都拉着他的手，一次一次带他到厕所，告诉他这是上厕所的地方，如果上课想上厕所就举手，在操场上花坛边是不能的。如果能做到，老师就给你发表扬信，表扬你向好的习惯又迈进了一步。

薛瑞平老师说对待学生尤其是一年级的孩子更需要心平气和，对待这样的特殊学生,只是老师努力还不够,必须联合家长。于是开学不久,我就对小伟进行了一次家访。家长都是老实本分之人,带着孩子走遍了杭州上海的医院,但是治疗效果微乎其微。我们一起达成了共识,尽最大的努力帮助孩子养成一些良好的生活学习习惯,孩子的问题我们及时沟通。每一天放学,都会跟孩子的奶奶聊上半天,一天来孩子的进步都会让我们非常欣喜,对于一些存在的问题,我们一起努力解决。

除了家长和老师的帮助,与他朝夕相处的同学也是好帮手。首先我给他安排了一个活泼、外向、乐于助人的同桌。这样当他有困难的时候,同桌就能及时、有效地帮助他,特别是提醒孩子做好课前准备,上课一起写作业等,慢慢地孩子跟同学的交流多了起来。

现在想来,尽管有许多让我崩溃的时刻,但是我也欣喜地看到孩子一些细微的变化,笑容多了,跟周围的同学学着慢慢交流,能安静地坐在座位上画画,我再去拉他的手,跟他讲话,他的眼神不再躲闪,放学的一句"老师再见",让我感动想哭。伴随着孩子的成长,其实也是我的成长。在日常教学过程中,总会有这样那样调皮的孩子惹出啼笑皆非的事情,不是一味地批评发火,伤了自己又吓了孩子,要给孩子改正的机会,学会心平气和地面对这些"小麻烦"。当我们走进孩子的家庭,了解孩子的生活,我们所认为的"调皮差劲"的孩子都是一块宝。俯下身,用爱让他们开出灿烂的花朵。

给孩子一次机会　还自己一个惊喜

浙江省绍兴市柯灵小学　谢春英

案例内容

自尊心人皆有之,每位学生都有其个性和尊严,作为一名教师应是学生心灵的卫士,切不可随意伤害学生的自尊心。教育家艾玛逊指出:"教育的秘诀在于尊重。"教育实践证明:尊重是一种富有鼓舞作用的教育方式,是教育成功的一把钥匙。对于那些犯错误的学生,要讲究批评的艺术,尽最大可能地保护其自尊,尽最大可能地避免学生感到有"伤自尊"场面的出现。

我的教育对象是一群天真可爱的小学生,但对于一个小学阶段的孩子而言,犯错是难免的,对于犯错误的孩子,我认为有时不妨也给他们留一些面子,维护一下他们的自尊心,也许会有意想不到的效果。发生在我班上的一件小小的"偷橡皮"风波令我对此更加深信不疑。

案例描述

上课铃声一响,我刚走进教室,一名女同学就跑过来眼泪汪汪对我说,她放在铅笔盒里的五块新橡皮没有了。为了不影响教学任务的完成,我安慰她说老师一定帮你找到。她点点头。课一结束,我就仔细地再请她把书包和抽屉查找了一遍,并请她描述了5块橡皮的样子及相关的情况。当听到橡皮是在刚才下课这一段时间内丢失的,我当时就生气了。因为我下课时一直在教室里改作业,没有其他班学生进来。难道咱们班真有小偷。以往听同学们反映铅笔没了,橡皮没了,我一直觉得是他们自己没摆放好弄丢的,也觉得孩子们那么纯真不会有人会去偷。可如今在那么短的时间内这么多的橡皮一眨眼就没了,我相信一定是班内的某个同学拿了。

那到底会是谁呢?我看着53张稚嫩可爱的脸,个个摇头说不是自己拿的。这可这么办呢?这时,一个同学说:"老师我让你看我的书包,我没拿!"另外的同学也附和说:"要不咱们同桌互相帮忙找一找好吗?"虽然这个同学的建议有违教育常规,但为了给同学一个交代,我说:"要不,咱们就同桌互相帮忙找找。"同学们互相寻找起来。

突然一对同桌互相吵了起来"是你拿的"。"不是我拿的。"我寻声而去。是咱们班的一个文静的小姑娘燕燕。同桌从她的书包里、衣服口袋里、铅笔盒里和抽屉里相继找出了4块橡皮,跟丢失的5块橡皮大小颜色都相同。想到燕燕家境富裕,家里有高档轿车,穿的衣服都是名牌,虽说成绩不是名列前茅,但为人乖巧,善良,我真不相信是她拿的。为了不让孩子当众出丑,我请她来到了办公室。

在办公室燕燕还坚持说:"是我爸爸昨天给我买的。"通过看她的表情,我断定这次她在撒谎。接着我平静地说:"你现在年龄还小,对随便拿别人东西的危害还不太懂,不良习惯也是容易改掉的。但是你如果不及时改正,将来会给自己的人生带来严重的后果,到时候想改就难了。只要你说真话,老师会帮你保守这个秘密的。"她沉默了一会儿,眼泪滴答滴答地流了下来,说"老师我错了,老师我错了,我不是故意的"。听到这我终于舒了一口气,这孩子终于承认了。听完了她的交代,接着我和她约定:"以后不能因为喜欢而随便拿别人的东西,这一次我替你保守秘密,不告诉家长和同学,但条件是没有下一次。"她使劲地点点头答应了。

在班上,我向全班同学说:"这次事情,燕燕她不是故意拿的,她是从地上捡到的,以后咱们捡到东西要归还失主,找不到失主应该交到讲台上,以便同学们查找,好吗?"同学们个个点点头。

接下来的几天我一直在观察她,发现她和同学们依然玩得很亲密,同学们也依然跟她开心地做游戏,我悬着的心放下了,至少她和同学们没有因此事而受到不良影响。之后班内时不时地有同学把捡到的铅笔交上来又有同学拿回去,来我这儿说丢东西的人越来越少了。更意外的是她之后的学习一直很努力,在期末结束时,她的语数两门成绩的分数与上学期相比,在班内学生中提高的幅度最大。

试想:如果当时我不留情面,当着学生的面粗暴指责,伤害其自尊心,结果又会怎样呢?可能是换来别人对她的歧视,她对别人的仇视,这样一直带着这个阴影走完她的学习生涯,这是多么的可怜和悲哀呀!

我庆幸我当时的冷静,想想二年级的小朋友的自制能力还不是很强,有时看到自己喜欢的东西会情不自禁地犯错误,教师要引导教育好这些学生。不要因为这一次而让这些学生一生戴上了"小偷"的帽子,这样做不仅于事无补,而且会损害孩子的自尊心,后果不堪设想。作为教育人的老师,应该从分析其偷窃的动因入手,进而说理,帮助孩子从内心认识错误,给孩子一次改正错误的机会。相信你给她一次机会,她会还你一个惊喜。

这一场拉锯战
——《警察与小偷》的教育故事

浙江省绍兴市马山镇中心小学　俞君青

　　我们之间进行着一场持久的战争,我在这头,你在那头。我们进进退退,走走停停,并不断地试探对方的实力。我们像是新《警察与小偷》,各自施展着浑身解数,演绎着一段教育故事。

——题记

背景

强,四年级学生,三年级时由完小转到中心校的三年级。父亲长期在外打工,母亲身体不是很好,无暇管他。在班级中,他的成绩长期稳居下游,并且经常不做作业,令老师们头疼不已。

一、忙碌的傍晚

初次见强,便明白这是一个重量级的对手。开阔的脑门,宽大的嘴唇,一双微凸的眼睛,放出冷漠不屑的光芒。这孩子怎么长得这么凶相,我心中暗念。

果不其然,我很快领教到了他的"厉害"。那天放学,强和几个同学被我留了下来,因为他们还没有完成我所规定的作业。放学的铃声欢快地响起,孩子们正在整理书包,准备放学。强走到我面前,一只手耷拉着,身体半蹲,对我说:"老师,我去上厕所。"我见他那滑稽的有点不舒服的姿势,点点头。

几分钟后,强并没有回来。看强的位置,课桌居然空空如也。孩子们也发出惊叫:"书包没有了!强逃走了!"声音里不乏掺杂了一些幸灾乐祸的味道。我的火气开始往上冒:这强也太大胆了吧!拔腿便下楼去,我知道强是坐学校的接送车的,今天他的不乘车的请假条已经让同学送到了当班老师手里,这会儿车子马上要出发了。可我并没有找到他。乘车教室、校门口、楼梯、广场……都没有他的身影,好像他已经从校园里人间蒸发了。无奈,回到教室,除了强,我还有一大群学生,等着我去放学。

匆匆地寻找,匆匆地放学,匆匆回到教室,我气不打一处来,却看到了气喘吁吁的涛——他们和强一样,同样因为没有做好作业被我留下来,和强唯一的区别就是,他没有逃跑。他说:强在门卫处躲起来了,现在被程抓到了,你赶快去啊。我一听更火了:谁让你们去抓他的!可我没有时间生气了,踩着高跟鞋连走带跑地冲下楼梯,奔向门卫处。可我又失望了,那里空荡荡的,既没有传说中强悍的强,也没有正义的程。

回到教室,面对着两个自作聪明的涛和程,我大发雷霆:"谁让你们去抓他的,他要逃就让他逃吧!现在让我怎么办?"强的家在恂南,离学校有五六里路,一个孩子得走上个把小时。万一路上出点什么事……我赶紧打强家里的电话,他妈妈接的电话。和她有过接触,直率得有些过分,说话不懂得分寸,是典型的农村妇女。听了我的叙述,她并不在意,倒是一个劲地述说自己生病了,没空去管教不听话的孩子。而爸爸常年在外,更没有功夫去管教孩子,语气中并没有太多的焦急和担忧。谈着谈着,她说:强到家了。没有刚才的担忧,自然没有现在的惊喜,稀松平常。倒是我,深深地吐出了一口气。

第二天,翻开强的作业,依然是一片空白。强低着头,翻眼看我,那双微凸的眼睛里,看不到一丝畏惧。我想,这样的孩子,简直无药可救。我真的打算放弃了。

初次交锋,以我的全面溃败而告终。我这个警察当得真是有点憋屈。

二、车上的风景

失败的第二天,我忽然醒悟:我不能放弃,如果我放弃了,不是成全了强,并承认自己的失败?况且,强已经成为班上的风云人物,他将带起一帮他这样的人。我绝不能放弃,强这匹犟马,我一定要驯服! 于是,我重整旗鼓,开始了我的计划。

第一步,语言的力量。早早地,便对强下了语言攻势,我狠狠地看着他,以自己最蛮狠的方式,说道:"好啊,你要逃,我看你怎么逃! 今天傍晚,你等着瞧!"在同学们的见证之下,强果然低下了头,我已经看不到他的表情。

第二步:盯梢。放学了,我再一次替他写了不乘接送车的请假条,然后,"押"着他一起去放学。强很不情愿,但是没办法,算他倒霉,谁让他碰上我这样死搅蛮缠的老师呢。之后,我开车送他回家。一路无语。

第三天,他的作业还没有完成。我毫不留情地留下了他,并且以一种坚定的语气告诉他:如果你不做完作业,我非常有耐心陪你。他的作业速度明显加快了。回家的路上,我问:喜欢老师送你吗?他摇摇头。我再问:这可比你坐接送车舒服多了。他说更喜欢坐接送车。下车时,他和我说了"再见"。

第四天,他的作业依然没有完成。直到傍晚,我没有施加任何语言压力,只是看了看他。他坐在那儿,没有起来的样子。我依然叫上他和我一起去放学,他走过来,对我说:"老师,我回家一定会做好的。"看他一脸的祈求,我有些于心不忍,可想起他之前的种种不是,便又狠下心来:"不行! 我不会相信你的!"他低着头,默默地和我一起去放学。我发现,他居然在偷偷地抹着眼泪。我不禁暗喜,但不露声色,照常让他写作业。

一星期过去了,强每天都坐我的车回家。深秋的夕阳力道不足,可浓重的晚霞却有着绚丽的色彩。我们披着凉凉的秋意,行驶在昏黄的公路上。熟悉的景色,熟悉空气,我们的话题也渐渐开阔起来。学习难吗? 作业多吗? 你妈在哪儿上班啊? 你哥哥在养鱼呀,有些什么鱼? 什么,程在厕所里把杨打了一顿? ……如此种种,大部分是我问他答,有时候他也主动向我报告班里的糗事,叙述中带有小小的嘲弄。我揶揄他:若干年后,你可以写一篇回忆录——车上的风景。

就这样,在我的强有力的攻势中,强的堡垒渐渐被攻克。

三、小小的曙光

强似乎已经明白我的决心了,所以,听到了轻快的放学铃声,他便会很自觉地和我一起去放学,然后,乖乖地回来做作业。白天,他依然不做作业,一到傍晚,却速度很快。

我问:你为什么不逃?他一副你明知故问的神情:逃不了呗!我笑笑:你知道就好。其实,强并不是一个沉默的人,他很清楚自己的状况。对于作业,他并不自觉,只是迫于我的威慑。强感觉到我的善意之后,也会和我说说笑笑。

可这时,同事莹来叫我:开会去!时间到了!我恍然大悟:本周没开周前会,今天补开!我怎么把这档子事给忘了?可强的接送车已经开走了,怎么办?我对强说:你在教室里做作业,我去开完会再来!强应了一声。

整个会议都是在惴惴不安中度过。我的耳朵在会议室里游走,我的心却留在了教室里。

17点,会议结束。我快步走去教室,果然不出所料,人去楼空。马上给强家里打电话,面对我的解释,强妈安慰我:俞老师,不要急。他可能自己回来了。谢谢你这几天送他回家。这么多天以来,第一次听到谢字。挂下电话,我打定主意放弃了:我这么苦口婆心,这么用心良苦,都是对牛弹琴。我真的不管他了!

那天晚上,没有接到强妈的电话。第二天一早,看到一个若无其事的强,没有解释,没有抱歉。我冷冷地看了看他,不说一句话。可这个白天,却变得异乎寻常:强不停地做着作业,并且殷勤地来问我他的其他的没有完成的作业,一下课,便频繁地捧着作业让我来改。我冷冷地看着,还是没说一句话。

放学之前,他完成了最后一项作业。像个孩子一样(呵,他本来就是个孩子),蹦跳着跑下去:哦,做好了,可以回家了!一脸的轻松快乐。这家伙,得意忘形了!我故意问他:你今天怎么这么自觉啊?他一脸的轻松:你要留的呗。嘿,你早干嘛去了,早知今日,何必当初!

第二天,考试。强得了80.5分。我表扬了他,他笑了,咧开了大嘴,憨憨的。到了傍晚,他自觉地留了下来,因为他还有作业没有完成。

回家的路上,我问:得了80.5,你高兴吗?他说:高兴。我问:你愿意我放弃你吗?他摇摇头:不要。我轻踏油门,车子缓缓地行驶在熟悉的公路上。

天色渐暗,可是,在我的心里,似乎迎来了一个小小的曙光。

在这场战役中,我们进行着持久的拉锯战。我们像是在演绎着新《警察与小偷》的故事,似乎都没有获得胜利,但隐隐地,我们都是胜利者。我们继续战斗着。

做孩子心中的太阳

浙江省杭州市学军小学 江泱泱

　　幸福是什么？很多人都在寻找其中的真谛。教师的幸福又是什么？在我看来，当一个孩子因为我而有些小转变、小进步的时候，是我最大的幸福。为了让幸福延续，我愿意相信孩子，让孩子和我一起在成长的道路上感受幸福。我和涛涛的故事，就让我品味到了这种幸福。

　　涛涛是我在一(3)班认识的第一个孩子，记得那是开学报到的第一天，才七点多，涛涛便和妈妈来报到了。"你叫什么名字？""今年几岁啦？""想不想知道老师姓什么呀？"我试着和孩子拉近距离，但一个个问题得到的回答全是从妈妈口中而来。隐约中我感到这是一个偏于内向的孩子，他对这个陌生的环境充满了不安，甚至是拒绝。

一、校园中的涛涛

　　上课没几天，几位任课老师都反映："你们班涛涛怎么从不说话啊？老是一副爱理不理的样子！"还有老师开玩笑地说："你们涛涛好酷哦！"我无奈地点点头："他对我也是如此啊！"

　　课堂上他从不违反课堂纪律，但思绪永远都是游离在课堂之外，比如语文课上，"小火车，开起来！开起来！"，开火车的指令一发出，整个教室都沸腾起来了，只有涛涛，哪怕小火车开到他，他也不知道。在孩子们的催促下，他才慢悠悠地站起来手足无措地沉默。这个教室对涛涛来说似乎就是一个仅供他自由遐想的天地。

　　他没有一点学习基础，再加上几乎为零的课堂效率，一系列学习问题迎面扑来。从不主动上交、完成任何作业，每次考试成绩均为"不合格"，甚至排在年级最末。

　　不仅如此，他的做事速度也是"不紧不慢"，午餐时，食堂里常常就只剩下他一个人还在"细嚼慢咽"；开学初将近一个月他的作业都无法抄全；排队集合总是还剩他一个人在队伍外面……

　　怎么办啊？！我真是着急！

二、父母眼中的涛涛

　　俗话说："知己知彼，方能百战百胜。"我决定到涛涛家中进行家访。

　　涛涛的家与其他孩子的家庭没有太大的差异，爸爸妈妈、爷爷奶奶、还有一个哥哥。爸爸妈妈从事个体经营行业，平常忙于店内事务，几乎很少关注孩子的学习和生活。孩子从小大部分时间在家都是跟爷爷奶奶在一起，老人对孩子万般宠爱，什么事情都由着他，吃饭、穿衣，家里大小事情老人全包了。当涛涛做错了什么事，爸爸妈妈比较严厉时，老人就会护着孙子，导致有时对孩子的教育会升级为大人的争吵，于是大部分对涛涛的

教育只能不了了之,涛涛也摸清了大人的套路,在家里变得肆无忌惮起来。

幼儿园时老师就已经反映涛涛偏于内向,甚至有些孤僻的性格现象,建议家长多带孩子参加一些亲子活动等,拉近与社会的距离。"我们哪有时间陪孩子去啊!店里的生意每一笔都数额不小,我和孩子妈也不放心交给手下的人,还时常要忙着出货、进货,分身乏术!"涛涛爸爸无奈地说。

涛涛是个极不自信的孩子,他不敢与其他小朋友玩耍,因为他怕其他孩子会欺负他。自从入学以来,妈妈常问涛涛下课时跟不跟小朋友一块儿玩儿,涛涛总是摇头。问起为什么,涛涛回答说怕别的小朋友看不起他,觉得他笨,会欺负他。涛涛妈妈也开导涛涛:"虽然你现在比不过人家,可只要你努力就一定能有进步,就会慢慢赶上别人的。"可涛涛就会摇摇头,可怜地说:"×××他们可聪明了,我是追不上的。"

在交谈中我看到了作为父母的无奈,也看到了这个家庭对于孩子教育最大的漏洞就是家长没有用切实的行动去督促孩子,他们急在心里,却束手无策。

渐渐地我明白了,涛涛现在最缺乏的东西是"自信"。用大人的话来说,涛涛有些"自暴自弃"。涛涛觉得自己无论如何也比不过别人,那干脆就不要努力了吧!突然我感觉到自己肩上的重担,转变了一个环境,家长多么希望孩子在新环境中孩子会有新开始,多希望老师能多给涛涛一些帮助,我想我应该要做点什么。

三、食堂中的惊人转变

涛涛有那么多不尽如人意的地方,总不能眉毛胡子一把抓!好,就从吃饭开始!

涛涛吃饭速度慢是全校闻名了。看涛涛吃饭真是着急,一口两粒饭,只吃饭不吃菜。班里一开始吃饭慢的孩子也挺多,但后来进行了"午餐速度星"的评比之后,其他孩子都为了争星而努力,吃饭速度一天天提高。只有涛涛,似乎对多得星一点儿兴趣都没有。我看在眼里急在心里,找他个别交流,他唯唯诺诺地点着头答应我,以为会有一点转变,结果第二天到食堂还是一样。

他对什么都提不起兴趣来,到底怎么样才能让他有加快就餐速度的动力呢?一个小现象引起了我的注意,课间时他虽然从不与小朋友一起玩耍,甚至很少走出教室,不过只要我在教室,他总会晃到我身边,也不说什么,就趴在讲台上看我做事,我隐约觉得或许这个孩子对我还算有几分好感吧!要不就从我和他的"小交情"入手?

这天,我端着餐盘走到他面前,轻轻地说:"涛涛,端上盘子跟江老师来。"涛涛听了,端着盘子到我对面坐下。其他孩子都疑惑地看着我们。"涛涛,想不想跟江老师比赛呀?"话音刚落,我就看见涛涛原本黯淡的眼睛里闪出了一丝光亮,他点点头。我隐约地感到今天这事儿或许有奔头。

"我一口,你一口,看看谁先把这口饭咽下去哦!"我舀起一勺,"这是我的第一口,我要开始嚼啦!"说完,我就开始大口吃起来,涛涛见状立刻也用勺子狠狠地盛起一勺,塞进嘴巴里,开始嚼起来。"原来涛涛吃饭这么快呀!"我高兴地说,"可是你看,你快输啦,我快要吃完了呢!"我故意张开嘴给他看看,他见状,加快了咀嚼的速度。"哈哈,你输了,江老师得一分了哦!赶快把这口吃了,第二回合要开始啦!"涛涛饶有兴趣地看着我,竟然趁我还没动勺子,他先把第二口塞进了嘴巴里。"哎呀,被你领先了,我要追上来了。"他大口大口地嚼着,仿佛带着必胜的架势,于是我故意嚼得慢一些,一边还在旁边说:"你怎么一下子吃得那么快啦?快让我看看你嘴巴里还有多少饭。哎呀,这回比不过你了呢!"我一边做着失望的表情,一边假装努力大口吃的样子。不一会儿,他欣喜地张开嘴巴给我看。"哇,竟然被你比过了啊!你怎么这么厉害!"我大声地说。

其他孩子都对我和涛涛的比赛引起了注意,还有孩子也举手说:"江老师,我能不能也和你比赛呀?"我偷偷看涛涛,他原先一副满不在乎的样子,听了其他孩子的话似乎还有点小紧张呢,好像怕我不跟他比了似的。我故意说:"那可不行,我只和午餐速度进步最大的小朋友比赛,今天进步最大的非涛涛莫属。"一股骄傲和自信从涛涛的眼神中流露出来。

那天,我的内心万分激动。看着一个孩子在短短的十几分钟,因为我的努力而有了天翻地覆的转变,这种成就感是无法用言语来形容的。

连续几天,我都和涛涛进行着比赛,渐渐地发现涛涛可能对这种比赛的兴趣有点减弱了,效果没有开始明显了。我心想:"应该让他再体会到一些成就感。"于是我故意趁值日老师走过我们班级,对值日的老师说:"老师,你快来看呀,今天我们涛涛吃饭可快啦!"值日老师马上就知道了我的用意,立刻面带微笑地说:"涛涛太能干了,有进步的孩子老师最喜欢了!"

这样坚持了一周,涛涛渐渐学会了独立用餐,到现在,他已经能够在规定时间内把饭菜和水果全部吃完。对孩子来说,改变一项七八年来养成的坏习惯是多么不简单的一件事,而他做到了!

每当我看到他狼吞虎咽地大口嚼着饭菜时,我的心里有种莫名的幸福感,这个孩子正因我而慢慢转变着,多么不可思议啊!

四、学习上的小进步

午餐上有进步了,课堂上的涛涛能不能也像午餐那样取得一些进步呢?以午餐的进步为契机,我在每周评喜报的过程中,都会给他颁发"午餐速度进步奖",而且在班里夸张式地表扬他,让他得到全班小朋友的掌声和喝彩。每次,我还会对他说:"如果课堂上的涛涛能够像午餐时候那样不断加油,你也会很棒的!"

渐渐地,原先从不举手的涛涛竟然开始举起他的小手了,只要他举手,我必定叫他回答,无论质量如何,别的小朋友回答一次问题只能加一星,而他能加五星,孩子们对他充满了羡慕。在这样的舆论导向下,涛涛尽管每次语数考试均为"不合格",但孩子们还是觉得涛涛在进步。于是,涛涛的喜报变多了,不仅有"午餐速度进步奖",还有"课堂表现进步奖"……

现在的涛涛已经比开学初懂事了很多,也大胆了很多。看着涛涛的进步,我的心里体会到了作为一名人民教师的成就感。每当他下课的时候,拉着我的衣角,在我耳边说着他的"小秘密"的时候,这是一种被人信任的幸福,它让我陶醉。

五、后记

有人说,当老师太苦太累,当小学老师面临的工作尤其烦琐。是呀,作为一名小学老师,的确需要时时刻刻为孩子们着想,全心全意地为孩子们付出。但孩子们给我们的回报是多么意义悠远:一个自闭的孩子,因为有了你而渐渐变得开朗;一个好动的孩子,在你的课上专心致志;一个原先不爱阅读的孩子,因为你而成了一名小书虫……别说是这些大转变,在我眼里,当孩子学会了扫地,当孩子学会了系红领巾,当孩子为了班级某项比赛的失利失声痛哭……我的心里都溢满了感动和幸福。其实幸福很简单,只看你如何定义幸福。

　　同时,幸福是相互的。曾经看到过这样一句话:"一个不快乐、不幸福的老师,他建立的班级也将是灰色的,没有活力的。"相反地,一个懂得感恩,常觉幸福的老师,她会善于观察每一个孩子,把孩子的喜怒当成自己的喜怒,把孩子的处境当成自己的处境,设身处地地为孩子着想,当孩子发生什么问题时,他会积极地从孩子的角度寻找原因,为孩子寻找解决之道。孩子感受到了老师的关怀,在老师的循循善诱下走出困境,他那灰色的天空仿佛透进了一丝丝光亮;而此时的老师,正因为孩子的转变和进步倍感欣慰……幸福加上幸福,循环往复,这该是多么强大的力量!

　　我们是孩子的太阳,给孩子输送自信的能量和转变的勇气;孩子也是我们的太阳,他们的微笑是我们最大的动力! 就让我们相信孩子,做孩子心中的太阳吧,就像涛涛,虽然他距离那些优秀的孩子还很远很远,但有句话说:"你希望孩子变成什么样,他就真的会变成什么样。"我会尽自己最大的努力,给他输送能量,一次次小进步,终有一天会变成质的飞跃!

让爱挽救缺失家庭中稚嫩的心灵

广东省深圳市福田区　刘　爽

"老师,我不会写字,麻烦你帮我把信息表填一下。"一个年老的声音传到我的耳朵里,我隐约听出来大概是这样的意思,抬头一望,是一位阿姨。这是一年级新生入学报到时的一个场景。由于这位老人家说的是方言,我询问了好久,才搞清楚,是外婆带着外孙来入学报到。

这个孩子叫雨豪,矮矮的个子,大大的脑袋,身体壮壮的。他从小跟外公外婆长大,老人家没什么文化,对孩子一味地溺爱,虽然家庭条件一般,但是在吃穿方面都尽量地满足孩子的需求。他父母离异,爸爸是保安队长,妈妈是工厂工人,由于妈妈年轻时受到过刺激,精神有点失常,产后就更加严重,正因为如此,爸爸离开了妈妈。爸爸每月会给孩子打生活费,但是很少有见面的机会,更别说陪孩子玩耍游戏了,妈妈状态好的时候生活可以自理,不好的话就会被锁在房间里,外公外婆怕她出去惹事。这就是雨豪的家庭情况,很复杂。

入学的第一个学期,雨豪真是让我很头疼。他没有读过幼儿园,家里人也从来没教过他学习,几乎是零学前教育,上课根本不听,练习也不写,老师耐心教他,甚至是手把手地教,感觉当时听懂了,下次问他又不记得了。上课总是魂不守舍,下课却精神焕发。可能是精力无处发泄,慢慢地他去招惹别人,欺负别人,别的孩子看到他的外形就很怕他。他是办公室的"常客",各科老师的"跟班",几乎成了班级甚至年级的老大难。

这期间我打过几次电话给雨豪的爸爸,开始他还礼貌地说给老师添麻烦了,辛苦了。后面干脆就很不耐烦的样子,说他自己也没有办法。再后面就不接我的电话了。我想这不是办法,就在国培网上看别人的日志等资源,学到很多。于是从外婆那里问到他爸爸的地址,决定去家里拜访一下。

我和雨豪的爸爸从来没见过,至今我还记得当时他那诧异的表情。当然他还是很礼貌地让我坐下,与我交流。我问他:"你觉得你的儿子怎么样啊?"他愤愤地说:"这臭小子,就是来要债的,上辈子我肯定欠他的。整天只知道吃、玩,净给我添麻烦,给你们也添了不少麻烦。"我一惊,然后笑了一下,说:"你知道吗?雨豪很聪明。"他爸爸不相信,我说:"他是班里的象棋高手。还有雨豪很爱干净,每次大扫除时,他都争着抢着干活,他摆的桌椅是最整齐的,我还想选他当劳动委员呢!"他爸爸听了很诧异,说:"刘老师,本来我还以为你是来告状的,没想到你是来夸雨豪的。你不说这些我都还不知道。"我说:"孩子在学习上进步得比较慢,可是在其他一些方面是很优秀的,我们也要看到孩子的长处,帮他长进短处。"他爸爸有点惭愧,跟我说了家里的情况,我说:"这我都知道,可是雨

豪是你的儿子,你有责任和义务帮助他,不能撒手不管啊,外公外婆溺爱孩子,在学习上也帮不了孩子,你是读过书的,我相信你可以,通过跟你的交谈,我觉得你也是个通情达理的人,如果你花时间好好培养雨豪,他是有很大的发展空间的。"他听了我的话,有点动容了。我又说:"可能你坚持两个月、一学期,孩子的好习惯慢慢养成了,你就不会太累了,甚至还可以帮你做点家务,以后他有出息了,也会报答这位爱他的爸爸的。"他眼睛湿润了,说:"刘老师,谢谢你对雨豪的关爱,我会跟他外公外婆商量这件事。"几天后,雨豪爸爸主动打电话给我,说:已经把雨豪接到他那,他会亲自管孩子的学习和生活。我把班里所有学习上的要求都发给他。心里总算松了一口气。整个一年级,孩子的进步很大。

一天,雨豪爸爸打来电话说他又成家了,给雨豪找了后妈,后妈带了两个小孩,想把雨豪送回到外公外婆那去。这是晴天霹雳,对于我来说。我马上说:"那之前的努力不是白费了。"他也两难。隔了一天,他告诉我给孩子找了午托晚托班,听其他家长介绍这位老师很负责。当天晚上,我、雨豪爸爸、晚托班张老师约好见面谈雨豪的事情,最后决定:孩子放学先去张老师那学习,不仅学二年级的课程,有时间还要补一年级的,每天晚上9点,爸爸来接雨豪回家,如果阴雨天气,雨豪就去附近的外婆家。我把所有的学习资料都给了张老师,并留了电话,以后关于学习的事就互相交流。我定期电访,课堂上关注雨豪,张老师也很认真负责,爸爸也对孩子进行心理疏导,鼓舞他。我们三方面完美合作,一个学期下来,孩子语、数、英三科都是A,我们成功了,努力总算没有白费。雨豪自信了,各个方面都突飞猛进,他成了同学们的榜样,家长们口中的乖小孩、棒小孩,年级组里的佳话。

现在是三年级,孩子一如既往地优秀,有一天课堂上讲到座右铭,我询问大家,你们的座右铭是什么,雨豪第一个举手说:"是刘老师以前讲过的一句话,'让优秀成为一种习惯'。"说完,班里响起热烈的掌声,我知道这掌声的背后是尊敬、佩服。两年前,我做梦都没想到雨豪会是今天的样子,相信很多人都想不到。现在雨豪还是劳动委员,不仅在大扫除时带领大家干活,还在学习方面引领着大家。

用爱挽救缺失家庭中稚嫩的心灵。每一个孩子都是可塑的,教师必须有博大的胸怀和深沉的爱,对学生要有满腔热情的期待和细致入微的关爱,要用情、用心去倾听花开的声音,"一花独放不是春,百花齐放花满园"。我相信,只要用心的倾听那花开的声音,我们面前一定是一片姹紫嫣红的花海。

美国著名演讲家戴尔·卡耐基说:"当我们听到别人对我们的某些长处表示赞赏之后,再听到他的批评,心里往往会好受得多。"莫让家访成告状!家访是一把钥匙,走进学生家庭,走进学生心灵,打开的是学生、家长、教师间的千千结,架起的是学校沟通的"希望桥";家访是一罐蜜汁,凝望家长的笑脸,手与手相牵,虽然累,心里却甜透了。

本次国培学习已经接近尾声,但是它对我们的影响是无可厚非的,不仅增进了我们的学识,也增长了我们的见识。希望接下来的国培更加精彩,期待……

第三篇

教书育人 实践真知

给"差生"多一点关爱

安徽省舒城县山七镇燕春小学 李志宏

作为教师可能总会有这样一种感受：所谓的"差生"难教，不听话，不爱学习，或不遵守纪律……他们令每位教师感到头痛；而这恰恰又似自然规律，各个班级总都有着好、中、差的学生分布。因此，对"差生"的教育和关爱便直接体现出教师职业道德水平。说实话，我在教学中也一直为如何给所谓的"差生"多一点关照和爱护而困惑；虽有困惑，但在工作过程中我始终不渝地探索，尝试用各种有效可行的方式去与那些"差生"进行沟通、交流……

其实，这些"差生"平时在校往往是课间个个生龙活虎，课中个个又似温顺的绵羊。有一句顺口溜"上课似绵羊，下课似豺狼"，就形象地描绘出他们的特点。他们在课间疯得劲头十足，到了课堂上却常是一语不发，当你找他们谈心说话时，也是那样，总是低着头，一幅精神萎靡样子对你。这些确实让我们做老师的很无奈。

针对这种现象，我个人觉得也没有什么更好的办法，多与其谈谈心，说说话仿佛可以消除师生之前的隔阂，拉近师生之前的距离。这样，教师才能更深入、全面地了解学生，了解他们心里都在想些什么。不论课堂、课间还是课后，老师常和学生们说说话，聊聊天，甚至是带着他们玩，时间久了，就会消除他们对老师的戒备心理，他们就会和老师说些"掏心窝"的话，就会自然地彼此真诚相待。就有一些学生和我说到过这样的话："上学不开心，伤脑筋，写作业累，没有玩快活；上课也不想听，注意力不能集中，总喜欢想这想那，摸摸这摸摸那，其实这些我们也觉得无聊，但比起学习伤脑筋，写作业烦，我们还是觉得选择整天无所事事，漫无目的地耗着强。"

面对这样的学生，该如何教育呢？我们学校的冯老师在对"差生"的教育上的做法，就给了我很多的思考和启发。

他的班上有一位比较另类的女学生，她是从兄弟学校转学过来的，之所以说她另类，是因为她和大部分学生太不一样了，或者用学生的话来说她有点"神经"。这是有原因的，她转学到这里就是因为她母亲在一次上山劳作中，不幸遭遇一群毒蜂被蜇身亡，父亲又外出打工，没人照顾，寄托在她大妈家。这个残酷的事实对她的打击也可以说是晴天霹雳了，导致她现在成为同学们心中的"神经"。

这个学生总给人一种邋遢、疯疯傻傻的感觉，被老师批评或是和同学闹矛盾了总会有"寻死觅活"的异常举动，乍一看倒也挺吓人的；她不爱写作业或者不顺心时作业写得连她自己也不认识，其实她一点也不笨，一旦认真起来字写得特别美观，还是个挺有思想的孩子。

对于这样的学生,冯老师已经清楚地意识到不能再给她压力了,只有在学校多给她一点机会,多一点关心和爱护了。冯老师就常和她谈话,聊天,作业写得好时,他就常在全班表扬,鼓励她继续保持,至于因想念去世的母亲而表现异常时,他就多安慰她,让同学们带着她一起"疯",尽量让她忘记那些不愉快的回忆,学习上让同学帮助她,因为她家离学校很近,放学也早,冯老师就留下她和几个离家近的同学一起在办公室里学习,写作业,这几个同学中既有和她一样的"差生"(他们一点也不笨甚至有的同学很聪明的)也有成绩最优秀的"好学生",冯老师这样做是让他们"差生"消除那种没面子的感受。他们一起学习,互相讨论,互相帮助。经过一段时间的练习,虽不能说成绩有了多么大的提高,但是他们把以前很多不懂,不明白的,甚至没听说过的知识都能够搞明白,理解了。这对于他们来说已经是成功了。冯老师常说作为老师我们又花了什么呢?只不过花了点时间,给他们创造一个补学补差的机会,给他们营造了一个可以学习的环境而已。甚至都谈不上关爱,但是对他们来说,或许这段经历会影响他们一生。

实践证明,效果是明显的,这个女孩现在安分多了,懂事多了,也可爱多了。她可能是不好意思当面和老师说,就给冯老师写了如下的一个小纸条并且饶有兴致地用她那稚嫩的绘画功底给冯老师画了张肖像,小纸条是这样写的:

尊敬的老师:

您好!首先祝您身体健康、工作顺心、桃李满天下!虽然我们天天见面,但有一些话我却无法当面说出口。我是个爱哭的女孩,遇到一件不顺心的事或一句不爱听的话就会哭,但我不是"神经病"。还有您对我说的话和希望,我虽然嘴上答应了,可却从不行动,您为我们日夜操劳,我真想对您说一声:老师,您辛苦了!在您的教育下,我们茁壮成长,我以后会把字写得很好,坚持完成作业,让您不再为我操心。

您的学生:×××

2013年4月26日

看到这老师很欣慰,很惊讶,很感动。其实孩子们都是很懂事的,什么道理他们都懂,就像我们成人一样道理都懂,可是真正能做到"完人"的又有几何?还有很多教师都总重视、关照那些成绩好的学生,对那些所谓的"差生"近乎于放弃,我觉得这是不公平的,也是不道德的,相反,我们正应该给那些所谓的"差生"多一点机会、多一点时间和空间、多一点关爱……

冯老师常有一句对联自勉:

平平淡淡一生为师,不求桃李满天下

兢兢业业全心育德,但望学子爱中华

我想这也是教师职业道德中爱岗敬业、热爱学生的最起码的体现吧。

学生的良师益友

广西壮族自治区都安瑶族自治县三只羊小学　袁宝华

黄思德同志,男,1981年8月出生,河池学院数学教育专业毕业,小学二级教师。自2007年9月参加工作以来,一直担任小学教育教学工作,他忠诚于教育事业,始终以一个优秀教师的标准严格要求自己,师德高尚,爱岗敬业,勤奋努力,成绩卓著,深受学生的爱戴、家长的欢迎和社会各界的广泛赞誉。

2009年9月,黄老师接任的是一个由刚从各个村完小走出来的学生所组成的班级。学生无集体意识、无班级观念、无良好行为习惯,学生只在自己的小群体中交流,三个一伙五个一群。面对这样的起点,黄老师用爱心感染学生,例如每天早晨巡视教室,先看看学生有没有到齐,遇到天冷或天热的时候,照料同学们衣服穿得是否合适,早上是否都吃过了早餐,各种学习用具都是否带齐了。集体活动前要安排好同学们应必备的用品等。看起来很平常,因为这是作为一个班主任最基本的工作,其实这正是一个班主任爱心的具体体现。作为班主任他还善于组织和管理学生,下午很晚离校,督促学生清扫好卫生,早上提前起床,检查家庭作业,组织早读等。上课间操,开会排队,班主任都得到位。每学期开学计划,期末总结,每周一次班会,布置教室,出黑板报,主题班会等各项工作都要到位。加上每天发生的偶发事件,家庭访问等琐事,耗费的时间无法计算。这些工作原先都是他亲力亲为,在一段时间的引导中他逐渐培养出一队班级的骨干力量,让学生自己管理自己。这样不仅班主任轻松,而且可以培养班干部的组织能力。在班里一般事情都由班长负责,但各项具体工作分工到各个班委成员。早读、早操等日常工作都由班长负责;教室内的黑板报由宣传委员负责,老师作适当指导;学习上由学习委员和各科代表负责。当然班主任要随时随地作检查指导。学校组织的各种活动,班干部都能安排得井井有条。短短的一年时间,他所带的班级在学习、体育、文艺、卫生和纪律处处领先,受到校领导的好评。

爱心、细心加上耐心,成为学生的良师益友,在担任一线教师的六年间,他坚持"一切为了学生,为了学生的一切",从培养和建立新型师生平等关系入手,寻找学生心灵世界的窗口,在知人的基础上教书育人,他的学生不仅不怕他,而且格外亲近他,有什么心里话都愿意给他说。因此,他的话总能说到学生的心坎上。

"爱是打开学生心灵的金钥匙,不能让一个差生掉队,没有教不好的学生,只有不会教的老师,只要对差生有爱心、耐心、恒心,就能……"他是这样说,也是这样做的。在他的班上,有这么一位学生叫小婷,父母都已年老,父亲又是残疾,家里生活艰苦,自己又经常被同学看不起。生活在这种境况的她,没有童年的欢乐,总是沉默寡言,和别人说话也

总是战战兢兢,使人看了痛在心里疼在心上。对她这样的学生,黄老师总是给予更多的关心,及时了解她生活和学习上的困难。同时多次找欺负她的学生谈话,积极表扬帮助她的学生。学生的心灵毕竟天真纯洁,渐渐欺负她的少了,帮助她的多了,她感到了家一般的温暖。在给老师的评价表中,小婷同学总是写这样平常而发自内心的一句话:"老师,你就像我的父亲,我会用努力学习报答您的!"

黄老师对学生有高度的爱心和责任心。他认为:作为一名教师,不放弃任何一名学生应该是最基本的原则。

黄思德老师坚信:成绩永远属于过去,今后只有不断地完善自我,才能继续保持良好的师德师风,在平凡的三尺讲台,以春蚕的精神、蜡烛的品格,为祖国的未来,尽自己的一份力量与责任,他深信这才是一个优秀人民教师永无止境的奉献与追求。

无私奉献的特岗教师

广西壮族自治区凤山县砦牙中学 黄显东

人们常用"春蚕到死丝方尽,蜡炬成灰泪始干"来形容教师,可是教师到底是如何工作和生活的,现在才真正能感觉到自己身边的许多老师,正如我们所歌颂的那样,在自己的一亩三分地上默默耕耘,无私奉献着。所以借着今天的这个机会,我想夸夸我身边的韦老师。

韦老师是我们学校一位刚大学毕业的特岗教师,为人和蔼可亲,对待工作脚踏实地,是一个能严格要求自己和学生的好老师。

每节课,韦老师都会在课前做好上课准备。记得教学《细胞质》这节课时,她想给孩子们做个实验。韦老师提前就开始准备实验教具了,韦老师说没有实验学生就不能亲身感受,就不能直观地理解课文,那么这节课还不如不上。韦老师这种认真执着的精神一直感染着我,让我明白一定要做好充足的课前准备,注意每一个小细节,从而真正提高课堂效率。

韦老师年龄虽不大,但每一节课中的她都是处于激情洋溢的状态。听她的课,就会发现韦老师的业务能力特别强,就连很普通的生字课都能讲得激情四射。每一节课在她的讲解下,变得很容易理解,难怪韦老师所带班级的生物成绩都特别棒。课间,韦老师都会抓紧时间进班,将改好的作业发下去订正,如果有学生有不明白的,韦老师可以面对面,一对一地讲解给学生听,直到学生掌握为止。

韦老师对学生严而有度,与学生真诚相处,用爱沟通。在学生眼里,韦老师既是教学有方的教师,又是值得信赖的挚友。课堂上,她鼓励学生大胆质疑,平等讨论,课堂气氛活跃,真正落实了学生的主体地位。在韦老师的带动下,学生的参与性也很高,总能围绕问题,积极思考,踊跃发言。在教育教学方面,韦老师也时常地引导我,要努力提高业务水平,多听听别的老师上课,学习别人的长处,韦老师还主动邀请我们去听她的随堂课,给我们传授她的教学经验。作为一名普通的人民教师,韦老师就是这样用自己的一言一行诠释着"蜡烛"和"园丁"的深刻内涵。

师生关系是一个心灵与心灵相接触的微妙过程,教师爱的流动,不是单向的,它必然要激起学生爱的反馈,形成尊师的爱的回流。爱是教育的工具,是鉴别教育的尺度。记不清有多少次早来晚走,记不清有多少次与学生推心置腹地交谈,也记不清多少次不顾疲劳赶着批改作业……我却记得清孩子在她生病时悄悄放在她桌子上的那一包润喉糖,记得清在她疲惫时学生那一声深情的问候……

我想,正是爱,才让韦老师的人生那么的丰富,她热爱学生,热爱生活,更热爱教育。

学生喜欢的韦老师

广西壮族自治区都安瑶族自治县三只羊小学　袁茂何

韦孟琳,女,毛南族,出生于1974年5月,三只羊乡丁洞村巴马屯人。于1993年9月参加工作,曾在三只羊乡的上年小学、建良小学、鸡洞小学、丁洞小学、龙丘校点任教。在这些学校中,鸡洞小学、上年小学是个交通不便的学校,要走两个小时左右才到学校,而且米、油、盐都是从家里背出的。不管学校条件多么艰苦,环境多么恶劣,韦孟琳从没有怨言,她说,上岗的第一天,就是向社会奉献的第一天,尽自己微薄之力做好自己的工作。

韦孟琳同志在2009年6月份被调到龙丘校点,那里没有手机信号,一条又陡又窄的山路直冲山顶,一下雨,路很滑很滑,只好慢慢地爬上去。不小心摔一跤,就有可能跌到十几米高的山崖下,要两个多小时才到学校。韦孟琳说,有一次,她走到半路累了,就坐在那儿休息,有位家长正要去种地,老远就认出是韦孟琳,特意绕小路来问:"老师,你是不是病了?条件这样艰苦,您从不无故缺课,太辛苦了,要注意身体。"她说当时感动得流下眼泪,家长都说这位老师真好,真了不起。

韦孟琳一直担任班主任。要把教学质量搞好,就要有一个好的班纪班规,有一个责任心强的班主任。她常用鼓励的方法来引导和教育学生,从不打骂学生。因为那里路不好走,韦孟琳经常买笔和作业分给家庭比较困难或成绩比较差的学生,使家长感动不已。她善于发现学生身上的闪光点,且给予鼓励和肯定。平时注意思想品德教育,她的学生很尊敬老师,尊老爱幼,从没有打架斗殴现象,也没有意外事故发生。她给学生送去了慈母般的爱,温暖了学生纯洁的心灵。

一个班只有纪律好是不够的,为了公平教育,差生不可忽视。韦孟琳同志以满怀热情的态度和鼓励的方式转化差生,激发学习兴趣,还用课外时间给差生补课,经常与家长沟通,共同督促学生去学习,然后给学生制定一个较低的目标,一点一滴地进步,没有给差生很大的压力。韦孟琳善于发现学生身上的闪光点,在同学面前给予表扬。她所任班级的差生成绩从原来的50多分升到70多分,效果明显。在教学上,她认真研究教材,认真备课,经常和有教学经验的老师交流,加强自己各方面的素质培养。每天和学生形影不离,她真怕把教学落下,有时身上有病也坚持给学生上课。

这两年多来,韦孟琳同志在偏僻的龙丘校点任教,做了很多工作。不仅教学抓得紧,群众的工作也做得好,经常用课外时间做家访。上级布置的任务尽力完成,用宽容和谅解去化解群众心里的纠结,尽量避免与群众之间的矛盾,为学校工作奠定了基础,村里的群众都说她态度和蔼,工作也负责,是个好老师。

韦孟琳老师任劳任怨,一心扑在教学工作岗位上,真是个学生喜欢的好老师。

师魂潜我心 精心育桃李

贵州省沿河县第四中学 宋 义

1998年8月我走上工作岗位,任教于沿河县土地坳蒲溪完小,1999年调动到土地坳中学,2006年调动到板场中学,2012年招考到沿河县第四中学。从教15年来,我一直工作在教育工作的第一线上,担任教育教学工作已有15年之久。

一、与时俱进,汲取"活水"

爱岗敬业,为人师表,热爱学生,尊重学生,争取让每个学生都能享受到最好的教育,都能有不同程度的发展,是我最高的追求。自从当上教师以来,我始终坚定信念不动摇,在自己平凡的工作岗位上实践"教师梦"。在三尺讲台上我立足教育工作,我刻苦学习科学文化知识,积极参加教育、教学实践活动,不断进取,大胆改革创新,深入教学研究与业务进修,严格按照教师素质要求自己,以一个新时期教师的标准严格要求自己。

二、潜下心来钻研

(一)教学工作

教学工作中,我虚心向老教师学习,向骨干教师学习,在业务水平上注重学习方法的收集整理,在教学理论上潜心研究。在工作上兢兢业业,不敢有丝毫马虎,在教学中做到备好每一节课,上好每一堂课,批好每一份作业,教育好每一个学生。课余努力去做一个深受学生尊重和信赖的老师。目前,新一轮的基础教育改革已经全面推开,我在认真学习新课程理念的基础上,结合自己所教的学科,积极探索有效的教学方法,在教学手段上,努力把语文知识与学生的启发相结合,为学生创设一个富有生活气息的学习情境,同时注重学生的探究发现,引导学生在学习中学会合作交流,提高学习能力,能够领会文本中的精髓。在教学中不断开展探究式学习,使学生的知识来源不只是老师,更多的是来自对书本的理解和与同伴的交流,促使学生在学习中学会学习。在教法上,我吸收各种教案、课件精华,面向不同的学生因材施教,启发引导,讲练结合。同时使用现代化教学手段,用制作的语文课件教学,使教学收到了事半功倍的效果,提高了教学质量。

语文教学是艺术和技术的教学,在教学上既要注意学习方法的引导,又要针对不同的班级、不同的学生做到因材施教。自从教学以来,我既担任过平行班的语文教学也同时担任过校本课程班的语文教学,在工作中认真分析不同学生的特点,针对不同的班级采用不同的方法授课,使同学们都能得到发展。

(二)教研工作

21世纪要求教师具备的不只是操作技巧,还要有直面新情况、分析新问题、解决新矛盾的本领。在学校领导的指引下,我积极投身于学校教研中去学,钻研新课程标准,尝

试新的教学方法,转换教学思路,把提高学生语文知识作为培养和发展学生能力的首要任务,同时重视同学们获取知识的引导,使他们更多、更广地获取知识。

目前,以计算机和互联网为代表的信息技术,正以惊人的速度改变着人们的生存方式和学习方式。信息社会的高度发展要求教育必须改革以满足培养面向信息化社会创新人才的要求,我不再满足于用粉笔来教学了,而是运用多媒体教学手段,创设教学情景,激发学生课堂上的热情,在实际的教学中我采用电脑多媒体辅助教学,在教学中并取得了良好的教学效果。在课堂教学中,我利用Powerpoint制作互动教学课件,用声音、画面、MTV等课件给同学以直观感受,这样一来不仅利于学生的理解,还加强了视觉效果,突出了直观性教学,给学生留下了深刻的教学痕迹,增强了学习汉语课的兴趣。多媒体进课堂,进一步丰富学生的视野,延伸了学生的发展思维。

三、静下心来育人

"爱"是人类社会永恒的主题,作为一名教师,更要有慈母般的心,做一个富有爱心的教师,爱学生,就必须善于走进学生的情感世界,就必须把学生当作朋友,去感受他们的喜怒哀乐。爱学生,要以尊重和依赖为前提,要做到严中有爱、严中有章、严中有信、严中有度。

作为一名教师,尤其是班主任教师,更要有勤勤恳恳的创新意识,才能成为一名合格的教师。在多年的教学工作中,我经常从小处着手,从学生关心的事寻求最佳教育时机,给学生春风化雨般的教育。其次,我积极和家长沟通,共同探讨教育孩子的方法,让家长的教育辅助班级工作。对不同类型不同个性的学生,我针对性地进行思想教育,让学生既怕老师,又爱老师。对不同时期学生思想的变化采取相应对策,及时指出学生思想误区,扫除心中阴影。在转化后进生的工作中,我不怕艰苦,同他们促膝谈心,解决他们生活上、思想上各种实际困难,让他们感到爱就在身边。

沟通单亲学生的桥梁

贵州省江口县坝盘中学 刘鱼水

我之前工作所在的地方名叫东风镇，处于威宁县与六盘水的结合部，地理位置优越，这里煤炭资源极为丰富，这里的老百姓大都以挖煤为主，煤炭成为当地人主要的经济来源。煤多是私人开采，总存在着不同程度的安全隐患，部分挖煤人总是有去无回。于是，孩子无父无母，甚至父母双亡的现象频繁发生。因此，在学校，单亲家庭的学生也为数不少，单亲家庭学生的增多，给我们的教育工作者提出了新的课题。

据多年的教学经验，我发现单亲家庭的学生由于爱（父爱或母爱）的缺位和情感的迁移，会产生心理障碍：抑郁愤怒、自卑任性，变态逆反等不正常的心理和生理活动。这些孩子大多性格孤僻、成绩差、不合群、不爱劳动，爱惹是生非等。在老师眼里，他们都是有问题的学生，他们大多为班上的学困生。如果不引起重视，不认真分析、及时调控，很可能引发严重后果。作为一线教师，应该了解掌握单亲家庭学生的心理特征，帮助他们克服心理障碍，保持健康的心态，投入学习和生活。面对这些学生，我们必须提倡以人为本，热爱学生。因为"爱是鉴别教育的尺度"，没有真诚的爱，就没有真正的教育。所以，我认为师爱是沟通学生，尤其是单亲家庭学生的桥梁。

没有爱就没有教育，爱学生是教师必须具备的美德。能得到老师的关爱，是每个学生最起码的心理需求。老师应用真挚的爱心去对待单亲家庭的学生。心理学家认为："现代教育的主要任务就是要了解孩子，而了解孩子的核心是理解。"只有理解，才能做到有的放矢的爱。

我曾教过一个叫杨某的学生，他的父亲早逝，母亲随之改嫁，他跟改嫁后的母亲一起生活。由于原来他父亲对他的过度疼爱，让他养成了娇生惯养的性格，过惯了衣来伸手，饭来张口的生活。张某从小就胸无大志、行无目的、不思进取、贪图享乐，事事以自我为中心，听不进别人对他的任何劝诫。从小老师就拿他没办法，张某成了无法调教的学生。"天有不测风云，人有旦夕祸福"，小学还没毕业，张某就失去了疼他、爱他的父亲。不久其母亲改嫁，张某跟随母亲到继父家生活。可是，继父已不再像他父亲那样对他百依百顺了，母亲也不那么疼爱他了。张某接受不了眼前的现实，对自己更是破罐子破摔，抱着过一天是一天的态度。刚进初一时，张某就脾气暴躁，对谁都不信任，一点小事就翻脸，翻起脸来六亲不认。班上谁都不愿与他交往，张某成了班上最难调教的学生之一。面对这样的学生，整天在班上惹是生非，我简直束手无策。试用了许多的方法都无济于事，我便尝试与他接触，走近他，有事无事都找他谈心。我发现他身上有不少闪光点，画画是最拿手的。于是，我就让他跟着出班刊，办学习园地。"好孩子是夸出来的"，面对这样

的问题学生,由于在家中缺乏父母的关爱,我就尝试着用爱去打动他;当他把我安排的事情做完时,我鼓励他,在班上表扬他。慢慢地,张某不再像以前那样孤僻,开始与班上的同学来往了。于是,我鼓励班上同学帮助他,不管在学习上还是在生活中,全班同学都向他伸出了友谊之手。我也不例外,坚持不懈,对他问寒问暖,经过那一件事,他彻底变了……

那是一个寒冷的早晨,学校举行升旗仪式,由于站的时间过长,原本身体虚弱的张某晕倒了。站在他身旁的同学赶紧扶住了他,有同学通知了我,我马上安排班上大一点的男同学背上了张某,把他送到了学校旁边的诊所。中午放学,班上的同学都去看望他,有的还买了水果、饼干……我煮了几个鸡蛋给他送去,一口一口喂给他吃。看到这种场面,张某激动得哭了,而且哭得很伤心,他投入我怀中,哭着对我说:"老师,我一定好好学习,要不然对不起同学们,更对不起您!"经过这件事后,班上的同学比以前团结多了,而且学习劲头也上来了。张某主动要求跟学习委员坐在一起,整天和学习委员形影不离,像变了个人似的,爱说爱笑。以前不爱学习的他每天与书本形影不离,老师们对他也另眼相看了。初三毕业后,在全校参加中考的三百多名考生中,他进入了前十名,顺利地考入了重点高中。

通过这件事,我终于明白了,爱是教育的前提。要从心灵上去感动学生,真正了解学生。要知道,充满爱心的帮助才是打开学生心灵的钥匙。

我与学生们的情感故事

贵州省德江县高山镇方家小学　余　东

儿时,初踏校门,便有着异样的亲切感。在众多教师的谆谆教诲下,我从无知渐渐地变得懂事……那时便怀揣着一个美丽的梦——有一天,我也要站在三尺讲台上,给我的学生们讲动听的故事、传授他们知识。

时光飞逝,终于有一个能让我实现梦想的机会来了——就在2012年的特岗教师招聘中,我有幸正式走上了我的梦想之路。我便以满腔热血投入到我的工作中,可因自己非科班出身,很多东西都还不懂,因此我必须得花更多的时间去学习相应的专业知识,不断地充实自己,否则就真的是"误人子弟"了。

在实践中我更深刻地体会到:很多事情真的是说起来容易做起来难啊!刚来这个村小,就被安排上毕业班(六年级)的语文课并担任班主任,而且这个班是全校的一个"特色"班级——成绩一塌糊涂,基础太差或者说是没有基础,因为全班38人只有五六个同学能保持双科(语文、数学)及格。据我了解:造成这种原因是每个学期都在换老师,从而让学生无法适应而失去了学习的兴趣;而且调皮捣蛋的那部分学生,就抱着"破罐子破摔"的思想在学校里"混日子"了,他们也从不听取老师的意见,就成了所谓的"油盐不进"类型……

这摆在眼前的一切实在让我头疼呀!常言道:既来之,则安之!这可不能打退堂鼓啊。于是,作为新老师、班主任的我,不得不向老教师们"求经问道",再结合实际情况进行了详细地分析,最后得出一个答案:他们最主要的还是缺乏关爱,所以我决定先用"爱"去融化他们冰封的心。那么从何下手呢?对此要实施起来也不是一件简单的事,因此我不得不先烧起"三把火"了。

首先,我制定出了可行的班规班纪、奖惩分明。对"个性"学生逐一击破;有"违规"者,绝不"手下留情";当该奖励者,绝不吝啬。刚开始时也怨声不断,但是我仍旧"铁面无私",不让任何一个人能找出我的破绽。其次,多走进教室与他们沟通交流,了解他们的思想动态,一旦发现有表现异常的学生,及时单独交谈进行了解——是对老师的做法不满还是需要别的什么帮助;对不爱说话的学生及后进生,我利用班会课或活动课,让他们上讲台讲故事、唱歌等以树立起他们的信心。再次,在教学上,从基础抓起、从简单讲起,让绝大部分人能听懂我在说什么,然后做他们能够做的题;对有疑惑的同学再进行耐心讲解。最后及时地反思自己的管理方法和教学方法,在实践中不断地总结教学经验。功夫不负有心人,这一切虽是一个漫长的过程,却也收到了些许成效,我与他们越走越近了,没有刚开始的那种排斥了。尤其是那部分"个性"学生有了很大的转变,从以前的从不交作业到主动完成作业;从以前打扫卫生时的你推我、我推你到主动拿起了扫把;从以前的"目中无人"到见到老

师能主动说声"老师好"了,这一切对我来说确实是一个莫大的安慰!

记得有一次,班里两个男同学因为争篮球而打了起来,这已经违反了我的班规,按理应受到"惩罚",可是当时我感冒了,又加上有点个人情绪,心情很不好,所以没有立即实行班规"处置",就吼了几句:"你们怎么又犯起了'老毛病',想故意惹恼我是吗?你们觉得谁的话能听进去就去请谁来吧!"说完我便离开了教室。当然这些都是气话,怎能和孩子们怄气啊!可是上午第四节课下了该去吃中午饭的时候,却没有一个人走出教室去排队打饭,一向最积极地冲向食堂的他们今天是怎么了?值周老师走过来告诉我:"你班的学生说要你亲自去请他们才来吃饭呢!"我顿时火冒三丈,心想:这些小兔崽子还玩起威胁了是不?当我走到教室门口时却愣住了:教室里哭成了一片,看着我来了眼睛都齐刷刷地盯着我,好多女孩子的眼睛都肿了。此时的我气也消了一大半。"你们这是在干嘛呀?"我问道。刚打架的两个男同学站了起来:"老师,对不起,我们知道错了,我们知道您身体不好,不该惹您生气,但是您得答应我们,你还要继续教我们。"其他的同学也随声附和着……顿时,我的心一阵酸楚,低沉着声音说:"知错就改就是好孩子,我答应你们,去吃饭吧!"此时一片欢呼声冲向食堂,我立即转身掩饰着自己的眼睛,一向告诫他们"眼泪是最没有出息的表现"的我,此时此刻不争气的泪水却夺眶而出!

天下无不散的宴席,送君一程终须别,他们怀着依依不舍之情毕业了。和他们的相处,有过烦恼、有过生气、有过恨铁不成钢,但更多的还是欣慰——为他们的转变、为他们的渐渐懂事而欣慰。现在他们上初中了,不过每个周末,当我留在学校时,都会有孩子分批地来看我,找我聊聊天,说说他们的近闻近感。就在前不久,一位同学还塞给我一张折皱了的纸,说是代表全班同学的心意写给我的。我拆开一看,一张横格纸两面密密麻麻地写着字,文题是《我的老师》,于是我便仔细地看了起来,其中有几段是这么写的:

"当一群孩子无知时,您是他们的智慧树;当一群孩子幼稚时,您教会他们变得成熟;当一群孩子让人讨厌时,您又教会他们如何令人喜爱。这就是您,无私奉献的老师。"这是从哪里摘抄或仿写的呀!看来写作有进步了。我暗自想着。

"从一年级到五年级,我们都没有热爱过任何一位老师,直到六年级,您才来到我们这个班。对于每个老师来说,我们班都是一片混乱的,自从您来到这个班,都是焕然一新的,有许多同学都改掉了坏习惯。"这是在安慰我吧?我自言自语。

"在班里,大家总是惹您生气,可是您都容忍了,当我和同学们看到您头上的白发又长了许多时,心里很难过,可这也怪我们让您操心了。毕业那天,当您送我们到学校大门口时,大家的眼泪都到眼眶边了,可是大家都坚持保持笑容和你告别,因为您说过,眼泪是最没有出息的表现,所以我们不能哭,我们都很想念您,多么希望您永远在我们身边教我们读书啊,您永远是我们的好老师。"

读到这里,我不禁热泪盈眶。我知道,我并没有他们所说描述的这么好、这么伟大。但是,我能感觉到,这应该是他们的心里话。所以,此时此刻我想大声地告诉他们:孩子们,不是所有眼泪都叫没出息,还有一种眼泪叫感动、叫欣慰!我因有你们这么懂事的孩子而感到无比的骄傲!希望你们能飞得更高、更远!

我最大的心愿

贵州省沿河县客田镇白合完小　杜显海

能够让学生健康成长,快乐学习;能够让学生喜欢我、喜欢我上课,使学生的学习成绩稳步前进;能够取得家长对我教育教学的支持与配合,让家长相信我、欢迎我,这就是我最大的心愿。

学校老师都知道去年这个一年级是全校最差的班级,上一年级课的老师都说这一年级班的学生头脑太死板,又不太听话,给他们上课很累;老师刚刚讲完课,几分钟之后把老师讲的知识全部都忘记了。所以,今年没有哪位老师愿意去上这二年级的课。学校领导要求我今年又接着上六年级,我不是不愿意,关键是今年这班六年级是陈老师从四年级就跟班上来的,学生的成绩也不差,并且学生对陈老师有了很深的感情。陈老师虽然没有上过六年级,但是不给她机会,怎么知道她不行呢?更何况让我去上六年级可能会引起老师之间不团结。学校领导被我这一说,也就安排了陈老师去上六年级了。我就主动要求去上二年级,当二年级的班主任。

这班同学听说是我来上他们的课,当他们的班主任,他们是既高兴又不高兴。高兴的是我喜欢带着学生做游戏,与学生同乐,与学生交朋友;这班学生听去年六年级的学生说我上课上得好,他们都听得懂。不高兴的是我对学生的学习要求很严,我的原则性也很强。就在学生这种高兴与不高兴的心理矛盾下,我走进了二年级教室去上第一节课,这节课我就是教同学们怎么去玩,怎么样才玩得开心。比如,引导同学们摆正方块比赛,用正方块量自己的书桌比赛,用自己的书彼此给同桌量身高,等等。同学们玩得很开心,全班同学都称好。当我去给他们上第二节课的时候,我首先就让同学们回忆我们上节课做的游戏,然后我把他们做的游戏在不知不觉中就运用到了我的课堂,把同学们也从不知不觉中带到了我的课堂,最后在不知不觉中他们就听到下课铃声了。每一节课下了之后,他们都恋恋不舍,都会有同学发出"怎么又下课了啊,是不是学校时间不准了"之类的声音,而我就借此时机给他们讲时间"可贵"的道理。他们也似乎慢慢意识到时间过得很快,应该珍惜现在的每一刻时间。就这样多次不间断地与学生玩耍、学习,学生喜欢我了,喜欢听我的话了,喜欢听我上课了。我取得了学生的信任,赢得了学生的欢迎。

在后来的学习生活中,要是有学生不听话,不按时完成作业,不讲究卫生;要是有书桌、椅子摆放不整齐规范,劳动工具摆放不规范……我就会说:"你们如果下次再这样的话,我就不陪你们玩了,不给你们上课了,不当你们班主任了哦!"同学最不喜欢听我说这句话,所以,同学们为了不让我生气,为了让我能够与他们玩、做游戏,给他们上课,当他们的班主任,他们总是把我的话当作"圣旨",总是把教室打扫得干干净净,书桌摆放得

整整齐齐……

　　诚实守信是征服学生的第一法宝。二年级也有个别学生比较调皮。有一次,我去上课,我发现垃圾桶里面的垃圾没有清理,班级劳动工具摆放很乱。我就装出一副不高兴的样子,并与同学们说,你们是不是不喜欢我了?不喜欢我与你们玩了?不喜欢我给你们上课了?不想我当你们的班主任了啊?同学们都说:"不是,我们喜欢与杜老师玩,喜欢杜老师上课,我们非常喜欢你。"我又问,既然如此,你们为什么惹我不高兴,不听我的话呢?你们看看垃圾桶里的垃圾都没有清理,班上的劳动工具摆放很乱,这像什么话啊?当别人看到我们班级会怎么评价我们班级啊?你们如果这样的话,我现在就不给你们上课了,你们上自习吧!这时同学们急了,班长问劳动委员是哪些同学值日,要劳动委员去尽快把当天的值日生找出来把垃圾清理了,把劳动工具摆放整齐。劳动委员一看值日表,果然是那个比较调皮的覃某某同学,他不好意思地主动把垃圾清理干净,把班级劳动工具摆放整齐,就惭愧地坐到了自己的位置上。全班同学的眼光顿时就瞄准了我。我装着没有看见,就一直在那里站着不上课;班长突然站起来说,杜老师,他已经做好了。我稍微看了一下我们班级劳动工具存放的地方,没有回应班长的话,班长惭愧地坐下了;劳动委员又去看了一下,走到我跟前说,杜老师他做好了,上课吧!我还是装着什么都没有听见,劳动委员也惭愧地回到了自己的位置。全班同学带着一种责怪的眼光投给了覃同学,这时他满脸通红、羞愧万分,似乎他也知道自己已经犯下了大错。几分钟之后,覃同学带着羞愧的面容,脸上挂着两行泪水走上讲台带着沙哑的声音向我认错,向全班同学认错,并且保证今后再也不会犯错了……从此之后,我们班上再也没有出现过任何事情。我与同学们相处得十分融洽,他们学习得非常开心,学习成绩一天比一天好。

　　期中考试了,我们班级的数学成绩平均分得了43.9分,在一年级期末考试的基础上平均分上升了14分,同学们非常高兴。学校老师也非常惊讶。家长看到学生的成绩有些不相信,并电话问我是否属实!我告诉家长,我们的期中考试是交换考试、交换改卷。我们期中考试的卷子一直在教务处,是什么题我自己都不知道。家长这才相信自己孩子的成绩。并且家长告诉我,孩子近阶段回家确实有些不同,"去年回家总是喜欢看电视,从来不主动看书,而今年回家很少看电视,还时常拿起书读,拿起笔写,我们都以为孩子是做的假象,根本没有管他;看来孩子的成绩确实在提升,我们得谢谢你"。孩子的成绩好了,家长也开始配合我管理孩子了;家长对我也有了好感,慢慢对我的教育教学有了信心,对孩子的学习也有了信心,并且家长还要求我去他们的家串门。

　　我现在做的还永远不够,我还期盼着学生继续健康成长,快乐学习;期盼着学生更加喜欢我、喜欢我上课;期盼着学生的学习成绩继续稳步提升,并得到家长的认可;期盼着家长相信自己孩子的付出所取得的成绩;期盼着家长对我教育教学更进一步的支持与配合;期盼着二年级数学本期期末考试平均分能够考上50分:这就是我现在最大的心愿。

大 爱 无 言

黑龙江省安达市第三中学 孟宪芝

梁老师1996年7月走上工作岗位,参加工作17年来,她把自己所有的爱献给了学生,献给了她所热爱的教育事业。

一、育人,从习惯养成入手

学生入学之初,梁老师就从规范学生的行为习惯、学习习惯入手,为学生的健康成长打下坚实的基础。她要求学生走进校园就必须穿校服,这不仅可以减少每个学生家庭的开支,同时可以避免青春期的孩子盲目追赶潮流而迷失自我。她每天利用E校通平台与家长沟通,使家长能够及时了解孩子在校的情况,协助老师管理孩子,将家校携手的作用发挥到极致。为了防止成绩不理想的学生每次体验到的都是失败,她创设机遇,想办法让每一位同学都能有成功的体验:她将成绩接近的三名学生分到一组,组成"竞赛小组",三名同学自己比,在平等的基础上,让每一位学生都能通过自身努力体验到成功的快乐。她还先后在班级创设了"品味成功"、"青春的足迹"、"学习生活中,看我多专注"、"集体劳动中,看我多能干"等栏目,通过文字和照片激励学生走向成熟,走向成功。这些看似平常的小事,浓缩了梁老师的良苦用心,学生在潜移默化中受到感染和熏陶,自觉、自律、自强、自立成为每个学生行为的准则。班级的学生无论老师在与不在,都能自我管理和约束。她带的班级被评为市"五四红旗团委",校纪律、卫生模范班级。

二、爱生,从点滴的关怀开始

教育无小事,涉及方方面面的问题,而家庭问题成了影响学生健康成长的一个重要因素。梁老师的学生陈某,是班级前十名的优秀学生。后来他的父母离异了,这给他心理上带来极大伤害。他开始自暴自弃,和社会上一些游手好闲的小青年混在一起,出入网吧,两次离家出走。梁老师了解到陈某变化的原因,联系他的父母做他的工作,她自己对陈某晓之以理,动之以情,最终使他重返课堂,考入重点高中。

早恋问题是困扰老师的另一个重要问题。处理不好,学生很容易受感情的羁绊而难以自拔,毁了学业。梁老师班级的安某是一位文静内向的女生,初一、初二时,成绩始终在班级名列前茅。到了初三,梁老师发现安某上课注意力不集中,成绩也由前十名降到三十名开外。梁老师找到安某询问原因,从她吞吞吐吐的谈话中,梁老师知道她喜欢上了班中一名成绩不太好的男生,为了不使那个男生丢面子,她要使自己缩小与男同学的分数差距,考试有意答错、不答。了解到问题的症结,梁老师每天和她谈心,告诉她应该树立正确的人生目标,早恋只是未成熟的青涩苹果,过早摘下它只会葬送爱的前程。为了不给她与男孩接触的机会,梁老师早晚陪她一起回家。半个学期下来,安某终于从早

恋的漩涡中解脱出来,初四中考以优异的成绩被大庆铁人中学录取。

三、成功,从无悔的付出获得

梁老师工作起来常常到忘我的境界。在她的心中,除了学生,其他的事都是小事了。2008年,梁老师所带的班级到了初三,此时她怀孕了。为了不使学生受到影响,她一直到分娩前还工作在班主任岗位上。产假期间,为了能尽快回到学生身边,她硬是忍着乳房的胀痛,狠心放弃了孩子的母乳喂养。寒假一结束,她就把两个月大的孩子扔给母亲和婆婆照顾,毅然回到班主任岗位。终于,功夫不负有心人,她所带的班级在2009年中考中有34人公费升入重点高中,梁老师赢得了社会广泛的赞誉。同年,31岁的她被破格晋升为高级教师。

2009年暑期后,梁老师担任初一两个班级的班主任,工作强度之大、劳动强度之高可想而知。2010年,孩子刚刚两周岁,来自家庭的一系列打击几乎把她压垮:婆婆患上帕金森疾病不能照顾孩子,父亲糖尿病加重到哈市住院、母亲前去照顾,而在二处工作的丈夫要远赴外省施工。望着班级的一百二十个孩子,梁老师咬咬牙,决定把孩子送到幼儿园。每天早上她到班级安顿好学生,打车回家送孩子到幼儿园,再打车到单位。一上午就要往返四次。一个月下来,人瘦了七八斤,可看到学生的进步,她从内心中感到欣慰和自豪。

梁老师,一名普通的人民教师,她像一根红烛,燃烧自己的同时,照亮了学生未来的人生!

研究教学　关爱学生

黑龙江省哈尔滨师范大学呼兰实验学校　李凤珍

自参加工作以来,我勤恳敬业,踏踏实实地教书育人,认认真真地做好本职工作,不辜负领导对我的信任。教学上本着"授之鱼不如授之渔"的宗旨,注重对学生能力的培养,不仅教他们学习知识,而且让他们在学习过程中学会学习,学会做人。教学中注意分析学生的特点,根据不同学生的学习情况采用灵活多样的教学方法,极力营造一种平等和谐、活跃有序的课堂氛围。此外,我还注重自身素养的提高,经常阅读各类专业书籍,学习别人先进的教学方法和教学经验,并适当加以改变运用在自己的教学工作中,做到学以致用。同时,我很注重与同组其他教师进行教学方法方面的交流,向他们虚心请教引导学生进行总结复习的方法策略,汲取他们的教学经验以弥补自己的不足之处。

2001年,新课程改革开始启动,我率先试行以学生为主的"合作讨论式"数学教学模式,打破教师讲、学生听的"一言堂"教学陈规,把大量的时间和空间还给学生,问题学生提,疑难师生共同讨论,课余时间学生自己安排,真正体现了学生的主体地位。始终把建立平等、民主、和谐的师生关系贯穿在自己的教学实践中,用自己对事业的热爱和良好的情绪感染学生,在课堂上尽量给学生创造宽松和谐的学习氛围,让学生敢于表达自己的不同观点,对差生不歧视、多关心、多辅导、多提问、多鼓励表扬,帮他们树立学习的信心,建立起了和谐的师生关系。

经常向学生渗透"弟子不必不如师"的观点,打破传统的师道尊严,鼓励学生大胆质疑,师生平等讨论。从不担心学生的脑子够不够使,比如教三角形内角和定理的证明时,课本上只是延长三角形底边并做出一边的平行线引导学生做出证明,而我则是把问题交给学生,上来就让学生猜想三角形内角和是多少,再让学生提出自己的证明。几种证法出来后,再问那么多边形内角和是多少,学生答"$(n-2)180$",并把几种证法写在黑板上,最后总结说这就是数学归纳法的思想。"让不聪明的学生变聪明,让聪明的学生更聪明。"充分调动学生学习的主动性和自觉性,学生们课堂中尝到了数学的乐趣!我辅导的学生张响等人,获得了呼兰县数学竞赛一等奖,哈尔滨市数学竞赛二等奖,我也因此获得了优秀指导教师奖。2005年4月辅导的同学孙楠在国家数学竞赛中荣获国家级一等奖,在黑龙江省赛区获省级一等奖,我也分别获得国家级和省级指导教师一等奖。

2007年11月,我上了一节呼兰区研究性学习研讨课,亲自带领学生观察、实验、记录、分析、预测、归纳、论证,使教师"导"的艺术、"引"的技巧、"帮"的热情得到最大限度的发挥,师生关系充满了真情、友情。研究性学习的教学实践使我进一步改变教育观念、改变教学行为和教学模式,和学生打成一片,融为一体,边指导边学习,教学相长,共同提高,成为

学生的学习伙伴和探索未知世界的朋友。把研究性学习定位在面向全体学生,培养研究意识、体验研究方法上。通过学科研究性内容的渗透和延伸,培养学生检索信息、分析信息、处理信息的能力。通过自主学习、合作学习、探究性学习,实现学习方式的根本性转变。

作为一名数学老师,我经常在思考这样一个问题:"究竟是培养健康而杰出的高素质人才,还是只追求教学重压下的高分效应?"不是不要分数,而是应该给学生创设一个宽松、愉快的学习环境,使他们用不同的方式,轻松自如地获得高分,到达成功的彼岸。所以,在当班主任的日子里,我不仅在播种着知识也在播撒着爱,同时也在加倍地收获着感动和幸福。孩子们一次次用他们真诚的目光、天真可爱的笑容感动着我。

我带的上一届学生中有一个习惯于沉默的男孩,上课从不举手回答问题。有时在我的鼓励下,勉强支支吾吾说上几句,只引得其他学生哄堂大笑,一度纪律难以维持,浪费了许多宝贵的教学时间。后来经过多方面了解,我才知道这个男孩自小就非常胆小,不爱与人交往,养成了孤僻的性格,在他身边几乎没有一个可以说话的朋友。长此以往,口头语言得不到锻炼,一开口就紧张,说话结结巴巴,手心里尽出冷汗。我着实为他担忧了一阵子,同时也在寻求着教育他的"良方"。后来我发现他对体育却非常热爱,我想:正值奥运会期间,何不借此机会和他交流交流呢?于是每天借着晨会课我都会和学生们一起侃奥运,一方面加强对学生的爱国主义教育,另一方面想给那个男孩创造发言机会。头几天面对自己所感兴趣的话题他仍不吱声,但眼眸里分明闪烁着兴奋的光芒。我决定再多给他一点时间,我坚信会成功的。终于在第五天的交流中,他主动举手要求发言了,谈足球、估计中国得金牌总数……虽然称不上滔滔不绝,却头头是道,着实让同学们对他刮目相看了一次。我清楚这次发言的成功会使他在心理上有一次质的飞跃。更令我惊喜的是,放学之后,他竟跑到了我的办公室,想继续今天的话题。在认真耐心地听完他吃力的发言后,我由衷地为他鼓起了掌,并且和他约定,让他每天都来向我汇报奥运新闻。之后我又鼓励他把这些奥运新闻讲给同学们听,他试着去做了。不久,他的身边果然开始出现一张张热情的笑脸。望着他绽开的笑容,我感到十分欣慰。这样的工作经历让我觉得:对孩子中的弱者,不但不能歧视,反而应该加以保护。教师不经意的一句话,可能会创造出一个奇迹;教师不经意的一个眼神,也许会扼杀一个人才。

现在的少年儿童虽然活泼可爱、积极向上,但他们是独生子女的特殊身份造就了他们具有自私自利、唯我独尊的"小皇帝"的特殊的个性心理。加之年龄小的特点,正确的世界观和人生观尚未形成,缺乏辨别是非、判断正误的能力。因此表现在行动上许多学生尚未养成良好的行为习惯,有的甚至于逃学上网吧、放学打架、偷同学钱物等不良行为。怎样才能教育好这些学生,使他们改掉不良习惯呢?我从实践中体会到:除了掌握他们共同本质特征外,更要认真了解每一个学生的思想状况和心理特点,了解每一个人成长的不同经历,了解他们的过去,了解他们的家庭和周围的环境。只有了解这些情况,才能选择和运用恰当的方法、手段来进行教育。常言说,"擒贼先擒王,打蛇先打头",于是我针对班里影响较大的几个"淘气包子"进行了周密地调查。一个男孩因父母离异从小由奶奶喂养,娇惯成性,经常课间打骂同学,就连班干部也不大敢管他,许多淘气的学生对他都有惧怕感。我首先找了这个男孩亲切地与他交谈,表扬了他上课积极发言、关心班级等优点,帮助他树立了自信心,消除了自卑感,同时我又交给他一个任务,让他协助班长管好那些较淘气的男同学,他听了之后,感到非常吃惊,并对我说,老师你这样看得起我,我一定好好干。从那以后,他不但自己不随便打闹,而且经常监督本班的男同学,遇到同学之间发生口角,他就马上加以制止。而且,在学习上也不用我那么操心了。

爱心,能清除悲伤的瓦砾,拆除绝望的断墙,也能点燃希望的火把,敲响进击的鼓点。凭着一颗爱心,我赢得了学生的尊重,家长的认可,领导的肯定,曾先后荣获哈尔滨市优秀教师、优秀班主任、师德先进个人等称号,获得区记功、记大功奖励。然而,潜存于思想深处的那份紧迫感、危机意识却不时撞击着我的思绪,这份焦灼、不安来自于对飞速发展、日新月异的社会生活的强烈感受,更来自于对教育教学的深刻反思。回想过去几年的教育教学实践,思考的问题越来越深。随着时间的推移,课讲得越来越多,教材也越来越熟,然而面对组里一张张年轻的面孔,面对学生和年轻教师的期待的目光,我却常常深感自己知识的陈旧、僵化,数学究竟该怎样教?究竟应如何对学生实施素质教育?"要做学者型研究型的教师,这是优秀教师永葆活力的妙方。"这年我走进了哈尔滨师范大学,开始了艰难而又最有价值的探索之路。

每个假期回到大学,校园里浓浓的文化氛围让我激动兴奋不已。图书馆丰富的藏书,阅览室各种各样的期刊,各个知识门类的讲座,教授们独具风格的授课以及自由争鸣的学术气氛,都深深地抓住了我的心。借阅了一摞又一摞的书籍,做了一本又一本读书笔记,一桌一椅、一盏小小的台灯,伴我度过了一个又一个静读的夜晚、忙碌的周末。总感到时间脚步的匆匆,唯恐时光飞逝,机会不再,总想多读快读。3年的学习生活,专业的、教育教学的甚至其他社会科学的各类知识,积聚着沉淀于心底,眼前的路越来越亮了。

研究型教师,并不是要求一线教师像教育理论工作者那样去追求理论、学术,而是要求教师拥有教学研究的态度与能力,提升教师特有的"教学实践性知识"。我深深懂得这一点,不辞劳苦,边教学边学习边研究。求学的路很苦,但苦的汗、苦的泪换来的却是肩上行囊饱满、胸中气慨昂扬。教育理论开阔了我的视野,一边钻研理论,一边总结教学中存在的问题,写出很多教学经验总结和论文,如《青少年心理健康问题分析》获国家级优秀论文一等奖,《利用归纳法提高数学教学效率》获国家级论文二等奖,《切实加强青少年心理健康教育》获省级优秀科研论文一等奖,并且参与了区级科研课题《初中数学教学中关注个体差异提高课堂教学效率》的研究工作,对课堂教学起到了很大的指导作用,并在全区推广。

"别人站得远,我们就走进,距离便会缩短;别人若冷漠,我们待以热情,就会逐渐热络。唯有主动付出,才有丰盈的果实得以收获。"世间任何事,只要你倾注全部热情,用心去做,总会有最丰厚的回报。这是我心中始终不变的信念。为了学生,我将继续甘洒热血;为了教育事业,我将继续尽我所能,再创辉煌!

无言大爱在我心中

黑龙江省宁安市三陵学校　华新刚

我是一名普通的农村教师,站在三尺讲台上已经十二个春秋,十二年来我始终怀着一腔热情,用自己的知识、智慧、人格引领我的学生们一同成长,并肩前行,学生因为有我的陪伴而快乐,我因为有学生的同行而幸福。在享受这些快乐与幸福的同时,我对教师这一职业有了更深刻的理解:爱是教育的魂,没有爱就没有教育。

作为班主任,我一向勤勤恳恳,任劳任怨,对学生的教育耐心细致,使班级形成了强大的凝聚力和向心力。在班级管理上,我要求自己做到关心学生、爱护学生、尊重学生、保护学生,以自己的热情、自己的参与、自己的坚定意志,来激发学生的热情和参与意识。同时我和同学们在相处中也发生了许多故事。

一、爱就是了解

爱学生就要了解学生,包括对学生的身体状况、家庭情况、学习成绩、兴趣爱好、性格气质、交友情况的深刻了解。这是做好班级管理工作、提高教育教学质量的必要条件。为了了解学生,我经常和他们在一起,课间、中午经常深入班级,了解学生的学习情况和家庭情况以及学生的在校表现等。通过与学生的交谈,我知道我班有许多单亲孩子和留守儿童,对于这样的学生我平时总是多关心他们,让他们感受到有一种母爱的味道和集体的温暖。但有时做班主任工作也有疏忽的时候,前几天我班的王同学在历史课上搞小动作,被老师发现后说了两句,于是这个学生就沉不住气了,与老师有了抵触情绪,当我回到办公室了解到情况后,及时找到王超了解原因,其实原因很简单:就是现在家里都一个孩子,而且还很娇惯,基本上不说也不打,由于老师说他两句就受不了。我知道后就极力开导他,告诉他老师的好意,可他的性格太倔强,一时间很难转变过来,我就与他唠了几句家常话,我从网上的签名当中看到他说自己是个孤独的人,我挺纳闷,有父母的疼爱为何是孤独的呢?我就问了一句,最近你的家里有什么事吗?他告诉我说:爸爸和妈妈经常吵架,前阶段妈妈离开家搬出去住了,周末回到家里冷冷清清的,爸爸现在也不爱管我。于是在班级里我就经常问一问他课堂上表现,多关心他,力争走进他的心灵,在我和历史老师的教育下,他终于转变了态度,上课能够认真听讲,学习上也比较刻苦努力。这让我感受到老师职业的伟大,老师的一句话将改变学生的一生命运。

二、爱就是关怀

我认为管理好一个班级的秘诀是真诚地爱每一个学生,当教师全身心地爱护、关心、帮助学生,做学生的贴心人时,师爱就成了一种巨大的教育力量。正因为有了师爱,教师才能赢得学生的信赖,学生才乐于接受教育,教育才能收到良好的效果。师爱要全面、公平,学习好的要爱,学习一般的要爱,学习差的也要爱。平时我在班级中特别注重后进生,因为他们就像干渴的麦苗,更需要雨露的浇灌,其实他们的身上有许多的优点,需要我们教师不断地去挖掘,去发现。我班的张同学就是不爱学习,上课总是摆弄一些小东西,甚至和前后桌说话,前不久还和学生因为一点矛盾打起来,那这样的学生就应该放弃对他的教育吗?不是的,其实他的身上还是有许多优点的,比如说,下象棋、体育,这些都是她的特长,于是我抓住对他教育的契机,在运动会上让他发挥自己的特长,为班级争得荣誉,从而让他感觉到自己在班级中的价值。我想他自身的缺点也会逐一改掉,期待着他有更大的进步。

三、爱就是尊重

尊重、理解、信任学生是消除教育盲点的基础。尊重学生要尊重学生的人格。教师与学生虽然处在教育教学过程中的不同的地位,但在人格上应该是平等的,这就是要求教师不能盛气凌人,更不能利用教师的地位和权力污辱学生。只有这样,学生才能与教师缩小心理距离,学生才会对教师产生依赖感。而我在教育学生的过程中就忽视过对学生的尊重。我班的张同学聪明、个性极强,学习成绩是男生中的佼佼者,但他的身上却有许多缺点,课上总爱说话、搞小动作、接话等,在他的身上根本看不到好学生的影子。由于我刚接班时管理比较严格,他很难适应,课间操时他经常松松懈懈,有一天我当着学生的面把他狠狠地批了一通,他有些挂不住了,当时就和我吵了起来,我也是火冒三丈,我们俩人僵持在那,这时我压住自己的火气把他叫到走廊,问他你刚才做得对吗?他也低头承认自己有错,可在学生面前批评他,他感觉自己没有面子。这件事情使我明白了:对于自尊心比较强的学生,批评教育学生时一定要懂得方法,既要他们认识到自己的错误,又不要伤了学生的自尊心。为了帮助张同学改掉坏毛病,我还让他担当班长职务,用班长的职责来约束自己,经过半年多的磨合,我们之间的关系很融洽,对于他的每次转变,每一点成绩,每一个进步,我都很珍惜,并加以鼓励和赞赏。我相信:在我们师生的共同努力下,他一定能成为一名品学兼优的学生。

四、爱就是奉献

班主任,对家长我们代表着学校,肩上扛着责任;对学生我们代表着家长,双手履行义务;我们不可能干出惊天动地的业绩,但我可以为教好学生付出一颗爱心,为孩子们的健康成长作出我的奉献。"一个教师,即使课上得再好,但如果不懂得用心爱学生、尊重学生,那他就不能算是好教师。"因此,我严格遵循师德规范,致力塑造自己的人格,注重用自己的言谈举止真诚感化学生,塑造学生良好的品质,发掘学生的潜能,提高学生的综合素质,并善于洞察学生的心理,揣摩学生的不同想法,针对学生的不同现状和心理,采取适当的教育方法进行教育。

弹指一挥间,十二年过去了,我在教育园地里辛勤地耕耘着,默默地奉献着,取得了较好的工作成效,受到了学生的爱戴、家长的好评、领导的肯定和同事们的赞许。本着对事业的痴心、对学生的爱心、对工作的热心、对未来的信心,我将继续在教育岗位上兢兢业业、无私奉献,我愿将自己化作春泥,去换取满园的百花绽放。

平凡的生活　美丽的人生

湖北省广水市广水师范附属学校　吴　玲

她只是一位很普通的小学教师,像微风中的一棵小草,平凡却又不平常,坚持着自己的方向,无需敬仰的目光,也不用抬头仰望,风吹停,雨停落,隔岸飘来微云一抹。她,就是广水一所乡镇小学的吴老师。当我们追寻她人生履历的时候,却不得不惊讶于十余年来她始终如一的努力和坚持,她用自己的信仰去诠释着责任、去践约神圣的使命……

吴老师从教十余年,一直工作在数学教学和班主任的岗位上。她以高尚的师德、无私的奉献精神,默默地书写着对教育的忠诚情怀,对孩子们执着的爱。她先后被评为长岭镇优秀教师、广水市优秀教师;教改课多次获奖并深受领导好评;积极投入到创新教育的改革实验中,所撰写的论文在全国、省、市多次获奖;所带班级多次获得先进班集体荣誉称号;辅导的学生,获美术作品大赛奖项的更是数不胜数。

一、丝丝关爱呵护孩子成长的历程

吴老师从踏上讲台之日起就认定:真诚地热爱学生、关怀学生是做老师的天职,也是忠诚于自己事业的第一条件。从学生跨入校门的第一天开始接触起,她就坚持从细微处观察,从点滴处着手,耐心、细致做好班主任工作,尽心尽力,尽职尽责,严格要求学生养成良好的日常行为习惯,使班级形成良好的班风和浓厚的学风,人人勤学守纪,有强烈的集体荣誉感。她把爱洒向每一位学生,经常利用课堂间隙与学生谈心,了解每一位学生,了解他们的爱好,了解他们的才能,了解他们的欢乐,了解他们的忧愁,了解他们的精神世界……为了做好班级管理工作,从本着张扬个性、自由发展的原则,组织开展了"小红旗"评比的常规管理,使文明的观念和习惯慢慢浸入了孩子们的生活。

有这样一个孩子,本来成绩不错,自尊心很强,因为生病,落下了一些课,成绩有所下降,开始变得厌学、敏感,从无人交流到不愿意与人交流,经常不来上课。通过在课后的一次次交流与沟通,吴老师了解到他是个留守的孩子。爸爸妈妈都外出打工,家里只有溺爱他的奶奶。要强的他接受不了因为生病,成绩下降的事实,慢慢地变得很绝望。吴老师读懂了一颗幼小的受伤的心灵,暗下决心,一定要打开他的心结,要将爱心种入他的心里。在以后的日子里,吴老师利用课余时间,给他补习落下的课程,时时鼓励他,给他讲张海迪战胜病魔的故事,鼓励他学会面对困难,学会坚强,并有意让别的孩子都来关心他,和他沟通,和他游戏,还让他担任数学小组长,渐渐地,他的朋友多了起来,他的笑容也多了起来。他也能主动地和别人说话,关心别人,学习上也更加努力。就这样,吴老师将爱的希望洒在了孩子的心里,让他从生活中,学会了克服困难,变得勇敢。学会了坚强,不放弃。

毛同学是吴老师班上调皮、学习成绩又很差的一位同学。这是一个不幸的孩子,父母离异,寄住在大伯家。不幸的家庭环境给这颗幼小的心灵蒙上了一层阴影,染上了小偷小摸的坏毛病,经常在学校的小卖部偷东西吃,还喜欢偷同学们的学习用品,一次竟然偷了班里同学的12元钱。面对这样一个小小年纪,心理却十分不健康的孩子,教师的职责,母亲般的痛心,让吴老师在心里萌生"我不能放弃这个孩子"的想法。从此,她主动的接近他,关心他,给他买了一些学习用品,中午放学留他和自己一起吃饭。当他有错误时,吴老师以母亲的情怀耐心地开导,循循善诱。当他有了点滴进步时,吴老师就在同学们面前表扬他,帮他建立起自信和自尊。慢慢地,毛某封闭和排斥的心态逐渐变得开朗,开始懂得学习了,小偷小摸的坏毛病逐渐改掉了,同学们也开始接纳他了。他体验到了老师的温暖和关怀,体验到了同学们的理解和情谊,从而,也增强了他的信心和勇气。更令人欣慰的是,一次上学的路上,他居然把捡到的十元钱主动交给了吴老师。同学们立即报以热烈的掌声鼓励他。看到老师信任的目光,看到同学们赞许的神情,他笑了,笑得那么甜美、那么可爱。吴老师感受到,自己的心血没有白费,在充满爱与信任的氛围里,他像阳光一样灿烂起来。一颗受到扭曲和伤害的心,走出了心灵的沼泽。不久他转学了,临走之前他给吴老师送来了一张纸条,吴老师打开一看,整个身体顿住了:"对不起,我给老师添了很多麻烦,这句话本想当面跟您说,可没有勇气,今天我还想对您说:感谢您对我的关心和帮助,我从前尊敬您,现在尊敬您,将来也会。祝老师,我亲爱的妈妈,身体健康。"一股暖流从吴老师的心底升腾,吴老师的眼睛里闪烁着幸福的泪花!

　　正是因为吴老师这样热爱学生,关心他们的生活、关心他们的学习,使得她与学生们的距离靠得很近,难怪时常有学生在激动的时候,有好消息总是急于告诉她时,会情不自禁地喊她"妈妈"。从这两个温暖的字可以看出:真诚的情感教育,使她的学生从内心已把她视作"妈妈",因为她使学生们总感到那么温暖、那么亲切。

二、涓涓清泉滋润求知孩子的心灵

　　吴老师教过许多学生,学生家庭环境不同,自身努力程度有异,每个班都有学习成绩优异和学习有困难的孩子。吴老师对于优生严格要求,不迁就,从不溺爱、袒护;对学习困难生,不断鼓励,常常牺牲业余时间无偿补课。此外还让学生组建"一帮一",让优生带后进生,用集体的关爱和智慧帮助他们进步。有的同学很内向,不喜欢交流,她就要同学找话题让他多说话,上课多让他回答问题;有的同学自信心不足,上课不敢举手发言,她给机会让他们多锻炼,鼓励他们参与,让他们体验成功;为了"让每个孩子都不掉队",她通过多种形式使后进生建立起自信心。

　　吴同学,是吴老师近年来转变的后进生中最典型的一个。吴同学整日精力充沛,爱动手动脚欺负人,满嘴粗话脏话,作业懒做、乱做甚至不做,上课精神涣散,搞小动作或在纸上乱涂乱画,注意力根本集中不了。下课狂奔乱跳找不着人影儿。同学与科任老师经常反映他的很多缺点。于是,吴老师多次找他谈话,希望他在学校遵守各项规章制度,以学习为重,自我调节,自我改进,做一名合格的小学生。但经过几次努力,他都只是口头上答应得快,行动上却几乎毫无进展,仍然我行我素。可是这孩子机灵,接受能力强,数

学成绩一直不错,语文就不行了,因为他太懒!本来可以成为尖子的他却是这般模样——不思进取!成绩上不来,吴老师真为这孩子着急。

怎么办?吴老师想方设法接近他、走进他的心里去改变他。教育家乌申斯基曾指出:"如果教育要多方面培养人,那么他首先应该多方面地了解学生。"为了有针对性地做他工作,吴老师决定先深入家访,详细了解情况,再找对策。接待吴老师的是孩子的姥姥,她跟吴老师详细谈了外孙各方面的情况。这孩子自尊心很强,脾气倔,爸妈长年在外打工,姥姥没什么文化,也不懂教育方法,根本管不了他,只知道给孩子吃饱穿暖就行了,其他什么都不能帮助他,特别是孩子心理上的需要,他们根本没法去多接触、多了解,所以拿他没得办法。回来后,吴老师绞尽脑汁,终于想好了怎么面对孩子开展工作。

首先,吴老师设法接近他,清除隔阂,拉近关系,寻找他的闪光点;其次,让他担任班干部,彰显他的"管理能力",发挥他的特别之长。让他学会先从我做起,管好自己再去管别人。渐渐地,他懂得了吴老师的一片良苦用心,从方方面面努力表现自己,一心想得到大家的认可。于是上课时,他有了全神贯注的神态,课外活动时,他有了与课代表一起钻研难题的影子,作业准确工整,书写大方,美术课上他也能聚精会神听讲了……一切的一切证明他正在逐渐改变自己,而且变得越来越棒,虽然有时也会反复,还需要吴老师耐心地去鼓励引导和督促。但通过多次的工作,他在同学心目中的威信越来越高。吴老师趁机再对他提出个人表现方面的要求,他也能接受,而且改变很快。半个学期下来,一些不良表现渐渐消失了,真令同学们意外。

近来,经过吴老师对他培养,和他自己的不断努力,他已基本上能做到各方面遵规守纪,学习成绩步步攀升,成了同学们的学习楷模。也正因为如此,吴老师赢得了广大家长的尊敬与赞誉,赢得了学生们的敬佩……

吴老师相信:只要以爱心、诚心、耐心相随,以浓浓师爱激励这些"与众不同"的学生们的成长,以切实可行的教育方法去引导和呵护,学生们就会有所转变,就会取得好成绩。

不仅如此,作为一名好教师,吴老师深知,要托起祖国"明天的太阳"、自己挚爱的"果实",还得不断提升自我素养。她主动自觉学习先进的教育教学理论,订阅多种教育教学杂志,业余进修,积极投入于教改活动中,在工作中不断总结、不断创新、不断改进。除此之外,她还广泛阅读,天文地理、人文艺术方面的书籍。因为她深深懂得,只有具有广博的知识,才能满足和适应现代化教育教学的需要。

"至坚者石,最灵者人。"人之所以能成为万物之灵,仅仅靠高度的智商、冷静的理性和亘古相传的文明是远远不够的。丰富的情感,使人变得更加灵秀。作为一名教师,吴老师深感所要教给学生的太多太多,然而能教给学生的又太少太少。只有用心去体会生活,然后默默地、无私地将生活中的真善美交给他们,让他们用自己小小的心去体会,用自己小小的行动去体现,生活会因此变得更美好。这是深爱学生的吴老师大病初愈,投入到她挚爱的教育教学工作后,彻悟出的生命的真谛!

教师是一份需要辛勤付出的职业,教师是一份大爱的传播者。吴老师选择了教育事业,她义无反顾地将自己的爱无私地献给这些孩子们!她,就是这样一位平凡的乡村女教师。

风景这边独好

湖北省枝江市实验小学 赵小芹

我是枝江市实验小学的一名普通教师,迄今为止加入这个团队不到三年,但是在这短暂的时间里,我深深感到这所学校焕发的生机与魅力。且不说这里临近郊区,空气清新,环境优雅,也不说龙头学校的优势,宽敞的校园,一流的设施,单是这里平易近人的领导与爱岗敬业的老师就着实让我敬佩。

实验小学有一个精诚团结,勤勉务实,敢于担当,体恤下属的领导团队。我不想去赞美校长的高瞻远瞩,深谋远虑,也不想去评价办公室主任的多才多艺,朝气蓬勃,就说说朴实得如一个勤务兵的德育副校长李晗兵吧。每天早上,他几乎都是第一个来到学校,而晚上很迟才回家,可以说是爱校如家的典范。我们学校的迎检工作多,很多时候李校长看到地面脏了,一到校就自己拿起扫帚扫起地来。不认识他的也许会认为他是学校的清洁工呢,可谁也不会想到他竟是一校之长。为了让学生认真做好体育锻炼,每次大课间他便亲自到场,督促同学们做好动作。这学期上级将对学生的身体素质进行抽检,李校长更是想尽办法提高学生锻炼的积极性。他一方面组织学生开展做仰卧起坐和跳绳的比赛,另一方面利用每天大课间巡查的机会,随即抽查测试学生的实际水平,做到心中有数。对于学校领导来说安全事故是唯恐避之而不及的事,可是这个学校的领导却让我刮目相看。记得我刚调进这个学校时,一天放晚学后,我把一个不太听话的学生留下,进行了短暂的谈话,然后就让他回家了。临近冬天,天色很快就暗下来,那个学生的家长打来电话,说孩子没回来,问我留了他没有。开始,我安慰家长再等一等,有消息就告诉我。可过了好一会还是没有消息,我打过去,那边传来妈妈哭泣的声音,我一下子意识到事情的严重性。我赶紧把这件事报告给李校长,心里忐忑不安。哪知,电话那边却传来一阵熟悉而亲切的声音:"您先别着急,以往我们学校也出现过这种情况,他们一般都是到同学家里玩去了,您先让家长在左邻右舍和临近的同学家里找找看,您就在学校附近找一找,我也马上过来找,有消息就告诉我。"面对这样人命关天的大事,没有指责批评,没有推脱之词,有的是站在一个普通老师的立场上对老师的理解安慰和真诚帮助,当时我的心里暖暖的,好一个敢于担当的领导,一股敬意油然而生!

这里有一个奋发向上、业务精良、吃苦耐劳、淳朴敦厚的教师团队。不必说中年教师张明凤和徐国东积极向上,刻苦钻研,一年内在各种杂志刊物发表文章数十篇,教学成绩始终遥遥领先,周华平老师的数学课让人如沐春风,班级管理井井有条,师生关系亲密无间,也不必说青年教师李翠萍、杨梅、宋青梅严格自律,不断进取,教研教改硕果累累,单是说说那些年过半百,仍然兢兢业业的拼搏在教育前线,不怕吃苦,毫无怨言的老教师,就让人佩服得五体投地。裴宏玲老师和易桂英老师都是儿孙满堂的年龄了,但工作起来仍然斗志昂扬,激情未减当年。生活中,她们就像学生的奶奶一样慈爱有加,给学生梳头,整理红领巾,当学生不舒服时嘘寒问暖,甚至代替家长给学生喂药片;学习上,她们耐心细致,严格要求,在培养孩子们的好习惯方面狠下功夫,虽然是一二年级的孩子们,但能在没有老师的情况下安安静静的午休和自习,这些是她们丰富的教学经验的体现,更是她们勤勉敬业精神的体现!董国华老师是一个五十多岁的男教师,今年任教六年级数学,他时常开玩笑说:"你们年轻人还要慢点干才行,不要把我们老教师丢得那么远,我们拼命跑都赶不上你们。"这里的"慢点干"是说工作干劲要小点。话虽这么说,但他工作起来却毫不含糊,讲起课来声音洪亮,隔几层楼都听得见他的声音。有时他说眼睛看不见,但从没有落下一次作业的批改。他家住在白家岗,离学校较远,但从没有迟到过一次,从没有因自己的私事耽误学生一节课。"老骥伏枥,志在千里",我觉得我们学校的老教师的确如此,他们应该就是最美的夕阳红吧。

实验小学又叫城乡接合部,因为这里地理位置较偏,生源相对较差,但是我却看好这边的风景,因为这里有一群可爱的人——他们便是实验小学那些师德高尚的老师们,他们是我学习的典范。

不信东风唤不回　因为有爱才收获

湖北省潜江市竹根滩镇初级中学　黄晓东

她不是诗人,不会用优美的诗句讴歌她的职业;她不是学者,不会用深邃的思想思考她的价值;她不是歌手,不会用动听的歌喉来歌颂她的岗位。然而,她只是园林一中一名青年教师、一个班主任、学校团委书记——潜江市园林一中青年教师龙娟娟。可是,这就够了!因为我们园林一中有太多太多的师德师风标兵,他们用他们的言行深深地感染着她,她也情不自禁地投入到他们当中!在园林一中爱的花园里,她只是一片深情的绿叶!

作为学校的一名中层干部,作为一名党员教师,她要用凝重的感情,唱出她心中最动人的颂歌——爱,教师的职责!她爱她的学生,她爱她的事业,她执着她的追求。她深深地体会到,要启开孩子们心灵的大门,教师必须付出最大的热情,因为一切最好的教育方法,一切最好的教学艺术,都产生在教师对学生的无比热爱的炙热心灵之中。她深深地知道不信东风唤不回,因为有爱才收获。

一、因为有爱的奉献才收获班级的美梦团圆

2011年,龙娟娟开始担任九(7)班的班主任。由于是中途接手的班级,学生们对前任教师仍怀留恋之情,对新任教师则存怀疑之心。她和学生泡在一起,每天总是早来晚走,忙忙碌碌。她安慰自己,既然接了这个班,她就必须尽全力将它带好。她想不到更好的办法了,只能双管齐下,一方面跟学生建立感情,用老师的真情实感打动学生;另一方面就是腿勤,一有时间就往班里跑,争取早些和学生打成一片。她用自己的一言一行去告诉学生,你们的新老师是值得信赖和尊敬的,你们的学业是大有希望的。学生身体不舒服,她马上去嘘寒问暖,帮助求医治病;学生学业下降,她立刻去和学生交流分析,看看是哪儿出了问题;学生心理情绪出现了波动,她抽时间去家访调查,做细致的思想工作。工作中,有故意找茬考验她的耐心和毅力的学生,有受学生鼓动被蒙蔽不明事理而与她处处为难的家长。而此时,她只能凭借着一份真爱,坚持与学生打成一片,让学生认清学习目的,端正学习态度,明确时间紧迫,唯有全力投入学习入手,从争取领导支持团结各科教师深钻业务知识提升教学能力入手,积极开展班级管理和教育教学工作。最终,这个班考出了可喜的成绩:班级升学率达到了95%,其中潜江中学上线人数达15人,园林,文昌上线人数达到了45人。

一颗母亲的心,一双园丁的手,她以无私的爱、灿烂的笑、博大的胸怀,温柔的臂膀收获了班级的美梦团圆。

二、因为有爱的真诚才收获学生美好的心灵

龙娟娟觉得师德的范畴里除了自爱,更重要的是他爱。作为一名教师,她的着力点

就是爱学生。她曾用关怀,让学生泪流满面;也曾用爱心,扬起了学生心海的风帆。

班里有位戴同学,很蛮横调皮,可以在课堂上肆无忌惮地与同学动粗,影响上课,教育后又再犯,很令人头痛。她开始注意到他,与他谈心交流,发现他对学习已基本放弃,但仍旧对课堂有憧憬:他希望受到老师的尊重,即使他不尊重老师;他希望老师点他提问,即使他答不出来;他不由自主地屡次犯错,即使多次承诺不再犯。

这种不对称的愿望,让任何一个老师都很为难。她发现他隐约有一丝想得到老师表扬的想法,就那么一点点,但非常"强劲"。要求进步这是一种良好的美质,她决定把他这种美质挖掘出来。上课尽量点他提问,虽然不尽人意,还是多给他鼓励、信心。受尊重和求上进的心态对他来说是一种难得的心灵美,虽然只是"星星之火",但她觉得可以"燎原"。后来她发现他又犯大错,想放弃自己。她尽量去宽容和交流,以此来培育这星星之火,让这美质存在,引导他慢慢走向善良诚实的道路。他每次碰到她都喊"龙老师好",还腼腆地对她笑。在她的面前他不是那种粗鲁调皮打架的学生了。宽容学生的错误,发挥学生的美质,可以起到正面效应的作用。这对老师虽然是件小事,但对学生的未来可能就是一件大事!

"一分严格之水,要加九分感情之蜜,才能变成甘露。"她告诫自己只有用这种含有九分感情之蜜的甘露去滋润"幼苗"、"病苗",他们才能茁壮成长,成为有用之人。

三、因为有爱的语言才收获了学生的阳光自信

作为一个教育工作者,她发现有很多这样的学生群体:她保证不违纪了,下次惯性再犯;她保证不迟到了,下次"姗姗"来迟;她保证交作业,下次又看不到名字……这些现象是用强制手段来纠正,还是来"软着陆"——做思想工作?后来她发现做过来做过去,又回到了原点,保持时间不长。对那些自觉性不强的学生没灵效。然而对美的品质的追求是每位学生从骨子里保有的天性。怎样让他们把自己的美质付诸行动?她决定以作业评语为平台,多跟学生在这样一个无声的平台上交流沟通。

她在他们的评语上多挖掘优点和闪光的品质,让他们感觉这样做就会凸显自己的优势和美质。"你很棒!""你的作业虽然错了,如果用心,你一定会很优秀!""作业如一道亮丽的风景,让老师赏心悦目!""作业字迹工整,充满灵气,聪明都被你拥有了!""如果说有一首歌没听过,便是这首,如果说有一篇诗没读过,便是这篇。你的作业便是这首歌,这篇诗,希望你做得更好!"通过评语,她发现一些基础差的学生都悄悄补上了自己的作业,还比较认真。她也不忘给他们评语:"你很诚实,你的行为让老师感到钦佩!"再后来,学生的作业字迹很工整,正确率很高!她还鼓励学生给老师回评语,她也可以发现自己工作上的问题,与学生一起实现共赢!她用爱的语言,让学生收获了阳光自信。

早已知道,那间教室里放飞的是希望,守巢的是自己;那块黑板上写下的是真理,擦去的是功利;那根粉笔画出的是彩虹,流下的是泪滴,奉献的是自己。但是!对教书的选择,今生她无怨无悔。她将用自己的双手和大家一道默默耕耘,共同托起明天的太阳!

朝夕相处总关情
——华南实验中学老师巡记

湖南省常德市武陵区华南实验中学　龚　晖

武陵区华南实验中学位于常德市城郊河洑山内,远离城区,是典型的城乡接合部薄弱学校。学生来源于武陵、鼎城、桃源三区县,不少学生是进城务工子弟、留守儿童、单亲家庭子女,学生学习习惯参差不齐。

就是这样一所学校,曾连续多年在常德市城区中学中考中名列前茅,而且小学教学工作也在武陵区城区学校取得佳绩。获得这些成果,老师们并不把功劳归功于自己,总是说这是师生共同努力的结果。其实在取得成绩的背后,凝结了老师们无私的奉献,包含了老师们辛勤的付出。学校有一支作风硬、业务强、讲贡献、富有爱心的教师队伍,这里只节选一些典型的事例。

一、坚守信念——不让一个孩子掉队

学校六年级有一个特别的女生,父亲早逝,母亲患有精神病,奶奶又刚刚过世,只有年迈的爷爷照顾她,在花样年华,便遭受了常人不可想象的打击。怎样才能让她能从家庭不幸的阴影走出来?班主任老师想了很多办法:主动家访谈心,在班级里号召同学们互相帮助关爱,还联系有爱心的人给予关爱,在学习生活上给予更多的关注。

为了不伤害到孩子的自尊心,便将自己早餐带到学校,与她同吃。每次开学,总是早早与总务处老师联系,尽可能多减免费用,争取补助。已经临近小学毕业,为了让她能顺利地完成更多的学业,班主任老师还在积极联系社区和高一级学校,将社会的关爱能持续长久地进行。

"授之以鱼不如授之以渔",在给予物质资助的同时,班主任还想到要给予这个孩子更多的精神,在多次的思想交流里,将自立自强的信念传递给她,要她多学习近年来遭受自然灾害的人们。现在的她,没有沉浸在悲痛中,而是一步步地从绝境中找寻希望,从爱心里寻找能力,让自己能尽快地投入到生活中和学习上。

班里有一个姓杜的小男孩,读书都快一年了,还只晓得写自己的名字,各科考试在个位数里找位置,身上总是穿得邋里邋遢,不时还带有异味,小朋友总是想把他从游戏队伍里排挤开来。从有些呆滞眼神里就能轻易看出这个小男孩与其他正常学生有所不同,智力发展有些不健全。

你会问:为什么把这样的学生招进来?了解这个孩子的家境了,你就不就会有这样的想法了。父母生理上都是不健全的人,在中国传统观念影响下组成的家庭,家境十分困苦,是村里出了名的困难户,父母不得不外出打工,做的都是最苦的体力活。别说送到

特教学校里去,在这里都是学校与村里资助减免后才来的。

在学校学习的时间里,年级老师们费尽了心思,不由自主地提醒自己:他在哪里,他在做什么,别从课堂里溜号了?每天放学,老师们都会把他送到爷爷手上才算安心。

"分数已是次要问题了,主要的是能多认得几个字,多算对几道题。"这是他爷爷的底线。但老师们并没有放弃,花费了比对其他学生更多的精力。他每一个写得稍微工整的字,都是不小进步。老师们还在生活给予指导,剪指甲,手把手教洗衣。通过一年的努力,还是从他的身上发生很多的变化:能和同班同学玩在一起了,衣物也能经常自己清洗,不再时不时玩失踪。他的爷爷看到这些变化,直向老师们说"谢谢"、"辛苦了"。

在华南实验中学老师眼里,这些学生只是所有学生其中的普通一员,唯一的不同,就是自己要花的精力多一些。如果多花的精力,能使学生的思想表现、学习习惯发生变化,这就是成功。不以成绩论好坏,要让孩子每天进步一些,不让一个孩子掉队,这是他们坚守的信念。

二、一寸光阴一寸金,只争朝夕

"一年之计在于春,一日之计在于晨",这是华南实验中学经常给学生与家长们的话,因为学生的学习不仅仅在学校,而且还有在家里的时间。怎样利用好早上与晚上的时间,让学生能学会学习,家长怎样配合学校,老师们想了不少的办法。

QQ群就是有效的办法,不会辅导的题目,上群里找老师,班主任老师、科任老师就会回答。不想让学生多上电脑,行!父母再当回小学生,在QQ里,老师们一步步给家长讲解,然后家长再一步步告诉学生。

思想有问题,大到情绪波动变化,小到挑食不爱吃蔬菜,打手机,找老师,老师总会一一支招,共同来克服。甚至是有些学生因各种原因离开了华南,出现这样的问题,学生和家长还是爱找华南学校的老师来解决。有的学生已经面临大学生活、就业、工作和情感上的问题,还是爱和以前华南的知心老师谈谈心,叙叙旧。

不管什么时候,吹风下雨,还是落雪,华南实验中学早晨的校园里就会有朗朗的读书声。而且这读书声,不仅仅只有孩子们的声音,还有家住城里老师的声音。只要学校有学生来得早,老师们也会准时出现在教室里。不仅仅是监督,更重要的是不放心学生们的安全,当然还有更多的是学习上的指导。不仅仅是班主任,还有数学、英语等科任老师,而且不只是普通的老师,任课的校级领导,照样也会出现在教室里,即使当天有会议或要到城里办事,只要是班级的安排,先安排好学生,再前往城区开会办事,不误学生一堂早读。

学生早上在教室里做作业,也许在其他的学校是违规的事情,在这里是允许的。还不是允许学生抄作业或者补作业,而是做作业。对于作业在家里做确实有困难的同学,通过自己努力也不能完成的作业,允许早上带到学校问老师,在老师的指导下完成。

不要小看了现在学生的学习,不少问题家长也要费尽周折。华南实验中学学生来源复杂,不是所有的学生能在家里完成好作业,也不是所有的家长都能帮助到自己孩子。现在学生放学了,家长不一定就在家里,双职工的家长还在工作,这就在学生的管理上又形成了一个脱管的真空,也让家长们伤透了脑筋。怎样做既减轻学生学习负担,又要让学生消化好学习任务,而且不占用学生正常休息的时间,这也是个小课题。

为此,不少老师就利用起放学后一小时的时间,有能力自己完成学业的学生,组织起来进行课余活动;不能完成的学生,可以在学校里做作业,不懂就问;对于还有些没有在课堂消化学习的学生,就可以当天解决相关问题;对于那些不自觉的学生,也是纠正不良习惯的好时机。这一个动意,并不是偶然的,而是华南实验中学老师自发的必然的行为。

良好的习惯不是一朝一夕就能养成的,而是要通过长久朝夕的磨练才能形成,甚至还要经常性有意识进行强化。所以在培养人才道路上,没有捷径可走,华南的老师只是做好最普通的事情,才会在平凡的事情里做出意想不到的成绩。不少学生通过这样的辅导后,不仅消化了当天的学习,更是找到了适合自己的学习方法,比其他的学生要学得轻松、学得快乐。曾经的同学转到不同的学校,就羡慕华南的学生,每天还有课余时间打球游戏,还能上网查资料。学校为了让学生综合发展,还专门开辟劳动实践基地,让学生接触更多的社会知识。

正是在这样的朝夕相处中,华南实验中学师生结下了更深的情谊。不少兄弟学校的同事曾告诉这样一个不争的事实:从华南实验中学走出去的学生知书达理、求知欲望强、爱学习懂礼貌。不少学生就骄傲回答:我曾是华南实验中学的学生,我爱华南,我爱华南的老师。

爱生如子 爱班如家

湖南省嘉禾县钟水中心校 唐艳萍

"十年树木,百年树人",踏上三尺讲台,也就意味着踏上了艰巨而漫长的育人之旅。怎样才能做一名好教师呢?我认为,要树立良好的师德形象。教师良好的思想品行将是教师最伟大人格力量的体现,下面就说一说我身边担任多年的优秀班主任杨建华老师的先进事迹。经过多年观察,访问同事和多名学生,我发现原来树立良好师德形象就该这样做。

一、严于律己,为人师表

从参加工作迄今为止,杨建华老师从教35年,其间担任班主任的时间达31年。多少年来,杨建华老师一直坚持做到:要求学生做到、做好的,班主任首先得做好。例如,杨建华老师要求学生一律不许带手机入课堂,自己坚决做到不带,为此还差点误了一次大事。又如,热天,杨建华老师要求学生一律不准穿拖鞋上课,身上的穿戴也按相关规定执行。有些学生拿少数老师上课穿拖鞋找借口,杨建华老师同样以自己的保证作回复。杨建华老师与同学们一样,不搞特殊,而且还与其他科任老师交涉,要求他们同样做到。事后,同学们口服心服,上课无一人违规。平时,杨建华老师从来不沾赌、不染毒、不贪烟和酒,不参与一切有损于教师形象的活动,为学生树立了良好的师表形象。

二、真诚所至,金石为开

对待学生,杨建华老师一向用一颗真诚的心对待,从来不作假,实事求是,敢于担当。尤其是对问题学生,杨建华老师从不另眼相看,不歧视、不责骂,不放弃对他们的教育、帮助,而是给予更多的关心、爱护,无论他们错多少次,杨建华老师都会用极大的宽容心原谅他们,极大的耐心帮助他们,等待他们的回归。一个吴姓男生,人性格比较孤僻、内向,平时少言寡语的,在班上,也很少与同学言语,在老师和同学的眼中,他是名很老实的学生,然而,谁也不会相信,就是这么一位"安分守纪"的学生,却在这最后一个学期内,接二连三地发生事情,有些甚至是很出格的事情:暗地里与其他班的一些学生去公路建设工地偷窃钢材,拿到废品收购站上去卖掉,然后用分得的钱去网吧、游戏室,或买烟酒享用,还经常借口学校、班上缴什么什么费,从家长手里哄骗钱来吃喝玩乐……从发现到站在老师面前流着眼泪真诚认错、坚决表态,先后不下10次,每次杨建华老师都用慈父般的心说服、教育他,相信他一定会回归正轨。功夫不负有心人,杨建华老师的真诚所至,终于换来了他这颗"金石为开"。杨建华老师的宽容、耐心等待获得了成功。又如,一名周姓女生,人长得很漂亮,也很爱打扮,却也性格孤僻、内向,常常一个人独处,行为上有些贪小便宜。从初一入学到初二下学期中期,一般人都没有发现她的一个秘密行为:即经常到离学校所在地的街市上的一个蛋糕店去"学做蛋糕"手艺,开始是从店主那里获得一些食物,以满馋口之足,后来却俨然成了那店的主人。对此,其实一开始杨建华老师就有了察觉,但一直没有在班上公开,曾多次找她谈心,可每次都是先信誓旦旦地表态,而后却又反复。对此,杨建华老师依然没有放弃,还是耐心地说服、等待……直到2011年5月份,杨建华老师对她的一次出格行为的宽容接纳处置,才彻底改变了她的为人。一个晚上,她背着杨建华老师去了那个店主在附近村里的家,并想在那留宿过夜,杨建华老师发现后,及时通知家长赶到学校并叫上学校政务主任赶到店主家里,将其带回学校,与家长一道进行一番说服教育后,由家长先领回家去。此后三五天,杨建华老师又每天与之电话、短信聊天、谈心。一周后,她又回到146班,并一直到毕业。长期以来,杨建华老师就是用这种真诚赢得了学生的心,换来了学生的爱戴。

三、倾注关心,爱生如子,爱班如家

班主任是班集体的当家人。班就是他常驻足的家。这个班的学生就是他这个当家人的孩子。因此,作为"当家人"应该常"回家看看",了解了解"家"的情况,关心关心"家里的孩子",对于"家"中发生的大小事情,要了如指掌,对于孩子们的学习、生活、娱乐习惯、身心健康等要心中有数,切切实实地为这个家遮风挡雨,诚诚恳恳地为这班孩子们操心劳力。初中三年,杨建华老师很好地履行了这个职责,为这个家、这班孩子真诚地付出了很多。班上无论大小事情,只要学生需要,杨建华老师毫不推辞,一律参与。学生有谁伤、病、痛,看医生没钱,杨建华老师二话不说就带学生上医院,学生有时急需用钱、用物,杨建华老师照样予以帮助。对于那些学习困难又家庭经济困难的学生,杨建华老师更是要多一份关照。全期杨建华老师先后为各类学生垫付各种费用上千元,因此得到了家长的一次次感谢。一名郭姓女孩子,胃病相当严重,可因家中人口多(7口),经济困难,服药时断时续,而她又是班上的体育特长生,每次训练之后,她都要抱着肚子,苦痛好一阵子。有几次,突发疼痛,不得不将其急送到医院"吊瓶"。为此,杨建华老师曾代缴医药费300多元。

有着良好师德形象的杨建华老师,为学生树立了好的榜样,一份付出,就有一份收获,三年来,在全体任课老师和全班学生的支持、配合下,杨建华老师顺利地完成了作为一名班主任应负的责任,为学校的班级工作作出了自己应有的贡献,在2012年中考,终于创造了我校中考成绩的辉煌,其中就有雷露彬、雷丽娇等九人考取嘉禾一中保送生或者正取生,十多人考取嘉禾二中,在全县乡镇中学中名列前茅,为学校争得了荣誉,为国家培养了人才,是全校老师学习的楷模,是学生学习的榜样。

奉献真诚的爱心

湖南省湘潭市二中　梁立新

从初一起当班主任,深知责任重大,俗话说得好:"好的开始,等于成功了一半。"所以我用我的爱心、耐心、责任心对待每一个孩子,告诉他们不管他们小学表现怎么样,他们进入初中,来到483班,就要面对全新初中的生活,在老师心中每一个孩子都是最棒的。"Everyone is number one",这也是我们班的班训。很快我们班形成了良好的班风和学风。

在这学期中,我深深地体会到:当好一名班主任一定要有这"三心",不论是优秀的学生还是学困生,尤其是学困生特别需要老师的关爱。有爱才有教育,老师热爱学生,是教好学生的前提,是促进学生奋进的动力。

我们班有一个邹姓同学,现在是我们班的班长,学校学生会的干部。可刚开学时,他的表现并不好,一报到就有同学告诉我,邹在我们班啊!他在小学是学校的老大,班主任管不住他,校长也拿他没办法,上课不认真,还捣乱,从不打扫卫生,还经常打架,甚至和社会上的不良青年混在一起,串校打架。报到时就发现他比其他孩子成熟,一看他的年龄17岁了,挺纳闷,问他为什么,他根本不搭理,我尊重他就没追问了。开学头三天军训,就发现他不听教官指令,动不动就说老师我要请假,我不参加军训了。被政教处发现头发太长,让他剪短,他坚决不肯,同学说,老师让他改变这发型不可能。开始我觉得他可能是说着好玩,让他剪短,结果第二天军训他人都不来了,假也不请。我打电话给他,他说不舒服来不了,我说我来他家里看他,他不同意就挂了。我一想,我一开学就碰到这样不服管教的学生,不解决问题,以后在班上无法开展工作,就想一定要到他家去问个究竟,于是问了他的好朋友他平时喜欢吃什么(西瓜),还有家庭住址,给他买了个西瓜,直奔他家,结果他真的没事就在家里睡觉。可能是看我先礼后兵,他还算礼貌,立刻起来了,还主动泡茶,我没和他多说叫他跟我走,先去剪头发,再去军训,奇怪的是他居然很听话地跟我走了,我出钱带他去剪头发,一开始他不同意按我的要求剪,后来那个理发师说了一句话,你看你老师对你多好,嘿,真的他就不作声了,按我的要求剪了头发,然后跟我回学校参加军训坚持到最后,再也没说过请假。后来我了解到他在1岁时,父亲犯错误坐牢,母亲抛弃他,再也无音讯,一直和姑姑住,懂事后一直没读书在社会上玩,直到居委会出面才于11岁读小学,我这才明白他为什么17岁才读初一。班上同学还告诉我,他不允许别人提他家里的事,谁说就要打谁。于是我决定用我的诚心打动他,我说你既然在小学很有能力,就当我们班的班长吧!他很自信地答应了,从此以后他真改变了,我发现他真有管理能力,班上同学都听他的。而且他非常有集体荣誉感,就算我们班有些荣誉没有得到,也能听到他说没关系,我们483班是最棒的。现在他在班上没有违纪行为,上课认真,还能积极主动参与打扫卫生,成绩也有很大进步,期考之前他还主动跟我说,我是班长成绩也要在班上靠前,带领全班同学朝前走!我问他,你知道你不再是以前的你了吗?他说我知道,我问为什么?他说是老师的心打动了他,他的好朋友告诉他,第一次去他家买了他喜欢吃的水果是老师问他的,小学没老师去过他家,还有我像是妈妈带他去剪头发,他还我钱我没要,告诉他老师请你剪了头发,就是要你洗心革面,改正错误,他说他做到了!此时我真的非常开心,也坚定了我的信念,对待孩子真的要有爱心、耐心、责任心!

　　关心和爱护学生是老师的责任,我们班还有一个同学叫王盈方,有一天放学回家被摩托车撞了,听说很严重,第二天中午,我放下手头的工作买了些水果去她家看她,她和她的家人非常感动,说哪有老师来看学生的。了解到她确实摔得很严重,安慰她让她在家好好休息,耽误的功课,回校后我会想办法让同学帮她补上的,让她放心!又过一天她妈妈打电话说,她不顾家人劝告坚持要来学校上课,可现在的病情还做不到,于是当天放学我又去了她家看望她,做好她的思想工作。结果过了一天,她妈妈送她来上学,说她坚持要上学,怕耽误学习影响班级成绩,我听了非常感动,因为她来学校时,脸还很肿,瘀青很严重,对于一般的女孩子来说没有勇气是不敢出门的。可她家长说她坚持的理由是,班主任老师说她基础不好但只要努力就会成功,在她的世界只要努力了她仍然是最棒的,她不想让老师失望。最让人想不到的是,她的家长没有因为孩子受这么严重的伤而责怪学校和老师,而是非常感激我,还反过来买了东西送给我,其实我并不是要这样,可我能通过这件事深深地感到只要你是真心对待每一个孩子,不但能影响到孩子还能让家长也感觉到你是在真的关爱她的孩子,从而很放心地把孩子交给你!

　　爱心、耐心和责任心改变了一个孩子和一个母亲。我们班还有一个李姓同学,在小学五年级查出先天性半椎体畸形,做了三次全麻手术,目前体内有33cm的钛棒、万向螺钉螺丝,弯腰、转身等人体自然形体动作受限。在一次断骨、植骨手术后,背部大创面的伤口疼痛难忍,他抓住他妈的手,喊道:"妈妈!你让我死,你让我死!实在太痛!"最后他坚持了下来。我听了他妈妈这样说我非常难过,差点都流下了眼泪,我心想我一定要给这个孩子更多的爱。一开学他妈妈就跟他请假不能参加军训,可他不同意,坚持要参加,我同意了,让他坐在旁边看,可他有时坚持站起来参加训练,我怕他坚持不了,有时会主动去帮他,他说老师我能行。我评他为军训优秀学员,我也真觉得他非常不错!后来他妈妈打电话告诉我,他回家非常高兴地告诉她这件事,从来没看见他这么开心过!我让他妈妈转告他,这个荣誉不是老师特意给他的,而是他自己努力得到的,并在班上特别表扬了他。开学后,我发现他基础非常差,学习能力较弱,基本的背诵能力都没有。我单独留下辅导他背语文、记单词,我发现他还是有一点学习能力,只是相当慢,对他没有一点耐心是不行的,渐渐地他能背语文的诗歌了,还能记住数十个英语单词,我告诉他只要坚持下去,他的能力会有更大的提高。我还经常在和他家长在学校的联系本上给他留言,和他家常联系,指出他的优缺点,提醒家长配合支持!现在他已不需要我再辅导他

了,还能背英语的课文了!我在班上表扬他!他妈妈告诉我,在我的细心呵护下,他始终没有再认为自己异于常人,相反,读初中以来变得开朗了,快乐地学习和生活着。他妈妈以前告诉他,身体第一,学习第二!现在他告诉他妈妈,他现在是学习第一,身体第二!不能让老师失望!他真没让我失望,他从月考最后一名到了段考进步了六名。在这个时候我再次给了他及时的表扬和鼓励,给他评了一个上课认真奖和进步奖。他的妈妈也非常感谢我,她写了一份感谢信给我,可她没有直接交给我,她辗转交到了学校唐校长手中,她说她没直接交给我是想让学校也能知道我们学校有这样优秀的老师!她这样说我当时就脸红了,因为我觉得我真的只是做了我该做的事。从没想到家长却是如此记挂在心。后来我看到了这封信,看完我流泪了,我没想到我所做的,在她心中掀起了如此波澜!

  这些事让我在以后的班级管理中倍受鼓舞,觉得我肩上的担子更重了,我决心更加努力地工作,对待这些孩子就像自己的孩子一样,天冷了叫他们加衣,没吃好早餐,想办法让他们吃好早餐,中午不能回去吃饭,主动给钱让他们吃好午餐,在班上遇到困难都会告诉他们找我解决,甚至和家长有了矛盾都会找我去调和。让他们感觉到老师是真的在关爱他们,孩子都愿意听我的。渐渐地班上无论是课前准备,上课纪律,眼保健操,自习课,打扫卫生等都不用再操心,学生都有了很强的集体荣誉感,不愿扣班上的分。学习上大部分同学也很自觉,学习态度端正,连小学不愿读书的几个同学也被感染了,也开始学习了,班上没有一个不愿读书的,孩子们说以前不愿上学,现在愿意上学了,而且每天很开心!这个学期以来,在军训会操中获得了二等奖,学校运动会总分第二名,多次获得学校纪律卫生流动红旗,在学校6—9周禁手机、禁上网、查校服校牌检查中,全校只有我班无一扣分,受到学校特别表扬!这次段考成绩各科成绩都拿了年级第一,是孩子们最高兴的事!我告诉孩子们,成绩是暂时的,我们还需要更加努力,只要我们努力了,不管我们能不能拿第一,在老师心中我们483班的同学是最棒的,你们一定要时刻记住!

让校园充满爱

江西省彭泽县乐观中学 刘观升

我是一位在山村中学教了二十多年学的教师,在多年的从教生涯中深深体会到:做一名合格的人民教师,不仅要有过硬的教学功底,更要有一颗待生如子的爱心。

刚刚分配到中学那年,学校为了不影响"尖子"学生学习,将学生分成好中差三个班,安排我担任三(3)班班主任。刚接手就发现一大堆问题:这些学生不仅学习成绩差,不遵守纪律,爱打架,而且由于分到差班,自卑让他们更是自暴自弃。我知道正是这样的学生更需要教师的关怀,因为他们有苦恼,甚至自卑。他们的心有更多需要被人理解的东西。于是我分别找学生谈心,分析发现他们的优缺点,利用班会组织讨论,鼓励他们增强信心,每发现他们一点进步就及时给予鼓励。我发现教师的中肯评价对学生是一种激励。随着时间的推移,学生渐渐把我当成他们的朋友。班上学习氛围渐渐浓厚起来。学生不遵守纪律的越来越少。利用课余时间、星期天义务帮学生补习,到后来有不少学生成绩超过了中班。令我十分感动的是那年元旦,在我婚礼现场,有两个学生冒着大雪翻山越岭代表全班学生送来用他们的零花钱买的花瓶。

要赢得学生的喜爱,还要全面正确地评价学生,用乐观的态度和发展的眼光去看待学生,尊重和信任每一个学生,为所有的学生营造一个宽松的成长和教育环境。在我们传统的教育中,一贯主张"严"字当头,所谓"教不严,师之惰"、"严师出高徒",认为对学生不严加管教就难以成人,更难以成材,主张采取强制管束、强行灌输等方式。这种教育方式和我们时代的主体教育精神是相违背的。因此,我们做教师的,对我们的学生,不妨多一些理解,多一些宽容,从长远的、发展的角度,用乐观的态度,全面正确地评价我们的学生,尊重其个性特质,给他们以恰当、必要的引导和帮助。而有了理解和宽容,才会有真正的沟通。真情的贴近,才是赢得学生的有效途径。

教师的工作是专门教育人的工作,其对象是洋溢着青春活力、感情和思想都十分活跃的青少年学生。永远保持年轻的心态,对于教师及其所教育的学生,都有着十分重要的意义。具有年轻心态的教师,无论他的实际年龄有多大,他也能保持昂扬向上的精神状态,对新事物、新思想、新观念表现出浓厚的兴趣和密切的关注。具有年轻心态的教师,能够始终保持坚定的信念和乐观的情绪。教师只有保持热情开朗的性格、平静快乐的心境,才能给自己带来幸福感,也才能使学生在与教师的接触中创造一种和谐融洽的师生关系,有利于培养学生良好的精神品格,也才会更受学生喜欢。

身为一名人民教师,我深深地懂得,教师对学生的爱,不能局限于个别的对象,而是面向全体学生。教师所肩负的是对一代人的教育使命,并非对个别人的教育任务。这种责任和爱能超越一切,汇聚成一股无可阻挡的力量,我用我的爱心感化着学习困难的学生。当然,教师对学生的爱,不是无原则的,而是始终与对学生的严格要求相结合的。要爱中有严,严中有爱,爱而不宠,严而有格,严慈相济,平等对待每一个学生,尊重学生的人格。

在十多年的班主任生涯中,我始终坚持学生思想品德的教育,强调集体荣誉感,鼓励学生互相帮助。每当有同学出现困难时,其他同学都会主动伸出援手。有一次,上晚自习,一位女同学发病,我让两位女同学陪她去卫生院看病,晚自习后,我赶到卫生院了解病情后并坚持等打完吊瓶直到凌晨一点多,来的同学没有一位提前回去。

一名合格的教师应该真诚无私地热爱学生,要把爱播撒到别人心里,自己心中必须充满爱的阳光。对学生的热爱是一个合格教师应当具备的基本的品质。只有对学生发自内心的爱,才会全面关心学生的成长和发展;只有对学生发自内心的爱,才能在工作中兢兢业业。特别是在我们农村偏远学校里,许多后进学生与其他孩子比起来,也许他们得到的老师的爱会少很多很多,但其实在内心,他们更希望得到老师和他人的关心和关注。我们更应该给这些孩子更多的关爱。其实爱学生也是爱自己。给学生带来快乐的同时,最感到快乐和幸福的应该是教师自己。师生之间互敬互爱,互帮互助,互谅互让,融洽和谐,怡然陶然。

我深深地体会到,要启开孩子们心灵的大门,教师必须付出最大的热情,因为一切最好的教育方法,一切最好的教学艺术,都产生在教师对学生的无比热爱的炙热心灵之中。

要知道,爱可以化冷漠为热情,化忧郁为振奋,化悲伤为喜悦,化懒惰为勤奋。爱是真正促使人复苏的动力。这种爱每个人应该贡献,每个人应该获得。

让我们去爱吧,使我们周围充满爱的温馨,让校园充满爱!

用青春谱写人生

内蒙古自治区兴安盟俄体小学 戴文华

刘丽明老师是俄体小学一名优秀的青年教师。自 2000 年 8 月参加工作以来,就投身教学改革,勇于探索实践。一身朴素得体的衣着,一副和蔼可亲的笑脸,这是学生们眼中的刘老师——温和娴静。踏实勤奋的工作作风,少言寡语却一丝不苟,这是同事们眼中的刘老师——严谨谦恭。

一、积极投身教学改革,勇于探索实践

作为一名青年教师,刘老师能够虚心地向富有经验的老教师学习,同时自己也认真钻研,精益求精,因而在业务上迅速成长起来。她始终认为:要想成为一名优秀的小学教师,只凭一些简单的技能技巧是远远不够的,要跟上教育改革的步伐,就要不断提高自身能力,适应形势发展对小学教师的要求。

在教育教学工作方面,她认真学习新课标,刻苦钻研教材,认真制订了课时计划,按要求认真备课,并根据儿童年龄特征的不同,遵循科学创新的教育原则精心设计每一节课,力求使教学方法做到新颖。她注重提高课堂教学效率,善于引导学生主动去探究,恰到好处地激发学生讨论的欲望,及时挖掘学生的思维潜力,学生成了学习的主人翁,变"要我学"为"我要学",适应课改理念,极大培养了学生的学习兴趣。课堂练习中她加强习题训练的有效性和针对性,逐渐形成了自己的教学特色。在教学实践过程中,她始终坚持"一遍清教学法",即适当放慢教学速度,讲授新知识时力求深而透,帮助学生建立完整的知识体系。同时习题训练保证质量,力求少而精,突出能力培养。这一教学方法使学生终于从茫茫题海中解脱出来。

刘老师不仅在教学工作中出类拔萃,在班主任这块教育田地里她依然辛勤地耕耘,默默地奉献着,受到了学生的爱戴,家长的好评,领导的肯定和同事们的赞许。在班级管理中,她注重用爱心和耐心感染学生,因材施教,主动热情地帮助学生,促使学生形成团结、勤奋、道德的优秀品质。教书与育人并举,严格要求学生,帮助学生养成精益求精,严肃认真,一丝不苟的良好学习习惯,健全品格,健康人格。

2007 年 9 月,她接任的是一个由刚从各个村庄走出来的学生所组成的班级。学生无集体意识、无班级观念、无良好行为习惯,学生只在自己的小群体中交流,三个一伙,五个一群。面对这样的起点,刘老师用爱心感染学生,每天早晨巡视教室,先看看学生有没有到齐,遇到天冷或天热的时候,照料同学们衣服穿得是否合适,早上是否都吃过了早餐,各种学习用具都是否带齐了。集体活动前要安排好同学们应必备的用品等。看起来很平常,因为这是作为一个班主任最基本的工作,其实这正是一个班主任爱心的具体体现。作为班主任她还善于组织和管理学生，下午很晚离校，督促学生清扫好卫生，早上提前到校，检查家庭作业，组织早读等。

二、爱心、细心加上耐心，成为学生的良师益友

在担任一线教师的十多年间，她坚持"一切为了学生，为了学生的一切"，从培养和建立新型师生平等关系入手，寻找学生心灵世界的窗口，在知人的基础上教书育人，她的学生既不怕她，又格外亲近她，有什么心里话都愿意给她说。因此，她的话总能说到学生的心坎上。

"爱是打开学生心灵的金钥匙，不能让一个差生掉队，没有教不好的学生，只有不会教的老师，只要对差生有爱心、耐心、恒心，就能……"她是这样说，也是这样做的。刘老师对学生有高度的爱心和责任心。她认为：作为一名教师，不放弃任何一名学生应该是最基本的原则。

"他山之石，可以攻玉。"十多年来，她用自己的汗水浇出了一园桃李芬芳。在教育园地里她用满腔热情收获了学生的敬爱，家长的认可，领导和同事的称赞。

三、严格要求自己，注重师德修养

刘老师在思想上树立高度的责任感与奋斗目标，她把热爱教育事业放在首位，注重为人师表，加强职业道德修养，立足本职，勤奋钻研业务，努力提高文化专业知识和教育教学的技能。积极参加政治学习和业务学习，做到不迟到，不早退，端正教育思想，热爱教育事业，坚持教养并重。在少先队工作方面，她积极组织队员参加各项活动，丰富了大家的业余生活，使少先队员的素质得到了进一步的提高。

日常生活方面，她对自己高标准、严要求，严格遵守国家法律法规，遵循学校的各项规章制度，乐于奉献，任劳任怨，尽心竭力地做好领导交给自己的每一项任务。她注重自身的师德修养，时刻牢记"学高为师，身正为范"，时时处处注意自己的言行举止，在同事及学生面前做出表率，力争成为一名大家公认的合格乃至优秀的青年教师。

刘老师就是这样，凭着对事业的痴心、对学生的爱心、对工作的热心、对未来的信心，在教育岗位上兢兢业业、无私奉献，的十几年工作中不断取得一个个成绩。2008年她撰写的论文《浅谈语文课堂教学与实践》获区论文评比二等奖；2007年5月，刘老师被评为旗模范班主任。

刘老师坚信：成绩永远属于过去，今后只有不断地完美自我，才能继续保持良好的师德师风，在平凡的三尺讲台，以春蚕的精神、蜡烛的品格，为祖国的未来，尽自己的一份力量与责任，她深信这才是一个优秀人民教师永无止境的奉献与追求。

爱 的 力 量
——一个特困学生的转变记录

内蒙古自治区乌海市乌达区苏海图小学　王慧玲

9月3日这一天,阳光明媚,空气中流动着一股淡淡的花香。苏海图小学的师生们像往常一样上课,下课,放学,谁也不会想到,一位70多岁的老人带着一面鲜红的锦旗来到学校,打破了往日平静的校园,一段爱的故事就此在这偏僻的煤矿区传诵着。

许浩,是个只有13岁的少年,从他小小的身材、机灵的眼睛、开朗的笑声里你绝对看不出他是一个让老师头痛又心疼的孩子。当母亲因心脏病治疗无效去世的时候,许浩只有4岁,这个懵懂的孩子还不知道从此天人相隔,再也没有叫一声妈妈的时候了;他不知道因母亲生病致贫的家里,今后将是怎样艰难的生活等着他;他不知道他懦弱的父亲就此抛弃他远遁他乡,从此杳无音信。命运给了这个孩子仅仅四年的幸福时光,便不再惠顾。许浩从此与残疾的爷爷和生病的奶奶一起生活。一家人靠爷爷微薄的工资生活着,奶奶心疼着这个苦命的孩子,总是想着法子宠惯着他,自己节衣缩食也要让许浩吃好点,可是毕竟年纪大了,力不从心,许浩在这贫困而宠爱的生活中并没有学会独立。聪明的许浩在一天天,一年年的成长中,感到了自己家庭的与众不同,缺乏父母严格教育的孩子终于在自己的认知下,在周围和他一样的社会小混混的带领下,学会了调皮、任性、不服管教、不写作业、逃课,小小年纪放学后便常常不回家,直到晚上11点多才回家睡觉。爷爷手脚变形,胳膊也抬不起来,对许浩的所作所为真是没有一点办法,老两口常常是默默垂泪,无言以对。

2012年9月,许浩升入六年级了,因为假期作业没做完,他没去学校报到,他和几个小哥们又混在一起玩。以前也有这样的情况,他知道,过两天,老师自然会找到家里让他上学的。许浩并不知道的是他所在的班级更换了所有的老师,班主任郭青兰是一位以严格要求学生而闻名的市级优秀教师;数学教师韩翠芝是以教学严谨、对学生耐心细致而见长的老教师;年轻的英语教师赵慧青以满腔的热情对这些学生充满了期待;资深的品德教师王运明更是擅长做学生思想工作的老教师。这一学期,许浩的行为表现更加偏激,他不写作业,逃课,上课不听讲、捣乱、拒绝回答老师的问题,任你老师有千言万语,他就是低头不语。几位老师与分管教学的副校长王慧玲坐在一起,就许浩的问题商讨教育的办法。王慧玲副校长曾是许浩一年级的班主任老师,对这个孩子非常了解,这几年来她一直关注着许浩的成长。她将许浩的家庭情况和盘托出的时候,老师们内心最柔软的部分被打动了:这个12岁的孩子太可怜了。他在这样不正常的环境中生长,产生对抗的情绪或是愤世的思想是在所难免。针对这一情况,几位老师达成共识:教育许浩的唯

一办法就是感化他，点醒他，从思想方面入手让他认识到自己之前行为的错误，争取转变到正常的学习状态上。

从2012年9月到2013年5月，学校的树叶落了，又发出了新芽，花谢了，又开。日子像流水一样缓缓度过，貌似平静的校园好像什么都没变，但确实又好像有了什么改变。是的，许浩变了，校园的一草一木、教室的一桌一椅见证着许浩点点滴滴的进步。

"许浩，到我办公室来。"王慧玲副校长看到上完早操的许浩赶紧招呼着，你别以为是训话，在副校长办公室的桌子上早已摆好了热乎乎的豆浆和香喷喷的肉夹馍，这是王校长给许浩的早餐。"听说你又进步了。""这次考得不错，成绩比上次提高了好多，祝贺你！"每一次和许浩一起吃早餐，王校长都不忘鼓励他。最令许浩感动的是叔叔和爷爷闹意见那一天，许浩又没写作业，王校长了解到情况后，把不愿回家的许浩接到了自己家里，看着沮丧的王浩，王校长摸了摸他的头说："去卫生间洗个澡吧，忘掉大人们之间的不愉快。"等他洗完澡，又取出一套新的衣服让他换上。这一天，许浩头一回吃住在楼房里，感受到了正常家庭的温暖。当他和我讲起这件事的时候，声音轻轻地说："王校长，像妈妈。"

每到大课间的时候，别的孩子都在玩，许浩却夹着英语书到办公室找赵老师补习英语。这几个月里，王浩经历了由抵触学英语到勉强学习，再到现在的主动学习，愉快学英语的过程，这并不是三言两语可以说清楚的。升入六年级时，许浩的英语成绩从没有超过30分，他连基本的26个字母都不能全部认清，更不要说语法和句式。面对英语一窍不通的许浩，赵老师并不气馁，她利用大课间时间，从26个字母开始，一点一点地教，上午教会了，下午再巩固。天天如此，从不间断，一开始，赵老师每天到教室找许浩，两个月后，许浩开始主动到办公室找老师学习了。一天下午，许浩来补课时，手里多了一个银镯子："老师，生日快乐！"。赵老师莫名其妙："你怎么知道今天是我的生日的？""上午来补课时，听到您丈夫和您打电话时说的。这是奶奶的镯子，我想送给您。"许浩的眼睛里闪动着亮晶晶的泪花："谢谢您，老师！您不嫌弃我，每天课间哪都不去，把时间都给了我，硬是教会了我学习英语，谢谢您！"年轻的赵老师被这个真诚的孩子感动了："孩子，这镯子老师不能要，你是个有心的好孩子。只要你好好学习，就是给了老师最好的生日礼物。"以后，每当许浩有点进步时，赵老师都会给许浩一个小礼物奖励他。这个连字母都认不全的孩子，硬是在毕业检测考试中，外语考到了85分的好成绩。

和许浩聊天是每一个科任教师常做的事。"通过聊天，可以了解许浩的想法、生活的困扰，及时疏导，帮扶他渡过难关。"王运明老师是这样说的，也是这样做的。只要有时间，或者发现许浩情绪不对劲，王老师总是课下找他聊天，鼓励他，开导他。"这些大道理以前不是没有人说过，但是，像王老师这样讲到我心里的话，我特别爱听，王老师教给了我许多人生的道理。"现在的许浩真像个小大人了，对语文和数学老师，他的评价："郭老师很严格，韩老师给我制定了一个个的目标，使我不断地前进！"转变的过程是漫长的，并不像许浩说的这么简单，一个人养成的习惯要改变不是一朝一夕的事。韩老师和郭老师给许浩制定的最初的目标：不逃课，能完成家庭作业。这样一个小小的目标，在许浩和老师们的斗智斗勇中,艰难地实现着。一次次的说服,一次次的陪写,从生活到学习,老师们无微不至的关怀着他,照顾着他,病了给他送药,换季给他送去衣服,学校组织捐款捐物,不仅给许浩,也给他的家庭送去了温暖。他每一点点的进步,都牵动着老师们的心,一个微笑,一个鼓励的眼神,一个作业本,一支笔,都充满着老师们浓浓的爱。

改变一个人,首先要改变他的思想。功夫不负有心人,2013年4月,许浩在老师们真心实意的关心照顾下,终于彻底醒悟了。他似乎明白了学习的重要性,学习态度端正了,不再用家长和老师的督促,开始奋起直追努力学习着,不懂就问,积极发言。许浩是个聪明的孩子,他的基础并不太差,如今思想转过弯来,知道学了,考试成绩便一次比一次好,70分,80分,90分,100分。每一次考试都在进步着,一张张奖状和一个个奖品,不断激励着他,学习劲头更足了。这个一年前考试外语不及格,语文、数学五六十分的孩子在六年级毕业检测中考取了343分的好成绩。浪子回头金不换,这个问题孩子终于在爱的感召下,以优异的成绩回报了那些付出爱心、付出时间、付出精力耐心等待他的人。

"如今的许浩真是大变样了。"许浩的爷爷感激地说:"比以前好了百倍,学习不用管,不用问,放学就回家,不在外头玩了。吃完饭就写作业,不写完不睡觉。还当上了班长。"老汉热泪盈眶,"我想不出该怎么感谢学校,感谢老师。我只想说,苏海图小学是个好学校,学校的老师都是好老师!"

栽树栽根,育人育心,这个叫许浩的孩子和他的老师们告诉我们:爱不分时间或地域,爱不分贫穷或富有,只要有爱,就能创造奇迹。我们每一个做老师的,都要有一颗博爱之心,去播洒片片阳光,用宽容、鼓励、信任的雨露去灌溉,愿每一个孩子都能长成有用之才。

爱，因为在我心中

四川省泸州市天立国际小学　欧　扬

2012年的9月2日，对我来说，注定是不平凡的一天，因为在那一天，我迎来了我的40个宝贝。还记得写在他们脸上的天真、可爱、害羞……就这样，我和孩子们开始了属于我们的小学生活和学习。

日历翻了一页又一页，属于我们的故事也写下了一页又一页，而今我们已经相处一年，一年的时间是人生长河中短短的一段，但那365天对于我来说却是很漫长，因为每天我都在见证他们的成长，或是进步或是顽皮，或是开心或是烦恼。但我想在时间的淘洗后留下的都应该是感动和幸福！

当清晨的第一缕曙光照亮天空时，或许多数人还走在上班的路上，但我早已在教室里，只为给孩子们打开门窗，写好一天的课程，等待他们的到来。因为以前教高中，为了适应新的教学，我搬进了学校，我默默地对自己说："我一定要用真心对待每一个孩子。"

我是孩子们的语文老师，课堂严肃而活泼，我会严格要求每个孩子的学习，哪怕是一个坐姿或者是一个握笔的姿势。我的教学风格幽默而有趣，孩子们自由、快乐地学习是我最大的心愿。

我是孩子们的班主任，我会抓住每一个教育孩子的小机会，重视每一个可以教育孩子的机会，就像雅安地震，我把自己亲身经历的"5.12"地震讲给孩子们听，孩子们被地震中的种种事迹感动得哭了。每当看见爷爷奶奶为孩子们忙碌时，我心里很不是滋味，于是我和家长们分享了我和父亲之间的故事，一句"树欲静而风不止，子欲养而亲不待"，家长们被我和父亲之间的父女情感动得泪流满面。会后，有家长说："老师，我的孩子们交给您，我很放心。"那一句简单的话语对我来说简直是莫大的鼓励。

我是一个感性、率真也有几分童趣的人，我生活在孩子们的世界里。运动会上，孩子们在赛场上奔跑，我呢，就跟着孩子们在赛场外奔跑，别人问："你不累吗？"我说："只有我带着孩子们奔跑，给他们加油，他们才能取得好成绩，因为孩子们在乎。"是的，我做到了，我们几乎拿下了所有集体项目的第一名，当然也就顺利地拿下了团体的第一名。我在乎这个，因为我希望看见孩子们通过自己的努力获得成功时的那份喜悦，看见他们开心地成长，因为这也是教育孩子们的最好机会，让孩子们知道只有团结才能成功。

我是孩子王，是孩子们的大朋友，每天晚饭后，我们一起散步于操场，我们手拉手，看着草长莺飞、聆听鸟语花香，走过春秋冬夏。孩子们都很喜欢我，喜欢我喂饭、喜欢我的拥抱，喜欢和我分享自己的故事……当然我也会利用这段时间，了解孩子们在家的情况，听孩子们说说心里话，我们就像一家人坐在一起聊天。当然，我也会利用这个时间教孩子跳绳、打羽毛球、打乒乓球……我爱运动,我希望我的孩子们也能有自己喜欢的运动,这样才有学习的本钱。我们在一起走过了一年,相互更加了解、更加融洽,今年"六一"儿童节,我们一家人一起上台,给全校师生展现了我们的风采,整齐的步伐、天真的微笑,至今让我感动。

虽然还没当妈妈,但我已经是四十个孩子的妈妈,我知道自己肩负的责任。记得有一次,班上那个胖乎乎的小男生跌倒了,顿时膝盖上鲜血直流,我听到后马上冲出办公室,抱起孩子就往医务室跑,那个倔强的男生在那一刻流泪了,我也流泪了,因为我心疼。吃完饭后,我试图再将男生抱起,但却抱不起了,只能扶着孩子去散步。我很开心,因为那个调皮的小男生在这以后什么事都会告诉我。

在家长的眼中,我是位好老师,对孩子负责,也是位可以谈心的好朋友。去年冬天的那次家访,我亲自到孩子家中,和家长一直谈到了近10点,离开时,外面已经下起了大雨,冬天的寒风很冷但我的心里很温暖,因为我又得到了一个家长的认可。其实,在刚接手一年级的时候,因为自己是年轻教师,我也受到过家长的质疑,但我用自己对孩子的那份真爱征服了家长。曾经我给班上的一个孩子写了一篇日志,周五家长来接孩子的时候,拉着我的手说:"老师,谢谢您。我在我儿子身上几乎找不到一个小小的优点,但您却看见他那么多的优点,我知道我接下来该怎么做了。"家长的眼泪已经忍不住了,因为那个时候正是家长教育孩子最疲倦、最迷茫的时候,因为有了我对孩子的肯定、鼓励和帮助,那个学生变的更乖了、更爱学习了。

我很平凡,每天做着和每个人一样的工作,但我坚持用真爱践行自己的教学观。

10月17日,我去成都川师大参加了"全国第六届阅读教学研讨会",突然离开孩子们很不习惯,也有很多担心,他们会乖吗?上课会认真吗?作业会按时完成吗?……太多的担心让我不放心,所以我给孩子们布置一个特殊的作业:给欧老师写一封信。当然我给孩子们说不要求格式,想写什么就写什么。回来后我收到了孩子们交上来的信,看完后,我的心湿润了,好想一一再抱抱我的孩子们。

很贴心的,文文:"老师,好好保重身体,记得多加衣服,以防感冒。"

很感动的,彬杰:"欧老师,谢谢有您这样的好老师,真好!"旭儿:"当欧老师不在的时候,我心里空空的,好像没有了妈妈,谢谢您平时对我的关心,我会努力学习,希望欧老师永远陪在我身边。"自杰:"当我提起笔的时候,你已经外出学习,这一年多您天天陪在我们身边,我是多么的想您在我们身边,我是多么想您,希望您在外多注意身体,天冷了,注意加衣服哦!"康儿:"敬爱的欧老师,您是我心中最敬重的好老师,您虽然十分严厉,但是您把一颗心都扑在我们身上,我想对您说您真伟大!您是我最好的老师,我爱您。"

很可爱的,语溪:"欧老师,您想我们吗?我们很想您哦!回来的时候记得在QQ上给我留言哦。"子胤:"欧老师,您不在的时候,我们都很想您,我们想和您一起散步。"语焓:"欧老师,您走了,我很想您,同学们也很想您,大家还是跟平常一样,只是心中多了点疑问,欧老师什么时候回来?欧老师会带东西回来吗?——这个我也不知道。"

很温暖的,蕊滋:"亲爱的欧老师,您不在的时候教室里闹哄哄的,我们就像一群找不

到家的蚂蚁,欧老师,我想您快点回来,让我们又重新回到您的怀抱里,我们的班妈妈。"娜娜:"欧老师,我好想您回来给我们上语文课啊!"雨涵:"欧老师,您什么时候回来,因为我们都很想您,只有您知道我什么地方做得好,什么地方做得不好,希望您早点回来给我们上课,我一定会努力的!"

诗情画意的,阳阳:"一日不见,如隔三秋啊!欧扬老师,您还好吗?"苘源:"欧老师像一朵花,欧老师像一朵白云,欧老师像美丽的天,欧老师像五颜六色的彩虹。欧老师是我们的妈妈,欧老师您辛苦了,我们知道您的爱,您的爱就是我们的爱,我爱老师,老师爱我。"欣儿:"老师,你离开后,我们就跟风筝断了线似的,你对我们太重要了,所以请您不要离开,我们会努力学习的,希望老师为我加油!"

不知当您看完后,是否和我一样被孩子们感动了,虽然里面有小小瑕疵,但里面有一颗温暖的心,有一颗感恩的心,有一颗童真的心,我为有这样的孩子而快乐、开心,希望他们健康、快乐成长。

未来的日子,我会倍加珍惜,教育好我的孩子们:

我梦想有一天,在温暖的港湾,每个孩子都那么出色、那么优秀,你们亲同手足。

我梦想有一天,你们在祖国的各个角落扎根、成长,成为祖国的栋梁。

我梦想有一天,你们能够正确的评判是非,能以品格的优劣作为评判的标准。

爱岗敬业　心系学生

重庆市垫江县第四中学　徐　娇

"勤奋、善思、求实、进取",这就是垫江四中教师杨万力老师的工作指南,也是他留给同事们、学生们印象中的一道靓丽的风景线。三尺讲台,一颗爱心;放飞希望,乐此不疲。这就是他从师二十几年来的真实写照,又是他的执着追求。

一、爱岗敬业,勇于进取

2005年,杨老师由一名普通小学教师转型为农村高中的地理教师。那时,正值全县农村高中扩招,但全县的高中教师较为缺乏。就是在这样的一个背景下,杨老师承担起了高中地理教学任务。接受任务后,杨老师迎难而上,积极认真地搞起了教学工作。

对于杨老师的转型,很多老师都不理解,因为人们质疑曾作为小学教师的杨万力能教好高中吗?自此,杨老师把全部的节假日都用在了紧张而忙碌的学习之中。他先后进修学习专科、本科,阅读了上百册的专业书籍;还取得了高级中学地理教师资格。

2008年,教学成绩优异的杨万力老师被调往垫江四中任教。刚调到四中的杨老师就担当重任——辅导高中毕业班。这时他又面对了质疑:任教高中地理不过两三年的他能胜任高中毕业班地理老师吗?困难和挑战显而易见,但杨老师下了决心:从小学教学,到高中教学跨度大,但高三的教学更艰巨,要想做出成绩来,我必须不断进取!

"医生的本领在病床上,教师的本领在课堂上。"这是杨老师常挂在嘴边的一句话。新的教学挑战,让他深知教师只有吸取营养,增强底蕴,把自己的思维经常处于一种开放的状态,不断接受新理念、新观点、新知识,才能去发现问题,进而去研究问题,也才能更好地教书育人。

"高三,基本上都是枯燥的复习课,即便这样,上地理课却很轻松。"这就是杨老师带给四中学子们的课堂感受。在备课中,他认真研究教材,研读高考大纲,调阅历年的高考资料,网络查找高考信息,力求准确把握重点、难点,从不放过一点点的细枝末节,编写了一套适合所教班级学生的导学案。他把在课余时间精心制作的学生喜闻乐见的课件运用到课堂上,并把课堂交给学生,领着学生一起学习、交流、探究。导学案和多媒体的结合运用,使他的教学效果极佳。

就是这样一位在质疑声中奋勇前进的教师,不仅成为了中学地理一级教师、学校备课组组长,而且被评上了县级高中地理骨干教师。

二、心系学生,爱心育德

今年高考前夕,一向慈爱的杨老师与一名学生发生了争执。班上一名周同学因成绩不理想常做一些不着边际的事儿,让杨老师甚是头疼。杨老师不时地找他谈心,鼓励他

好好地学习,也一直耐心地对他进行教育,并细心地观察他。

眼看时间一点点流向高考,有点改进的周同学却在最近突发地逃课,与同学发生争执,显得十分地烦躁。着急的杨老师找到周同学,想再次找他谈心,却不料遭到周同学的冷言讥讽,甚至动手要打杨老师。这让耐心劝导中的杨老师非常伤心地走开了。

尽快平静心情后,杨老师又再一次找到周同学:"这次,我们不再是老师和学生的交谈,而是朋友间的交谈,你会给我一次做朋友的机会吗?"面对心平气和、如朋友般的杨老师,周同学眼红了,向杨老师哭诉了缘由。当得知周同学是因父母离异心情郁闷而一反常态,杨老师语重心长、循循善诱给他讲道理,引导他理解父母离异,鼓励他好好学习,力争青春无悔。在杨老师朋友般的鼓励,父亲般的关爱下,周同学接受了父母离异的事实,放下了心理包袱,并改掉了坏习惯,专心备战高考。周同学在高考时,轻装上阵,考出了理想的成绩。

谈及班级的管理,杨老师说,他把班主任工作当作乐趣,学生是他的朋友,他也是学生的知己,班级管理轻松又愉快。他把"静"、"竞"作为班级的班风,并贯穿在平时的管理当中,收到明显的成效。

谈如何从学生的视野了解学生的思想动态及其感悟

甘肃省玉门市油城学校 蔺 渊

经常听许多老师讲现在的学生越来越难教了,老教师遇上了新问题等烦恼话题。教师与学生的代沟问题是客观存在的,可是要很好地进行教与学,师生之间必须互动,需要解决代沟、隔阂、年龄差距等问题。教育是一项耐心细致的工作,它需要教师用科学的方式引导学生的学习和生活。苏联著名教育家苏霍姆林斯基说:请你记住,教育首先是关怀备至地深思熟虑地小心翼翼地去触及年轻的心灵。这对进行新课程改革至关重要。

如何触及学生年轻的心灵?方法和途径很多,我从实际教学中深切感到,从学生的视野了解学生的思想动态是很重要的一个方面。由于老师与学生在年龄、阅历、经验和生活的感受都有种种差异,如果老师看问题仅仅从自己的视角出发,往往很难了解学生内心深处的思想、感受,这样就很不利于教师因材施教,很难与学生沟通、交流,就难以解决学生的思想问题。

如何从学生的视野了解学生的思想动态呢?

首先,从课堂上了解学生的思想动态,并引导其正确发展。

我曾经在课堂上问:世界因什么而精彩?学生回答的五花八门,诸如因太阳、因我、因生命、因春天。等等。这时,一名学生冒了一句:世界因死而精彩!我为之一愣,学生也有些骚动,继而发出嘘声。我没有马上下结论,仍带着一种调侃的口吻说:请你谈谈自己独特的见解。那名学生低下了头,嗫住了:这,这……他的尴尬反而使我来了灵感:你是不是想说,因为我们人的生命有了死,才觉得有限的生命之可贵,人们才更加珍惜生命,因而使得世界更加精彩?这位学生顿时来了精神,立刻抬起头来,理直气壮地答道:是!我又进一步启发:天上的织女,宁死也不愿过长生不老的日子,下凡与牛郎过人间的生活。人若不死,人的生命无限了,也就不会珍惜我们的生命了,就会好逸恶劳,浑浑噩噩,无所事事,这跟山上的石头有什么两样。但是,我们这里说的死,是一种正常的死,是一种谁也免不了的自然规律。不是那种受了委屈,遇了挫折,犯了错误就一死了之。这种轻生,这种自我毁灭的死,会不会让世界精彩?同学们齐声回答:不会!我进而深一层发挥:还有一种死,使人的精神世界得以空前升华,那就是为了国家、为了民族、为了集体、为了他人,不惜赴汤蹈火、粉身碎骨的死!

其次,从学生的作业中了解学生的思想动态,这种用书面表达出来的言语,更能深刻触摸到学生的灵魂。

例1:现在教育界提出要强化素质教育,请你结合现状谈谈自己的观点。

七(2)班的盛晓丹同学在谈到自己的现状时这样回答:现在的校园生活,大部分都在学习当中,一点有意思的活动也没有。我们正处在青春期,都喜欢玩、笑、闹,长期沉浸在苦海中,肯定有人受不了,逃学犯罪便会出现。

例2:为什么同学们喜欢通俗音乐的比喜欢高雅音乐的人多?

七(1)班的刘源同学写道:因为同学们正处在青春期,充满活力与激情,对抑扬顿挫的通俗流行音乐更容易接纳,而且这种音乐还有一种活泼气氛。大家对唱通俗音乐的港台歌曲明星接触较少,既而好奇心重,逐渐由好奇转为兴趣,故对港台通俗音乐比较喜欢,而对舒缓的高雅音乐不很喜欢、较难接纳。

例3:青少年面对不法侵害时,如何运用智慧避免侵害,保护自己?

七(1)班的陈小芸回答:在遇到坏人危及的情况下,要冷静,想想好办法。例如,放学回家,你发现一个小偷正在家里偷东西,而这时,绝不能叫喊,多用智慧保护自己,比如说:"对不起,我走错了。"出门后,就向警察打电话,请他们来抓小偷。

第三,从各种活动中了解学生的思想动态。

我们平时组织的活动很多,如辩论会、报告会、文艺汇演和运动会等,都可以从中觉察出学生思想火花的迸出。

有一次,七年级学生进行了一次演讲比赛,题目是《请正视营业性网吧游戏》。七(1)的何昱蓉同学就演讲得很精彩,她说:我觉得玩营业性网吧游戏,尤其是打、杀和色情等游戏,不但不利于我们的身心健康发展,而且成为了青少年近视率高的罪魁祸首,还会浪费时间。若是痴迷不悟,严重时会导致死亡。有的为了玩游戏,偷盗、抢劫钱财而犯罪。有人说营业性网吧游戏是洪水猛兽,使我们这些辨别能力不强的青少年深陷其中,很难自拔,这样既玩物丧志,不思进取,荒废学业,又浪费青春。

第四,从与学生的交谈中了解学生的思想动态。

我曾问七(1)班的朱敏同学:你在生活中见到的不良现象有哪些?请说说自己的想法。她说:在生活中,我们会看见一些女孩穿一些奇异的衣服,有些甚至打扮得不像初中生的样子。她们把心思都花在穿衣打扮上,影响了学习成绩,而且还会引来麻烦。她们的这些做法都是庸俗的生活情趣,她们往往看不到生活丰富多彩的一面,也看不到生活的美好远景,只看到眼前的事物,追求暂时的快乐,不利于她们的身心健康。

我在课堂上问同学们:你是如何看待钱的?七年级3班的徐丹同学说:虽然钱是很重要的,但是我不要为钱而活,要让钱为我们而活。

七(2)班的一名学生跟我说:老师,有个问题想请教一下您。在一个春光明媚的公园里,有个小女孩突然摔倒了,在地上嘤嘤哭泣。这时,另一个小女孩立即跑过来,她会怎么做?我一听就知道这个同学在卖关子,便说:按常规的做法,就是这个小女孩会伸手把摔倒的小女孩拉起来或安慰、鼓励她站起来,哄她不要哭。你有什么好办法?她说:旁边的人也是这样以为的,但出乎意料的是,这个小女孩竟在哭泣着的小女孩身边故意摔了一跤,显得很滑稽的样子,还一边看着小女孩一边笑个不停。泪流满面的小女孩看到这幅情景,也觉得十分可笑,于是破涕为笑,两人滚在一起玩得非常开心。

我听了大受启发。

七(3)班一名学习很好的同学的话,则使我很诧异。他说:周六、周日过得很没意思,不放假才好呢。减什么负?越减越没事干了!经过了解,这名同学的父亲在事业单位上班,母亲是个体户。平时,因为父母工作忙,他除了做作业,就一个人在家玩,觉得很孤单。

第五,从家长的反映中了解学生的思想动态。

学生的日常生活丰富多彩,尤其在家庭生活中,更能显示出其真实的心灵。我遇到一位母亲,她说:我的女儿刚上初一就碰上了困惑。我问:怎么了?班主任教育她们要诚实。可是有一次这位老师迟到了,她就如实填写情况,老师却说她没良心。这位母亲显得很无奈。我也曾遇到一位初一的家长,她不无忧愁地说:我的儿子百分之百地服从老师抄100遍单词的作业,就是记不住单词。有一名女学生要过生日,向父亲要钱去餐厅搞个生日 party。父亲说:过个生日,买个蛋糕就不错了,还要花钱去下馆子?女儿说:你们过几天就抓大头,大吃大喝,我们学习这样枯燥,就不能唱唱歌,轻松轻松?

从学生的视野了解了学生的思想动态后,我得到了以下感悟:

【感悟1】作为一些12岁的学生,有上面一些见地,作为老师的我是很欣慰的。一些发人深省的话出自学生之口,是非常有教育意义的,它比老师讲出来,更具有说服性。在平时的思想品德教育中,让学生自己总结自我保护的经验方法等,比起死记硬背教条更有效果。这样说了的学生,绝大部分都不会去追求那些庸俗的生活情趣,进而影响周围同学。让学生说出自己某些兴趣爱好的原因并因势利导,使课堂成为学生喜闻乐道的场所,这对提高学生的学习兴趣至关重要。正如刘源同学谈到喜欢这也是学生作为教学主体的体现。

【感悟2】现在有许多学生整天忙于学习,感到校园生活枯燥乏味,逃学犯罪便随之发生,难怪有一位教育家说:学校就是要让学生犯错误的地方,应该是一个打闹、嬉笑、顽皮的场所,是孩子每天都能看到最善良的脸的地方。我们的教育不应该剥夺学生的快乐,不应该让学生产生对学习生活厌烦的情绪。我们应该努力营造和谐的校园气氛,通过丰富多彩的活动,让学生在轻松愉快的环境中健康成长。就老师和父母相比,学生更愿意听老师的话。老师要在教育教学时,充分挖掘这一优势,鼓励学生在日常生活中加强锻炼。我曾在政治课教学上,鼓励学生在保证安全的前提下做饭,实践的效果很好,也融洽了与父母的关系。

【感悟3】慎重对待课堂教学中的奇思妙想。在法律、道德的范围内,学生可以自由发挥,大胆想象,勇于开拓。在课堂上,学生提出了截然不同的观点,甚至是像世界因死而精彩这样看似离经叛道、有悖常理的论调,也不要断然予以否决,而是要冷静地想一想。世界上的万事万物都有两面性,即便是死,也有其消极性和积极性。对学生的说法,应该一分为二地分析,应着力挖掘其思想中的闪光点,不失为一种创新、一种独特、一种耳目一新,学生也会从中产生辩证的思想理念,即使是七年级学生,也会出现辩证思维的萌芽。同时,也不会泯灭学生回答问题的积极性和创造性。

【感悟4】乔治·肖伯纳说:征服世界的将是这样一些人:开始的时候,他们试图找到理想中的乐园;最终,当他们无法找到的时候,就亲手创造了它。现实迫切需要小教学发展到大教学。小教学是传统的教与学思维,大教学是现代的教与学理念。传统的教与学,局限于老师教,学生学。在课堂教学中,老师是绝对的权威,学生处于被动接受知识的地位,学生的学习主动性和创造性欠缺。为了在中考、高考中取得好成绩,老师满堂灌、提供快餐、题海战术、死记硬背已经成了硬经验,所谓的标准答案一统天下,禁锢了学生的思维,束缚了创新头脑。如果把传统的教与学称之为小教与学,我主张将其发展为现代的大教与学。由于新技术的运用,特别是电子计算机的普及,知识的更新速度惊人,学生接受知识的渠道多、反应快、能力强,客观上要求教师将小教与学发展为大教与学。所谓的大教与学,就是在教师为主导,学生为主体的前提下,教师与教师之间、教师与学生之间和学生与学生之间的教学互动。唐代著名文学家韩愈说"师不必贤于弟子,弟子不必不如师"。教师不一定是清华、北大毕业的,但可以培养出清华、北大的学生,就是因为学生有超越于教师的才能。老师不必耻于不如学生,相反,我们要为有这样超过老师的学生而感到欣慰和自豪!课堂教学的创新化。在课堂教学中,要把以教师、教材为中心的教学转变为以学生为中心的教学,政治课堂教学必须改变传统的教学方法。课堂教学可以采取的教学方法很多,如:"探究—讨论式"教学法、问题情境教学法、实验探究法、自学辅导法、学案导学式的课堂教学模式等,多种形式并举,改变传统的单一的教学模式,把思考的权利还给学生,鼓励学生在课堂中畅所欲言,给学生以思想的自由、创新的自由和情感的自由,从而进一步激发他们的求知欲,调动他们的积极性和主动性。传统的教学方式必须让位于最新的教育技能。故意摔倒的小女孩具有超人的思维理念,其意义不亚于北宋司马光砸缸救人。学生喜欢电子游戏,不妨在课堂上也恰当引用其方式。用这种方法把学生的兴趣引入到探索人生哲理和探求科学奥秘上来。这对那些一味沉溺于网吧不能自拔的学生极其有效,既发挥了其特长,又促使其从单纯的游戏泥潭中醒悟过来。同时,也增强了课堂效果,加深了印象,提高了学生学习的兴趣和热情。我们什么时候才能不把学生当成做作业的工具,而是变成主动学习的学生。80后的年轻人,思想活跃,独立性强,追求大胆,善于表白自己的心声。2008年爆发的金融危机,使80后年轻人的工作本来就难找,工资低更是不争的事实。2010年初,我国经济已经大为好转,年轻人想加薪,就借用女明星李嘉欣的名字大做文章。他们在电脑桌面、QQ上都下载了嘉欣玉照,并且在旁边写上我想嘉欣,暗喻我想加薪。他们甚至开会时人人都拿着一个印有我想嘉欣画面的杯子喝水,还有意把画像面向老板,把一个看似俗的要求表现得含蓄而强烈。结果效果很好,许多老板表示理解和支持,有的部门经理还表示必要时他也会这样做,有的企业一个月就给涨了1000元。我们作为教育工作者,能否也用一种艺术的、含蓄的方式表达对学生的愿望和要求,这是不是更容易让学生接受?比如针对学生意志不坚强,可以用开玩笑的语气说:你是不是需要加钙了。我这也是受启发于中国第二位女外长傅莹的话,她曾担心中国网友会说她在西方交往中缺钙,说话既诙谐又幽默。同时,我们也有责任培养学生言行艺术表达的能力,不要使我们的学生一张口就是干瘪瘪的话语或满口粗俗之言,缺乏文化品位,使人与人之间难于沟通与交往。评价学生的思想品德,不仅要看其是怎么说的,更重要的是要看其是怎样做的。教师要重视言行合一,要注意细微的言行,不能将思想教育教条化、简单化。学校教育不应抹杀学生好动的天性和创新才能。美国小学生能填补从蝌蚪到青蛙的发展历程的科学空白,我们的学生为什么就不行?关键是我们是否提供了这样的条件和培植了这样的土壤。我曾经深切地感到:这里是培育人才的圣地,这里也是扼杀天才的墓地。

【感悟5】家庭、学校、社会要为学生的茁壮成长创造一个健康、和谐的环境。如果我们再用老眼光、老思想、老习惯去对待下一代,恐怕两代之间的隔阂会越来越大。

从学生的视野了解了学生的思想动态,既可以真实地感受其思想灵魂,又可以让学生自己表达观点,也容易使同龄人接受正确的思想。同样一句话,与其出自老师之口,还不如让学生自己表达出来更具有教育效果。特别是思想品德课,更适用这种教学理念。这也许就是新课程改革的所追求的目标之一吧。

畅话桃李情
——我身边的情感故事

安徽省淮南市八公山区大山中学　苏婷婷

"因为有你的日子,我寂寞的心扉被打开。"我班的学生小李说。

她是我班的后进生,但也是一位留守生。她和她的姥姥一起生活,十五年,寂寞而又温暖的十五年,爸爸的抛弃、妈妈的离去、姥姥的坚守,她因而成了一颗敏感而又多碎的琉璃。虽瞒天过海地展示坚韧无比的面孔,但依然改变不了那一双深刻忧伤的双眸,那里有浓得化不开的伤情。

我见到了她,心头一颤,第一次,刺痛了心,我的学生,如此纯净的忧伤。于是我开始有意无意地慢慢接近她,怕撕开她那心中长了裂了、裂了长了的尘封往事,不堪忍受,她让我知道了留守儿童的心酸与不幸,沼泽式的悲情。

农村、打工、老人、留守……全国都在关注,这种现象引起了社会的广泛议论,我也在思考,社会、家庭、学校应该怎样温暖她们空寂孤独的心灵?从此,我开始当起了心灵治疗师,给她配起了独家妙方,虽不名贵,但经济实惠、有效。

我的妙方就是和她建立朋友关系。刚开始知道她的故事的时候,是通过作文写作得知的,她把心事写在作文中,用文字表达了出来,我很幸运,看到了。所以后来在每次评写作的过程中,我都要专门用一段文字去用心开导她、感动她,尽量让她感受我的真心、真情,让她不要对我产生太戒备的情绪。还好,她接受了我善意的帮助,几次之后,她也开始慢慢地回应了我,虽然依然在作文本上用文字和我进行沟通,但我却很高兴,因为我向她的心迈了一小步,也许这一小步微不足道,但对我来说真的很重要,意义重大,这一小步也许就是以后的一大步,她就是一把钥匙,配制好,要开始插孔了。我为这个配制花费了太多的心血,不精致却好用。就这样,我们用文字交流,用心沟通,各自讲述着自己的情感故事。因为情,我们的心走近了,因为爱,她靠近了我。

后来,也许真的是她想放松一下紧绷的情绪,发泄一下内心不为人知的痛苦。有一天,晚自习,只有我一人在的办公室,她哭着跑来,向我讲述她这几天的不安与忧郁。原来她的爸爸又重新组建了新的家庭,看她也已上初中,想把她从姥姥身边接走,走入这个新家。但是她不想,一点也不想,她说是她的爸爸破坏了这个曾经美好的家庭,又是她的爸爸现在又要打破她平静的生活,加重她原已痛苦的程度,让她的伤口又裂开。她恨这个不负责任,不理解她的爸爸,拆开她和姥姥,爸爸在她的心中罪加一等。我为眼前这个泪流满面的孩子而感到怜惜。我心疼她,作为她的老师,我必须帮她打开这个心结,这是我的责任也是我的义务。我们在办公室谈了近两个小时,她也慢慢地稳定了情绪,恢复了平静,也表示愿意回家和爸爸谈一谈,以女儿的身份沟通。从这以后,她开始接受我了,有什么事情都愿意找我说一说,有时候是生活之事,有时候是学习之事,甚至后来我们的关系发展得更密切,她彻底地信任了我,许多事情只要她拿不定主意,就会来征求我的意见之后再做决定。我真的很开心,我成功地打开了这把尘封太久的锁,那斑痕累累的心灵也因为爱而得以修复。

现在那个孩子已上高中,但她依然会经常回来找我说一说她的近况,在学校中开心、不开心的事情都说,在生活中她也学会了自我调整情绪,她和她的爸爸的关系虽还没达到永不计前嫌、冰已完全融化的程度,但最起码关系也不再是剑拔弩张、水火不容了。双方尽量都试着相互理解,和平相处。现在的她成绩也提高了,在年级里成了优等生。而我也因为她,现在不仅是开心高兴了,更是觉得一种幸福感布满全身,我体会到了当老师的幸福,原来爱是双方的,是互相的。

有的老师问我:你的幸福是什么?现在我可以说,幸福是平凡中产生的,幸福就是帮学生解决了困难,幸福就是学生能够对你主动敞开心扉,是你的言行对学生有心灵的触动和感召,是你的教育行为对学生的成长、进步产生了不可估量的正面的影响,也是可能若干年后学生们回忆你的时候,她们胸中的一种暖流和一份真诚的惦念。幸福是正能量。

教育是无形的,师爱是无声的,每一个热爱教育事业的老师,每一个爱生如子的老师,都希望并追求做一名最受学生欢迎的老师,每一个有着这样教育理想的老师也都是在实现理想的道路上风雨兼程、义无反顾的前行者。我也是其中的一员,我在幸福的道路上努力追逐着我的好老师梦。教育也是心灵和心灵的沟通,是生命对生命的诉说。在今后的教育教学中,我依然会将学生作为鲜活的个体来尊重,不武断、不盲从。因为学生是千差万别的,要做好她们的工作,就得充分发挥教师的创造性,而真诚和爱心是尊重的前提,尊重又是沟通的前提,心灵之窗的打开需要教师的耐心推动。教师只有热爱自己的职业,热爱自己的学生,"一切为了学生,为了学生的一切,为了一切的学生",才能达到教育的高境界,在情感领域才有一种高尚的品位,幸福才能时刻陪伴着我们,这是一种心态,是一种精神,是一种意识。

做幸福的老师,是目标;幸福的做老师,是践行;做教师的幸福,是成功。畅话桃李情,幸福你我他!愿我们教师永远幸福,做孩子们辛勤的园丁。

虽为留守 但也快乐

安徽省南陵县三里中心小学 汪翠华

今天上课时,我发现有一个男生听得很不专心,小手老是放在抽屉里,我猜里面一定藏有什么好玩的东西。我悄悄地走近他的座位,果然是一个新式陀螺,价格可不便宜。我示意他收起来,可过了一会,他又开始跑神了。我有点恼火,就放下了书本,开始批评他。没想到的是,班长说还有好多同学都有这种陀螺,我知道这里面有问题了。我让有陀螺的同学把东西放到讲台上,竟然有 11 个!一问都说是××送的,××哪来的钱?要 100 多块呢!××家的情况我是最清楚了。他是我从一年级一直带上来的,在二年级的时候父亲患白血病去世了,家里为了治病早就掏空了,迫于生计,母亲外出打工。我班的助学金年年都给了他。开始在爷爷奶奶身边,爷爷奶奶由于心疼他是个没爸的孩子,对他是百依百顺。后来因为爷爷奶奶的文化水平较低,无法在学习上得到帮助和指导,后来又找了一户人家,那家女人曾经在私立学校打工,对于他的学习辅导得很好,成绩有所提高。但由于不是自己的孩子,通常是其他方面不敢管,管不了,也没法管,于是采取通融政策,只要不犯大错误即可。在这种特殊的、畸形的教育环境下,是他——"留守儿童"养成了一些不良的生活习惯,最后导致出现一系列的不良心理问题。

从心理学的角度来说,童年期的人际需要是否得到满足以及由此形成的行为方式,对个体成年后的人际关系有决定性影响。

首先有包容需要。如果儿童与双亲交往少,会出现低社会行为,如倾向内部语言,与他人保持距离,不愿参加群体活动等;如儿童对双亲过分依赖则会形成高社会行为,如总是寻求接触,表现忙乱,要求给予注意;如果儿童与父母适宜地沟通、融合,会形成理想的社会行为,无论群居或独处都会有满足感,并能根据情境选择自己的行为方式,人际关系较好。

其次有支配需要。如果双亲对儿童既有要求又给他们自由,使之有某种自主权,会让儿童形成民主式的行为方式;如果过分控制,则易形成专制式行为方式,如儿童倾向于控制他人,易独断独行;或者形成拒绝支配式的行为方式,表现顺从,不愿负责,拒绝支配他人;或者焦虑过重,防御倾向明显。

最主要的是情感需要。如果儿童在小时候得不到双亲的爱,经常面对冷淡与训斥,长大后会出现低个人行为,如表面友好但情感距离大,常常担心不受欢迎,不被喜爱,从而避免有亲近关系;如果儿童生活在溺爱环境中,长大后会出现高个人行为,如强烈寻求爱,希望与某人建立亲密的情绪联系;如果儿童能获得适当的关心、爱护,就会形成理想的个人行为,长大后既不会受宠若惊,也没有爱的缺失感,能恰当地对待自己。

他显然不属于理想的那种。他因为长期不和父母在一起,性格和别的孩子根本不同,沉默寡言、内向、不开朗,一直有些自卑,对活动不感兴趣,不愿跟同学一起参加,显得不合群,不愿与人接触,喜欢独来独往,也不大愿意和其他孩子来往,脸上的表情是很淡漠的,表扬与批评也不是很在意。长久以来,我对他一直是很关注的,因为他不但是留守生,也是单亲生。以前我问他什么话,他是从来没反应的,上了三年级后,稍微好些,有问必答。

然而,在这个时候,我粗暴地将他一顿训斥,会出现什么情况,真的不敢想。还有钱是从哪来的?万一真如他所说,是亲戚给的呢?于是我先打电话给他的监护人,询问钱的事情。监护人说这几天都没有人来看过他,她自己正有100元钱不见了。这时我心里有点数了,把他带到草坪上,让他陪我散步,走了一圈又一圈,和他东扯西拉地聊天,始终不提钱的事,瞟瞟他,看他有点慌乱。后来慢慢地引到交朋友上来,他说:"我怕同学们不喜欢我,不愿和我玩,才送玩具给他们。"原来如此!我又问他是不是自己省下的压岁钱,他脸红红地说是在孔老师家拿的,准备下星期还她的。

我很高兴,赶紧表扬他是个诚实的好孩子,但是友情不是送礼请客,要用真心。还有一定要自信,同学们才会欣赏你。他一副似懂非懂的样子,茫然地点点头。

不久,在一次写作中,他描写了自己的家庭,非常感人,有些女孩子眼睛都红了。我趁机让他做了作文组长,对他的学习更加重视,一点点的进步我都及时在全班同学面前表扬。渐渐地,他也能和同学们玩到一起了,看到这种情形,我特别欣慰。

看来,培养"留守儿童"建立良好的同伴关系是很重要的一件事。良好的同伴关系是儿童特殊的信息渠道和参照框架,是人际关系的重要组成部分,也是儿童得到情感支持的来源之一,可以满足儿童归属和爱的需要,尊重的需要。良好的同伴关系是儿童心理健康发展的重要精神支柱,有利于他们形成自尊、自信、活泼开朗的性格,在儿童身心全面发展过程中起着不可磨灭的作用。因此,我们有必要帮助"留守儿童"建立良好的同伴关系,促使其身心健康发展。

后来,他在日记中写道:"我是一名快乐的留守儿童,因为我生活在一个温暖的集体里。虽然父母不在身边,但我会更加自信、自立、自强,勇敢面对生活。"

真实的力量

安徽省合肥市肥东经济开发区中心学校　浦丽君

一、背景

一次指导学生写《我的理想》这篇作文,我先让学生说说自己的理想各是什么?学生发言较多,而且大多数学生都说自己的理想是文学家、科学家、发明家,而且有的学生说完之后很自豪,当我再深入问他们有这个理想的原因时,有的学生更"自豪"地说:"当一名作家,可以写很多作品,让很多人欣赏。"还有的同学说:"长大后,我想当一名科学家,我想研究出更多有价值的问题,为人民服务。"同学们畅所欲言,把自己的理由也说得很充分、很有道理。可我并不为此而感动,因为我觉得孩子们没有表达出自己的真实想法,我更想听到是同学们发自内心的真话,来自于心灵深处最真切的理想。

二、过程

当我再次环视一遍教室后,我发现了吕同学有点"蠢蠢欲动",但他的眼神和我碰了一下就又很快移开,我想这可能跟他平时学习成绩较差、有点自卑有关,怯生生的他没有举手,但我知道,他想回答,我迅速地捕捉到了他的这种心理活动,让他谈谈自己的理想。他愣了一段时间后说:"嗯,我想当一名厨师。"这时我分明听见了有些同学在嘲笑他:"自己这么胖,还要研究吃,真是没出息!"有的同学露出蔑视的眼光。吕同学这时很尴尬,于是我耐心地问:"你为什么想当厨师呢?"他说:"我家比较穷。爸爸一年到头忙着在外打工,妈妈就在家种田。妈妈很辛苦很忙,放学回家我就想烧点可口的饭菜给妈妈吃,可我每次烧的菜都很难吃,但妈妈还是吃得很香,让我感到很惭愧。所以我想将来长大当一名厨师,既能多挣点钱,也可以让妈妈吃到可口的饭菜,我会因此感到快乐。"说到这里,我首先立即对他的回答给予了热烈的鼓掌,同学们都静静地注视着他,眼里充满了惊讶和敬佩。我接着说:"这是我听到的最动人的理由,最真实的理想。理想的高度不在于它价值的大小,而在于它是否是你心中真实的追求;职业也没有贵贱之分,只要对社会有益,都应该受到我们的尊重。吕同学理想的价值就在于他有一种责任感,和对家人的一片爱心,老师为这种质朴真实的理想而感动。同学们,我建议给吕同学更多掌声!"教室里顿时响起持久热烈的掌声。

结果很多同学在那次作文中都写出了自己最真实的理想,表达出了自己的真情实感。其实,写文章就是内心情感的真实流露,真实的东西才能打动人。

三、问题探究及收获

上述案例让我产生了下面的思考:

1. 学生的作文一定要有真实的高度。真实的东西才最有打动人的力量,真实的文章才是有价值的。这个真实可以是真实生活的描摹,也可以是源于真实生活高于真实生活,经过再加工的。如上例中的吕同学虽然成绩不太好,但他和别人一样也有自己的理想,而且他的理想相对其他同学来说要更具体、实在。我们当然不能否定这个"普通"的理想,甚至一定程度上它教育了学生正确理解理想的价值——它没有崇高与卑微之分,再普通的理想只要它有价值,它就是有意义的。所以这不仅是提倡作文的真实,也从另一个层面去提高了学生对理想和职业的认知程度。

2. 要让孩子有话可写。作文教学的目的不是让学生认为写作文是"交差",导致有些学生一写作文就头痛,生搬硬套、东拉西扯编出一个"生动"的故事了事。作文教学应该是引导学生写出自己内心真实的独特的感受,让学生觉得写作文是一种情感抒发的需要,下笔时胸中有东西可写。在作文教学中,我对学生的真实性要求很高,并注意多创造机会让学生走出课堂,多观察生活、体验生活、思考生活,还要求他们多读书、多思考、多练笔。正如叶圣陶先生所说的:"生活如泉涌,文章犹如溪流,泉源丰盈,溪流自然活泼地昼夜不息。"

四、评析与反思

而小学语文教学大纲指出:小学高年级作文要内容具体、感情真实,强调要说真话,表达真情实感,不说假话空话。教师是引导、激发和深化学生体验的人。教师要有敏锐的洞察力,善于从细微的表象中发现包含着的信息,发现学生的真实思想情感,要善于去组织好、引导好学生去体验,以达到一种"润物细无声"的效果。生活是丰富多彩的,在每个孩子眼中的世界,也是异彩纷呈不可能完全一致的,要根据每个孩子个体情感的相对独特性,引导学生写出自己独特的感受和体验。如上述吕同学的例子,我先细心地发现他"有话要说",就让他抓住机会说出来,营造让每个孩子都有自由表达机会的氛围,当他"语惊四座"时,我又及时对他的想法给予了积极的正面评价,进而引导全班学生先有了正确的理想观,使他们写作文时敢于表达出真实的内心世界,自然就写出了较高质量的作文。

"优差生"转变记

广东省广州市荔湾区华侨小学 王健怡

一般而言,纪律不好的学生通常成绩也不甚理想,这类孩子总是上课不听课,不是搞小动作就是逗同学说话,影响课堂纪律;成绩不佳,作业不能按时完成,字体潦草马虎,质量也很差;下课总是到处闯祸,和同学关系紧张,可谓"神憎鬼厌"。但是,在我们班却有这么一个"优差生"——小贺。谓之"优",因他成绩优异,每次测验考试总是名列前茅,写得一手好字,而且深得同学喜爱,大家都愿听他的,颇有领袖风范;谓之"差",又因其基本处于无纪律状态,排队永远不能站在自己的位置,上课总是捣鼓自己的事情,轻则自己玩自己的,重则纠众聊天或发出巨大声响,下课则呼啸奔跑于楼道课室之间,引众女生大声惊呼……这名学生确是我从教十几年来第一次遇到的"奇葩",可是既然作为一名教师,就应该随时准备着迎接这样或那样的挑战,而这场"战争",并没有所谓的胜负者,因为相信只要我本着教育的原则,尽我所能地给予孩子正确的指引,哪怕只是一丁点的改变,都会得到双赢的结局,我也为此而努力着。

"吃"不饱么?那就多"吃"点,"吃"得特别一点!

一节语文课上,大家都在专心地听我讲课,忽然课室后传来"滴沥……滴沥……"的声响,我正说到兴头上,没理会,继续就课文的内容向学生提出疑问。一名学生起来回答问题,还没来得及说话,一连串"滴沥……滴沥……滴沥……滴沥……"的声音再次响起,颇有"大珠小珠落玉盘"之势。同学们一下子被吸引了过去,后排的学生更是低声笑了出来。看着精心营造的氛围被破坏,我气急败坏地寻找肇事之徒。走到课室后一看,只见小贺已呈匍匐状,正不紧不慢地捡着满地散落的弹珠呢!虽然怒火中烧,我还是按捺住自己的火气,遵循我给自己定下的对小贺教育的"两不"原则——不动怒,不当众批评。我首先控制好其余学生的纪律,然后弯下腰和他一起捡弹珠,他有点诧异地看了看我,然后才继续捡,但是速度明显加快了许多。在其余同学的帮助下,数十颗弹珠很快收拾完毕。课继续上了,可是大家的思绪已被扰乱,已经无法回到刚才的气氛中,我的课堂设计也只好草草收场。

课后我很想把小贺揪来好好训斥一顿,可是回想过往发生这样的违纪事件后自己曾严厉地批评过他,也曾苦口婆心地规劝过他,结果并不奏效,他真是典型的"既不吃软,也不吃硬"型,究竟是什么原因导致他上课无法专心听讲呢?看来要在其他方面找找原因了。

根据一段时间的观察,我发现小贺其实很爱看书,课上难得的安静时间也是因为他在看书。当然,不是课本书,而是课外书。课余听他和同学聊天,也发现他常会因为书中的内容而与同学激烈地讨论。这样的孩子怎么会不爱上语文课呢？难道是自己的课上得不好？看来要找机会和他好好聊聊。

那天放学后，我以帮忙整理班级的图书柜为由把小贺留了下来。我一边和他一起收拾书柜一边和他聊起课外书。小贺一说起书来就眉飞色舞地说个不停，从内容可听到他读过很多书，涉猎面也很广。我和他聊起《三国演义》，他对这名著的了解程度甚至比我还深，还谈到他的许多个人观点。趁他说得兴起，我乘机问他："你这么有自己的看法，怎么上课时从来不参与到课堂的讨论中呢，让大家听听你的意见多好啊！"小贺呆了呆，低下头边继续收拾书本边低声说："课上的提问太简单了，没意思。"这下轮我呆住了，我怎么就从来没想到这情况呢？

事后我深刻地反思了许久，是啊，平常课上的提问因为要照顾全班学生的整体能力水平，所以难度都不大，通常比较深奥的问题都由老师讲出来了，可是对于像小贺这样的思维敏捷，反应快，比较聪明的孩子而言，那些问题根本不用思考就已经知道答案了，而随着年龄的增长，他更是觉得回答这样的问题是"弱智"行为，就更不屑回答了。久而久之，在课堂上老师所说的内容根本无法吸引他，对于他这样本身就较为好动的人来说，要枯燥地坐上40分钟确实也是一件不容易的事情。

找到症结所在了就实施解决方案吧，我开始在课上增大问题的难度，根据课文内容设计一些能吸引他注意的，需要更多思考才能回答的问题，当然还要考虑到问题的趣味性，而且很多这样的有难度的问题还必须是要比较完整地听完了课才能回答的。这有点像小贺爱看的侦探故事那样，要从头到尾了解了事情始末，才能在最后揭开谜底，找到真相。聪明的小贺果然被我设计的招引过来了，开始留心听课，当大家仍在苦思冥想，挠破头皮仍想不出来，他却能把最后的正确答案说出来之时，看他那兴奋样，我也忍不住笑了。课余时间我也经常找一些带竞技性质的题目让他做，他不但没有不耐烦，反而在每每解决了我给他额外加的难题后，他会产生很强的荣誉感，学语文的劲头也更大了！这样的做法还带动了班内其他能力较强学生思考问题，回答问题的劲头，大家积极思考，争着回答问题，课堂的学习气氛也比以前更浓了，真是意外的收获啊！

其实每个学生的能力各不相同，老师真不能一概而论，否则容易使能力欠佳的孩子"消化不良"，而能力强的孩子则"吃不饱"，所以不管是上课的提问也好，作业的布置也好，都应分层设计，这样才能让每个孩子都"吃得饱"，也"吃得好"。

喜欢跑么？那就多跑点，跑得有目的一点！

这天课间时分，我正在备课，班长突然急匆匆地进来报告，班里出事了，下课时小贺在课室里和同学追逐，不小心撞到了另一名同学，同学倒地不起，情况危急。一听到发生安全事故，我的心一紧，马上跟去课室处理。来到课室一看情况，所幸被撞同学情况并不严重，可是这样的事情可大可小，万一下一次……后果不堪设想！我找到小贺询问因由，无非就是和同学玩耍过激，一下没控制好。我着实批评了他一顿，可是看他那样子，估计没多久就照样把我的教训忘之脑后，这样的危险随时还会发生，这如同一枚定时炸弹，何时爆炸还不清楚，叫我如何心安呢？

小贺一直就是异常活跃的孩子,从他父母那得知,他在家也同样的好动,总是坐不住。怎样才能让他能安定下来呢?如何将他多余的精力合理地消耗掉呢?我想到了体育锻炼。我找体育老师了解小贺的体育成绩,发现他的体育成绩还真不错,很多项目尤其跑步,位列班级之首。既然这样,何不将他旺盛的精力用到有用的地方去呢?我找小贺聊:"小贺,你喜欢跑步吗?""喜欢啊!""为什么喜欢?""跑得快时有飞的感觉,而且把其他人甩在身后的感觉很棒呢!""行,喜欢跑步么?那参加学校的田径队吧!""啊?"小贺吃惊地看着我。

分别和体育老师及小贺家长沟通联系过后,小贺加入了学校的田径队,每天早上,下午托管课的时间他都要去训练。小贺也很快地适应了这样的生活模式,虽然不能在托管课上做作业了,可是以他的能力,作业根本就是小菜一碟,对他不会造成什么影响。一段时间下来,下课时间也没怎么见他追逐奔跑了。好几次我问他:"小贺,下课了怎么没去跑跑啊?""昨天训练跑的太多了,很累啊!""小贺,下课了怎么在课室看书啊?去玩玩吧!""不行啊,快要比赛了,教练说要注意别跑伤,万一撞到了,受了伤不能参加比赛,那训练了这么久就白费了!"小贺很认真地回答我。小贺对体育比赛兴趣日渐浓厚,十分认真对待训练,成绩也逐步提升,在2012年的区运会中,他还获得了男子100米跑全区第一名和男子4×100米跑全区第一名的好成绩。看到他的特点所长得到了发挥,缺点变成了优点,我真的很欣慰!

学生的优点与缺点总是并存的,俗话说:金无足赤,人无完人。只有对学生的优缺点有了正确的看法,我们才可能在实际的教育工作中给学生以最大的帮助,帮助他们找到优点和缺点,以发扬优点、克服缺点。另外,学生的缺点换个角度来看,或者把他们的缺点转化到另一个方面,有时或许也会变为优点。总之,老师要平等地对待每一个学生,要善于发现学生的"长短",善于"短中见长",要善于弥补"短"处,善于创设"扬长"的环境。

管不了么?那就自己管理自己,再管别人!

虽然小贺纪律不好,喜欢捉弄别人,闲暇时间不是故意藏起同学的文具,就是揪揪女生的辫子,但是同学们对他并不反感,甚至有点盲目的信服。可能是他天生有种领袖的风范,大家都愿听他的,他要号召大家做些什么事(当然,很多时候都是不大好的事情),大家都不知怎么的就跟着做了,常常会闹出些让老师很头疼的事情。好吧,既然我管不了他,就让他自己管管自己。直接跟他说让他自主管理自然不奏效,那就采用最老土的办法——让他担任某些职位。

小贺从没担任过任何班干职务,这自然是因为他的纪律问题,可是这软硬不吃的家伙也有他的软肋——要面子。于是,我首先让他担任拿班牌的负责人。从不曾在排队的时候好好站过的小贺,自从让他拿班牌,并晓之以理告诉他这是班级的门面,尤其升旗仪式、放学归队这些重要的时刻,如果带不好头,我们班就因为你一个而颜面扫地了!这么大一顶帽子盖下去,再不听话的小孩子也不敢松懈,于是每当看到拿着班牌的小贺,雄赳赳,气昂昂地,规规矩矩地走在队伍最前头时,我就忍不住暗自偷笑。

这当然不够,接下来还要进一步巩固他的管理意识。前阵子班里准备上一节公开课,是一节综合性学习活动汇报课,还邀请了区领导来听课,有点规模。我马上想到了小贺,这不正是利用他号召力的好时间吗?我找到小贺和他聊,希望他能发动同学组成小组,把之前活动的内容制作为成果进行展示,同时我也表达出对他领导能力的赞赏。小贺听了有点沾沾自喜,立马拍着胸脯就答应了。接下来的时间同学们组织小组合作完成成果的事情就完全不用操心了,小贺一到下课时间就在同学之间周旋,寻找适合当组长的人选,选派组员,成果形式的选择,等等,他都考虑周全。不但如此,他自己也负责了一个汇报项目,将前段时间进行的《遨游汉字王国》综合性实践活动中搜集的成果制作成一个精美的课件。活动展示当天,各小组带着丰富的成果有条不紊地一一展示出来,尤其小贺他们小组的课件,更是得到了听课领导、老师们的高度赞赏。课后,我就这次活动的表现在全班大大表扬了小贺一番,还给表现出色的同学颁发了奖品,看到小贺和同学们会心的微笑,我相信我已经踏出了成功的一步。

　　后来,我又让小贺担任了班级的纪律委员。其实我一开始就打算让他担任这个职务的,可是后来又犹豫了,因为像小贺这样的顽固分子,一个班干职务未必能真正的改变他。如今看来,也幸好自己当时的多虑,如果没有之前的所做作为铺垫,我想小贺这个纪律委员做不好几天就又打回原形了。而现在在之前当拿班牌手以及负责活动汇报课任务成功完成的铺垫后,小贺对于如何负责任及自我形象的维护方面已经有了一定的认识,也初步体会到了真正得到别人的认可(以前有部分同学对他的追随是因为他能打),得到同学尊重的成功感和优越感。在这一系列前提下,我再和他深入谈心,给予他信心,希望他能树立榜样,让他逐步在同学中建立威信,他自热就容易接受多了。

　　表现不佳学生的内心也有向善和向上的进取心,适当的职务能激发他们的潜能,保护他们的自尊,实现我们期望的改变。当然,不是让他当上班干就可以放任不管了,我也时时对小贺说:"记住,我就在你身后",也正是这句话时刻提醒着他,成为对他的最大约束。给这样的学生一个机会,并不是放任自流,在培养他们自觉的基础之上,更应加强管理,这样的管理,就是天长日久的关注。

　　我觉得当教师是一门很活泼、新鲜的职业,因为我们的每一届学生,甚至每一个学生都各有特点,用在这个学生上的方法在别的学生身上未必适用,这就要求我们必须不断研究,不断改变我们的教育方式,这也让我们时时要挑战自己,时刻求新。时代在迅猛地飞跃,作为教师来说,具备各方面综合能力不是夸夸其谈、轻而易举的事。我们要不断地学习,学习,再学习。所以,未来的教师要有超越自己的紧迫感,应善于从学生身上诊断、分析发展状况,提出解决问题的方案和设想,有效地处理各种问题,促进学生健康成长。细节决定成败,平凡成就伟大。只有本着教育的原则,关爱身边的每一个孩子,在给他们知识的同时给他们快乐和自信,这样才能做好教育工作。

大音希声　大爱无痕

河南省济源市沁园中学　冯海燕

"大音希声，大爱无痕。"教师的爱，就是这种春风化雨、润物无声、无私奉献、不求回报的"大爱"。教师的爱，是用自己的汗水辛勤耕耘，不断浇开一朵朵美丽的心灵之花的高尚的爱；教师的爱，是"吃的是草，挤的是奶和血"的无私的爱；教师的爱，是"有教无类、精心施教"的神圣的爱。教师的爱，是用笔耕耘、用语言播种、用汗水浇灌、用心血滋润的爱。

从教15年，在这五彩缤纷、酸甜苦辣的三尺讲台上，我作为一名为孩子们服务的普普通通的老师，工作中没有轰轰烈烈的先进事迹，没有催人泪下的动人故事，但是我以平常心做着平常事，为了这份执着我努力地坚持着，从各个方面严格要求自己。

一、务实创新，不懈追求

法国作家罗曼·罗兰曾说过："要播撒阳光到别人心中，总得自己心中有阳光。"我时常想，我们做教师的，每天教育学生，我们也应该扪心自问，自己的心中是否拥有这片阳光呢？在我们学校这个和谐环境下，我与同事和睦相处，不说不利于团结的话，不做不利于团结的事，与科任老师之间团结协作，努力以宽容、谅解待人，规范自己的言行道德。在领导分配的任务面前，体谅学校和领导的难处，毫无怨言地接受各种工作安排。在荣誉面前不争不抢，坦然面对各种荣誉分配。我想，用实际行动能够证明一切。"路漫漫其修远兮，吾将上下而求索。"教师任重而道远，而我只是千万教师中最普通的一名，我会继续向我的前辈们、我优秀的同事们学习，刻苦钻研，不图名利，脚踏实地，做一棵默默无闻的小草，在自己的一片小小的空间里，为春天奉献自己的一切。

二、爱岗敬业，无私奉献

"德高为师，身正为范"，作为一名老师，我无限的荣耀，可是现实生活中，老师是极为普通的，也会被世俗琐事缠身，也会被各种名利诱惑，但正是在这种复杂的环境中，才能考验出一个教师真正的品德。许多学校乃至全国现在都存在着教师收费辅导学生或者直接办辅导班的现象，自己身边也不乏其人，况且我们教师的工资待遇也确实不高，有增加收入的机会，我肯定也会想抓住。可是我认为用这样的方式来提高收入，是与教师职业道德相违背的。另外，我认为，一个人的精力是有限的，如果把过多的心思放在收费辅导学生上了，势必会影响自己的教学工作。所以我应该做好自己的本职工作，恪守自己的职业道德。"有容乃大，无欲则刚"，是我信奉的准则。

三、爱驻于心，尊重学生

作为教师，我明白我肩上的担子，一头担的是义务，一头担的是责任。我知道我的两个心房，一个装的是良心，一个装的是爱心。

我非常爱我的学生，因为我的脾气好，学生很容易接受，所以在和学生的沟通和管理上我感觉得心应手，不过，这也归功于我的课堂，课堂中，我尊重每一位孩子的人格，处处以母亲的准则去要求学生，用爱去引导和感化每一名学生，让他们规范自己的课堂行为。我在生活中关心他们，帮助他们，并经常和个别学生谈心，进行积极的引导和帮助，让学生们摆脱坏习惯，增强学习的信心。

每当接手一个新的班级，我就会努力寻找学生身上的闪光点，不偏爱，不歧视任何学生，让每一个孩子都能在课堂上展示自我，找到自信。我是在农村长大的，也亲身经历了困苦的生活，所以对那些家庭困难的学生，尤其是那些特困家庭的优良学生，我会从多方面给予他们温暖的关怀。在我的从教经历中，我始终坚持："多一点耐心，多一点爱心，多一点理解，多一些鼓励。"使优秀学生变得更加优秀，点燃发展学生学习的希望。正因为这样，所以当我嗓子哑了的时候，就有孩子偷偷地放金嗓子在我的办公桌上。当我为某个不听话的学生生气难过的时候，他们也能发现，会写些小纸条来安慰我。前一段时间还有两个男生来找我谈心，他们现在都是高中生了。一个是以前成绩很好的，一个是很调皮的，但都很聪明。调皮的学生说："老师，我现在觉得你以前说的话都是对的，你以前批评我打我都是对的。你真的为我们的学习费了心思，我们有了好的学习习惯，我们现在不管怎么调皮，成绩在学校一直都是前几名。真的要感谢您！"还有刚教过的九年级的同学校的学生，经常对我说：老师，我们还想听您给我们上课。对于我来说这些已经足够了，孩子们纯洁的心、圣洁的情、深厚的意，净化了我的心灵，激起了我对教育事业深深的爱，我真正地体会到了一个教师最大的幸福和快乐。

人无完人，我还有许多缺点需要不断改正，比如增加耐心。与同事们相比，还存在差距，我将以各位老师为榜样，继续默默耕耘，用我无私的爱深深地感染、教育每一个孩子，用孺子牛的精神，为教育事业奋斗，把真诚的爱毫无保留地送给我的学生。相信只要心中有爱，有高尚的师德，只要不断地去学习进取，去追求更高更远的目标，就能做到最好！

捧着一颗心来　不带半根草去

河南省济源市济水一中　乔文梅

题记

借助"教师梦之声"这片空间,我很想为我校的全体教师同伴谱写一首赞曲。

教育之本,首要是育人。自我校实施全员育人导师制活动以来,我校每一位教师都有了20余名的受导学生。定期每周一次的"心灵之约"传递着我们师生之间的"小秘密"。里面有他们学习中的成就与困惑,更有着他们成长中的甜蜜与苦涩;里面有我们的呕心沥血和诲人不倦,更有着为师的那份幸福与甜蜜……

案例背景

自我校实施全员育人导师制活动以来,不管是学生,还是教师,"心灵之约"已经成为我们生活中不可或缺的一部分。通过彼此间的沟通、交流,我们师生之间、班级小组之间已经形成了一股坚不可摧的力量。在师生间的书面交流、小组总结过程中,你改变着我,我影响着你,不知不觉,我们老师和学生的心紧紧贴在了一起……

案例描述

老师,你可否知道……

"老师,你可否知道,当别的导师走进教室与其他组的同学交流,我有多羡慕吗?

老师,你可否知道,当班主任表扬其他组的时候,我好希望我们组也可以是那其中之一啊!

老师,你可否知道,每当'心灵之约'发下的时候,哪个同学的老师批语最长,我们就会特羡慕他。

老师,你可否知道……"

这是2009届三年级10班的×××同学写给我的。她发自肺腑的"老师,你可否知道……"有二十个之多,看着她的每一句,每一问,我被深深地震撼了……

在反思中和学生一起成长

通过她的"心灵之约",让我深深感受到了自己工作中的不足:除了每周一节的美术课,是没有多少时间和他们相处,心里好生自责!

也因为自己教的是美术,每周一节,所以除了上课,就是在办公室查找资料备战中招。每每到该交"心灵之约"的日子,看着小组长手里总是差那么两本、三本的时候,才恍然觉悟到没有交的学生是不是哪里出了问题。于是一次、两次……到班级找他们谈心,但却不是每次都可以达成目的。课前半小时进教室,孩子们在看班教师的带领下进行课前自习;课间进教室,孩子们一窝蜂地蹦着、跳着,时间不巧的时候逮不住他们;放学的时候,班主任总是早早就候在了教室门口……一次次的,自己的劲头也弱了。

感受着着×××的一问又一问,我恍然明白自己真的是愧对"导师"这个称谓了:因为很难找到和他们相处的时间,因为自己教的是美术,所以认为自己在学生的心目中,就该和语数英老师有所区别。心里好生懊悔!懊悔自己不该那么轻视自己在学生心目中的地位而进行自我贬低、自我放弃。

自此,我的心里涌动着一股激流:我要和孩子们携手,一起走过初三剩下的日子,我要和孩子们一起,去描画他们心中最美的梦!

对于那几个总是拖拉交不上"心灵之约"的学生,我和组里其他的同学一起想办法,督促他们认真对待;每周小组总结我们都及时反馈,找出失分和得分的源头所在,发扬集体智慧,为下一次总评而努力;哪一个同学掉队了,哪一个同学需要帮助了……我们都会抱成团。

成长赞歌

初三的日子我们都很忙,很累,但是却很有劲头:我们很快乐,快乐着属于我们小组间的快乐;我们也很团结,每个人都把自己最棒的那一面发挥到极致,为自己的团队加油喝彩;我们相濡以沫,在面对自己最弱的那一面,彼此间相互鼓励、监督,当然更多的是包容和帮助……

捧着一颗心来,不带半根草去

2012年9月,我又迎来了2011届八年级五班和六班的孩子们。翻阅着一本本"心灵之约",他们怀揣着对新学年的梦想和希望,也带着惶恐和不知所措走近了我……

"老师,你好!新学期,学科增加了一门,压力也十分大,我该怎样减缓压力呢?希望老师可以帮到我。"

"希望老师和我可以成为无话不谈的好朋友,祝愿老师开开心心,每天好心情!"

……

如今我们携手度过了2012年,孩子们也成为了新一届初三中的一员。看着他们焕然一新的学习风貌,我心欣然。我坚信,在初三的日子里我们的情谊会更浓更纯,我们的团队会更强更精!在孩子们未来的成长中,这里也将会是带给他们最美好回忆的心灵乐园。

"捧着一颗心来,不带半根草去。"特别喜欢陶行知先生的这句教育名言。新一届的孩子们来了,我们牵着他们的小手一起走过春夏和秋冬;又一届的孩子们离开了,却连同我们内心所给予的那份期望和梦想也一起带走了……一次次的相逢、相知,一次次的别离、不舍。我和我的同伴们携手共铸着为师所特有的那份执着。我想,作为教师,我们的梦想和幸福也正在于此吧!

展望明天,我心悠悠:选择教师,我今生无悔。

我永远是真心

河南省新乡市人民路小学 娄宝萍

和孩子们在一起的这些年里,有太多值得回忆的事情了。那就让我在记忆的长河中撷取一朵小小的浪花。

小杰是我曾经教的毕业班里的一名男孩子,他是四年级时由乡下农村转来的。时值暮春,却穿了一件脏兮兮的大棉袄,头发乱蓬蓬的,写的字像干柴棍堆在一起,读书时方言浓重,常惹得同学们窃笑。但不久我就发现,这个孩子虽然性格有些内向,但很懂事,自尊心特别强,事事都不落在别人后面,在我的耐心帮助和辅导下,他的字体和读书有了很大进步,并参加了校体育训练队,因为他身体素质不错,加上训练中特别能吃苦,一段时间后,他就在学校及区里的一些比赛中取得了好成绩,为班集体和学校争得了许多荣誉。

后来,我通过几次家访也渐渐了解了他的家庭情况,他爸爸在啤酒厂给人家拉酒,他妈妈在别人家当保姆,收入很低,每月还要交房租,生活一直很拮据。我把了解到的情况反映给校长,为了鼓励他继续努力,学校免去了他一部分高价学费,并为包括他在内的三位特困生争取到了资助。校长让我转告小杰,下周一升旗仪式结束后将举行一个捐款仪式,小杰代表其他特困生上台领捐款,让他准备一下。我兴冲冲地来到教室,告诉小杰这个消息,本以为他听了会很高兴,会感激地说声"谢谢老师",谁知却见他脸涨得通红,两只手使劲地搅在一起,眼睛盯着地面,轻轻地说出了一句大大出乎意料的话:"老师,我不想要。""为什么?"我急切地追问,他却低着头一句话也不肯说,我只好让他先回去。坐在办公室里,我一直在想着这件事,究竟是为什么,难道有什么不对的地方吗?忽然,一个念头在我心中闪过,一个自尊心极强的孩子怎么会愿意把自己的贫穷和苦难展现给别人呢?即使他面对的是真诚的帮助,也有可能在他心中烙下受人怜悯的阴影。我找到校长说明了我的想法,校长对此表示理解。第二天放学后,我把他留下来,把捐款塞进了他的口袋,并认真地告诉他:"这些钱将来是要你还的,用你为社会作的贡献来加倍偿还。"他还是一句感谢的话也没说,但在他转身离开的时候,我分明看到了他眼眶中有一些晶莹的东西在闪动。在以后的日子里,我一直小心翼翼地呵护着他那颗倔强而敏感的心。小杰是个有志气的孩子,学习、训练比以前更努力、刻苦了,在六年级毕业时,他被二中作为有突出成绩的学生免试录取了。

从这件事中,我深刻感受到只有真心实意地关心热爱学生,师生心灵才能因撞击而产生灿烂的火花。教师的真爱是照亮学生心灵的一盏明灯,正如陶行知先生说的:"不要你金,不要你银,只要你的心。"面对孩子,我永远是真心。

责任、爱与奉献

河南省安阳市安阳桥小学 牛冬冬

到现在为止,我的教师生涯已有 21 年多了。在这 21 年的日日夜夜里,我无时无刻不在感觉着肩上责任的重大。对于我来说,是责任、爱与奉献这三种力量支撑着我向教育事业的巅峰攀爬;是这三种力量激励着我兢兢业业,一丝不苟;也是这三种力量,使我更加热爱教育、热爱学生。

在责任、爱与奉献中,责任是首位,是重中之重:我们从小都是父母的孩子,我们每个人的身上都饱含着我们父母的期望,现在每当我走上讲台,面对着教室里六十多张稍显幼嫩的面庞时,我看到的不仅仅是他们,还有他们的父母,那是一种更深一层的企盼,更深一层的希冀;每当我独自一人坐在办公室里备课,身心疲惫而想偷懒时,那六十多双学生父母的眼睛,那六十多颗学生家长滚烫的心都深深刺入我的骨髓,一种油然而生的力量从心灵深处涌起,使我再也不敢有丝毫的懈怠,埋头备课批改作业。作为一名教师,我们有责任教好我们的课;作为一名教师,我们有责任教育好我们的学生;作为一名教师,我们有责任担当起学生父母、亲人的重托!大家都知道我教的班级学生老师在与不在一个样,都在教室里自觉读书学习。许多老师都说我是魏书生式的老师,其实这都得益于我培养的好的小班干,所以我平时对这些班干部也都偏爱有加。但正是他们中间有一个小女孩,有一次早上检查作业我发现她竟然没有交作业,问她情况,她说作业忘在家里了,我是一个最讲认真的人,当即要打电话给其家长送作业,她仍然说作业忘家里书桌上,电话打通后没人接,这时她面带喜色,我决定趁上课前带她到她家里取作业,当她和我走到学校门口时,她才告诉我因为昨天晚上给妈妈过生日贪玩没有写作业。我批评了她,以后班级不交作业现象基本上消失了。这件事情我渐渐淡忘。但是十几年后,我接到一封她从深圳寄给我的信,信中又提起了这件事情,她说牛老师我最不能忘记的就是小学我不交作业那件事情,您的认真和责任心改变了我的人生态度和轨迹,使我从那件事后知道了什么叫认真,什么叫负责任。

当然,作为一名教师我们更不能缺乏爱,我们要用爱心对待我们的学生和三尺讲台,就如同对待我们的亲人、朋友。我们从不懂事的幼儿,长大后成为人父、人母,其间,父母给了我们多少无私的爱,为了让我们成为社会的有用之材,培育我们的老师为我们呕心沥血,今天,我既然从事了教师职业,我就要继承父母和老师的爱心,把所有的爱奉献给那些求知的学生和三尺讲台。因为对学生和教育事业的爱,就连人生的大喜事——结婚典礼,也是安排在双休日举行,一天婚假也没休息,星期一就照常回到了我热爱的三尺讲台上;因为对学生和教育事业的爱,2002 年妻子产下双胞胎后,我每天学校、家庭忙里忙外，可我不管有多累，从没有请过一天假，只要一到学校，一踏上三尺讲台，就会浑身充满力量，全身心投入到教学工作中；因为对学生和教育事业的爱，孩子们从小就懂得了要爱祖国、爱劳动、爱集体、爱他人；因为对学生和教育事业的爱，使我所教班级里充盈着团结、文明、勤奋、守纪的良好氛围。教育是爱的共鸣，我们只有热爱学生，才能教育好学生，才能使教育发挥最大限度的作用！

要负责任，有爱心，当然就离不开奉献。社会在飞速发展，人们的追求也在发生着悄然的变化。"金钱和权力"对一些人来说意味着更多，而对于我来说，却不是这样。难道桃李满天下不是一种幸福吗？难道感受师生那炯炯深情，远离生意场的尔虞我诈不是一种幸福吗？这一种幸福恐怕不是其他职业的人所能感受到的。曾经有一次在23路公交车上，我刚找了一个座位坐下，忽然身边有个军人站起来向我敬了一个军礼并大声说：牛老师好！我愣住了，仔细一看，原来是我十几年前教过的一个学生，交谈中得知他是回家探亲，看着身边人向我投来的羡慕的目光，我那一刻感觉当老师太幸福了。诚然，当教师很辛苦，自古教师多清贫，但国家与社会需要我们，家长们需要我们，孩子们更需要我们，因为我们是铸造灵魂的工程师，是铸造明天太阳的使者！"燃烧自己，照亮别人"，这就是我们教师应该有的高尚情操。

师者，为师亦为范，学高为师，德高为范。走上三尺讲台，教书育人，走下三尺讲台，为人师表。作为新时代的教师，我们应当不断地充实自己，用我们的责任心、爱心和奉献精神投入到教育事业中来，为孩子们的灿烂明天而奋斗！

畅话桃李情
——我身边的情感故事

宁夏回族自治区西吉县第一小学　樊维江

我是西吉县第一小学教师樊维江,回首十几年的从教之路,我没有轰轰烈烈的壮举,更没有值得称颂的大作为,生活的平凡赋予我平淡的经历,而平淡中的种种感动,却时时刻刻,而又实实在在地激励着我前行。正是这种种感动激励了我、培养了我、塑造了我,使我不断成长。

成长是我们生命中永恒的主题。成长是什么?广义地讲,成长意味着一个人人格力量的不断提升与壮大;具体到教师,我认为成长则意味着教师自身健全人格的不断完善。成长需要动力,可以是来自外在的动力,更需要内在的动力——一种激励思考和改变自我的动力。我认为,成长的动力之源就是学习。

有一句名言说得好:为了给学生一杯有价值的水,自己要努力开凿"一眼泉"。

学生,不论是小学生还是中学生,他们都是年轻的生命群体、生命个体。"人之初,性本善",在他们身上体现出更加纯真的天性、善性和灵性,而这些,正是我们在成年的道路上逐渐被磨损的东西!

"有了爱,就有了一切。"在教育教学中,我始终把尊重学生、关爱学生放在首位,不仅尊重学生的人格、兴趣、爱好,还经常了解学生的习惯以及为人处世的态度方式,力求像朋友一样来欣赏学生,倾听学生的意见,接纳他们的感受,包容他们的缺点,分享他们的喜悦。在我的眼里,学生永远都是邻居家正在长大的孩子,不可能不犯错误,犯了错误,我总是拍拍他们的肩膀,让学生在老师的肢体语言中明晓事理。

记得刚到西吉一小那一年,我踌躇满志。学校安排我担任六年级班主任,班内学生水平相差很大,偏科现象很严重,特别是语文学科。在我上完第一节课时,我建议所有的学生都要下来与我做一个交流,我可以根据他们的具体学习情况,给他们制订学习计划。课后就有很多同学过来与我交流。通过交流我料到学生基本上都是在识记生字、基础方面有问题。我给了他们方法上的建议和鼓励,建议他们每天都要坚持阅读,要是不懂,可以在课间的时候到办公室来,我给他们讲。其中就有一个男生语文很差,只能考40多分,我也同样给了他一些建议与鼓励,当时也没什么特别的。

我的建议给很多同学都讲了,但事后主动来找我给他们讲的,就只有几个学生。其中一个就是上面提到的男生。我给他讲解的时候,发现他很多都不懂,我很细致耐心地给他讲,并给他规定了每天的学习任务,我要检查。结果他每天都来让我检查,让我很吃惊。其实很多学生都不能很好地坚持做一件事情,特别是老师安排的任务。结果他做到

了。我开始特别关注他。他是一个认真老实的学生,除了和我交流学习的事情,从来不多言多语,也不议论班上的老师和同学。

我在上课时,当众表扬了他。不过他的样子很淡定。虽然听不懂,他还是很认真地听,记笔记。不幸的是第一次月考他没有及格,不过也正常,他的基础确实不好,我告诉他语文学习是一个长期的过程,一般要经过长期的努力才会有明显的效果,第二次他还是没及格,第三次勉强考了59分,每次下来我都鼓励他,他始终坚持认真学习,一点也没灰心,这时候有些学生就开始灰心放弃了。他的坚持让我很有感触,我想我一定要帮助他学好语文。虽然他还是没有及格,但也有些进步,我经常在教室里表扬他,表扬他的坚持,他的不折不挠。我也很直接地告诉学生我最欣赏的是那种遇到困难迎难而上的人,不喜欢逃避、懦弱的人。我也很希望他能完成我们这学期的计划,那就是他能在期末的时候及格。很遗憾,期末他还是没有考好,期末考试后我找他谈过一次话,我还是想鼓励他,但是我又觉得我的鼓励很空洞,不知道怎么说,也可能是对自己教学能力的不自信吧,一向不多言的他这时候主动开口,说期末没及格,但是我进步了啊,我考了50多分。他的自信与坚持让我很感动,我一直认为他是我们最优秀的学生之一,虽然他的成绩不好。

第二学期我被安排担任一年级班主任,很遗憾,我教了他一学期,他的语文还是没有及格。我很感谢他,又心有愧疚。有一天我上网的时候,一个陌生人给我发信息,说老师我语文及格了。我知道一定是那个男生。我很感动,他的努力终于得到回报了。这也让我更加坚信了"有志者事竟成"。他今年毕业了,暑假的时候我们在网上聊了很多,像朋友一样。他说我是和他们一起成长的,我第一次上课的时候很紧张,后来慢慢就好了,教学能力也在不断提高。听了这话,想起这几年的苦与乐,不由地眼睛热热的。这一切让我体会到,学生是有感情的,你对他好,他一定会记得住的。老师成就学生,更是学生成就老师。明天我又要给别的学生上第一堂课,我一定会用我的爱去教学。全身心地工作,不一定能感动每一个人,只要能教育好一个学生,也是我最大的成就。

教育中总有一些不经意的片段,恰恰是这些小小的片段凝固成永恒的感动。在一次学校组织的作文教学中,我要求班内所有学生参加,我们班有个做作文能力较差的孩子也报名参加了,下课看到我时他十分兴奋,我拉过他的手说:"好好比,比完老师给你奖励!"他问:"老师,你奖励我什么呢?""随你选!""老师,我想让你抱抱我!"边说边侧过脸来用一双纯真的大眼睛望着我。一下子,我愣在那里。他见我好一会儿没说话,有些不知所措,轻轻地问了一句:"张老师,如果我比了最后一名呢?你还会抱我么?"说完,用怯生生的眼神看着我。我连忙蹲下身子,看着他坚定地说:"比最后一名我也会抱着你!"因为我知道,这对一个智力尚未开发的孩子来说,是多么大的挑战!这会儿他如释重负地笑了。结果,他取得了三等奖的好成绩!后来他对我说:"樊老师,你知道么,我每天在家练习写作文,还要爸爸报题目做,我有几次都不想做了想睡觉,可我告诉自己不行,因为我多么想让你抱抱我!"望着他满是涨得通红的小脸,我唯一能做的就是把他紧紧地搂在怀里。我从来没有想过,老师一个平凡的拥抱会如此打动孩子的心灵。

静静地,日子在手指间流走,留给我的是沉甸甸的春华秋实。我感谢生活,我感谢教育,我感谢我所有的学生,是你们,让我在育人的道路上一次次地收获温暖、一次次地收获感动。

等 待 花 开

宁夏回族自治区中卫市第二中学　张翠萍

"别问我在想什么,在等待什么,总有一些岁月可以蹉跎,也许我的执着是可笑的荒谬,我只想感觉花开的温柔,这世界真的会有花开的季节吗……"每每听到这首歌,我都会被歌词所打动,因为我一直相信,这世界真的有花开的季节。

第一次见到张同学,是三年前秋季新生报到的那天,他母亲带着他来报名,瘦瘦的身体,两只眼睛似乎也暗淡无光。他母亲告诉我:"这孩子左胳膊有点残疾,生他时因为难产,医生把孩子的手臂拽残了。"我笑着说:"当老师的嘛,什么样的孩子都得教。"开学第一周的新生军训时,教官发现这名学生胳膊总是打着弯,没法和其他同学同步,就告诉我说别让他参加军训了,否则会影响整个班里的军训比赛成绩。我没有同意教官的做法,我说不能让孩子感觉到自己和别人不一样,后来教官说要不是这名残疾学生,我们班比赛成绩会是一等奖,结果只获得了三等奖。我笑了笑说:"能取得三等奖我很满意了。"

进入初中的第一堂数学课上,我提了一个非常简单的问题让他回答。他站起来支支吾吾,结果引来全班同学的大笑,从他无助的眼神中我读到了深深的自卑。我的第一感觉就是这孩子缺乏自信,我要帮助他。于是我急中生智,说:"你们知道他为什么这样回答?老师猜他这是故意的,这叫先抑后扬。你们是先扬后抑,虽然方法不同,但目的只有一个,就是想引起老师的注意。对不对,张同学?"他看我在帮他解围,很配合地小声说出了那个"对"字。这节课上完,我又因势利导,在批改作业时,我在他的作业本上写下这样一句话:"这世界上除了心理的失败,其实不存在什么失败。自信是成功的第一秘诀,老师看好你。"或许我的这句话对他产生了触动,在以后的课堂上他听讲非常认真,稚嫩的脸庞上有了自信的神采,我从心里为他高兴。

第一次数学月考后,他的成绩只有 50 分。面对这个成绩,我看到了他的失落,我在试卷上给他写了这样一段话:"乐观是漫漫长夜里苍穹中闪烁的星星,当学习处于低谷时,当考试失利时,保持一颗乐观向上的心往往你就会发现困难减少了许多。"当上课的时候,我又看到了他脸上久违的笑容。就这样,这名学生在班里的表现越来越积极,竟然经常为班里同学修理桌椅,班里字画掉了也是他悄悄挂好。有一天,教室前门顶窗上的玻璃被大风震破了,等我知道赶到班里时,眼前的一幕把我惊呆了,竟又是他踩在桌子上吃力地用自己的右手试图把一大块破玻璃取下来。我用充满担心和责怪的目光看了看他,又看了看其他同学,生气地说:"你们都是干嘛的,怎么不去帮帮他?"听到我的责怪声,班里同学有点委屈地说:"老师,是他执意不让我们做,说要不就是我们瞧不起他。"我不仅表扬了他,还找他谈话说:"像你这种情况,就更要努力学习文化知识,以后只靠体力生活是不行的。老师相信你有能力学好的。"同时我把他在学校的表现适时地反馈给了父母。说实话,我内心觉得凭他当时的学习状态是不可能考上高中的,但我却从来没有放松对他的要求和鼓励,还抽空帮他补课。

就这样,我们之间的一个眼神、一丝微笑、一点只言片语,传达着师生之间的默契。在这些默契中,我们达到了心与心的交流。他的学习成绩稳步上升,在期末考试中,他的数学成绩达到了 80 分,总名次也有了提高。临近中考时,孩子妈妈的一番话又让我大吃一惊:"张老师,我儿子能有现在的成绩和表现,作为家长我们已经很满意了。其实孩子从小生下来是因为大脑发育不好才导致手臂残疾的,孩子的病情我们从来没有告诉过别人。在小学时老师没有把他当正常学生看待过,什么活动老师都不让参加。是张老师您让孩子有了自信,孩子说您对他最好……"今年中考成绩公布后,他以 548 分的成绩被重点高中录取,当他看到这个成绩时,自己都大吃一惊。我从没有看到过这样灿烂的笑容,这笑是发自内心的微笑,这是世界上最美的微笑。我情不自禁地在他的纪念册上写下这么一句话:我终于等到了花开,我感觉到了花开的喜悦。

我曾经看过《给每一株草开花的时间》这篇文章,说的是房主出远门,把一个院落交给朋友看管。初春时院子里冒出几簇绿绿的芽尖,朋友不忍心拔去,还经常给它浇水。它们的叶子蓬勃展开,暮夏时,那草竟然开花了。他研究植物的朋友惊喜地告诉他:"这是兰花的一个稀有品种,许多人穷尽一生都很难找到它,一株至少价值上万元。"朋友打电话把喜讯告诉房主,房主一听也愣了。其实那株兰花每年都要破土而出,只是房主以为它是一株普通的杂草,每年春天冒尖时就被他拔掉了。房主不禁感叹道:"我几乎毁掉了一株奇花啊,如果我能耐心等待它开花,几年前就能发现的。"其实,作为教师,有多少人曾经过早盲目地"拔掉"一些还没有来得及开花的"野草",从不曾给这些"野草""开花结果"证明他们自己价值的时间,让他们过早夭折。教育其实就是一种互相寻找、发现,彼此增进理解的过程。生活中,有的孩子天资聪颖,有的孩子调皮甚至愚笨,更需要我们对他这个具体的人给予帮助,即温情的理解、真挚的同情、诚意的鼓励、恰当的提醒……如果我们缺乏耐心与宽容,缺乏静静等待他们"开花结果"的决心,一句不经意的"定论",都会让这些"野草"永远失去了"开花"的机会。让我们一起等待花开,一起守候花开的季节吧!

师爱化坚冰
——浅谈如何转化后进生

宁夏回族自治区固原市原州区　李嘉润

每个学生都有成功的欲望,后进生也不例外。其实,后进生渴望成功的心理更加强烈,一次小小的成功,就可能成为后进生告别昨天,重塑自我的起点。

初为人师,我便担任六年级的班主任。在这个班里,有一个"调皮大王"马同学,有同事悄悄告诉我的。据说有了他,课堂就甭想安静,班级也不会安宁,任课老师个个拿他没办法,便避而远之。有好心的同事提醒我:"这么差的学生,你在开学时一定拿出点儿厉害的镇住他,让他怕你,以后就不敢乱动了。"不至于吧,他不就是一小学生吗?我就不相信……再一想,这主意不错,因为《三字经》中说:"教不严,师之惰",俗话也说:"严是爱,松是害"。于是在上课的第一天,我就摆出严师的架势,点了马龙的名,当着全班同学的面告诫他:"你已是六年级的学生了,作为全校学生大哥哥的形象,以后不准迟到、早退,更不准旷课逃课,上课不准随便讲话,作业不准迟交……"订好规章后,还要求同学监督他。对这样的学生刚开始会有点作用,可不久就失去了灵性。一段时间后,他非但没有收敛,反而变本加厉,迟到早退成了家常便饭,动辄与任课教师发生冲突,还当着很多学生的面直呼我的大名。我气急败坏,但更多的是心急如焚,该怎么办?当初就不应该接这个班啊!埋怨、放弃都不可能。于是我找他谈话,他爱理不理,一副无所谓的态度。我请他家长到学校来共商如何教育他,可他父亲来学校表示这孩子无药可救了,就让他破罐子破摔吧!我还听其他学生说他父亲回家后狠狠地揍了他一顿。这以后他还是我行我素,私下里还对同学说:"班主任不把我当人看,我恨死她了,我就要跟她对着干。"当其他同学告诉我这句话时,我懵了,我所做的不都是为了他好吗?我这是"爱"他,为了他好,他却恨我。为什么会这样,我陷入沉思中。寻找原因,开始反思。经过反思,我发现我的教育方式有误,我不应该用教育者的身份去命令学生,这是对学生的不尊重。我不应该当着全班学生的面规定他很多个"不准",使他的自尊心受到伤害,他觉得我对他有敌意,自然就不会按我的要求去做。只有让他感到我对他的"爱"是诚挚的,他才会按我的要求去做。高尔基说过,"谁爱孩子,孩子就爱他,只有爱孩子的人,他才可以教育孩子"。

明白了这一道理后,我决定去家访。通过家访,我了解到马同学是个单亲的孩子,自幼父母离异,他随父生活。父亲每天无所事事,吃喝玩乐打发时间,根本就不顾及他,使原"性本善"的他在成长的道路上失去了方向。渐渐他迷恋网吧,在网吧认识了一些不良少年,久而久之,就变成现在这样。了解到这一情况,我满怀歉疚地在班会课上向他道歉,并号召全班同学和他交朋友。他表面上无动于衷,但随后的日子里,看得出他收敛多了,说明他有所触动。在后来的时间里,但凡遇到和他有关的点滴进步,我就当着全班学生的面表扬他。多表扬,少批评,这样一段时间下来,他对我不再敌视了,渐渐和我亲近起来。于是我乘热打铁,及时找他谈话,要让他树立信心,并希望他成为我班的优秀生,他很受感动,问我怎么才能赶上同学们,我帮他制订了学习计划,并让他周末来学校我帮他补课(因为当时学校离家远,我经常住校)。就这样一个月后,迟到早退的现象没有了,课堂上也能听见他的发言了;一个学期下来,他已是遵守纪律的好学生了,成绩也属于中上了;一个学年下来,也就是临毕业时,他已是学校的优秀生了。

　　现在我已是在教育战线上努力拼搏十余载的老教师了,回想起初出茅庐的我,如果当初我没有改变教育方式,恐怕就不会有仅仅一学年成为优秀生的马同学了。当然,在我的十多年的班主任生涯中我用尽各种方式教育和转化过许多后进生,但我始终如一的教育法宝便是"爱"的教育。罗曼·罗兰说过:"要撒播阳光到别人心中,总是自己心中有阳光。"现在我遵循着爱着我的学校、爱着我的学生、爱着我的职业,我会在挥洒五彩汗水的辛勤付出中,踏上希望的征程,怀着憧憬的征程,不管风雨,不管泥泞,不断托起一代代年轻人,更幸福的梦想,让岁月无憾,让青春无悔,去展现人生最灿烂的风景。让梦想照进现实,我一定能实现我的梦想,我们的梦想。我们有理由相信:不久的将来我们定会收获整个春天。

把课堂交给学生
——发生在研修中的难忘故事

陕西省周至县哑柏初中　赵　维

一、背景

网络研修以来,一边学习专家老师的课程讲座,一边和协作组同科的老师交流探讨怎样提高课堂效率,怎样让信息技术课更能关注到不同学生的学习成长。一天,一节偶然的常态课,让我顿时有所悟,原来把课堂交给学生有时会让课堂更生动。

二、案例过程

那天最后一节是信息技术课,不知为什么学生个个都显得很浮躁,机房里老是有人偷偷小声说话,还不停左顾右盼,见此情景我突发奇想稍带鼓动性地说,这节课老师想让一个同学来当"老师",给大家讲一下《装饰我的 windows》。学生们听我这样说一下子静了许多。我一看还行,就接着说,我们这节课要学的内容不多,也不太难,只要大家认真阅读课本,按课本上的操作步骤操作就可以顺利地完成学习任务。这时学生中有一部分人表示愿意试试,但也有一些学生小声说这样太难。我于是鼓励他们说,只要认真看书,按课本上的操作步骤一步一步练习,就可以顺利完成本课的学习任务。听我这样说,学生才大部分表示愿意试试。我说,我给大家先留十分钟练习时间,你们可以先试着自己边看边操作,一会我让一个同学在教师机上给大家演示一下,同时,在他演示的时候,如果有什么地方说得不对,或不详细,其他同学还可以及时补充。说完我让他们自己操作学习。

过后的十分钟他们个个都全神贯注,边看书边操作,一个一个忙得不亦乐乎。很快时间到了,我问有没有哪位同学愿意上来给大家演示一下？学生们一下又都不说话了,个个都把头藏在显示器后面,生怕我看到他。见到这种情况我说,你们把桌面墙纸的设置看了吗？他们异口同声地答道,看了。我又问,那会操作吗？会,他们答道,但明显声音比刚才小了许多,我于是再次说,那哪位同学能给大家把桌面墙纸的设置这一小部分操作一遍呢？还是沉默,没人愿意。我看这样不行,就说,那我可就叫了。我随便指了一个学生,没想到我刚一点到他,学生们就哈哈大笑起来,我一时丈二和尚摸不着头脑,前边有个小女生见我莫名其妙就悄悄对我说,老师,他可是我们班的"老大难"呀,每次考试都倒数,他根本就不学习。我一听,心凉了半截,本想活跃一下气氛,没想到这次搞砸了,我真怕就此冷场。但转念一想已经叫他了,那就怎么着也得让他试一试吧,我就说你就在教师机上操作吧,这样学生机上就都可以看到操作过程了。他慢腾腾地站起来,小声说:"老师,我不会。"我问他那你刚才看书了吗？他说,看了。我说,那就行了,老师相信你,你可以边看课本边操作。他还是磨磨蹭蹭,很不愿意往上走,走到我跟前的时候,他对我说,老师,我试一下。我微笑着说,没事的,你一定行,要相信自己。

接着,他边操作边给学生讲,下边不停地有学生偷偷笑,我说,大家都注意听着,他有什么地方讲得不对或不详细,大家随时可以站起来补充。这样,学生才稍有收敛。我站在他的旁边,看到他的手一个劲地抖,还不停地挠头,我小声鼓励他说,没关系,就按你刚才在下边做的再做一次就行了。这样,他才大胆讲起来,一步一步还挺像回事。下边学生也由开始的幸灾乐祸转为认真听,继而又转为钦佩的目光。

他就那样勉勉强强地讲完了桌面墙纸的设置,不过还算比较成功的。我及时表扬了他,并要大家以后要向他学习。他脸红红地走了下去,看得出他很高兴。

随后我又分别叫了两个学生把屏保的设置示范了一遍,总体效果不错,有了前边的基础,后来的学生都表现得比较积极,胆子也大了许多,个个都争先恐后地要在教师机上给大家示范。课后在做练习题的时候,每组都能以较少的时间做好,而且有不少同学还能开动脑筋做出更好的效果。

三、分析与反思

通过这节课我深刻体会到,要让课堂真正焕发出生命的活力,必须要让学生充分发挥自己的自主意识、自主思维、自主学习。教师在设计教学的时候,大可蹲下来,设想自己是学生,改传统的以"教"为核心的教学设计为以"学"为核心的教学模式,形成教与学的同步推进。在课堂上,教师要做好学习方法的示范,设计有针对性地学法训练;在各个环节上指导学生,并对学生提出相应的方法要求,引导学生把自己的主动学习作为认识思考的对象,有意识地注意自己的思维过程、思维方法,形成学习方法、掌握运用、强化迁移的链式结构。教师要以自己的经验为学生创设一个能让他们激情洋溢的场所,同时又是一个有着无穷新奥秘的天地,吸引着学生在不知不觉中渴望学习,渴望拥有知识,从而用心地投入到学习中。相信学生,充分调动他们学习的积极性和主动性,让他们做课堂的主人,这样,就一定会取得让人惊喜的效果!

畅话桃李情

陕西省定边县安边中学 杜小琴

没有爱,就没有教育。从事教育工作八年来,虽然我没有做出惊天动地的事迹,也没有干出显赫的成绩,但我却能坦然地说:我深深地爱着我的学生,我过得很充实。

又是一个教师节,我像往常一样在宿舍休息,突然来了一群女生带着小礼物说,教师节快乐,就在我不经意间她们向我撒了五彩纸屑,经过了解才知道她们在前一周就为老师准备好了小礼物,顿时让我感受到当教师的幸福和快乐,同时也让我有所困惑:为什么来的都是女生,难道我对男生的爱少了吗?第二天上课有一位男生耷拉着脑袋,我走近他:你无精打采我们会很伤心,要不我们带你去看医生?看上去他有点儿愧疚,接着我让大家一起做个游戏:打开手臂拍手再叉手停下来,注意到他的右手大拇指在上,"你是搞科研的,会在数学上有所发展的",顺便关心一下其他差的学生,让他们感到温暖,课堂氛围就活跃了,大家有了信心,数学活动果然见效了。

如果你爱学生就要尊重信任学生。每个学生是一个真真实实的个体,需要被接纳,也唯有老师用心接纳,孩子才能把上课当成一种享受,而乐意留在里面学习。每个学生都以自己独特的形象出现在老师面前,没有个性的学生是不存在的。我们有责任了解学生的个性,尊重学生的个性,发展学生的个性。

如果你爱学生就要理解宽容学生。你只要想想,学生还只是个孩子呢,你只要想想,我自己也曾是个孩子呢,你的心就平了,气就顺了,你就能够冷静地采取为学生所理解所接受的方式去处理问题、解决问题。作为从孩子走过来的大人,作为教师,你不能对孩子的错误听而不闻视而不见,你也不必为学生的过错大动肝火,小题大做。善于爱的教师会小心翼翼,"拐弯抹角"地去启发、去教育。这样,学生即便做错了事,也不必提心吊胆等着挨批;就算挨了批,感受到的却仍然是教师深切的爱。

如果你爱学生就不妨多多关注他们的日常行为,发现他们的优点并给予表扬和鼓励。克鲁普斯卡娅说:"光爱还不够,必须善于爱。"其实初中里大多数女生学习刻苦,老师更爱学习好的学生,忽视了调皮捣蛋的男生,而学习不是学生的全部,只是他们生活的一部分。他们不是为了分数而生存,而应该是学习为他们更好地生存服务。所以对学生来说爱是阳光,给好的学生关心和鼓励,可以促使其上进。其实,差的学生更需要关爱,特别是生活上的关心,我赞同"好孩子是夸出来的,不是骂出来的"。有句话曾经震撼了许多教师的心灵:请把学生当人看。每个孩子,都是有血有肉有感情的人,有着他们的喜怒哀乐,他们渴望得到别人的尊重,获得做人的快乐。

如果你爱学生就用真心去打动学生,只有真心对待学生,才能达到师生间的相互信任,学生才会敞开心扉倾诉自己的心里话,甚至付诸行动。学生需要爱,教育呼唤爱。

换种方式交流

陕西省陇县城关镇北关明德小学　魏瑞娟

　　从踏上三尺讲台的那一天开始,就很想和学生打成一片,盼望着能成为孩子们的良师益友。然而又担心:走得太近,会不会失去教师的威严? 久而久之,也就和学生疏远了。几年下来,总有学生远远地观望,眼神中似有惶恐又有渴望。问其为何,却是纯真的一笑,但师生之间始终还是没有朋友的那种亲切和自然。

　　今春开学报名,有几个调皮的女生兴致勃勃地谈论着寒假生活,我在一旁默默地当听众。说到高兴处,带头的女生笑嘻嘻地问我:"魏老师,你的QQ号是多少? 我加你!"刚开始我不想告诉她们,总觉得和一群孩子没有共同语言,反而徒增烦恼。谁料想,她们来了个"轮番轰炸",我只得"缴械投降"了。

　　几天后的傍晚,我刚一上线,就有几个陌生人要求加我,再一看,竟然全是班上的学生。那些熟悉的名字就这样出现在电脑屏幕上,反而是我有点不知所措。考虑再三,我还是点了"同意"。

　　再一次登录时,才发现,原来他们早已经给我们5班建了一个"窝",我也成了其中的一分子。顿时好奇心又上来了:现代信息技术的高速发展,使越来越多的孩子迷恋网络。我的学生会在网上做什么呢? 会不会因此而影响到身心健康和学习生活呢? 带着这些疑虑,我准备改变以往三令五申的说教,来一个长期"作战"策略。

　　在学校,我一直保持沉默,没有提过上网的事。每天下了班,我就赶紧隐身上线,观察这帮"淘气包"。随着参与讨论的次数越来越多,我又有了新的发现:很多在学校表现一般的孩子在网络世界里却非常活跃,而且孩子们的网名充满了童趣和独特的个性,什么"幸福的爱"、"漩涡鸣人"等,让我不禁想到:自己在教育教学中忽略了许多。其实每个孩子的内心世界都是丰富多彩的,那小小的浅浅的心扉中也许都蕴藏着一个梦里的梦。

　　后来,班上很多孩子知道我加入了他们的行列,原以为他们会悄悄退出呢,没想到连平时说话都羞于开口的学生也主动要求加我,还时不时地送来一些问候和祝福,我仿佛看到了孩子们的另一面。那天晚上快9点了,我看到还有几个活跃分子,于是就敲下一行字:各位同学,休息时间到了,晚安! 短短几秒钟,很多个"拜拜"蜂拥而至,一会儿工夫,都下线了。

　　在和孩子们交流的过程中,我了解到他们有的在网上查资料,有的玩游戏,有的交朋友等。很多孩子都是在父母的允许下,每周定期上网,或有家长陪伴,也有一些孩子会偷偷到网吧去。和大多数人一样,他们的内心对虚拟的世界充满了幻想和憧憬。我很庆幸,自己还可以通过这样一种方式和学生交流,走进他们的心里,这给我的教育教学工作带来了很大的帮助。

　　作为一个新时代的年轻教师,对学生的爱不应只停留在表面,关注孩子们的身心发展远比关心他们的学习更为重要。

奖励开出遍地花

陕西省三原县龙桥中学　周小梅

著名儿童教育家"知心姐姐"卢群在演讲中反复强调"好孩子是夸出来的",对此我深有体会。好学生不仅是老师用心教出来的,更是老师用智慧奖励出来的。

今年,我又幸运地担任起了班主任的角色。对于班级管理,我深知良好班风对班级的巨大影响,也明白调动不同层次每个学生学习的主动性、积极性的重要意义。因此,我不断努力、尝试,寻求激发学生学习积极性的方法。

对于刚刚升入初中的新生而言,固然他们在小学时已有了优、中、差的划分,我依然告诉他们,他们每个人都是一样的,大家是站在同一起跑线上,老师对每个同学的印象是一样的,鼓励他们告别小学,从头做起,做一个全新的自我给老师看,给同学看。然而,这也只是在开学的一两周时间内有效,时间长了也就不奏效了。尤其是在第一次月考过后,当面对依然不尽人意的成绩时,依然得不到任何人的肯定和鼓励时,有些学困生的惰性就显露出来了,怎么办?

想到了奖励,但怎么奖才能调动每个学生的积极性呢?回看学校的奖励方法,几乎每个学校都是一样的,其奖励内容:年级前多少名、单科优秀生、三好学生、优秀班干部、优秀团员、进步生等。然而,前五个奖项几乎已被优秀生占完了,后进生、甚至中等生始终无缘于学校领奖台。"进步生"奖项似乎给了他们一个证明自己的舞台,可是往往名额有限,也很难满足他们渴求被肯定的愿望。于是乎,不努力如此,努力也如此,那干嘛还要努力呢?长此以往,他们就稳坐后进生的宝座,成了名副其实的后进生了。

是啊,在班级里,优秀生总是大家的焦点,他们赚足了老师的喜爱与同学的羡慕,加之他们在班里、在年级里无几人可比的成绩,给了他们足够的自信,使得他们对奖励都几近麻木。而无从得以肯定的中等生和后进生才更加渴望通过奖励来证明自己,并且,对于班级管理而言,后进生稳定了,整个班级就稳定了,后进生优秀了,整个班级也就无敌了。

于是,我以第一次月考为切入点,肯定每个同学在前段时间的努力,并告诉他们第一永远只有一个,这次的第一已成为历史,这次的倒一也已成为过去,让他们以这次的成绩为基础向下个目标奋进,并且向大家宣布了一条奖励措施,即只奖励进步。只要在月考基础上有所进步的同学,哪怕只是1分,1个名次的进步也奖励。果然,本已打算放弃的同学像是又看到了希望,重新投入到学习中来。

很快,迎来了期中考试,考试过后第1天就有同学迫不及待地向我询问成绩,询问自己是进是退。成绩出来了,我班57名同学中有38名同学有了不同程度的进步,有的甚

至进步了十七八个名次。当然,也有只进了三四个名次的同学。我如之前所说,在周一的班会课上奖励了他们,每人发给一根棒棒糖,并允许他们拿到糖后就撕开吃,同学们兴奋极了。

当发完所有的奖品时,我问他们:"棒棒糖什么味道?"

"甜"!同学们异口同声地回答道。

"这只是棒棒糖的味道吗?"一时沉默。

"老师为何给你们发棒棒糖呢?"学生们恍然大悟,这不只是棒棒糖的甜味,更是成功的味道,是老师对自己的肯定和认可,是自己向别人的证明。

之后每次考试过后,我都以这样的方式来奖励进步的同学,每个进步的同学都奖,只是一根棒棒糖而已。但学生们却很是期待从我手中接过那根意味着成功,包含了肯定,满是炫耀的棒棒糖。

学生晨,入班成绩是全班倒数第三,第一次月考成为全班倒数第二,全校七百多名学生他就是700多名,但是,期中考试他已是年级650名,而今他已是以582名为基础向更高的目标努力着的。由于个头高,他的座位在最后一排,他也从未要求过我给他调座位,我想他在小学时应该一直就坐在最后一排。因此,他已习惯了,像习惯了自己坐最后一排一样习惯了得不到奖励,习惯了差的成绩。家长会时,我请他的家长谈孩子的进步,家长激动地说感谢我的那根棒棒糖给了晨自信,并表示愿意为我提供每次奖励所需的棒棒糖,我婉言谢绝了。

事后,我找晨聊天,谈到了晨的小学学习,晨说自己不是笨,只是觉得没意思,因为无论自己再怎么努力也不会考过第一名,而且,就算自己进步了,也还是班级的最后也得不到奖励,是我让他明白了,人最大的对手不是别人而是自己,能一次次超越自己的人才是最伟大的人。

我突然觉得,晨以及和晨一样的许多学生就像是长在墙角的花,因为缺少呵护和关爱,没有阳光的照耀、雨露的滋润而久不能开花。即使偶尔开花也因为自己身处墙角而常被忽略,无人欣赏。我的一根棒棒糖像聚光灯一样照亮了教室里的每一个角落,每一个人,打在他们的身上,让更多的人关注了他们,看到了他们的开花,他们也一次比一次开得更加绚丽多彩,更加美丽。

爱，定能让她"站"起来
——与一个残疾儿童相守的故事

浙江省绍兴市斗门镇中心小学　傅宏芳

爱,是甘露,能让即将枯萎的小草生机勃勃;爱,是神力,能让肢体残疾的孩子"站"起来;爱,是感动,能让我们的心灵受到一次又一次的震撼……

故事再现

"老师,小楠大便解出了!""在哪儿?""厕所里!""怎么没看着她?""她坚持不让我们扶进去!""快拿毛巾和脸盆来!"一阵忙乱中,给小楠脱去外裤,简单地擦洗了一遍。已入深秋,寒气逼人,我只好拿来自己备用的外套裹住了小楠微微颤抖的身体。等外婆匆匆赶来时,小楠身上的污物已基本清除,坐在孩子们从教室内搬来的凳子上,用一双无辜的眼睛望着大家,嘴里含糊不清地说着:"滑倒了,弄脏了……"

她就是我们班的特殊成员,一个肢体残疾的可怜女孩。一张白净的瓜子脸经常半仰着,一双迷茫的眼睛里充满着无助,整个上身始终艰难地伏在桌子上,话语很少且口齿不清,单独行走难以进行,上下学靠家人接送,日常生活靠班级老师和孩子们照顾。虽然行动不便,她却很少缺课,除了去医院复查的那几天。

一次,发现周记本里夹着张小纸条。一看就知道出自小楠之手。"老师,你能给我爸爸打个电话吗?我想他!"在歪歪扭扭的字迹里,我终于看明白了字条里的意思。拨了她提供的号码,却是空号。查询了资料却发现家长栏里没有她爸爸的相关记录,平时接送基本上都是外公和外婆,直觉告诉我,这还是个来自特殊家庭的特殊孩子。

为了弄明白事情的原委,我和她进行了一次长时间的交谈。从她断断续续的话语中了解到她爸爸已经有几年没有回家了,而且连电话也没接到过一个。她平时长期和外公外婆一起生活,妈妈也很少来看她。"爸爸妈妈都不要我了!"听着孩子失望的话语,看着那双哭红的泪眼,我的心又一次被刺痛了。

放学时,年迈的外婆又来接孩子了。随着祖孙俩我走进了小楠的外婆家。这是个拆迁后的安居房,面积挺宽敞。老人说拆迁后分到了两套房子,女儿住在另一幢,在家忙着带六岁的小女儿,不常过来。

问到小楠爸爸的去处时,外婆一脸的气愤:"她爸爸对母女俩不闻不问已经有近三年了,我女儿命苦啊!小楠又残疾,我和她外公老了还要受这份罪!"在外婆的哭诉中,了解到小楠父亲原来是个入赘女婿,是个油漆工,因为受不了这个家庭的重担(小楠妈妈有时会情绪失控,先天遗传)而出走了,听说在外面还有了个新的家庭。

正说着,小楠妈妈带着小女儿过来了,又是一番哭诉。妈妈说小楠五岁前还好好的,后来跌了一跤就成了这个样子,医生说是脑瘫,连杭州、上海都带她去看过,没有效果,钱也花完了。现在她爸爸也不见了,自己也没个工作,全靠父母养活着……

不幸笼罩着这个家庭,让人有种揪心的痛,总想为这个家庭、这个孩子做些什么。

在以后的日子里,我每天都要专门挤出一些时间给小楠。特别是体育课时,看着同伴们能快乐自在地又蹦又跳,我知道这时的小楠是最孤单最需要安慰的。于是,无论手头工作再忙,我都要去教室看小楠。陪她做做作业、听听歌曲、看看课外书……

在我的多次家访和沟通下,小楠妈妈有时也会在中午时给女儿送些爱吃的小菜来,傍晚时提早将小女儿送到外婆家,特地来学校接小楠。看着孩子眯眯笑的双眼,我知道孩子感受到幸福了!

在一次班队课中,我特地安排了一次"我身边的榜样"为主题的活动。事先让孩子们注意观察身边的每个同学。活动中,孩子们各抒己见,有说要向学习优异的同学学习的,有向"爱心天使"们学习的,甚至有许多同学说要向小楠学习的,学习她身体有病却能坚持天天上学,学习她握笔困难却能按时上交各项作业,学习她身残志坚的精神……说得班中那几个"小懒虫"都不好意思抬头了。这更让小楠有些意外,但在她那红扑扑的小脸蛋中却分明多了几分自信。

班级中,专门为小楠的特殊情况成立了"爱心接力小队"。几个班干部还主动和小楠结成帮扶对子,帮助他解决生活和学习中的各种困难。帮助拿菜、拿饭,扶着上厕所,辅导作业等等成了队员们日常关心的事。在小干部的榜样作用下,爱心接力小队的队伍是越来越庞大。原来只是一些女生干部,后来是全体女生,直至每个同学。甚至那几个调皮的男孩也不再偷偷地欺负小楠了,还主动帮着提书包、让座位。

学校领导得知这一家庭情况后,特地为小楠申请了特困学生的补助资金名额。在上级部门的专项救济资金外,还专门从学校爱心基金中拨款为这个特殊的家庭送去温暖,并且在节假日多次去探望和慰问。

又一次体育课,我照例去教室陪小楠。却发现从来不单独行走的她不但站起来了,还扶着墙在走廊上艰难地弯腰捡着什么。跑近一看,她那有些畸形的手上紧紧捏着张废纸。"这太危险了!很容易摔倒的!"我急切地说。"没关系的!我会小心的!"小楠红着脸说。"做好事要表扬,但一定要注意安全!""知道了!呵呵!"看着她一脸的灿烂,我也不忍心再说些什么。

此后,总能看见一个摸着墙壁走路的女孩在关闭教室内同学们专门为她开着的电灯,总能发现黑板比同学们上体育课前更干净了,课桌凳更整齐了……

在一次周记中,小楠说她很快乐,能每天来学校这是她最喜欢的事,老师和同学是她最爱的人。啊,小楠变了,她已经走出封闭的内心世界,不但能站起来了,还能"站"得更快乐、更充实了!我好欣喜!

那一朵涩僻的花儿

浙江省绍兴市越城区斗门镇中心小学　顾惠娥

一、案例背景

如今,社会在飞速地发展和进步,可作为未来接班人的情感素养现状却令人堪忧。尤其是那些独生子女,自幼深受宠爱,以自我为中心,唯我独尊,理所当然地认为父母乃至爷爷奶奶外公外婆为自己所做的一切都是应该的,内心只知道"我要怎么做",不知道"我该怎么做",只求别人理解自己,从来不去主动理解别人。有的还患上了严重的"贫血症",亲情淡薄,十分冲动偏执:"我看不起我的父母,他们没有钱。""我也看不起我的父母,他们没有知识。""我不相信我的父母,他们说话不算话。""我很少叫爸爸的,虽然他给我很多钱,但他长期在外面工作,从来没带我去儿童公园玩过"……可怜咱们的父母和长辈们,都把自己的孩子当成了小皇帝、小公主,一味地奉承、一味地求全,却换来了如此冷漠的亲情!"谁言寸草心,报得三春晖"、"滴水之恩,当以涌泉相报",对于有着几千年文明的我们的国度,这样的亲情现状是何等的悲哀与不幸!

亲情,人类永恒的话题。亲情,人间最美的情感。亲情教育,刻不容缓!作为一名育人者,责无旁贷!我们教师要善于引导学生体悟亲情,理解父母和长辈的用心,体谅他们的苦楚,架一座孩子与长辈的心灵互相沟通之桥,增进孩子对亲情的珍爱,拉近孩子与长辈心与心的距离。

今年3月的一天,我在网络上学习了心理健康团体辅导课的观摩活动——《走近父母》。这是一堂亲情碰撞、心灵震撼的好课!课前,执教老师能从实际出发,通过访谈、问卷调查等形式,抓准切入心灵的突破口,紧扣存在的问题,确定具有针对性的有效辅导目标,精心设计教案,主要环节有热身活动、亲子游戏、心有灵犀、心灵独白、真情互动和学会感恩这六部分,特别是当课进行到"心灵独白"和"真情互动"这两个环节时,几乎全场为之动容,孩子、家长甚至听课的老师,全都热泪盈眶,震撼万分。这堂课,让我们真切地感受到了孩子们的情感体验依托于情境设计的巧妙,教学语言也富有诗意,促进了人的情绪,安抚了人的心灵,实现了心理团体辅导课目标的灵魂。作为一名育人者,特别是班主任老师,如何在专业培训中学有所得,如何提升自身的专业素养,如何走进学生的心灵等等问题,均值得深思。

二、案例描述

那次学习感悟之后,我也在自己的班级里作了一个亲情小档案的调查,同时通过校讯通平台,与家长沟通交流、调查核实,大部分孩子的亲情现状良好,唯有小婷这个小女孩的情况让我感到意外。据她妈妈反应,小婷已有3年多没叫外公了。这可不是一般的信号! 我赶紧记录了这个典型的个案,留心观察起来。

她,冷冷的眼神里流露出一丝与年龄并不相符的落寞,咫尺距离,我清晰地感受到这是一个孤僻固执的小女孩。静静地打量之余,我不禁暗自揣摩:这是一个有着怎样故事的小女孩呢?为什么3年多了都没叫过一声外公?她究竟是个什么样的女孩?一连串的疑问令我心头沉重。

下班后,我迫不及待地按响了她家的门铃,正巧她妈妈在。从她妈妈断断续续地讲述中,我明白了还真有一个故事:小婷六岁那年的一天,她外公看到可爱的小外甥女来了,乐得脸上漾满了笑纹,连忙骑车去菜市场里买了许多小婷喜欢吃的鸡腿。快到中午的时候,小婷舅妈把买来的鸡腿全烧好了,那一刻,鸡肉的喷香味儿立即飘出了屋外,引得小婷馋涎欲滴,一连吃了很多鸡腿,直吃到心满意足为止。不料,没到傍晚,小婷就说肚子疼,脸色也十分难看。她妈妈连忙把她送到医院里。医生说她吃得太多了,不易消化。回来后,周围邻居还开玩笑说:"小婷,你外公也真是的,想害死你呀?买那么多鸡腿!"没想到的是,这件意外的事,这句玩笑的话,小婷居然当真了! 从那以后,她就不愿去外婆家了,即使去了,也从来不叫外公,任凭父母怎么教育,也无济于事,急得外公只能暗自伤心、懊悔。更让人费解的是,从此她很少跟陌生人说话了,在家也明显得安静多了。难怪上课很少能够看到她举手发言! 3年多了,这件事始终是小婷一家沉重的心灵负担!

这是一个固执、奇特的小女孩。她就像一朵涩僻的花儿,开在一个不近人烟的山谷里,躲在一个鲜为人知的角落里,在风雨中摇曳,在无形中自闭……

三、做法与实效

针对这个案例,我首先反复思考,认为这个孩子正被某些认知偏差意识所困扰。

第一是道德认知偏差。案例中的小婷,由于事发时还年幼,无法作出一个正确的判断,就凭自己贪吃上医院看病和邻居的一句玩笑话,固执地认定外公买了很多鸡腿就是要害她。这是一种道德认知的偏差。

第二是心理承受挫折能力较差。小婷生活在一个顺境之中,由于家人的爱抚和精心养育,从小很少生病。上医院挂盐水,对于别的小孩子来说,可能不是什么大惊小怪的事。可对于她来说,这可不是一件寻常事! 医生的无情,打针的疼痛,盐水的冰冷,无不让她刻骨铭心! 自然而然,小婷就把这一切的一切怪罪到她外公身上了。这就是一个孩子的想法,也只有孩子,能够这样认为!

第三是亲情意识淡薄或迷失。从小,小婷外公对这个外孙女可算得上是疼爱有加,每次小婷来外公家,他总是给她买好吃的东西和好玩的玩具,可惜孩子太小,不能体悟到这份亲情。现在又出了这件事,可以说在小婷的内心深处,外公的这份情基本上是一票否决了。由此可见,在小婷身上存在着或多或少的亲情淡薄或迷失。

针对这些弱点,接下去我采取了一些补救方法。

第一,引导孩子正确地看待事情。具有心理障碍的学生往往缺乏一些辩证观点,对自己、对别人,对顺境、对逆境不能正确区分。一个阳光灿烂的中午,我找来小婷一起玩编牛皮筋的游戏。她显得很意外,也很开心。趁机,我进入了主题:"小婷,听你妈妈说你已有3年没叫你外公了。老师也知道了你不愿意叫的原因,可你知道吗?在你刚出生不久,你外公常抱着你四处闲逛,让你的双眼对这个世界充满了惊喜;在你刚学会走路时,你外公就带着你到田野上花丛中捉蝴蝶……外公对你的爱可以说是无处不在,无时不在。再说,那次鸡腿的事,你也知道你外公是因为你喜欢吃才特意去买的,只不过是你一时吃得太开心,贪吃而已,这跟你们邻居说的那句玩笑话根本没有关系。你觉得老师说得对吗……"此时,小婷若有所思。记得洛克的"白纸说",倘若先前她是张浸污有渍的纸,那我觉得自己有十足的信心在接下来的时间里让她的画面重新绚丽起来。

第二,引导家长学会用正确的家教方法。环境陶冶人,环境塑造人。在对未成年人进行良好的思想道德建设中,特别是形成健康的心理素养,家庭教育起着十分重要的作用。之后,我多次找他们家长谈话,还找来了她的外公,鼓励他们多跟孩子交流沟通,千万不要灰心丧气,继续想方设法地关心孩子,体贴孩子,让她深深地感受到父母之爱,长辈之爱,感受到亲情的贴心、人间的温情。只要家长对孩子的教育有足够的认识,那肯定会找到更多切实可行的教育措施。通过多种情境的反复体验感受,相信小婷一定能走出涩僻,播撒笑语,最终使亲情弥漫在她那独特的心灵花园之中,绽放出一朵花儿原本应有的健康阳光、美丽可爱!

今年年初报名那天,小婷的妈妈喜滋滋地告诉我:过年做客时,小婷终于开口叫了一声外公,让外公感动得热泪盈眶,所有的亲戚也都欣慰地笑了。听到这个喜讯,我倍感兴奋!为这朵花儿的绽放而兴奋!为自己努力的成效而兴奋!

四、反思与讨论

记得李吉林先生曾经作过这样的一个比喻:两棵枫树一红一青。为了不辜负青枫的天生丽质,请了一位花匠将青枫攀缘造型。随着年龄的增多,青枫愈加姿态宜人,清幽雅致。红枫虽是色彩艳丽,却蓬首杂乱,与青枫相比,其美相距甚远。于是,主人又请了花匠,让他设法也塑一下红枫。花匠看着粗实的树干遗憾地说:"早已定型,无法造就。"树木的生长是这样,人的成长又何尝不是如此呢?孩子的可塑性很强。可见,教育的引导作用多么重要啊!

某些理性的教条式的教育固然暂时能压倒一时气陷,但那些感性的、震撼人心灵的情感碰撞与熏陶,在潜移默化中的影响力和穿透力,对他们的情感认知、态度价值观将起到更深远的意义。

少一分指责，多一分尊重

浙江省越城区斗门镇辨志小学　任　芳

背景

还记得那是我来这所学校的第二年，当时我任教六年级。开学初，校长将一个男生领到了我的面前，我呆住了：天！这学生怎么看都不像小学生的样子，头发长得都垂到了肩上。我用命令的口气对他说："明天把头发理干净了再来上学！"可回答我的却是他一脸的不屑及挑战的眼神，那眼神好像在说：你这么小个，能把我怎样？在忐忑之中，我把他领进了教室，安排他坐在了教室的最后一排。第二天一走进教室，我马上寻找目标，但令我失望的是，他还是一头长发，跷着二郎腿坐在他的位置上，脸上尽是挑衅。面对这个令我头痛的学生，我终于忍不住了，愤怒地问了他一连串的问题：我昨天说的话你都听不懂吗？你没钱理发吗？你不想读书就回你原来的学校去？想不到他那双大眼睛死死地盯住我，他好像读懂了我的愤怒，我的无奈，那眼神近乎是一种绝望。他深深地低下了头。这倒令我吃了一惊，难道他也怕？可从那以后，他上课不是发呆就是睡觉，谁批评他，他就用眼睛瞪谁，还抡起拳头想打人。

探究

在我的印象中，我与他的第一次单独谈话是在一天放学之后，教室里只有我和他。他深深地低着头，问话也不讲。我问他哪些地方不懂，和同学相处怎么样。我还讲到了我准备怎样帮他补习，但他还是那个固定的姿势低着头，一动都不动。我叹了口气，摸了摸他的头，想不到，奇迹真的在这个时候发生了：他哭了起来。我愣住了，这么皮的男孩也会哭？他终于抬起头来看了我一眼，离开了教室。第二天去上课，他把长发剪了，一脸清爽地出现在我面前。

从那以后，我对这个男生关注起来。上课时，我尽量对他多提问，当他答对时，那满腔喜悦尽写在脸上，我便以此为契机激励他，帮他树立信心。同时我还特意安排了班上优秀学生和他结对，帮助他补习功课，一帮一，看哪位小老师最棒，再给予鼓励。我经常向这些小老师们了解他的情况，安排一些辅导内容，还教给一些指导方法。同学之间的互帮互学让我体会到：我能帮他，但能帮他的不止我一个！他需要老师的爱，但他也需要同学的爱！

我还对他进行了家访，知道他是外地来的，父母在一家小工厂工作，根本没有时间管他。其实他的本性并不坏。我也做了他父母的思想工作，让他们尽量抽时间陪陪孩子，多关心他的学习、生活。因为他更需要父母的爱！

收获

时间一天天地过去，他也一天天地进步。课堂上，他变得守纪律了，专心听讲，作业也基本上能认真完成。最大的惊喜是在一次校运动会后。那是学校第一次举办完小级运动会,在高段体育项目中有一项是一分钟投篮。在报名时,我发愁了,怎么办?我们班是以女生出名的,男生可都是柔柔弱弱的,派谁去好呢?正在我双眉紧锁时,他站了起来:"我去!"58双眼睛齐刷刷地盯住了他,每个人的脸上都是不信,就凭他?一个左撇子?(他的右手以前和别人打架时受过伤,根本使不上力,连做作业都是用左手的。)"让我试试吧!"听着他坚定的口气,我决定相信他,让他参加比赛。运动会马上开始了,投篮时间到了,我还是害怕看到结果,索性闭上了眼睛。但很快,我便听到了一阵阵的尖叫声。天!那是他吗?只见他左手托着篮球,身子向上一跃,球准确无误地进了篮球筐。"好!"一阵阵掌声吸引了更多的观众,在大家惊讶的表情下,一分钟很快就到了,他最终以绝对的优势打败了对手。同学们围了上去,兴奋地把他抛了上去!经历了这一次,他由衷地相信了自己的能力,同学们也都佩服他,喜欢和他做伴了。而他在学习上则表现出了一种敢说敢拼的精神。

的确,作为一名教师,给学生的是爱,是信心,我很庆幸我相信了他。虽然,他现在已经毕业了,但他乐观,自信,我相信,明天他会做得更好!

反思

青少年学生,正处于他们人生的初期,一切尚待塑造。所以,作为学生身心成长的教育者,要谨记"教育无小事",留心教育中的蝴蝶效应。在我们的教育过程中,我们老师的一个灿烂笑脸、一句赞扬话语、一种习惯性行为,都有可能在孩子心里产生巨大的"蝴蝶效应",成为孩子生命中意想不到的支点。我很庆幸我抓住了这个支点。一开始时,我忍不住用命令的口气告诉他不准这样,不准那样,认为用权力型教育就可以制服他,使他就范。最后才发现这样做的效果甚微,甚至于让他对我产生了敌对心理。通过一段时间的观察,我发现要改变他这种敌视性、偏激的发泄行为,需要的是爱,是呵护。于是在后来的日子里,我尽量对其多关注,与他单独谈话;上课多给他表现的机会,帮他树立信心;请班里的优秀学生与他结对,因为学生的生活世界和对知识的认识比较相似,更容易帮助他构建学习;给他机会参加比赛,胜利让他乐观、自信。有了老师的信任与关爱,同伴的尊重与互助,他能做得更好!

在他的转变过程中,虽然我投入了许多的时间和精力,但他的进步,却让我感到了由衷的欣慰。正如人们所言:爱能给人力量,给人信心。有了爱,皮格马利翁能使象牙雕像复活;有了爱,每个老师都能使普通学生大有进步。我们所做的工作,一切都是为了学生。我们对学生应激励、赏识、参与、期待,让每个学生成功。对孩子有信心,有耐心,善于等待,善于寻找和根据挖掘孩子身上的闪光点。对学生学习、生活全方位关心,帮助解决学生困难,乐于奉献,并把爱多给后进的学生,尊重、宽容每一个学生,让学生备感亲切。做到对学生少一分苛求,多一分理解;少一分埋怨,多一分宽容;少一分指责,多一分尊重;少一分失落,多一分希望。用爱的教育燃起每个学生心中上进的火花,让学生感到幸福。我们老师要耕耘的土地是在学生的灵魂深处,我们要用真诚去换取学生的信心,用爱心培育爱心。我们的爱应该像阳光照射在每一个学生的身上,温暖每一颗稚嫩的心。

第四篇

胸怀梦想 铸就未来

长大后我就成了你
——记我的初中班主任老师

内蒙古赤峰市红山区第五小学　黄丽颖

小时候我以为你很美丽,领着一群小鸟飞来飞去。小时候我以为你很神气,说上一句话语惊天动地。长大后我就成了你,才知道那间教室,放飞的是希望,守巢的总是你。长大后我就成了你,才知道那块黑板,写下的是真理,擦去的是功利……

每当听到这首歌,我都情不自禁地想起我的初中班主任兼我的语文老师吕老师。从小到大,教过我的老师有很多,有严厉型的,也有温和型的,他们都对我很好,我也很尊敬他们。但是,让我终身难忘的,还是我的初中老师。可以说,我从事教育工作,选择教师这个行业,完全是受了他的影响。

我从小就爱读书,所以十分喜欢写作。老师本身也爱好文学,所以上初中那时,他一有时间,就给我们在黑板上抄写名家名篇,什么朱自清的《荷塘月色》,赵树理的《小二黑结婚》,鲁迅的《故乡》,苏轼的《水调歌头》,莫泊桑的《项链》……那时候没有复印机,全凭手抄,但我们乐此不疲,完全沉浸在文学带给我们的快乐中。有时老师抄累了,就给我们读,老师的体态语也特别丰富,讲到高兴处,他的大手一挥,浓浓的黑发一甩,特别潇洒。现在有些古诗词我还会背,完全得益于那时的记忆。书读得多了,老师就鼓励我们写作,除了书上要求的作文,我们坚持每天写日记,谁写完了,都可以拿给老师看,老师都耐心地给我们逐字逐句批阅,现在想来老师真是特别辛苦,但当时我们都不觉得老师有多累,只觉得老师好有才。

老师不但才华横溢,而且一身正气,不趋炎附势,淡泊名利,其实凭他的才气,在当时完全可以选择更好的工作,但他热爱教师工作,当了一辈子老师,真是桃李遍天下啊!这样的老师值得我终身敬仰!前几年我还看见我的老师在街上走,依然穿着笔挺的西装,但是头发已经灰白,只有身板依然硬朗,只是我在车上,没有来得及打招呼,心里有些怅然。现在算算,吕老师已经六十多岁了,老师,您还好吗?

长大后,我就成了您。

心中有一枝桃花

四川省合江县佛荫镇沙坎小学校　唐仁杰

　　说句心里话,教书育人并非我的初衷。1984年,改革的春风吹醒了祖国各地,但农村还是一如既往地贫困萧条。初中毕业首次面临人生抉择的我为了早日"跳出农门"自食其力,便选择了考中师当老师这条"快速通道"。当我带着孩子气、书生气,背着一箱沉甸甸的"食粮"——书籍,走上我的第一个工作岗位"五明村小"的时候,心里想:既来之则安之吧。然而真正使我躁动的心得以安定的,是我从书上读到的一个寓言故事。

　　古代,欧洲有个国王把国家治理得繁荣昌盛,老百姓安居乐业。于是国王举办了一个盛大的颁奖大典,要把一份特别的奖品奖给最有贡献的人。那一天,全国各行各业的人在京城荟萃,都想得到这份殊荣。一位画家第一个自告奋勇地走上领奖台,把一幅精美的画卷展示在国王面前,真比阿尔卑斯山的春天还要美丽。可是国王却对他直摇头。第二个上台的是一位医生,他说:"我医术最高明,去年流行瘟疫,我亲手挽救了九万九千九百九十九个人的生命,连王妃都是我治好的。"国王又摇摇头说:"可是你也不能得到这份奖品。"第三个上台的是一位伟大的诗人,他为国王朗诵了一首歌功颂德的诗,国王听得如醉如痴,可是国王还是摇摇头说:"今天我要奖的是对人类最有贡献的人,而你,还不是。"又有好些自认为对人类最有贡献的人走上台去:企业家、歌唱家、工程师、高级官员……可是他们又都空手而归。人们开始议论,今天的奖赏到底花落谁家呀?在一片金色的霞光中,一位满头银发的老教师在一个小女孩的搀扶下慢慢来到国王跟前,小女孩说:"陛下,全国遍地的桃花都开了。"国王走下宝座,向老教师深深地鞠了一躬,然后把从阿尔卑斯山采来的一支艳红的桃花戴在老教师的胸前,说:"没有您的辛勤劳动,既没有诗人、画家,也不会有医生、高官、工程师……"顿时从人群里发出一阵雷鸣般的掌声。

　　这个故事深深地打动了我。我明白了,教师职业虽然平凡,却伟大而崇高。这个故事我读了好多遍,直至能背下来。我在心里暗想,我一定要当个好教师,当一个名师,我也要摘得那支艳红美丽的桃花。从此,那支艳丽而崇高的桃花就成了我时时刻刻的追求和梦想,成了我战胜困难,求索攀登的动力。

　　梦想自然是幸福的,通向那枝美丽桃花的路却是异常艰难的。山区的教师很艰苦,在山区的村小当教师就更艰苦。交通隔阻,生活艰难,都是前进途中的拦路虎。从老家到学校需要坐车、坐船,再走十多里路,得四个小时,这还是顺利的;倘若没赶上船,那就得多花两个多小时。有一次,正值寒冬腊月,我没赶上船,只得马上渡过赤水河步行,走到半道上的中心校天就黑了。本想在朋友那儿住一夜再走,然而朋友不在,只得继续赶路。天上下起了如烟的细雨,雾蒙蒙的,昏暗中只能看见一点点模糊的路影。有一个地方，看上去有些亮泽，以为是石板，一脚踩上去，却是一洼水和稀泥，鞋里鞋外都是稀泥，我可顾不了这些，还得快点赶路。有几个传说闹鬼特别厉害的地方，一边是怪石嶙峋的山沟，流水咆哮着，隆隆声不绝于耳；路边是起伏的坟茔，有几座老式陵墓，张着黑魆魆恐怖的大嘴，仿佛要吃人似的。我不信鬼神，但在这样的时候和从这样的地方经过，还是感到毛骨悚然。

五明山离市场十多里，除了周末就没机会上街，常常缺菜少柴。为了从微薄的工资里多节约几个钱资助父母，我们几个教师经常上山捡柴，常常弄得腰酸腿疼，一瘸一拐，一周也不能恢复。有一次，我扛了一担一百多斤的柴，一脚踩在稀泥上，摔了个仰面朝天，眼看一担柴正朝我砸来，我双手使劲一撑，柴得到一点缓冲，才没被砸得伤筋折骨。

各种各样的困难简直是随茶便饭。每当这时，那一支美丽的桃花就在我脑海中闪耀。我们几个调侃说，天要降大任，必定要苦其心志，劳其筋骨，一切苦和累就烟消云散了。

山区的孩子比外面和城里的孩子见识少了许多，智力和学习能力都明显滞后，成绩自然也相对落后。但他们不乏理想和抱负，渴求知识，学习热情并不亚于城里孩子。孩子和乡亲们敬慕老师如同崇拜救世主。看到这些，谁能无动于衷呢？

小学是人生接力赛的第一棒。这里情况特殊，第一棒跑不进重点中学，这个孩子的求学之路就等于画上了一个终止符。我们教师必须让孩子们储备好足够的能量——知识，跑好第一棒，与各校的佼佼者一起进入同一个"空间站"——重点中学，从同一起跑线出发在同一个轨道上运行，比拼，才有希望进入下一个"空间站"，实现第二次、第三次变轨。山区孩子上学路途遥远，一天只能上五节课，时间十分宝贵。为了不浪费每一节课，我认真研究学生，钻研教材，设计教法，精选习题，提高课堂教学效率，生病也不请假。

在我班小学毕业的那学期，端午节前夕，我患上了肠胃炎，腹痛腹泻便血，同事们都劝我请假治疗。可正在关键时刻，我走了，孩子们的升学可能会遭受损失。所以我留了下来坚守住我的阵地，只在附近赤脚医生那儿医治，疗效差，总是不能痊愈，反复发作。我硬是坚持了一个多月，等毕业暨升学的考试结束才去了医院。医生说，我去得太晚，身体严重失水，眼睛深陷，如果是三四十岁的人，早就没命了。从此我就落下了肠胃炎的病根，稍不留神就要复发，直到现在。

令我欣慰的是，我带的这第一个毕业班在考试中大获全胜，平均分和升学率都大破本乡纪录。接着我到了中心校又接了六年级，毕业时再一次刷新了升学率的纪录。同事、领导、乡亲们都投来关注的目光。这时，我看见那枝桃花仿佛在对我微笑，我忽然觉得她跟我是那么接近，好像伸手可得。但我清楚地意识到，我距离那枝桃花其实还有很远的一段路。

以后，我又到过车辆初级中学、沙坎小学、中音小学等校任教。在车辆中学，我率先学习了素质教育思想，转变了教育观念，改革教育教学方法，一篇篇心得和论文从这里开始诞生，我辅导学生参加全国化学竞赛，多人获得县级市级奖，我自己多次承担公开课受到老师和领导赞赏，在化学优质课竞赛活动中获得县级奖励。我的同事们都乐于与我共商教学大计,于是,学习与研讨在我校蔚然成风,我们学校的教学质量上升到了一个前所未有的高度。我个人的成长也到达了一个比较成熟的新的高度。

此时,我觉得距离那枝桃花似乎越来越近了,仿佛看见她在向我招手。但是我仍然明白,要摘得那枝桃花,我还需继续跋涉。

2003年秋,我调离沙坎小学。刚刚走出校门,忽然听到背后有人在哭泣。我回头一看,刚刚丢下的那个三(二)班所有学生都追到了校门口,好些孩子都流着泪抽噎着,他们说:"老师,你不要走,我们舍不得你!"我把他们安慰了一番。此时此刻,我看到他们那哭得红红的小脸和挂着晶莹泪花的眼睛,眼前仿佛呈现出一片在晨曦中含露乍开的桃花。这片桃花在不断地扩展,一直延伸到我教育生涯的第一站,一片片艳红的桃花连成一串,汇成一道最美的风景。

弹指之间,二十六年过去了,我还是没能获得心中向往的那枝艳丽而崇高的桃花。但是在这二十多年里,那枝桃花一直在我心里摇曳,引领我趟过了一条条大河,翻过了一座座高山,浇育了一片片桃李。"国培"之后,我看到新人辈出如雨后春笋,知识更新如高速列车。我知道,我离那一枝桃花的距离更加遥远了,也许永远也摘不到。但我不悔不弃。我觉得,只要在自己的人生轨迹上,育得片片桃李艳,手上无花又何妨!

扎根山乡　放飞梦想

四川省自贡市沿滩区刘山学校　雷小连

在这次国培中,听饶从满老师解读《教师专业标准(中学)》的时候,我对他所讲的一个秀才赶考做了三个梦的故事印象很深。从这个故事得到的启示:有什么样的理解就有什么样的未来。饶老师还说:"教师要体验教师职业的幸福和快乐,感受自我生命的意义和价值。"

"谁没有梦想,谁都有目标。"每当听到《活着》这首歌时,我就会想到自己活着是为了什么?自己的梦想和目标又是什么?

【当老师,是我儿时的梦想】

在我三四岁的时候,曾祖父就教了我很多的童谣。"麻雀转转,转到外婆家吃早饭。啥子饭?豆豆饭。啥子豆?种豆。啥子种?谷中。啥子谷?砣砣谷。啥子砣?秤砣。啥子秤?麻麻秤。啥子麻?鸡屎麻。啥子鸡?红公鸡。啥子红?豆豆红。啥子豆?"就这样又念到了开头。我学会了就去教院子里的小伙伴,大家都叫我"小老师"。我想长大后我就要当会念童谣的老师。

我进入小学遇到的第一位老师温柔漂亮,她教会我剪小红花,带着我们在操场上做"老鹰捉小鸡"、"老虎咬猪"的游戏。我想长大后我就要当这样与学生一起快乐的老师。

在我读小学四年级的时候,换了一位拄拐杖的老师。原本他是一个健康快乐的人,在他二十四岁那年因病瘫痪了,每天只能拄着双拐走四里路来学校上课。每到夏天,他的腋窝磨破了,衣服上全是血渍。但是他从不缺课,每天由师娘背着来到教室给我们上课。他坐在讲桌前,用一块小黑板写上字举起来教我们读。老师很神奇,他行动不便,却没听他抱怨过上天不公;他很瘦弱却能声音洪亮地教我们唱歌;他的右手只有三个手指能动,却能写出一手好的毛笔字,还能在小木块上雕刻篆文。我想长大了一定要当这样坚强能干的老师。

【当老师,是我青春的誓言】

在我读师范的时候,有一位音乐老师,我们毕业她就退休了。像我这种从山区去的学生,面对五线谱上的"豆芽"们总是张不开口;坐在风琴前,黑白琴键上的手指是那么笨拙。她细心指导,严格要求,叫我不要轻言放弃。经过一学期的勤学苦练,我成为班上的"琴场高手"。忘不了她在雪夜送来火红的羽绒服抵御严寒的侵袭,忘不了她周末请我到她家吃饺子以慰想家之苦,更忘不了她在毕业前夕送我的笔记本上的扉页留言——"在求知的道路上不畏艰险,勇攀高峰(与小连同学共勉)"。这句话,让我在毕业时毫不犹豫地选择了回到自己的母校任教,因为我也想当一名像她那样严师慈母般的好老师。

这句话也使我在工作后的自考道路上勇敢前行,几年的时间就获得了汉语言文学专科和本科文凭。

曾经看到过这样一段话:人生巅峰的高度,取决于你心中目标的高度;人生价值的大小,不取决于分数,不取决于别人如何看待你,而是用你的梦想和行动去衡量。

【当老师,是我无悔的选择】

从1992年毕业分配回母校——一所非常偏僻的山村学校任教,至今已二十一年了。我们的校名叫"刘山",有的人开玩笑说,"刘山刘山,留得住山留不住人"。的确如此,现在比我年长的老师几乎退休了,与我一起分配到该校的几位同学调走了,比我后参加工作的同事也调走了。我已经成了这所山乡学校的"老资格"了。在某些人看来,一直在一所乡村学校教书的人是没有关系,我承认自己没有一个当官的亲戚;一直都只是教书没有做领导是无能的表现,我也承认自己没有超凡的教学业绩。我有的只是站在三尺讲台,脚踏实地的教书育人,把一批又一批的乡村孩子送到了城里。我最开心的日子不是评优晋级涨了工资,而是每到假期学生们来家相聚:几杯白开水,一堆瓜子,一起回忆过去,畅想未来。我曾经也有当领导的机会,有调到城市学校任教的机会,也有脱离教师群体转入更轻松行业的机会。但是我都没有心动,我喜欢这个山清水秀的地方,我喜欢朴素的三尺讲台,我喜欢纯朴可爱的山乡孩子。

在二十一年的教学中,我一直都在担任语文教学。在我的语文课上,课前三分钟演讲从不间断,与课文相关的谜语、谚语、歇后语会经常出现。我还会教他们唱歌来学习古诗词。在中学语文课本中,有的诗词已编成了歌曲,比如李煜的《相见欢》《虞美人》,苏轼的《水调歌头》,李商隐的《相见时难别亦难》等,有的老师说语文课又不是音乐课,再说古诗词只要能背能写就行了。我觉得唱歌比单纯背诵更能帮助对诗词的理解,学生也喜欢用这样的方式学习。我的语文作业不会有机械重复的抄写,看书、讲故事甚至看电视都可以成为语文的一项作业。我像我的老师们对我一样地对待我的学生们,现在很多学生都长大成人,在各行各业做着自己的事情,每当谈起读书时的事情都还忘不了语文课上的谜语、歌曲。

二十一年了,我没有忘记我的梦想——当一个健康快乐的孩子王,也没有忘记我的目标——上好每一堂课,站好每一班岗。

此时此刻,我耳边响起:"长大后,我就成了你,才知道那块黑板写下的是真理,擦去的是功利;长大后,我就成了你,才知道那个讲台举起的是别人,奉献的是自己。"站在山乡的三尺讲台上,我接过我的恩师们手中的粉笔,放飞我的梦想——播种知识,传递爱心。

照亮学生的梦想

四川省泸州市龙马潭区金龙乡官渡学校　马月乔

人人都应该有梦想。梦想点燃了一个人生命的希望和热情,梦想催动了一个人奋起战斗的勇气和决心,梦想激扬着一个人无视眼前的任何困难,梦想鼓舞着一个人百折不挠,永不放弃!

周恩来十二岁时就立志为中华之崛起而读书。正因为梦想的支撑,他不断努力、刻苦学习,最终成为为国家作出巨大贡献的一代伟人,人民的好总理。梦想指引人前进的方向。

在我读初三的时候,我庆幸我遇到了一位好老师。她照亮了我人生的梦想。她上课是那么动人、优雅,给我们传授的知识是那么浅显易懂,她的一言一行深深地吸引了我。喜欢上她也就喜欢上了英语,之后,我的英语成绩突飞猛进。从那时起,在我的心中便萌发了一颗梦想的种子。真希望有一天我能像她一样,站在三尺讲台上,面对爱我的学生,我也要无私地奉献出我的爱。我要把我的一生尽情地挥洒在这片热土上,我要尽情地绽放我的光彩!因为这个梦想,我一直努力着,直到有一天,我真正踏上三尺讲台那一刻,我才明白,做一名受学生喜爱的老师是多么不易。从教四年了,我一直在不断地学习,一直在向这个梦想靠近。我梦想着成为一名优秀的英语老师。可是,往往有些时候自身的努力并不能决定一切。当你正为自己实现梦想而设定好近期发展规划的时候,现实的无情,外界的压力,毫无保留地给你重磅一击,学校领导可以任意剥夺你追求梦想的权利!这颗梦想的种子,也许因为你对世俗的无奈,深埋心底,永远也不可能实现。也许,你可以用力反击,为追求自己的梦想,垂死挣扎,古往今来,有梦想的名人有很多,不得志的名人也有很多。他们的梦想被现实无情地摧毁了。在这端午到来之际,我是否应该为屈原叹几声:悲哉!悲哉!为梦想坚持,你以死明志。每个人都有梦想,不要轻视了任何人的梦想,也许这个梦想就是中国未来的希望。每个人的梦想都应该得到尊重!

记得我上的第一堂课,是历史课,我没有讲任何教科书上的内容。我想探寻孩子们内心深处最真实的渴望。我设计了三个问题。一、孩子们,你们为什么读书?我希望在我的教室里也有人豪言壮志地说:"为中华之崛起而读书!"孩子们有的回答为了挣钱,有的回答为了考大学,有的回答为了让爸爸妈妈过上好日子。尽管有的梦想很小,但每一个梦想都应该被尊重。二、你们的梦想是什么?孩子们都在展示自己的梦想,医生、护士、画家、科学家……他们在谈到自己梦想的时候异常心动。不要忽视了每个孩子说的话,也许这个梦想在他心中已经种下很久了。那时的我刚从学校毕业,站在三尺讲台上,我激情四射,侃侃而谈,满怀希望。回忆起来,我觉得当时自己的生命是如此鲜活,我同样也看到了无数个和我一样鲜活的生命。经过这几年世俗的洗礼,我想问:我还在吗?我在哪儿? 我是否还要坚持自己的梦想?如果过于坚持那就是固执,就会让人容易走极端,我还是该调整一下自己的梦想。虽然不能做一名优秀的英语教师,但我可以做一名优秀的教师。

优秀教师的标准是什么? 学生学习的促进者;学生灵魂的塑造者;学生美好人生的导航者;智慧的管理者;快乐的教育者。在很多时候,我们承担得最多的是学生学习促进者的角色,而忘记了我们还应该做的其他更为重要的事。教师是蜡烛,燃烧自己,照亮别人;教师是明灯,指引别人前进的方向;教师更应该是启迪者,触发学生心灵深处最真实的思考,用自己的人生来照亮孩子们的梦想吧! 这也是我最大的梦想。一个人一生中也许会遇到很多位老师,只有那一位点燃你梦想,照亮你梦想的老师是陪伴你终生的。梦想的力量很大啊! 它支持我不断努力,勤奋学习了十多年,至今,我仍然在努力,因为梦想的坚持,我将终身学习,永不放弃!

近日,读到美国作者安泰特·布鲁肖的一本著作时,文中的一个观点深深地触动了我。一名教学顾问受雇于解决某学校学生的问题。顾问给教师们足够的时间准备,希望教师都能向自己展示他们最好的教学方法。在观摩课上,最糟糕的问题并没有出现,学生没有交头接耳,学生和教师之间没有发生任何摩擦。在大部分的教室里,教学内容包括读书、回答问题、完成作业、记笔记等。学生怎么会感到兴奋并真正融入课堂呢? 只有一位教师在课堂上展现了自己对教学的热忱。在这个教师的课堂上没有出现任何纪律问题,这名教师受到了所有学生的爱戴,但同时也遭到了其他同事的不屑。每听完一节课,教学顾问都会问同学们一个简单的问题:"你的梦想是什么呢?" 每一个教师都觉得很奇怪,除了"快乐"小姐,因为她已经知道了学生的梦想。这引发了我的深思,我还在自己梦想的道路上行走吗? 四年的时间过去了,回想我上的第一堂课,我探寻着孩子们内心深处的梦想,我试图成为陪伴他们一生的老师。如今,我却不知道现在坐在我教室里的孩子们的梦。有时我们在忙碌之余,真应该多留点时间给思考! 尽管他们只是几岁的孩子,但我相信所有的孩子都有自己的梦想,每一个梦想都应该被尊重,每一个梦想都需要被照亮!

我也需要做一名"快乐"小姐,在自己追求梦想的道路上,用爱去照亮学生的梦想,做陪伴学生一生的老师。

大爱无言之我的梦

重庆市城口县修齐二小 谢正娟

我是一名小学语文教师,我觉得,教师的幸福,不在于鲜花,也不在于财富,在于点燃青年一代的知识与智慧之光,在于莘莘学子获得了鲜花,获得了财富,获得了人生的幸福。这就是教师最大的人生快乐,这就是教师值得骄傲的地方。这就是我的梦!

记得,2008年的夏天,我站在重庆师范大学的门口,看着高耸的大门楼,壮阔的图书馆,我宣誓:从今天起我成为一名平凡的师范生,即将成为一名平凡的人民教师。平凡,但压抑不了我内心的热潮,挡不住青春的热情。我告诉自己,我走进重庆师范大学,意味着我离三尺讲台更近,我的夙愿即将实现。

记得,2012年的夏天,我应聘考回了我的家乡城口县,走进了修齐二小,踏上了工作岗位,站上了属于自己的三尺讲台。那一天,我告诉自己,我终于拥有一处可以耕耘的土地。我要用恒心去翻犁,要用热情去播种,要用爱心去培育,要用耐心去收获。

记得,刚参加工作,我就接手了小学一年级的语文课,并成为了班主任,我相信,只要我用心去经营班级,我依旧会满腹自豪,满腹幸福。虽然,一开始我工作起来总感觉是一团乱麻,总是事倍功半,但是,在学校领导和老师们的关心和帮助下,我很快成长起来,逐渐掌握了如何备课,如何上课,如何把握课堂,如何管理学生。

时间过得很快,第一学期结束的时候,当听到家长对我说,孩子现在在家主动做家务了,孩子现在做作业态度变认真了,我就感到很满足,很幸福。尽管这些是很细微的变化,但是它们却肯定了我的工作,难道我不为之感到欣慰,感到幸福吗?幸福就是这么简单,一件小事,微不足道,但是诠释着所有的爱,教师的爱心,学生的健康成长。这就是我的梦!

第二学期结束的时候,我常常想,在这两年里我的收获是大于自己的付出的。那一刻,我更深地体会到教师的幸福感来源于自己的学生。一有空,我就会想到和孩子们相处的两年里发生的每件难忘的事情。想起孩子们在我失声的日子里,送来的含片;想起我心情难过时,孩子跑过来问我"老师,您怎么了";想起孩子们过"六一"时,给我带来吃的东西和鲜花;想起孩子们见到我时,纷争着向我问好;想起⋯⋯和他们相处的两年,我竟有那么多值得回忆的故事,内心充斥着满满的爱,满满的幸福。那一刻,我好想告诉所有人,选择教师,我义无反顾;这一刻,我想让所有人一起与我感同身受,感受着教师这一职业带给我的幸福。这就是我的梦!

现在第三学期快结束了,孩子们也一天天长大了,会写很通顺、很有感情的作文了。写到《谢老师,我想对您说》的作文的时候,孩子们在作文里说道:"从一年级开始,我们的班主任老师就变成了谢老师。谢老师她很好,教给我们知识的同时,又教给我们做人的道理,更让我们知道,我们今天的努力学习是为了明天更好的生活。她很关心我们,一有同学生病,二话不说就带他去街上看医生。有时候谢老师生病了,也坚持来给我们上课。最近不知道是不是老师感冒了,总是有些咳嗽,我知道谢老师为了我们的学习吃了很多粉笔灰,我希望老师能够少吃点粉笔灰,别再咳嗽了!谢谢您,谢老师,您辛苦了,我一定努力学习,不辜负您对我的期望。"这些都是孩子在作文当中写到的,每当看到这些内容,我都会感动得流下眼泪。这让我感到这三年来对于他们的付出是值得的。同时我也为我能遇到这样的学生而感到骄傲自豪和光荣。这就是我的梦!

德国哲学家雅斯贝尔斯早就悟出了这样一个道理:教育意味着一棵树摇动另一棵树,一朵云推动另一朵云,一个灵魂唤醒另一个灵魂。我猜想,十年、二十年、三十年之后,我渐渐老了,而学生则茁壮成长,到了风华正茂、书生意气的人生好年华。若到那个时节,再有曾经的学生恭恭敬敬叫我一声老师,那确实是对我作为园丁的一种莫大肯定和鼓舞!这就是我的梦!

教师是我的职业,讲台是我的岗位。岗位虽小,其乐无穷。三尺讲台,融进的是辛劳,是陶醉,融进的是师德,是师魂。我们没有值得炫耀的特权,没有让人仰慕的地位,没有优厚的待遇,我们却把一代一代改天换地的天骄造就。真的,我很骄傲,我是光荣的人民教师。这就是我的梦!

奏响三尺讲台的美丽乐章

重庆市云阳县民德小学　沈桂芳

又是一年长空鸣雁,又是一年柳枝飞扬,又是一年小荷露角,又是一年百花飘香。在这美好的日子里,阳光普照,暖风习习,这个季节不仅播种希望,更意味着耕耘的甜蜜,不仅有蓬勃的生机,更意味着深深地企盼。今天,在这里,我以一位青年教师的身份,向大家讲述我为人师的感受。

当我第一次以教师的身份踏进大阳小学时,我的心情是多么激动,多么自豪!然而,俗话说得好:醉后方知酒味浓,为师方知为师难。当教学的担子沉沉地压在我肩头的时候,当教育的烦琐深深地困扰着我的时候,我才真正体验到了教师平凡生活的滋味,体验到了其中的艰辛和压力。不当老师,不知道当老师的辛苦。以前,只知道老师不过每天上两节课、批几本作业而已。谁曾想,两节课的背后,是无休止的备课、查资料、做练习,夜深人静时,大地伴随着人们的美梦而静谧下来,但我还在为教学中的问题苦苦思索着。因为经验不足,很多意想不到的事情也会让我手忙脚乱,这对于一个刚刚踏入教育行业的我来说,无疑是一种挫折。

那是2008年的9月,我被派往离中心校很远很远的大阳村校支教,一连几天的大雨让山路泥泞不堪,那天,父母为我吃力地背着行李,我们翻过了一座山又一座山,趟过一条河又一条河,三个多小时过后,父亲指着那幢孤零零的房子说:"这就是你支教的学校。"我的心一寒,打了个趔趄。"孩子,苦点累点算不了什么,可要用心教好学生,这里的小孩读书更不容易啊!"

迎接我们的村校负责人蔡远游老师告诉我们:"这里一共有5个班,算上你一共有5名教师,条件艰苦啊!生火做饭可到后面森林里捡松果,要吃蔬菜可在操场边自己种,你要有心理准备。"我看了看办公桌,都很陈旧,有的桌面油漆早已脱落,有的桌腿还用铁丝捆绑着,还有一条木板凳竟然是三条腿的。

走进教室,我大吃一惊,后面墙上的黑板是用水泥涂了一层黑漆,学生的课桌全是"柴桌子",没有桌兜,同学们就用草绳在桌腿上绑着。有人叫它"八根柴",而且是两人一桌,还有几张缺胳膊少腿。桌面像坎坷不平的路面,还有很多虫眼,爬在上面一摇三晃的。看到这课桌的"惨"样,我的泪水滚动着划过脸颊,滴落在衣襟上,孩子们不知发生了什么,教室里安静极了……

第二天早晨,一阵轻轻地敲门声传来,我打开门一看,一个小女孩认真地微笑着看着我,微微开启的嘴唇露出一排缺了门牙的牙齿,深深的酒窝嵌在脸上,她的衣服脏兮兮的,脚上的一双鞋子露出了两个拇趾,让我顿生怜悯。

"沈老师,给,我妈说您刚来,没有下饭菜,叫我给您提些土豆、黄瓜来。"心灵深处软软的地方仿佛被什么东西狠狠地扎了一下,昨天的埋怨、无助、绝望化成了一片感动和一分责任。我静下心来仔细思考,我开始明白,其实少年天性,本无执着,若方若圆,是在教者。每个学生都是一个新的世界,每个地方都是一个新的开始。当我再一次踏上讲台,从他们的眼神中,我读出了他们的真、善、美,读出了他们对新知识的好奇、对未来的希冀,还有他们的期待……

一年的支教生活转眼过去了,当我再回头看这里的学校时,这里的孩子们那一张张天真的笑脸和一双双无邪的眼睛,老师们的热情和执着,还有乡民们的质朴好客……一种莫名的情愫油然而生,并永远定格在了我的脑海中。

我终于明白,满树的花朵只源于春天的一粒种子,我为我是繁花似锦的教育百花中一朵小花而骄傲;我为我是人才辈出的教育战线上的一名小兵而自豪。我的生命之花在这片土壤中绽放,拥有这片天空,是我最大的幸福。

幸福是春天,因为它拥有了新生;幸福是秋天,因为它已满载收获;而我要说:幸福是付出,因为在我付出后我可以满载一船星辉回家。

还记得那是一个多雨的夏天,小学毕业班临进考试了,我因为有事不能陪同学们走过小学阶段最后的日子,这个消息像一颗重磅炸弹,在教室里炸开了花。我急匆匆地奔往寝室时,眼前的情形吓了我一跳,只见一二十来名学生像礼仪队一样排成两列站在走廊上,当我还在好奇与惊讶之中时,只听中队长喊道"敬礼",他们严肃而庄重地举起了他们的右手对我敬了一个标准的队礼。"老师辛苦啦!我们爱您!"二十来名孩子像受过特殊训练似的齐声高喊,我是传统的中国人,这西式的表达来得太突然了,让我有些手足无措。只见李同学跑过来,手里抱着一个装鞋的纸盒硬塞给我,"老师,您不肯收我们用钱买的礼物,但是这礼物您得收下,这是我们全班同学一起送您的,您放心,没有花一分钱……"她哽咽着说不下去了。

当我疑惑不解地打开盒子,只见里面躺满了折成心形的用红墨水浸染的作业纸,墨水还没有干呢!显然是刚完成的作品。我的喉咙好像被什么东西刺了一下,一股酸楚从心底涌了上来。我做梦也没想到会收到这样的礼物。我赶忙抓起一张,只见上面还有一排工整的小字:老师,我真舍不得离开您,是您让我从一个不善言辞的女孩,变成充满自信的学生,我想对您说,谢谢!

我又拿起一张,只见上面的字歪歪扭扭的:老师,我知道我比不上成绩优秀的学生,但是我会努力做一个好学生,相信我!

只见另一张纸上又写着:轻轻地您走了,正如当初您轻轻地来,您挥一挥手,却永远也带不走您对我们的关怀……

我再也看不下去了,泪珠也止不住吧嗒吧嗒地滚落在字里行间,这哪里是一张张浸了红墨水的纸啊!这分明是八十多颗金子般的心啊!

三尺讲台凝聚着我的梦想,任前方荆棘丛生我将持之以恒。茫茫学海中,我要做勇敢的水手,乘疾风破巨浪。青春的脚步如行云流水,我要把握生命中的每一天,向着理想的彼岸前行。当我抛弃了迷茫,把握了航向,当我不断地努力,不懈地摇桨,三尺讲台的美丽乐章终将奏响。

中国好教师
——乡村教师成长记

甘肃省天水市麦积区马跑泉中心小学　王亚明

今天我要讲的这位老师姓刘,虽然人到中年,但大家人仍爱叫他小刘。说起刘老师,在他工作过的学校里可算名人了。人们说起他来,总有说不完的话题。甚至这么多年过去了,大家还回味无穷。

其实,刘老师在我们这三四百人的单位来说,只是一个很普通的老师。他1992年毕业于本市一所师范院校,学的是文秘专业。毕业后一直在农村小学任教,先是教语文,后来专门教英语。

刚毕业的刘老师意气风发,担任小学二年级的语文课教学。小刘虽知识渊博,但教起二年级的小家伙来,总有一种茶壶里煮饺子,肚子里有,倒不出来的感觉。常被这些顽皮的学生气得不说话。于是,小刘课余就经常向老教师们请教。26个字母,是按a(阿)、b(波)、c(刺)、d(得)教好,还是按A(诶)、B(必)、C(西)、D(第)教好？彡是横折折折钩,还是横撇横折钩？那时候,小刘还是个单身汉。经常是没有时间概念地工作。上完课了,辅导学生,辅导完学生了又找老教师请教。放学了,四周安静了,又阅起了作业。晚上八九点吃饭,是很正常的事。别人都快睡了,他才叮叮当当劈起柴生炉子,煮上两包方便面。清晨四五点,又听到小刘朗声诵读课文的声音:田野献上金黄的果实,枫林举起火红的旗帜啊！十月一日,祖国妈妈的生日……大家总是说,小刘把自己弄得太累了。如果当妈的在眼前,一定会心疼死的。

就这样,小刘和自己的学生们一起成长着。再也不像刚工作时,缠着老教师问这问那了。但是又有新的问题让小刘烦恼,总是叨咕:这些学生一点都不听话,把人气死了,气死人了。这时,一位资深老师建议他看看《教育学原理》与《教育心理学》。那个暑假里,小刘自学了《教育学原理》和《教育心理学》。开学的时候,小刘兴奋地说:噢,我才发现我和你们师范生的区别了。这两本书真是太好了。于是,小刘用他学到的专业知识和方法去教学生,感觉比以前自信多了,学生好像也不是那么讨厌了。放学后,只要小刘在办公室,学生们总是围着他说这说那,小刘总是耐心地回答着。秋天的时候,孩子们给小刘送来了自家产的玉米面、苹果,小刘总是乐呵呵的,甚至学会了简谱和弹琴,学校空无一人的时候,就自弹自唱一曲。

又过了几年,分流开始了。小刘为了照顾年龄大的老师,自愿提出出去,去了一所更远的学校。在那里,小刘面临着新的开始:新的环境、新的同事、新的学生,还有新的任务——英语课教学。说起英语,小刘并不害怕,因为自己是英语六级。但那时候,农村学校刚开设英语课。一是学生没基础,从心里对英语课不重视。二是教学压力太大,百分之百的及格率,想都不敢想。小刘又给自己上了发条:早上,早早起来去跟早自习,领着学生念;上课,扎扎实实,生怕学生不会;下课,一个一个盯着学生背,日复一日,不厌其烦。时间长了,学生们都摸着了老师的脾气,知道无空可钻,就自个儿背去了。学生们的英语成绩也是芝麻开花节节高。最累的是带毕业班,经常是放学了,大家都走了,小刘还在辅导学生。等自己回家时,天已擦黑。就这样,小刘赢得了同事、学生、家长的尊重。其实,也有很多老师对小刘的做法不理解,劝告的、讽刺的都有。但小刘不在乎,他有自己的追求、有自己的梦想。他从自己所做的工作中找到了自信、找到了乐趣、找到了方向。

在教育这条路上,小刘走得很慢、很苦、很认真、很执着。他有一颗纯粹的师者心,他把自己的绝大部分精力都给了他所从事的教育事业。尽管,他只是一个普通的农村小学教师,但他的精神是最强大的。

其实,在农村,有很多很多像小刘一样的老师,甚至比小刘更苦的老师。

他们在偏远乡里、大山深处、交通不便、缺水少电的地方,默默地工作着。他们既不是优秀先进,也不是骨干模范,却擎着农村教育的大树,传递着自己的知识和能量,造福后人。

教育是个大事业,是靠大家来做的事业。在最后,我要赞美像小刘一样,普通而又不可缺少的乡村基层教师,向他们致敬。也希望大家多来关注我们的乡村基层教师。

当梦想照进现实
——在三尺讲台上实践我的教育梦

河南省林州市第一实验小学　郭振华

站在讲台上,面对几十双渴望求知的大眼睛和那一张张可爱的小脸,我常常会不由自主地提高讲课的声音,因为我能感受到肩头的责任;坐在办公桌前,翻阅着孩子们的作文,那一行行跳动着的稚嫩的字符,流露出来的人世间最纯真的情感,常常令我心如潮涌,激起我颇多感慨:走进儿童的世界如此美好!升旗仪式上,看着上千名学生行齐刷刷的队礼,瞪着纯净明澈的眸子瞻仰着国旗缓缓升起时,我常默默对自己说:庆幸吧,作为一名小学教师将是你一生的骄傲!

17年前,在"家有三升粗糠,不当孩子王"的教诲声中,我义无反顾地选择了教师这个职业,成为一名光荣的小学教师。那一年,我刚18岁。我所任教的第一所学校是一所乡村小学,校舍不大却很美,桃树、柳树、山楂树、银杏树栽满校园,绿树掩映中,刚刚集资建成的一幢粉红色教学楼矗立其间,很亮,也很美。站在教学楼上,可望见远处如黛的青山和车辆川流不息的公路,还有一大片一大片的庄稼地。我教五年级的全部课程,17个学生,执教的第一课是《长城》。没有到过长城,也没有图片资料,更没有教学的经验,我凭自己从历史书上得来的知识,兴致勃勃地给同学们讲长城的故事、来历。17双眼睛用崇拜的目光一动不动地望着我,入神地听着。当我把故事讲完,教室里响起琅琅书声时,我忽然有了一种想飞翔的感觉,讲台就是我起飞的地方。

还是那一年,港京汽车拉力赛经过我市,我兴奋地把这一消息告诉了孩子们。没有见过赛车的孩子们纷纷要求我带他们去看。我愉快地答应了。下了早自习,我带着孩子们沿着乡间小路一路小跑了五里多路,正好目睹赛车呼啸着飞驰而过,看着孩子们手舞足蹈,大声尖叫的高兴劲儿,我笑了,天使般地笑了,这"孩子王"的感觉还真好。第二天早上,孩子们不约而同地从家里带来了白菜、萝卜,悄悄地放到了小厨房的门前。站在办公室里,望着堆成小山似的蔬菜,我心里涌起一股莫名的冲动,提笔在日记中写道:"教师,今生无悔的选择,我将永远热爱这个事业,并为之奋斗终身!"是啊,是这帮懂事的小孩子用真情把一个18岁的大孩子送上了教育之路。现在想来,心中依然暖流涌动,你说,我能不骄傲吗?

是的,我骄傲,我感动,我用自己的第一笔工资全部购买了自学书籍,和孩子们比赛学习,用两年的时间取得了汉语言文学专业的大专学历证书,在讲台上我更加游刃有余,孩子们的成绩也是一步一层楼,当时的我都有点窃窃自喜的成就感。理想的火焰往往是在燃烧得最旺的时候被浇灭。我还清楚地记得那一课。那是我刚刚调入市直小学的第

一节公开课,安阳市教研室的领导来了,我市教研室的领导来了,市直小学的好多语文老师都来了。面对这样的阵势,我依然镇定自若,从容地完成了《将相和》一课的教学,并期待着专家老师的点评。"字写得不错,有时间我要好好和你谈谈。"安阳市的金老师下课时这样说。我开始有一种不祥的预感:我讲糟了。接下来的评课中,教研室的侯主任一句"这是典型的满堂灌",彻底摧毁了我全部的自信。当时我看不到自己的脸,只觉得脑子里涨得厉害,我的第一堂公开课竟是这样结束的!接下来给我的打击就更大了。在期末考试中,我班语文成绩居然排在了最后一位。我不知道同事们是怎样看待我的,我只知道我完了,我将名誉扫地。那时,极端的苦闷困扰着我,无形的压力笼罩着我,我甚至不知道自己还能干些什么。就在这时,李校长向我伸出了援助之手:"不要灰心,不要丧气,不要因为一次失败就完全否定自己,只要有热情,热爱教育,愿意去学习,就没有克服不了的困难。"在李校长的鼓励指导下,我鼓起勇气搬起凳子去听其他老师的课,去向有经验的老师请教,去学校的资料室借来贾志敏、于永正、靳家彦等老师的教学光盘来看。为了学好普通话,我买来两套注音本的寓言童话选,每天坚持朗读两个小时。"不经一番寒彻骨,哪得梅花扑鼻香。"经过一段时间的学习,我的视野豁然开朗,心头的阴霾也一扫而空,逐步领悟到了语文教学的方法,在课堂上重新找回了自信。新课改以后,我积极学习,大胆进行探索,带着孩子们去背诵祖国的优美诗词,去赏读文学大师们的作品,和孩子们一起在读中悟,在悟中读,一起做文字游戏,比赛用语言文字描述自己的所见所闻,表达心声……我的课堂又"活"了起来。我为自己的成长感到好高兴。去年,我有幸在东南大学聆听了贾志敏、于永正、窦桂梅、宋双金等名师的课,他们娴熟的驾驭课堂的能力和高超的教学技艺给我留下了终身难以磨灭的印象,也更加坚定了我做好小学语文教师的信心和决心。我为他们感到骄傲,我更为自己是一名小学语文教师感到骄傲!

光阴荏苒,17年过去了。17年的教学经历告诉我,小学教师是平凡的,平凡得犹如沧海一粟。在这个平凡的岗位上,我可能永远成不了贾志敏、于永正,可能永远没有万众瞩目、鲜花簇拥的时刻,可能永远平凡和清贫,但我深深地感到:我是幸福的,我收获的是快乐。

今年教师节前,曾经教过的十几个已经上高三的学生凑钱买了一盆花来到家中,说是想老师,想找老师聊聊。说来有些惭愧,他们当中,只有几个还能叫出名字来,其他都已模糊,但样子还记得。我们聊当时班里同学们的情况,聊他们升入初中、高中后的学习生活。聊着聊着,他们的影像渐渐清晰,他们仍能记得我教他们时说过的话,做过的事。聊到兴致处,我们放声大笑;聊到自己"不光彩"的历史,他们也会腼腆一笑。当华灯初上,他们要离开,相约明年再来时,我忽然感到一丝莫名的空虚。我连忙翻出当年照的毕业留影来,一一去寻找他们的身影。他们当中,有完不成作业,被我几次三番批评过的;有和同学生气吵架,"迫"着我找到家里去的;有唱歌唱得特棒,多次代表班里参加文艺演出的……看着看着,我又想起带他们去登"鲁班豁"的情形来:上山时,他们一路走,一路玩,一路吃带来的干粮,未到山顶,已把干粮消灭完了,却没有一个喊累的;在山顶,我要他们每人唱一支歌,他们却要挟要我先唱才行;下山时,他们一路狂奔,害得我和其他几位老师差点跑掉了鞋子；山下戏水，他们弄湿了鞋袜、裤子，却依然开心大笑，还捉来蝌蚪吓唬我……想着想着，我的眼睛不觉湿润了。是啊，我一小学教师，没能为他们做过什么，他们却依然记得我这个老师，叫我怎能不感动？也许，这就是我一小学教师的最高追求吧。放下这张，我又迫不及待地翻看起所有的毕业留影来，一个个鲜活的面孔映入眼帘，我绞尽脑汁去寻找记忆中的名字，心头洋溢着幸福的微笑。

　　近几日，我一直在看一本叫《乔家大院》的书。书中酷爱读书的商人乔致庸的形象深深吸引了我。他挽救乔家于水火的睿智，乱世中南下打通茶路的执着，以及"汇通天下"的理想和决心都是我所钦佩的，更让我景仰的是他以国之利益，民之利益为重，以自己利益为轻的经商思想。读着乔致庸，想着我自己，作为一个小学教师，锦衣玉食，宝马香车，我都永不可能有，但我一样有教育者的智慧，有献身教育的执着精神，也有胸怀天下，为国育才的教育理想。如果说，当初选择当教师，仅仅为了有份工作，有碗饭吃，而现在，17年的教学经历告诉我：作为一名小学教师，是无悔的选择，是我一生的骄傲！

我的教育梦

河南省济源市济水一中　许满意

做教师,我很幸福。对于幸福的含义,每个人心中都有着自己不同的解释。对于孩子,得到心仪已久的玩具就是幸福。作为父母,看着孩子健康快乐地成长也是幸福;作为教师的幸福是一种自我灵魂的升腾和净化。沙利文老师用她的一生把海伦这个盲、聋、哑三重残障的孩子培养成为勇敢、博爱、伟大的作家,她就是幸福并快乐的。教师的爱能在黑暗的心中灌注光明,能在残缺的躯体上播种健康的灵魂。能成为一名教师,就是一种幸福。我深信只要你带着一颗善良、美丽的平常心,就会发现世界到处都是美丽的风景。

一、和谐温暖的大家庭,让我幸福

俗话说:"一个人,可以走得很快;一群人,可以走得更远。"我所在的集体是个有着良好发展基础和精良师资队伍的团队。多年以来,在团结务实的校领导班子带领下我校获得了国家、省市诸多奖项,得到社会广泛赞誉。学校的艺术教育也锦上添花,作为综合组的小家庭成员,我时刻感到幸福与快乐。因为我们综合组提倡每一名教师学做五种人:一是热爱生活,做一个有生活激情的人;二是业务精良,做一个有真本事的人;三是淡泊名利,做一个有合作精神的人;四是勤于读书,做一个学问渊博的人;五是尊重同行,做一个谦虚好学的人。综合教研组人才济济,是人才都有个性,但我们强调人格上互相尊重,学术观点上互相包容,生活上互相关怀。不刻意用自己的长处来比他人的短处,而是互相补充,互为激励,形成优势互补,使组内具有较多民主、合作的气氛。这种特色不是社会上庸俗的人际关系的翻版,而是在育人的价值需要和迎接现代挑战的背景下的一种共同的理想追求,它既融入了传统读书人的儒雅气质,又接受了现代思想的洗礼。有不少老师说,济水一中的教师是幸运的,这话没错。有哲人说:"一个人成长的快捷方式,是周围有很多比他更聪明的人。"小到十几人教研组,大到一个近二百余人的学校,我们学校的老师是幸福的,因为我们有着团结务实的领导班子,还有一个个亲如兄弟姐妹的同事。2013年我们单位全体教师在河南万仙山参加了为期4天的拓展训练,在训练中,我们更加深切地体会到,富有活力和战斗力的团队精神,是任何集体都梦寐以求的。所以,要时刻相信自己具有超乎寻常的能量,并积极地把这种能量传递给自己的团队。没有完美的个人,只有完美的团队。在这次训练中,4.2米的生死逃生墙应该是最让我们永生难忘的项目,至今想起,那一幕还深深地刻在我的脑海里。教练询问我们需要多长时间能够翻越成功的时候,我们一致认为需要一到两个小时,因为那面墙实在太高太光滑,没有一点可以让我们有心理支撑的地方。怎么才能快速翻越呢？可是教练只给了我们短短的20分钟,20分钟,将近100人的队伍,如何才能完成任务呢？无法想象,在我看来简直难于上青天。可就是这短短的20分钟,在几个决策者的智慧指挥下,还真正创造了这样一个奇迹——我们仅仅用了11分多一点的时间就完成了这次翻越。站在最底层的一排人被向上攀爬的人踩烂了肩膀,而已经翻越过生死墙的人为了拉正在攀爬的人,因用力不当伤了自己的身体,但是仍然没有放开同事的双手……我们为自己的成就而欢呼、呐喊、流泪！我们被这样可以托付生命的兄弟姐妹们感动着,我们深信不可思议的奇迹还真的能够在优秀的团队中创造！

二、对孩子多份宽容,我就幸福

从某种意义上说,学生是教师的一个天地,要做个学生喜欢的教师,首要的就是具备对学生的爱心。在生活上关心他们,在学习上关注他们。尤其是后进生,更要倾注更多的爱。他们更需要老师的关心,对后进生的教育要坚持多表扬,少批评,多激励,少指责的原则,保护他们的自尊心,激发他们的闪光点。真诚地对待学生,要多站在学生的立场上思考,学会宽容学生的错误和过失。善待每一位学生,师生双方才会有愉快的情感体验。教师,只有受到学生喜爱时,才能真正实现自己的价值。2004年来到济水一中任教前,我在天坛宋小担任三二班的班主任,2004年11月份的一天夜里9点多我接到了校门岗燕老师的电话,一群学生来到济水一中要找我玩,我接过电话才知道孩子们骑自行车从城西一直骑到了城东,我劝说孩子们回去,孩子们说要见一见许老师,看一看许老师的工作单位济水一中,并立誓三年后要考上济水一中,我连忙找出家长的电话并逐一打了电话让家长接孩子们回去。你感动了,我也感动着,这是真正的教育,爱的教育,我在从教的同时,也在被爱感动着。把学生当成自己的孩子,以真心换真心这是我从教以来,一直努力做的事情。有一次在路上碰到现在已经高三的张同学,他是我在济水一中带的第一届的特长生,这个孩子特别调皮,尤其是和柴同学在一起的时候。他说自己不准备上了,只要个高中毕业证就行了,我问为什么,他说没有目标,当我又一次鼓励孩子要努力时,张同学哭了,并说:"老师你不知道,在高中没有兴趣,自然光想着玩,没有干劲。如果你还教着我,我会有目标,继续努力,我一定会考上大学的。"当孩子说完这些话时,我想起了那一年专业冲刺的阶段,孩子们那么努力,那么阳光,张同学是政教处最头疼的孩子之一,记得当时政教处的领导很关心地告诉我,像这样的小孩子很调皮,如果不行,就别让他搅乱其他的学生。每一次绘画训练前,张同学会带动其他的同学在操场上打篮球,我一次次地叫,他总是把手伸出来比划着:"老师,一分钟。再等一分钟。"在这时候教师如果会容忍孩子的一点点小调皮,孩子会在功课上下足功夫的。

"教书育人",教书重要,育人更重要。作为教师要教会学生做人的基本道理,这才是最重要的任务。老师有时候也会虚荣心特强,总想让自己所教的学科最好,总想个个孩子听自己的话,个个出类拔萃。但是"尺有所短,寸有所长",人的五个手指伸出来还做不到个个一样长,更何况,我们面对的是个性不一的孩子呢？我们要放正心态,学会"有教无类"地接纳身边的每一个学生,学会以每一个学生为基准,对孩子多一份宽容,让学生学会做自己人生舞台上的主角,从他的幸福成长中获得幸福!当你发现给了学生一份宽容时,自己却得到了更多的尊重、快乐和幸福!

三、播种时的辛苦,收获后的幸福

"十年树木,百年树人。"这是说上好的一棵树木要成材,至少得需十年左右的时间,但是要培养一个合格的、优秀的人才,那可是一个漫长的过程。所以教书育人的工作很重要,它的播种是辛苦而劳累的,它的收获却是要经过一个漫长的过程,一时半会是看不出任何变化的,所以教师的播种是一项艰巨的历史任务。但是播种后的收获却是幸福的。

2009年济源一中美术特长生考试,我校进入前24名有八人,居于全市第一,全市考生有180多人,竞争相当激烈,我市其他中学美术特长生从一年级开始学习绘画,而我们学校却每年从初三抓起,除了提高学习效率之外,积累专业上的应试技能技巧尤其关键,几乎每一年考试前我都会摸清楚每一个学校及校外画室的学生整体情况。有时为了学习绘画的不同风格,我会挤出时间去一些成绩好的画室学习他们的风格与教法,然后改进自己的辅导方法,否则将会落于人后。在对待特长生方面,我首先给所有的孩子自信,然后鼓励每一个孩子拥有自己的学习目标,容忍孩子调皮的天性,更大程度地挖掘孩子们的潜力,为孩子们的人生目标奠定坚实的基础。第三届省中小学生艺术节展演书画作品评选现场的气氛可谓紧张之极,当时因为被抽调在现场服务,上千幅省内优秀的中小学生书画作品,八个评委第一遍挑下的都是评不上奖的,在一次次的审视,一次次的激烈的交流中留下了最优秀的作品。我市共有19幅作品参评,其中我校两幅作品获得省一等奖并报送教育部参评,一幅获省级二等奖。记得当时在辅导学生创作作品时,我和学生对绘画作品的创作方法、方式、技巧以及内容选了又选,挑了又挑,最后选择了用纸版画,经过多天的努力赵舒波同学终于画出来了,但是立体感不够,我又尝试在版画的基础上进行创新。经过几天的努力,一幅《失色的世界》终于得到教体局初评委的一致通过。2012年全国中小学生第四届艺术展演所辅导的学生刻纸画作品《童年印象》获得教育部中学组一等奖……每一次学生的书画比赛都是在考验着老师的水平。

四、对艺术的追求与热爱,感觉幸福的滋味

每个美术教师在外出活动或者见到别人的绘画,都有控制不了的作画心理需求,这是很正常的。2010年元旦前夕应市美协主席李忠伟先生的邀请现场观看全国著名水墨画家孙恩道老师的现场书画,孙老师的书画功底可谓深厚,在谈笑间一幅幅生动的人物画跃然纸上,令人叹服。这时心中总有感慨万千,是时候该在专业上努力了。歌德曾经说:"每个人都想成功,但没想到成长。"成功的结果,最现实的就是职称上去了,待遇有了,生活好了。但是,成功在人生当中只有一两个点,因为它是外在的东西,是由别人去评论的;而成长却是一个持续好多年的过程,是内在的,在个人内心有一种愉悦存在。实际上,人生的所有功课都需要自己来消化,要相信一种积累的力量。对问题的不清楚,经过一定的积累阶段,就能够有力量,就能够促使自己顿悟。就像雪山上的雪,经过寒冬的日积月累,终将会化为一江春水向东流。积累是最重要的成长过程。每个人都要学会自

己成长,要把成长作为人生目标去完成,特别是艺术成长,艺术成长所需要的是心灵的沟通,是真诚的面对现实,是迎接困难的挑战,这样,你就离成功不远了。吴冠中先生用"我跟美术谈了一辈子恋爱"来概括他对艺术热情、执着的一生,那么,美术创作恐怕是那恋爱的一次次约会。作为美术教师,缘定了与美术的特殊情感,让我们也以一次次的精彩约会去激情体验艺术的迷人魅力吧!

人们常说:知足常乐,不知足常进步! 作为教师,那要看你如何把握这个进退的尺度,如何看待这个"知足"和"不知足",我们常说要用"出世"的精神来做"入世"的事业。虽然教师的职业是清贫而寂寞的,是艰辛而坎坷的,但我们要学会自我调节,自我释放,自我定位。最后还是那句话:"快乐是自找的,幸福是争取的,我会在三尺讲台积极实践我的教师梦!"

与 爱 同 行

河南省新乡市牧野区新飞大道小学　徐　慧

　　如果可以把教师的人生比作一部经典著作的话,我想将它命名为《爱的教育》应当很合适。因为这部著作的主题就是爱,没有爱就没有教育。

　　打开尘封的记忆,儿时的我,最崇拜的就是那个站在三尺讲台上,滔滔不绝讲述着天南地北奇闻轶事的人。记得最牢的一句话:教师是人类灵魂的工程师——用笔耕耘,用语言播种,用汗水浇灌,用心血滋润。像蜡烛,燃烧了自己,照亮了别人。深受师爱的感染,我稚嫩的心灵充满了憧憬,立志将来要和他一样,踏上这神圣的舞台,面对一双双求知的眼睛海阔天空的谈笑,牵着一只只稚嫩的小手自由自在的飞翔……

　　我是一参加工作就开始当班主任的。因为是农村中学,学生的经济条件都不太好。当时班上有一对姐妹:王风云、王秋云。她们姐妹二人自幼失去父爱,母亲又体弱多病,家庭极为贫困。她们姐妹二人除了上学,还要忙家里、地里,一到农忙季节就得请假回家忙农活。本该在父母膝下享受关爱的年纪,却要承担起家庭的重担。得知情况后,我把自己的衣物送给她们,为她们买来学习用品,用爱呵护脆弱的心灵。同学们也纷纷献出爱心,在农忙时大家不约而同出现在她家的田间地头。看着她们姐妹脸上重新洋溢的笑容,我如沐春风。

　　还记得在有一晚查寝时,我发现韩爱玲同学躲在被窝里悄声哭泣,原来她发烧了。我们学校没有校医,我就立即推上自行车带着她去村里诊治。因为是冬天,诊所早就关门了,我就在外边一遍一遍地喊,直到大夫开门为止。在回去的路上,小爱玲对我说:"老师,我特别想家,我想妈妈了。"看着这刚刚离开父母怀抱,来到中学的小女生,我顿生怜爱之情,尽管我当时也只有20岁,我还是紧紧地把她抱在怀里对她说:"一二班就是你的家,我就是一二班的妈妈。"那晚我让她和我住在一起,喂她吃药,为她擦脸,直到她退烧。

　　在这爱的氛围中,我与我的班集体一同成长。曾记得多少个中午,当人们午休的时候,我在办公室里为学生补课;多少个晚上,当人们被电视吸引的时候,我为住宿的学生送去热水。"桃李不言,下自成蹊",很快我所带领的班级便在学校独领风骚。每次考试我们班各科成绩均是全校第一,诗歌朗诵比赛第一,广播操比赛第一,长跑比赛第一,调研考试,我们班也获得了第一名的好成绩……我也因此被评为2004年最年轻的优秀教师。一时间我们班似乎成了学校的一个神话,其实我知道这一切都是爱与尊重的结果。

　　遗憾的是因为工作需要,我没能亲手把我的学生送到高中去。可就在不久前,还有几个学生打电话给我,骄傲地告诉我:"老师,您知道吗? 现在高三的尖子生里,大多还是我们原来那个班级里的。我们商量好了,等高考一过就去看您。"那一刻,我觉得我是世界上最幸福的人。与爱同行,我乐在其中。

　　我是多么幸运啊!因为我的一生都会与爱同行。白驹过隙,我来新飞大道小学已经8年多了。在这里,领导和同事们的关爱,让我感受到了家的温暖,在大家的共同帮助下,我克服了不会做课件,不懂优质课等重重困难,迅速成长、不断进步,并且在2008年分别获得了市电教课一等奖,区优质课一等奖的好成绩。在这里,我由衷地感谢新飞大道小学的同仁们,没有你们的关爱就没有我的今天。我会把这份爱化作无穷动力,将我的满腔热情尽情赋予我的学生,成就我的梦想。

　　作为一名年轻教师,我的爱是微弱的,是平凡的,我只是在平凡的岗位上做一些平凡的事情。2008年5月12日,汶川大地震。顷刻之间地动山摇、山崩屋摧。千钧一发之际,我们的许多教师却冷静地面对了死亡,义无反顾地选择了死亡。"摘下我的翅膀,送你去飞翔",他们用鲜血与生命谱写了爱的乐章。地动天不塌,大灾有大爱。就是因为有这样赴死就难的教师,就是这些普通而平凡的教师,在生命最后一刻绽放的师爱,感动了大地,感动了中国……是他们成就了我们人民教师今天的崇高,是他们塑造了我们人民教师永远的伟岸!他们才是新时代最伟大最崇高的师德师魂,这就是教师的梦,中国梦。

　　同时也让我深深铭记:哪里有教育,哪里就有爱,谁爱孩子,孩子就爱他,只有爱孩子的人,他才能教育孩子;爱源于高尚的师德,爱意味着无私的奉献,这就是人民教师!就让我们一路与爱同行,让爱在教育事业中闪光,让爱放飞我的教师梦吧!

在教育的田野里且行且吟

河南省济源市太行路学校　赵小丽

面对中原大发展的滚滚洪流,身为教师的我真的感觉到自己的力量是那样的微不足道,但我有一颗真诚的心,和向孩子们无限敞开的胸怀。有人说:你的心在哪里,你的幸福就在哪里。当我用心去感受教育人生的脉搏时,我感觉到,不管是快乐还是忧伤,不管是充实还是迷茫,都是我生命中挥之不去的幸福。

至今还记得国强这个学生,他说话总是口吃,每次课堂提问,他总是一肚子的见解无法表达,一张口就引起大家的爆笑。我刚担任他初二物理,就发现他天资聪颖,然而这个小毛病成了孩子的阴影——不自信。一次批改作业,我给他写道:"你很聪明,你有独到的见解。每个人都有缺点,但我们要让优点盖住不足,而不是让自己的一点小毛病挡住自己前进的脚步。珍惜每次展示自己的机会!你一定能成功!"第二天上课,我先和班内学生沟通交流,当提问他的时候,班内再没有笑声,只有孩子们对他的鼓励:"没关系,给我们说说你的思路!"当他的回答完毕时,掌声响起来。第二天他随作业交给我一封长达三页信,信中写道:"老师,谢谢你给我的帮助,我永远不会忘记。"

去年调到太行路学校,学校安排我担任初一的生物课,而在十月的一天,我又被安排带八年级三、四班的物理,这是两个年级倒一倒二的班级。有人说我:"恁差的班,带他干啥?考差了算谁的?应该和领导谈谈。"我没有犹豫,没有推辞。领导虽没有对我要求,但我懂得领导的期望。

两个班的第一节课让我感受到了肩上担子的沉重,看到两个班级都是"群魔乱舞",我犯愁了:孩子们的课堂学习习惯是我从教二十年来首次遇到,这可不是一般的差。八年级三班张同学的家长来见殷艳娟老师,一脸的苦恼:现在他们已经对孩子没辙了。对此我也深有同感。物理课上新奇的试验,变换的课件,对他没有一点吸引力。一个成绩倒数第二的学生,只有课堂上的捣乱。一个来自山区的孩子,要求父母给他配手机……

我常常想,对这些孩子来说,什么是最重要的?"教书育人"难道就是把他们培养成考试的机器?除了知识以外,我还能教给学生什么呢?他们的人格健全吗?他们的情感丰富吗?每当我走在大街上,看着熙熙攘攘的人群,我常常会想到我的学生:都说他们是祖国的花朵,是未来世界的主人,那么他们离开校园以后,将给这个世界带来什么呢?他们是会用真善美守候自己的精神家园,还是会加速这个世界的浮躁与急功近利?

几天后我拨通了张同学家长的电话,家长到校时正好赶上八三班的物理课,和家长简单沟通后,我安排他在教室后门的小窗口观察张同学课堂表现,那是一节实验课,学生练习时,我把张同学叫到门外,当时他妈妈是满脸泪水,而张同学则是满脸愤怒:"你来干啥!""今天天冷,我给你带件衣裳。""我不冷!"他铁着脸说。"我走了,我正上班,请假早走一会,来看看你,现在不早了,我赶紧给你弟弟做饭去。"我叫住了她:"天冷,你骑车跑来跑去的够辛苦的,你看你操心孩子的,谁照顾你呀,路上小心!""妈,你慢点!"张同学终于说了句温暖的话。第二天的物理课上,我对孩子们说:"允许你学不会,但不允许你不求上进;你的成绩可以倒数第一,但你做人不能倒数,张同学虽然成绩不好,但他做人上没输给别人!"几天后,殷艳娟老师说:"哎呀,这孩子们看起来都挺乖的,你看张同学像换了个人!"

我们的课程像蜗牛一样艰难地推进,我每天变换着脑子为学生设计每一节课:课前三分钟的思想交流,课堂分类题组讲解,课下分类划块练习。年终的考试依然没有逃掉倒数一二的命运,看着平常强调无数遍的问题在卷子上依然出错,放假的前一天,我怒气冲冲地走进教室:"既然你们如此地不尊重老师的劳动,那你们也不要再谈老师是否尊重你,今年都别想过好年!"我几乎是把全班的学生臭骂一通,这时候,一个捣乱分子崔同学说话了:"老师,我考几分……"我更是火冒三丈,在和崔同学的对抗中结束了这一节课。

年假的一个月里,我没有一天不想起两个班的孩子:我错在哪里？如何唤起学生对书籍和知识的渴望？反思自己几个月的教学,开学的第一节课,我一改往日的冷面无情,当着全班学生说道:"新的一年新的开始,过一个年你们长一岁,老师要小一岁,因为二十年前是我和学生相差两岁,而今天我和你们相差25岁,我再长咱们的代沟越来越深。我为去年冬天我的教学深感愧疚,没能把你们的物理成绩提上去,我向你们道歉,更要向崔同学说声对不起……"教室里那一刻的安静从来没有过。过了一会,一个声音冒出来:"老师,崔同学不在。"下课了,我刚走出教室,崔同学在一班的教室门口迎上了我:"老师,没关系,是我不对……"

现在的三班,已经找不出捣乱分子了,而且,他们的学习劲头在一天天提高。前些时我感冒,下课时,张同学走到我跟前:"老师,你感冒了,多喝水,别把嗓子弄坏了。"那一刻,我很清楚,倒数第几对张同学来说并不重要了。

也许这是我能够带给他们的,最珍贵的东西。我不能在他们前进的道路上,都铺着鲜红的地毯,但可以见证他们生命的每一次拔节,就像蝴蝶破茧而出,飞向幸福而美丽的人生。

我从不后悔选择了教师这个职业,即使在今天,我也一直认为最适合自己的职业依然是教师。我可以在教师的职业生涯中寻到人生的价值和意义,收获人生的成就与辉煌。所以我不想做春蚕,也不愿意是蜡烛,也不想太阳的光辉只洒在我一个人的头上。我更愿意是一只森林里的"老兽",温暖而又严格地呵护着孩子的真纯与善良。我更愿意是一个虔诚的神父,教会他们坚守纯洁与高贵,面对充满挑战的未来,我们都将会是一只从暴风雨中飞回的海燕,坚强而宁静地立在水边,不管将要来临的是幸福还是苦难,都能坦然承受！我更愿意是一个园丁,让我和孩子们在一起的每一天,都成为他们美好未来的肥沃土壤,让每一朵理想的小花,都能灿烂地开放！

三尺讲台上的教育梦

宁夏回族自治区吴忠市利通区板桥高家湖小学　仵雅雯

鲁迅曾说过:"其实地上本没有路,走的人多了也便成了路。"我觉得人脚下都有路,那就是人生之路。

也不知从何时起,我就开始在人生的起点徘徊,中学时代,我曾编织过自己美丽的人生,想成为医生,为病人解除痛苦,把病人从死神手中夺回来;想成为鲁迅那样的大文豪,用自己的笔杆来唤醒沉睡的人们;想成为教师,给学生传授更多的知识;想成为科学家,为人类做更多的贡献。随着时光的流逝,我上了高中,读了大学,丰富了知识,提高了技能。终于我成了一名教师,饮上了教育之水,开通了教育之渠。

经过这十几年来的实践经验,尤其是去年"国培"和今年这次"国培",我从中学了很多很多,通过和老师们的网络交流,我觉得,作为教师,要热爱学生。

首先,热爱学生,是教师把学生们的这种集体看成一种特殊的家,特别是对那些刚入校不久的小孩子来说,教师更应该用心去爱护他们,关心他们,慈母严父地那样教育和要求他们,要有一种理解感、亲近感,而且教师还要有一种对学生的期望感,要用教师之爱教育和帮助他们,战胜眼前的一切困难,同时,身为教师应该具有为学生成长而无私奉献的热忱。

其次,热爱学生,应该成为教师的一股教育力量,只有真正投入到教育事业中,才能真正地去热爱学生,尽职尽责,使这种爱成为一种巨大的力量,当然这其中还需要教师为学生们创造健康成长的客观情境。因为小学生年龄小,向师性强,而老师,就应该对学生充满信任和关怀,以热爱学生为基础,以教育为宗旨,以促进学生发展为目的,为学生成长创造适宜的环境,同时架起师生间感情交流的桥梁,只有师生关系处理好了,才能使这种爱取得较好的效果,才能使这种爱变为学生进步的内在动力,当然热爱学生还应该做到"五严":严而有格,严而有度,严而有恒,严而有方,严而有情,只有这样才能以爱打动学生的心,以严教导学生的行为。

身为一个老师,不仅要以饱满的热情去热爱学生,而且还要言传、身教当一名好老师。我国著名教育家叶圣陶先生说过:"教育工作者的全部工作就是为人师表。"因为教师不仅是科学文化知识的传播者,而且要以自身的思想情感、道德、习惯和才能去影响学生、教育学生、感化学生。用自己的灵魂去塑造灵魂,所以从某种程度上讲,这种影响和教育往往是无形的、深刻的、长久的,并决定着学生一生的发展方向和发展水平。大教育家孔子曾说过:"其身正,不令而行;其身不正,虽令不行。"这就要求教师不仅要热爱学生,而且还要以理服生。

行走在寻梦路上

陕西省礼泉县实验小学　王　静

小时候我的启蒙老师刘老师是方圆几十里的乡村小学里最有名的老师。他工作认真负责,讲课绘声绘色。每当刘老师走过大街小巷时,老老少少都会恭恭敬敬地和他打声招呼,恭恭敬敬地问候一声。从那时候起,长大后做一名教师成了我的梦想,我无数次憧憬着站上讲台,像刘老师那样成为受人尊敬的名师!

1996年我终于如愿以偿,师范毕业分配到了礼泉县城关镇桥北小学任教,走进绿树掩映着的校门,做了二年级的数学老师。

班里有个女孩周同学,成绩很不好。我用了全部的热情来教她:上课时一遍遍地提问她;下课了站在她跟前不厌其烦地给她讲解;放学后,留下她,等她做完作业,批改过后发现问题再讲一遍,直到她全部理解之后才让她回家。记得有一天,外面寒风呼啸,我把宿舍的火炉生旺,被窝暖热,让她坐床这头,我坐床那头儿,我滔滔不绝地给她讲了整整一个小时,她仍是一脸茫然,心不在焉,还时不时瞅着外面。我好不容易把基本的乘法题教会了,再变换一下题型,换种问法,她又不会了。我气急了,把手里的小棍儿在桌子上拍得"啪、啪"直响,朝着她大吼,"你怎这么不争气、这么笨呢!你心里想什么呢?"她依旧一脸茫然地看着我,带着一丝无奈和恐惧。她的不求上进让我又难过又失望,那时候,我觉得自己是最热情、最负责任的老师,是天底下最好的老师,是她辜负了我的殷切期望。从此我很少再关注这个孩子。

1998年9月,我调到了县城里的仓房巷小学担任语文教师,做了班主任,开始了我十几年的语文教学和班主任工作生涯。忙碌一天,下班途中总会遇到一个卖菜的女人,黑、瘦、衣衫极不干净,她推着一辆极其破旧的三轮车,用嘶哑的声音叫卖着。她的菜卖得不是很好,时常见她和一两个顾客为秤的高低叨叨着,赔着笑脸,细细地数着一块两块或是一毛两毛的每一张钱。直到有一天,她的三轮车换了主人,接替她卖菜的是一个女孩,高高的、瘦瘦的、皮肤黑黑的。那身影竟然那么熟悉!周同学?我走上前去,她立刻认出了我。"王老师,我妈妈生病了,我替她来卖菜。""你不上学了吗?"我吃惊地问。"我爸爸……还在监狱里呢,妈妈忙着挣钱养活我们,我要照顾弟弟和妹妹、做饭、洗衣服、喂猪……老师,您放心,等我妈病好了,我就不卖菜了,我会好好读书的!"看着她被太阳晒得老农夫一样颜色的黑瘦的脸庞,听着她那和年龄极不相称的成熟老练的孩子话儿,我心里一阵酸涩。

我后悔,我不是一个好老师,我没有给她一个老师最应该给予孩子的东西——爱。甚至可以这么说,我的爱是狭隘的、自私的,那不是基于孩子成长的真正的师爱!

从此,我开始反思,开始更多地去走近孩子,了解孩子,理解孩子,关爱孩子,赏识孩子,赞扬孩子。

2007年我接了一届一年级新生,班里有个自闭症孩子梁楷楷同学,上课时他不愿拿出书,我蹲在他旁边一遍一遍地哄着,下课了,他不出去玩,不上厕所,不喝水,我就一直呆在教室里陪着,哄着,教着。为了让他开口讲话,我把办公桌搬到了教室,无论他看不看我,是不是在听我说话,每天我都会坚持利用课余时间和他聊天,给他讲故事,手把手教他写字,带着全班学生和他一起玩他唯一喜欢的追逐游戏。陪他游戏,我扭伤过脚,给摔倒的孩子家长道过歉。为了让班里的孩子不抛弃他,我几乎和每个孩子的家长都谈过心,请求过他们的支持和谅解。

我播种,我耕耘,我收获。一路寻梦,蓦然回首,梦想就挂在桃李芬芳的枝头……

丁琦的妈妈来了:"老师,我们家是做炸麻花生意的,你总是借书给他,书给您弄脏了您也不介意,我们很感谢!"陈璇的爸爸来了:"王老师,乡下人没什么贵重东西,这苹果你一定要收下,这几年,璇子一个乡下孩子能在你班里成长得这么优秀,这得感谢你的教育,还有你对我娃的关心。"张三省的爷爷来了:"王老师,你给三省写的评语'你具备了一切成就大事者所应具备的美德'这句话,三省会一辈子记着的,会一辈子去努力的!"楷楷的妈妈来了,她抱着我泪如雨下:"王老师,我怕班里的孩子歧视楷楷,怕你不管他我那么多次指责你,责怪你,你不计较,一直不放弃他……"她泣不成声,最后的那一句"对不起",惹得我感动不已,泪成两行。

以爱之名,选我梦想的职业,爱我所选,锲而不舍,做好每一件小事,赏识关爱每一个孩子。十八年的风雨征程,吃过多少盒"金嗓开音丸",我已经记不清楚了,只要一走进校园,一站上讲台,一看到那一张张纯净可爱的笑脸,我就会成为拥有不竭动力的"金嗓子"。2010年起我开始反思总结我的教育教学历程,整理教育日记,2012年我的教育著作,一线教师手记《孩子,你能行》出版,我拥有了一大批自己的读者。

小时候我就有一个梦想,今天我依然站在讲台上,行走在寻梦的路上,做最好的老师把无微不至的师爱汇成海洋,让我们的下一代乘风破浪、扬帆远航。

缺乏爱的教育会黯然失色

贵州省贵阳市尚义路小学 蒋媛媛

此次国培研修令我更加深刻领悟到我们肩上的责任——"教师,不仅仅是阳光下最崇高的职业"。

还记得在童年的时候,"老师"是一个高高在上的人物,是可望而不可及的;但是没有想到,今天的我也会站在三尺讲台上,把我学习的知识一点一滴地传授给那些可爱的孩子们。虽然有的时候真的已经是很疲惫,自己都感觉不想再次迈进那熟悉的课堂,可当我进去以后总会有惊喜——孩子们会满心期待着自己的到来,那是一张张稚气的脸,又是一个个鲜活的生命。试问,你又怎能不被他们所打动呢……

刚刚参加工作的时候,一次下课后有个孩子悄悄地来办公室找我,我问她有什么问题。她说:"老师我可以叫你姐姐吗?"我会心地笑了,我看到她的眼中传递着等待的信号,我伸手摸摸她的头,"当然可以!"她带着满意的微笑跑出了办公室。在我的心里,我并不只是想作为知识的传播者,我更是希望成为孩子们的朋友和姐姐啊……

多年前同办公室的李老师生病了,我给她代课,去到某班的教室。在完成了本节课的教学任务以后,还剩有约10分钟的时间,当时我就问学生们想做什么,他们都一致地告诉我"做作业"。说实话,我真的有几许无奈。现在的课业负担是如此繁重,看到他们我也感觉心痛。"我们现在暂时不要做作业了,来!了解一下我们的骨骼和肌肉吧!"我说,"这个就是医用解剖。"很快地,我在黑板上画出了人体手臂的骨骼简图,我让大家跟我一起用自己的手感受我们自己的头部、肩膀、手臂、背部、髋关节、膝盖、脚踝等。每一块肌肉和骨骼的组成引起了孩子们的兴趣。当我讲解到"胸廓"的构成时,我让大家猜一猜在此处的骨骼应该叫什么名称。有一个男孩子自告奋勇地说:"那叫排骨!"(班中有孩子窃笑)"排骨在市场上,我们来个红烧的吧!"我打趣地说。(全班顿时哄堂。)之后我弥补了先前那个学生的不足——"排骨,只是我们口头语上的俗称,在胸廓部分的骨骼应该叫'肋骨'。"这10分钟是精彩而且难忘的,他们同我一道感受着,愉快着。让我们用人格魅力吸引学生上好美术课,不要因为一些极小的事情,使用简单粗暴的行为对待学生。缺乏爱的教育会黯然失色,没有爱的教育就缺乏了课堂的感染力。

小时候我就喜欢当孩子王,所以没有想到的是今天自己也可以梦想成真。大学四年选择了自己最喜欢的"美术教育"专业,今天可以将专业知识传授给自己的学生,心中非常欣慰。我喜欢教孩子画画,他们有着独立、美妙、特殊的个性特点,又有着调皮、活泼、羞涩的天性。所以有时候,当我们看见他们认真画画,仔细聆听我的讲课,仔细倾听同学的回答时,心中依然还是会充满感动的。

　　我让学生练习画出自己的样子。一个认真但是内秀,对同学宽容,却有些胆小的小男孩,总是说一口贵阳方言,以前连水彩笔涂色都不敢,但是从一年级开始他们整个年级都由我执教,在我任教的两年中,孩子从简单的涂色、勾边、构图、色彩关系等能够自己大胆并且自信地画画,我觉得就是一种进步。现在他已经不是那个胆小羞涩的小男孩,而是变得更加开朗、更加自信,还能够主动为班集体做事情。他大胆地表达自己的想法,认真完成每一次的作业,现在还在班级里担当了小队长和美术课代表的职务。作为老师,我希望带给孩子们丰富的知识,同时我更希望在学习中带给孩子们快乐。

　　2013年秋季,我开始到其他校区交流,执教中高年级。有一天我去某班级上课,刚进教室突然不知道从哪里蹿出一个孩子从身后拉住我,"老师……老……师,你是……"我转身吓得连退几步,孩子的样子把我吓坏了,但是他依然在那里伫立着,等着我的答案。我沉默很久,其实是自己还没有回过神来。我不知道他是一个"特别"的孩子,因为来这个校区交流时间才一周,后来通过了解渐渐知道了缘由。说心里话,我每一次上课都不敢往窗边看,因为这个孩子就坐在那里,永远只会用嘴巴咬着笔,不时传出奇怪的声音,我很害怕;有的时候他还会跑到讲台上来说很慢的话。时间久了,我发现他会喊我了,而且在操场上他一见到我就打招呼,我慢慢开始不那么害怕、不再拒绝他,而是勇敢地回应他:"你好! 上课要乖乖的哦!"其实,想一想,哪位父母不想拥有一个健康的孩子呢? 哪位老师不希望教育的全部是优等生呢? 但是,生活总会和我们开玩笑……

　　岁月真的是最好的药,可以改变可以疗伤——在这里交流已经一年了,这个"特别"的孩子渐渐有了起色。他知道在我的课上要学习画画,我曾经问他:"为什么不带水彩笔? 是不是因为爸爸妈妈不给买?"他说,是自己忘记了。我没有生气,只是提醒他下次一定记得。他其实好乖,在我的课堂不再闹腾,不欺负同学,还会举手发言了,有一天竟然交来了一张对他而言是相当了不起的作业。只是这张作业用了一年的时间才完成,我立即开心地用手机就在课桌上为他保留了。评语里我这样写道:优,作业有进步! 这张作业他放在书包里一个星期,他告诉我,自己画的是在上学路上。是呀,你看那小小的火柴人拖着小书包,走在上学路上,脸上露出开心的笑,不正像画面中那暖暖的太阳吗?

　　每一个人都有一个梦想,每一个人都有一个信念。

　　我的梦想很简单,我的信念很执着——做一个优秀的美术老师! 有一群简单可爱的孩子,每天可以有时间练习绘画,给孩子们欣赏美妙的音乐,让尽可能多的孩子提升美术修养,有美好的习惯,说美丽的话语,制作美的手工,表达美丽的心灵……

　　我正在为自己的梦想践行、努力着。

倾情奉献，只为托起心中的教师梦
——记黑龙江省克山县西建乡中心小学周万福

黑龙江省克山县第二中学　冯昌仁

周万福,57岁,是一名普通的人民教师,现在西建乡中心小学任教,曾担任过种畜场学校的美术教师和校长。能够成为一名光荣的教师是他童年的梦想、青春的追求、青年的夙愿,所以从教三十载的他,坚守着对事业的无限忠诚,秉承着对工作的无比投入,践行着对学生的深切热爱。作为美术教师,他用智慧与技能引领他的学生在艺术的天空飞翔,他的学生多次参加县教育局举办的书画、美术大赛全部获奖。作为校长,他将全部的精力都投入到学校的建设与发展中,他用科学的管理带领全校师生倾情奉献,促进了学校的和谐发展。他于1994年、1995年、1997年先后三次被授予县级优秀共产党员称号,多次被授予优秀校长和优秀教师等荣誉称号。因为热爱,他选择了教师;作为教师,他选择了奉献,奉献只为圆梦,为人师表。

他刚到种畜场任教的第一年,学校的办学条件不是很好,扩音器坏了将近十年,学校没有广播使用,他便自己花钱购买了相关的零件,利用下班时间把它维修好。这也是他第一次展示了他对电器修理的技能,从此,他就成了学校业余的兼职修理工。这不仅保证了学校教育教学工作的顺利开展,而且为学校节省了很多维修费用,得到了领导和教师的一致认可和高度评价。由于他的努力和出色表现,他走上了领导岗位,无论是做政教主任、副校长,还是校长,他一直兼任全校的美术课教学,因为,他要让农村的孩子一样享受艺术的熏陶,美的陶冶。他指导的学生在全县中小学生美术比赛中多次获奖。为了营造良好的校园文化氛围,他经常利用休息时间定期更换学校的黑板报。

2006年8月,由于工作的需要他被调到西建乡中心小学任教,担任全学校的音乐课和美术课教师。为了保证下午可以正常上课和排练,他起早骑自行车去向华乡办理身份证,如果坐客车需要耽误一天的课。那时他家还没有搬到西建,老乡们劝他回家看看多病的老伴,他说:"工作太忙了,不行啊。"在回来的路上走到同生村,他突然觉得心脏跳得缓慢,身体有些支撑不住,他下车推着走,幸好路上碰上放学回来的沈金海老师,把他扶到自己家里,稍作休息,下午他正常去上班。这样做,虽然工作苦点累点,但心里是高兴的,特别是当自己的劳动成果有所收获的时候,会有一种成就感和满足感。

为了利用现代化教学手段,提高音乐和美术的教育教学质量,他自己拿钱买了DVD、功放机以及一些歌曲、舞蹈、书籍和光盘。由于他的辛勤付出,他是全县唯一一位背着手风琴,带领学生参加县里举行的"三独"比赛的,他就是想让农村的孩子追上时代潮流,与时俱进,给学生更好的发展空间,让学生们充分展示自我。平时训练学生基本

功,排练节目,都是在自己家进行的。由于家庭条件有限,老伴和他几次冷战,他理解她的心情,但为了工作,为了自己所热爱的教育事业,没办法。随着时间的推移,老伴理解了他对教育事业的那种痴情的热爱,而今,他的老伴全身心地支持他的工作,今天他之所以能取得一些成绩,他感谢他的爱人给予他的关心与支持。

2006年的国庆长假,学校在维修领操台时,水泵突然坏了,由于他平时比较爱琢磨,在电器方面有一些了解,维修及时,才保证了正常的工作。瓦工的活他也略懂一二,学校让他带领几个老师利用长假时间务必完工,为了不耽误工期,他们七天长假一天也没休息,手都磨出了茧子、磨起了水泡,终于如期完成了任务。俗话说,"三春不如一秋忙",由于老伴体弱多病,他家里的活都是利用早晚时间去干的,从未因为农活而耽误学校的正常工作。

可以说,他把所有的精力都放在了他所热爱的教育事业上,他体会到了工作的艰辛、劳累,同时他也收获了快乐、幸福。看到孩子们一张张笑脸、听到老师们一句句赞赏、得到领导们一次次表扬,他也由衷地感到作为一名教育工作者的光荣和幸福。因为他用无私奉献的进取精神托起了他人生追求的教师梦。

后　记

有这样一位教师,在生死攸关的时刻,舍生忘死,用自己的血肉之躯保护学生的生命安全,撑起了一片师者大爱的天空,她的英雄壮举谱写了一曲壮美的生命赞歌,诠释了人民教师的光荣称号。她就是全国最美女教师——张丽莉。其实,和张丽莉一样关爱学生、无私奉献、工作在教学一线的优秀教师还有千千万。

2013年,中国教师研修网承担了教育部16省(自治区、直辖市)近17万人的示范性和中西部远程国培任务。在"专业理念与师德"模块的培训课程中,项目组给参训学员设计了一个作业:"大爱无言——寻找身边的师德典范(提交一个你所熟悉的优秀教师的师德案例)"。在培训过程中,学员提交了大量发生在自己身边的优秀教师的师德案例,研修网项目组共收到53000名学员提交的作业。

为认真总结2013年"国培"优秀成果,挖掘生成性培训资源,大力弘扬优良师德,促进教师职业道德建设,推动教师培训模式创新,努力造就一支师德高尚、业务精湛、结构合理、充满活力的高素质专业化的教师队伍,中国教师研修网与各省"国培"项目办共同商定编撰出版《我身边的师德故事》一书,旨在进一步推进我国教师队伍建设,出名师,育英才,全面推进素养教育。

经市、县管理员及班级指导教师的层层推荐,经过中国教师研修网专家组认真审阅,最终遴选出137位学员提交的师德故事作为本书的稿件。本书共分四章,汇集了137位一线中小学教师教书育人的优秀成果。第一篇为诗赞典范,传承美德,51位作者讲述了发生在自己身边的关爱学生、大爱无言、无私奉献、令人感动的师德故事;第二篇为温情故事,感动你我,30位教师阐述了自己在学科教学中渗透德育教育,精心育人的认识和实践;第三篇为教书育人,实践真知,41位教师介绍了自己在教育教学实践中的育人艺术以及自己的工作反思;第四篇为胸怀梦想,铸就未来,15位教师讲述了自己在三尺讲台上无私奉献,实践自己教育梦想的奋斗历程。

此书将成为2013年"国培"优秀成果,书中的部分案例将以师德评书联播的形式用于2014年"国培"项目中,也作为第30个教师节的礼物献给工作在教学一线的广大中小学教师。

本书编写历时半年,各位作者认真挖掘了自己身边的师德典范,既宣传了他人,又激励了自己,他们对书稿内容进行了认真的修改和推敲,几易其稿,在有关部门和各位作者的共同努力下,本书即将与广大中小学教师见面。

由于编者水平所限,书中不足之处在所难免,敬请广大读者批评指正并提出宝贵意见。

编委会

2014年7月